制造企业供应商关系管理

杨　治　闫泽斌　著

本书得到国家社会科学基金重大项目（22&ZD110）、国家自然科学基金项目（72172050、72102050）的支持

科　学　出　版　社

北　京

内 容 简 介

本书关注了制造企业供应商关系管理。首先,本书强调了供应商对制造企业竞争优势的重要性,并识别了制造企业供应商关系管理面临的挑战。其次,本书总结了供应商关系管理的相关理论和本书的实证基础。最后,本书研究了供应商选择和供应商关系管理两大主题,特别是从二元关系视角、网络视角和制度理论视角研究了供应商关系管理的相关问题。

本书适合制造企业供应商关系管理的研究者、供应链管理专业的学生和供应商管理的实践者阅读。一方面本书识别的供应商关系管理的关键理论问题、实证研究的设计及研究结论将会启发制造企业供应商关系管理的相关研究。另一方面本书的研究结论以及管理启示,将会启发供应商管理实践者的思考,进而提升其所在企业的供应商管理水平。

图书在版编目(CIP)数据

制造企业供应商关系管理 / 杨治,闫泽斌著. --北京:科学出版社,2024.7. -- ISBN 978-7-03-079119-1

Ⅰ. F407.406

中国国家版本馆 CIP 数据核字第 2024YH6986 号

责任编辑:徐 倩 / 责任校对:姜丽策
责任印制:张 伟 / 封面设计:有道设计

科学出版社 出版
北京东黄城根北街 16 号
邮政编码:100717
http://www.sciencep.com
中煤(北京)印务有限公司印刷
科学出版社发行 各地新华书店经销
*
2024 年 7 月第 一 版 开本:720 × 1000 1/16
2024 年 7 月第一次印刷 印张:18
字数:363 000
定价:216.00 元
(如有印装质量问题,我社负责调换)

前　言

党的二十大报告指出，坚持把发展经济的着力点放在实体经济上，推进新型工业化，加快建设制造强国[①]。打造具有国际竞争力的制造业，是我国提升综合国力、保障国家安全、建设世界强国的必由之路。因此，如何做大做强制造企业成为当前企业界和学术界关注的重要问题。

在专业化分工日益精细的今天，有效整合供应商资源对于制造企业尤为重要。供应商为制造企业提高产品质量、有效控制成本、及时响应市场需求并最终赢得竞争优势提供了重要支撑。供应商关系不仅关系着制造企业生产经营的可持续性，更是市场与组织机制的有效补充，是创新链、产业链融合的润滑剂。然而，供应商关系管理并非易事，充满了挑战。尽管学者从不同理论视角对制造企业供应商关系管理进行了一定研究，但仍有一些问题没有得到很好解决。比如，制造企业如何突破现有关系网络选择供应商？如何理解关系治理的作用机理？如何管理多个相互依赖的供应商关系？供应商关系管理如何克服复杂的制度环境？这些问题的解决不仅将丰富组织间关系和供应商关系文献，同时也有利于提升制造企业的供应商管理实践。

我们的研究团队一直关注中国制造企业的供应商关系管理话题，并长期在这一领域耕耘。本书旨在系统梳理供应商关系管理相关理论，并总结我们在这一领域的相关研究，以向读者分享我们在这一领域的成果。在本书的结构上，第一篇系统地阐释了供应商对制造企业的重要性，梳理了供应商关系管理理论和实证方面的问题及解决办法；第二篇至第五篇由十一篇制造企业供应商关系的研究构成，在结构上，第二篇关注了供应商选择，第三至五篇关注了供应商关系管理，其中，第三篇关注了二元关系视角下的供应商关系管理，第四篇关注了网络视角下的供应商关系管理，考虑到中国制度环境的转型过程，第五篇关注了制度理论视角下的供应商关系管理。

本书的出版得到了国家社会科学基金重大项目"'双链'协同区域科技创新中心的培育路径与治理体系研究"（22&ZD110）、国家自然科学基金青年项目"核心供应商网络中差异化关系强度对供应商参与企业创新绩效影响"（72102050）

[①] 《习近平：高举中国特色社会主义伟大旗帜　为全面建设社会主义现代化国家而团结奋斗——在中国共产党第二十次全国代表大会上的报告》，https://www.gov.cn/xinwen/2022-10/25/content_5721685.htm[2022-10-25]。

以及国家自然科学基金面上项目"谁是我的标杆？企业非典型性特征、自我评价动机及需求端信息对参照标杆选择的影响"（72172050）的资助。在此我们对国家社会科学基金和国家自然科学基金的大力支持表示感谢。在本书的写作中，我们得到了很多专家的鼓励和支持，在此对大家提出的宝贵意见和建议表示衷心感谢。由于本书内容较多，难免有疏漏，我们恳请广大读者批评指正。

杨治　闫泽斌

2024 年 1 月

目　　录

第一篇 绪 论

当前一些制造企业经营者过度地把注意力放在顾客端，认为只要有订单，生产不是问题。在他们眼中，制造企业与供应商就是简单的交易关系，有了订单，不怕买不到原材料和零部件。持有这样观点的经营者忽略了在专业化分工日益精细的今天，有效整合供应商资源对制造企业的重要性。供应商为制造企业提高产品质量、降低采购成本、及时响应市场需求并最终赢得竞争优势提供了重要支撑。本篇第一章论述了供应商是制造企业竞争优势的重要来源，识别了供应商关系管理面临的难点，并在此基础上阐述了本书的结构框架。

供应商关系既是供应链中上游关系，又是一种特殊的组织间关系，因此学者采用了不同理论视角研究供应商关系管理的绩效和作用机理。除此之外，学者也在不同研究层面，比如，二元关系层面、三角关系层面和网络层面上去研究供应商关系相关问题。本篇第二章将围绕供应商关系的研究起源、常用的理论视角和分析层面三个主题，梳理供应商关系管理的文献，为后续章节提供理论基础。最后，由于本书的后续章节是由多篇实证研究构成，这些实证研究使用了相似数据，面临着内生性问题的挑战，因此第三章专门介绍了本书实证研究使用的数据，以及应对内生性问题的方法策略。

第一章　供应商的重要性及管理挑战

第一节　供应商：制造企业竞争优势重要源泉

供应商是制造企业零部件、信息、技术以及服务的主要提供者，为制造企业有效控制成本、提升产品创新、快速响应市场需求并最终赢得市场竞争提供了重要的支撑。经济全球化和互联网的深入发展，打破了企业间竞争的空间障碍，企业间竞争由区域竞争逐渐演变成全球竞争。激烈的市场竞争进一步凸显了供应商对制造企业竞争优势的重要影响。一方面，激烈的市场竞争使得制造企业聚焦于自身核心业务，将非核心业务分离了出去。较高的外包水平增加了制造企业对供应商的依赖，使得制造企业更需要有效地整合供应商资源、利用供应商能力，以提升服务客户的能力。另一方面，激烈的市场竞争使得制造企业寻找建立竞争优势的范围由内部开始延伸到整个供应链，降低采购成本、提升供应商响应速度、邀请供应商参与产品创新等管理实践逐渐成为制造企业提升竞争的新着力点。

当前文献识别了供应商提升制造企业竞争优势的五个方面：采购成本、供给质量、供给交期、供给柔性和产品创新（Krause et al.，2001）。采购成本是指制造企业在供应商采购过程中发生的各种成本，它包括制造企业直接采购的成本和零部件库存成本。对制造企业而言，产品的材料成本占产品价格的 50% 以上，而在中国此部分成本已经占到产品价格的 70% 左右，所以控制采购成本对于降低制造企业产品成本至关重要（赵秀春，2009）。20 世纪 80 年代，日本汽车成功进入美国市场。其中一个重要原因在于卓越的供应商管理给日本汽车带来了每辆 300～600 美元的成本优势（Krause et al.，2001）。因此，从管控成本的角度而言，供应商管理的一项重要内容就是管控采购成本，从而降低公司运营成本。

供给质量是指供应商提供零部件的质量是否能满足制造企业的需求标准，并且可靠、稳定。自 2019 年 7 月 22 日起广汽本田召回在 2002 年 11 月 11 日至 2015 年 6 月 27 日期间生产的飞度、雅阁、奥德赛等共计 94 680 辆汽车，给在寒冬市场之下的广汽本田造成了较大损失。然而，此次召回事件的始作俑者却是广汽丰田的安全气囊供应商高田公司。高田公司生产的未带干燥剂的硝酸铵气体发生器，在安全气囊展开时可能发生异常破损，进而导致碎片飞出伤及车内人员。一件产品往往由成百上千个零部件组成，任何一个零部件出现问题，都可能影响产品功能的正常实现。Wills 和 Huston（1990）的研究表明，30% 的产品质量问题是由供应商引起的。因此，有效的供应商管理对提高企业产品质量至关重要。

供给交期是指供应商订单交付的速度和效率。交期是指从采购订货日开始至供应商送货日之间的时间长短。供应链的响应能力和反应速度取决于供应链各环节间的交期长短，压缩交期已成为供应链管理和企业运营关注的焦点。2022年随着新冠疫情缓解，蔚来汽车销量迅速回升，6月、7月连续两个月破万，表现出稳定的上升势头。由于订单需求强劲，蔚来本来有望在2022年7月再创销量新高。但由于个别零部件供给问题，导致ET7车型和EC6车型产量降低，从而影响了汽车的交付，以至于在2022年7月31日的蔚来合作伙伴日上，董事长兼首席执行官李斌现场喊话道，"拜托各位供应商伙伴顶住压力"①。因此，有效的供应商管理可以确保供应商按照预定的时间准时交付，这不仅能够确保制造企业稳定生产，同时还避免制造企业积压过多库存，从而提升制造企业的资金周转效率。

供给柔性是指供应商响应制造企业订单变动的能力，它涉及订单数量、订单内容以及定制化零部件产生等方面的应对能力。随着消费者需求的日益个性化、易变化，企业越来越难以准确预测市场需求。生产过多的产品容易造成库存积累，而生产过少的产品又让企业丧失了盈利机会。因此，学者呼吁制造企业要形成一种柔性生产的能力，即能够快速响应顾客小批量、多频次的订单。产品的生产通常需要众多供应商的协同配合，没有较强的合作意愿，供应商群体很难形成有效协同。此外，由于"长鞭效应"存在，供应链各环节企业很难对市场变化做出准确预测并及时响应，这严重制约了制造企业柔性生产的能力。因此，有效的供应商管理，特别是提升供应商合作意愿和信息交换，使得制造企业能够更快地响应顾客需求（Wathne and Heide，2004）。

产品创新是指供应商参与制造企业产品创新，特别是帮助制造企业更好地解决产品创新中的问题，缩短产品创新的时间（Hemmert，2019）。随着制造企业外包比重不断提高，产品生命周期日益缩短，制造企业产品创新越来越离不开供应商的深度参与。以海尔为例，海尔鼓励供应商参与其新产品开发，引导供应商从零件供应商向模块商发展，即供应商不再是提供某个零部件，而是承担产品某个模块功能。海尔研发部门根据顾客需求在公司平台上发布模块接口和模块需求，供应商根据接口要求参与设计。这种模块化采购为供应商参与企业产品创新提供了更多空间。此外，海尔还积极引导供应商参与用户交互，为新产品开发提供创意和支持，逐渐形成了独具特色的创新生态圈（周英等，2019）。因此，有效的供应商管理，促使供应商深度参与到企业产品创新中，对制造企业快速、高质量地推出新产品具有重要意义。

---

① 《掉队"新势力"，蔚来要做选择题》，https://m.thepaper.cn/baijiahao_19506207[2024-08-30]。

除了供应商给制造企业带来的上述五种竞争优势外，在复杂多变的环境下，供应链安全成为制造企业关注的重要问题。2019 年底新冠疫情暴发以后，芯片供给短缺制约了全球汽车产业的发展。受芯片短缺影响，全球汽车行业普遍面临着停产和减产压力，芯片短缺直接导致了部分车企不得不减配或延迟交付新车。如果芯片短缺是一个自然事件导致的供给风险，那么，出于对中国崛起的遏制，美国政府对中国高新技术企业的制裁则是人为造成的供给风险。美国政府肆意地将某些中国企业纳入出口管制的"实体清单"，使得中国制造企业关键零部件供给面临较大的不确定。因此，如何确保上游供应商稳定的供给，特别是核心零部件的供给，成为当前复杂多变环境下制造企业获取竞争优势的又一关键问题。

第二节　制造企业供应商关系管理面临的挑战

尽管许多制造企业已经意识到供应商关系管理对自身竞争优势的重要性，然而，研究表明现实中制造企业与供应商合作联盟仍存在较高的失败率（Bleeke and Ernst，1991；Dyer et al.，2001）。此外，制造企业之间的供应商往往存在较大重叠，比如，可口可乐和百事可乐均从嘉吉公司采购糖精，从格雷厄姆包装公司采购包装材料；通用汽车和戴姆勒-克莱斯勒汽车拥有较多相同的汽车零部件供应商。供应商的重叠使得制造企业与供应商合作中存在知识和能力泄露风险（Rice and Hoppe，2002）。因此，识别供应商关系管理的难点并提出相应解决策略成为学术界和企业界关注的热点问题。围绕供应商选择和供应商管理两个方面，本节识别了制造企业供应商关系管理的四大难题。

第一，如何突破现有关系网络选择供应商？在企业经营实践中，供应商选择是建立供应商关系的第一个环节。然而，由于供应商产品质量和可信性存在较大不确定性，制造企业通常基于关系渠道选择供应商，即借助现有关系网络成员推荐获得新供应商。由于新供应商与企业嵌入在同一个关系网络中，网络中的信息传播降低了制造企业对新供应商的信息不对称。此外，网络中非正式规范及集体谴责的压力，增强了新供应商在随后合作中的努力程度，减弱了彼此的机会主义行为动机，促进了合作双方价值共创。因此，现有关系网络中的社会资本使得制造企业倾向于依赖现有关系网络选择新的供应商。然而，由于制造企业与供应商处于同一个网络，新选择的供应商很难给制造企业带来异质性知识和能力，最终让制造企业丧失了产品创新的机会，进而增加了被淘汰的可能。企业基于关系渠道选择供应商实际上是一种关系惰性，因此如何克服关系惰性，与陌生供应商建立合作关系，便成为企业界和学术界关注的热点问题。

第二，如何理解关系治理的作用机理？关系治理（relational governance）是指组织间在多大程度上依赖社会关系或者共同规范对双方交易进行管理（Cao and

Lumineau，2015；Zhou and Xu，2012)。作为合同治理的替代治理结构，关系治理认为组织间交易不是毫不相关的，它通常是一个重复的交易过程；在这个重复的交易过程中逐渐积累了关系资产，比如，信任、规范和惯例等；这些关系资产有助于降低交易成本，促进交易双方价值共创(Heide and John，1992；Poppo and Zenger，2002；Zaheer and Venkatraman，1995)。随着关系治理对组织绩效及关系绩效的影响不断得到学者关注，关系治理的研究也呈现出新的趋势。一方面，关系治理与合同治理作为两种典型的供应商关系管理模式，学者一直关注关系治理与合同治理之间的相互关系，即两者究竟是替代关系，还是互补关系？另一方面，学者持续探讨关系治理新的结果变量，特别是探讨关系治理对企业关键能力和合作过程等微观过程的影响。

第三，如何管理多个相互依赖的供应商关系？传统的关系管理文献通常基于二元关系视角(dyadic relationship perspective)，即以单个制造企业与供应商的关系为分析单位研究如何提升供应商关系管理的有效性。二元关系视角的优势在于揭示供应商关系二元关系特征的绩效影响，但没有考虑多个相互依赖的供应商关系之间的相互影响。比如，供应商网络中邻近供应商关系如何促进或抑制当前供应商关系对制造企业的绩效影响。在供应商网络中，供应商关系之间的相互依赖性主要来源于两个方面。①任务合作的相互依赖。学者通常把产品看成一个网络主体，不同零部件供应商在资源和活动上相互依赖，共同保证了产品功能的实现(Roseira et al.，2010)。②社会影响的相互依赖。在供应商网络中，供应商网络位置的结构对等性(structural equivalence)和社会接近性(social proximity)使得供应商网络成为供应商相互比较的参照组，供应商关系之间的相互比较影响着供应商合作行为。因此，如何有效管理多个相互依赖的供应商关系以实现供应商之间的协同，便成了供应商关系管理的热点问题。

第四，供应商关系管理如何应对复杂的制度环境。制度环境是指一个国家和地区的法律、社会和文化环境。制度环境对企业及其行为的合法性有重要影响，因此如何有效应对制度环境中的挑战成为企业获得竞争优势的重要来源。然而，即便在同一制度环境下，社会也存在着不同的制度秩序(institutional order)，不同的制度秩序遵循着不同的制度逻辑。制度逻辑是指描述如何解释组织现实(organizational reality)，什么构成合适的行为，以及如何成功的一组核心的原则(Friedland and Alford，1991；Thornton，2004)。不同制度秩序下的制度逻辑在描述组织现实、合适行为以及核心原则上可能存在矛盾，这为企业施加了冲突性制度要求，进而导致了制度环境的复杂性。改革开放四十多年来，中国经济逐步从计划经济体制转变为市场经济与国家调控共存的社会主义市场经济体制(王小鲁等，2009)。国家制度逻辑和市场制度逻辑是中国制度环境中两种不同的制度逻辑，前者侧重于社会、市场稳定和政治目标，后者侧重于利润最大化和经济效率目标

（Wang et al.，2022）。国有企业更多遵循国家制度逻辑，非国有企业更多遵循市场制度逻辑。不同制度属性的供应商在服务制造企业过程中，向制造企业施加了冲突性制度要求，为制造企业的供应商关系管理带来了挑战。

　　本书旨在回应制造企业供应商关系管理面临的挑战。本书的结构安排如下：第一篇绪论，该部分阐述供应商对制造企业获取竞争优势的重要性，供应商关系管理面临的挑战，以及本书的理论基础和实证基础。第二篇关注了供应商选择的影响因素。该部分分别研究了绩效反馈对制造企业供应商选择渠道的影响，以及创业阶段制造企业在供应商选择和管理方面面临的问题和应对策略。第三篇关注了二元关系视角下的供应商关系管理，该部分分别研究了绩效反馈对关系治理和合同治理替代与互补关系的影响，以及制造企业与供应商关系强度对其营销能力的影响。第四篇关注了网络视角下的供应商关系管理，该部分研究了供应商网络中制造企业与不同供应商差异化关系强度如何影响自身绩效和组织间学习。第五篇关注了制度理论视角下的供应商关系管理。基于制度逻辑的视角，该部分分析了中国制度环境的复杂性，研究了制造企业跨制度社会控制策略如何应对不同制度属性供应商向制造企业施加的冲突性制度要求，并对制度理论视角下的组织间合作关系研究进行了梳理和展望。

参 考 文 献

王小鲁，樊纲，刘鹏. 2009. 中国经济增长方式转换和增长可持续性. 经济研究，44（1）：4-16.

赵秀春. 2009. 美国飞马特公司基于供应链管理的采购成本控制. 上海：复旦大学.

周英，贾甫，王飞，等. 2019. 引导供应商早期参与新产品开发的平台型采购组织：基于海尔采购组织的单案例研究. 管理学报，16（9）：1290-1300.

Bleeke J，Ernst D. 1991. The way to win in cross-border alliances. Harvard Business Review，69（6）：127-135.

Cao Z，Lumineau F. 2015. Revisiting the interplay between contractual and relational governance：a qualitative and meta-analytic investigation. Journal of Operations Management，33/34（1）：15-42.

Dyer J H，Kale P，Singh H. 2001. How to make strategic alliances work. MIT Sloan Management Review，42（4）：37-43.

Friedland R，Alford R R. 1991. Bringing society back in：symbols，practices and institutional contradictions//Powell W W，DiMaggio P J. The New Institutionalism in Organizational Analysis. Chicago：University of Chicago Press：232-263.

Heide J B，John G. 1992. Do norms matter in marketing relationships？. Journal of Marketing，56（2）：32-44.

Hemmert M. 2019.The relevance of inter-personal ties and inter-organizational tie strength for outcomes of research collaborations in South Korea. Asia Pacific Journal of Management，36（2）：373-393.

Krause D R，Pagell M，Curkovic S. 2001.Toward a measure of competitive priorities for purchasing. Journal of Operations Management，19（4）：497-512.

Poppo L，Zenger T. 2002. Do formal contracts and relational governance function as substitutes or complements？. Strategic Management Journal，23（8）：707-725.

Rice J B，Hoppe R M. 2002. Supply chain vs. supply chain：the hype and the reality. Supply Chain Management Review，5（5）：46-54.

Roseira C，Brito C，Henneberg S C. 2010. Managing interdependencies in supplier networks. Industrial Marketing Management，39（6）：925-935.

Thornton P H. 2004. Markets From Culture：Institutional Logics and Organizational Decisions in Higher Education Publishing. Stanford：Stanford University Press.

Wang J C，Yi J T，Zhang X P，et al. 2022. Pyramidal ownership and SOE innovation. Journal of Management Studies，59（7）：1839-1868.

Wathne K H，Heide J B. 2004. Relationship governance in a supply chain network. Journal of Marketing，68（1）：73-89.

Wills T H，Huston C R. 1990. Vendor requirements and evaluation in a just-in-time environment. International Journal of Operations & Production Management，10（4）：41-50.

Zaheer A，Venkatraman N. 1995. Relational governance as an interorganizational strategy：an empirical test of the role of trust in economic exchange. Strategic Management Journal，16（5）：373-392.

Zhou K Z，Xu D A. 2012. How foreign firms curtail local supplier opportunism in China：detailed contracts，centralized control，and relational governance. Journal of International Business Studies，43（7）：677-692.

第二章　供应商关系研究的理论基础

第一节　供应商关系的研究起源

制造企业与供应商关系是指制造企业与供应商之间的长期、合作性关系，属于组织间关系范畴（Choi et al.，2002）。组织间关系文献识别了组织间关系研究的四个要素：组织、关系、情境和时间（Cropper et al.，2008），该研究领域关注了组织间关系的形成、作用机理、动态性和终结（Heide，1994）。供应链管理文献具体识别了在制造企业与供应商关系中，制造企业的供应商管理实践、制造企业与供应商共同努力以及相应的绩效影响（Terpend et al.，2008）。比如，在供应商管理实践方面，学者研究了准时生产（just-in-time）方式的实施，权力与依赖，合同条款，供应商评估、选择、发展、认证，供应商激励和供给基础减少（supply base reduction）等。这些情境化的组织间关系研究，不仅丰富了供应链管理理论，同时还丰富了组织间关系理论。

理论上，组织间关系研究有多个理论视角，如经济学视角下的交易成本理论（transaction cost theory）、社会学视角下的嵌入理论（embeddedness theory）。从经济学角度出发，交易成本理论认为组织边界的划分取决于最小化组织间交易成本的边界。组织间关系依赖于交易合同，而交易合同存在资产专用性、不确定性和绩效难测量等问题（Williamson，1985），这些问题滋生了交易双方的机会主义行为，进而导致了交易效率损失和监管交易发生的额外成本。因此，如何设计组织间交易以提升组织间交易的效率，成为学者关注的热点。交易成本理论认为降低组织间交易成本有两种主要方式：市场交易和组织整合。前者是在组织之间建立一种交易关系，利用合同机制来管理双方交易，该机制适用于交易成本较低的交易情境；后者是将交易双方纳入同一个组织中，利用组织内部的等级关系来降低交易成本，该机制适用于交易成本较高的交易情境。

然而，当面临快速变化的技术环境和激烈的市场竞争环境时，一些交易频繁且具有大量专用性资产投资的组织间关系，并没有按照交易成本理论预测的那样选择组织整合，而出现了一种合作性组织间关系（Heide and John，1992）。学者将合作性组织间关系称为第三种组织间交易治理机制，它既保证了交易双方追求共同的利益，同时又允许交易双方保持各自的自主性，以更好适应自己面临的环境（Cropper et al.，2008）。就合作性组织间关系的治理机理而言，关系交换理论

（relational exchange theory）影响最大。基于交易成本理论框架，该理论认为不能独立地看待组织间交易，而是要关注交易双方已往的交易历史（MacNeil，1980）。该领域学者认为组织间存在着大量重复交易，在重复交易的过程中，双方形成的信任和合作规范约束了交易双方的机会主义行为，降低了交易成本，提高了组织间合作效率（Dyer and Singh，1998）。

嵌入理论从社会学角度出发，认为组织间交易嵌入在社会关系之中，因此，组织嵌入的关系情境促进或制约着组织间交易行为（Granovetter，1985）。该领域学者将嵌入的关系情境分为关系嵌入（relational embeddedness）和结构嵌入（structural embeddedness），进而形成了嵌入理论研究的两大方向（Gulati，1998）。关系嵌入方向关注的是组织间关系质量，该文献通常从二元关系层面，即以单个组织间关系为研究对象，研究该关系中关系强度变化对关系成员合作及绩效的影响。结构嵌入方向关注的是关系结构模式，该类文献通常从网络层面，研究企业所在网络中的位置和结构对企业绩效的影响。组织间关系相当程度地受组织间边际人员的影响，因此，还有一部分学者关注个体层面的因素如何影响组织间关系（Cai et al.，2017）。总的来看，嵌入理论的重点在于研究组织嵌入的社会情境对组织间和焦点企业绩效的影响。

制造企业与供应商关系文献多采用关系嵌入的研究方法，即关注制造企业与供应商关系的关系强度对制造企业与供应商合作及绩效的影响。组织间关系强度是指组织间的信任、支持和互惠程度（Rindfleisch and Moorman，2001）。当前组织间关系强度文献通常基于二元关系视角，研究了单一关系中关系强度变化对组织间价值共创的影响。一部分学者基于 Granovetter（1973）的强关系和弱关系分类，研究了强关系和弱关系对焦点企业创新绩效的影响。强关系是一种紧密且互动频率较高的网络关系，其背后的信任和互惠规范允许焦点企业从合作伙伴获得隐性、复杂的知识（Hansen，1999；熊捷和孙道银，2017）。弱关系是一种疏远且互动频率较低的网络关系，它允许企业跨越不同网络圈子接触到显性、异质性知识（Hansen，1999；颉茂华等，2021）。

另一部分学者认为强关系和弱关系是关系强度的两个极端，关系强度本质上是一个连续变化的概念。他们的研究结论显示关系强度与企业知识获取呈倒"U"形关系（Kim and Choi，2018），即随着关系强度的增加，关系中的信任和互惠规范促进了合作伙伴与焦点企业的价值共创；但过了临界点之后，过强的关系强度则会使焦点企业过度嵌入到当前关系中，致使焦点企业与合作伙伴之间逐渐出现知识冗余（Zhou et al.，2014；徐国军等，2018）。另外，过度的关系强度容易滋生合作伙伴的不当自利行为，这样两方面因素均阻碍关系强度对组织间价值共创的影响（王亚娟等，2014）。

总之，交易成本理论和嵌入理论在理论关注点和分析水平上存在差异。在理论关注点上，交易成本理论将组织间合作关系作为一种组织间交易的治理机制，其目的在于确定如何提升组织间交易效率。嵌入理论则认为企业间的经济活动嵌入在企业所处的社会关系之中，其目的在于揭示经济活动所嵌入的社会关系情境对经济活动的促进和抑制作用。在分析水平上，交易成本理论局限于二元关系水平，即关注单个组织间关系中关系元素、关系质量等二元关系特征对双方合作及绩效的影响；嵌入理论视角既关注二元关系水平，如关系强度；又关注网络水平，如关系结构等。尽管两个理论视角在理论关注点和分析水平等方面存在差异，但它们共同为揭示制造企业与供应商关系的作用机理及绩效影响提供了有效的理论视角，丰富了人们对组织间关系的理解。

第二节　供应商关系的理论视角

本节将对制造企业与供应商关系研究中的使用理论视角进行梳理，为后续章节研究提供理论铺垫。制造企业与供应商关系本质上是一种合作性组织间关系，因此，本节首先对组织间关系研究中涉及理论的基本假设及其对组织间关系作用的解释进行简单总结。其次，为了方便读者更好地理解后续章节的假设推理，本节还将对后续章节中涉及的理论进行重点介绍。

Parmigiani 和 Rivera-Santos（2011）将组织间关系理论视角分为了两类：组织经济学（organizational economics）和组织理论（organization theory）。组织经济学把组织间关系当成一种治理机制，该理论背后的共同假设是有限理性下对效率的追求，认为通过在组织间建立合作性关系可以更好地降低生产和交易成本，产生规模或范围经济，并获得有价值的资产和资源。组织经济学理论包含了交易成本理论、资源基础理论和代理理论。

组织理论则认为组织间建立合作性关系是为了更有效地完成任务，增强组织之间和人与人之间的关系。组织间合作性关系使得组织双方能够获得更强有力的联盟，提升了组织的声誉和合法性，进而使其获得更好、更多样化的社会资本。该理论强调个体和组织嵌入在一个更广泛的社会结构下，这种嵌入的社会情境促进或抑制了组织间的知识流动和合作。该理论通常认为组织间长期关系能够促进组织间形成信任、合作和学习，对组织间合作是有益的。组织理论包含了资源依赖理论、利益相关者理论、制度理论和社会网络理论。表 2-1 列出上述 7 种理论视角的基本假设和对组织间关系作用的解释。

表 2-1　组织间关系的理论视角

理论名称	基本假设与逻辑	组织间关系作用的解释
交易成本理论	1. 基本假设：组织是有限理性的、机会主义行为导向的，资产具有专用性。 2. 交易特征决定了交易成本，进而影响了采用市场还是组织等级对交易进行管理。①市场被认为在不具体、确定和不频繁的交易管理上更有效率；②组织等级被认为在具体、不确定和频繁的交易管理上更有效率	组织间关系是组织间交易的治理机制。 1. 组织间关系同时包含了组织等级和市场机制元素，是一种混合治理结构（a hybrid governance structure）。 2. 合作性组织间关系适用于交易中存在一定专用性资产投资和交易双方具有较强合作动机的情境
资源基础理论	1. 基本假设：企业是有限理性的、资源异质的和资源不易流动的。 2. 组织可以通过发展有价值的、稀缺的、不易复制的和难以替代的资源和能力，获得竞争优势。 3. 资源基础理论提出了获取新资源的四种途径：内部发展、外部采购、组织间关系和兼并	组织间关系是企业获得互补性资源的手段。 1. 相比于内部发展，组织间关系为企业提供了最为快速的资源获取方式，允许企业获得隐性且不容易交易的资源，且比兼并的成本更低。 2. 该理论提出了组织间关系存在的挑战和风险，特别是知识泄露的风险
代理理论	1. 基本假设：个体是有限理性的、机会主义的和风险厌恶的。 2. 该理论学者致力于研究代理人的目标、行为，以及如何将代理人与委托人需求结合起来的机制，进而更有效激励代理人努力工作。 3. 代理理论提出了三种减少代理问题方式：股东独立性、所有权和外部市场控制	组织间关系是解决委托代理问题的手段。 1. 组织间关系是一种特殊的组织形式，在这个组织形式中委托人和代理人之间形成了一种商业关系。 2. 委托人需要创造一种机制来解决委托代理问题，经销关系就是这种情境下的典型例子
资源依赖理论	1. 基本假设：组织所依赖的重要资源可能被其他组织掌控，这导致了该组织在权力斗争和发展中的不确定性。 2. 组织的一个任务是通过各种手段，增强自身对重要资源的控制，以减少外部资源给企业发展带来的不确定性	组织间关系是控制外部资源的重要手段。通过与掌握企业重要资源的合作伙伴建立稳健的关系，企业可以平衡自己对对方的依赖，创造一种联合行动的平台，进而降低了企业发展中的不确定性
利益相关者理论	1. 基本假设：经理的职责是平衡利益相关者的利益。 利益相关者，特别是对企业有重要影响的利益相关者，对组织的声誉具有重要影响。 2. 该领域学者致力于：①识别和理解利益相关者，②区别主要的利益相关者和次要的利益相关者	组织间关系是赢得利益相关者支持的手段。通过与权威的、有较强合法性的利益相关者建立良好关系，有助于组织与它们利益一致，进而获得它们的支持，并提升自身声誉和合法性
制度理论	1. 基本假设：组织活动是社会建构的，受到组织场域中外生力量的影响，这给组织施加了遵从的压力。 2. 制度是指社会环境中影响组织结构和行为的规则、规范和意识，它们决定着组织在该制度环境下的合法性。 3. 该理论关注组织所处的制度环境如何影响企业的行为	组织间关系是提升合法性的手段。通过与制度环境中的群体或管理机构建立良好合作关系，企业可以提升自身的合法性、地位和声誉，进而获得制度环境成员的支持和稀缺资源
社会网络理论	1. 基本假设：组织间重复的市场关系和社会接触使得组织之间相互联系，进而形成了组织的社会网络。 2. 在社会网络中，关系的质量和结构，促进或抑制了组织间交易行为。 3. 社会网络降低了成员间交易成本，促进成员的价值共创，形成了组织的社会资本	组织间关系是获得社会资本的手段。 1. 组织间发展新关系或增强现有关系，其目的是获取重要的知识和资源。 2. 合作性组织间关系导致了更强的信任和合作规范，进而形成了广泛的社会资本和复杂知识的转移，这对组织的学习和创新具有重要影响

本书第二～五篇共涉及十一章，这些章节采用不同的理论视角分别研究了供

应商选择、供应商关系管理、供应商网络管理以及制度理论视角下的供应商关系管理。这些章节涉及了社会网络理论、制度逻辑视角、企业行为理论、社会比较理论和社会从众理论。围绕各个章节主题，本节将对这些理论进行简单介绍。

一、社会网络理论

社会网络理论（social network theory）的优势在于其从整体上关注了个体持续的交换关系模式对个体行为和绩效的影响。当前社会网络理论整合了结构网络传统（structuralist network tradition）（Berkowitz，1982）、嵌入理论（Granovetter，1985）和社会资本理论（Burt，1992；Coleman，1988）。结构网络传统超越了先前个体主义的（individualist）、本体主义的（essentialist）和原子主义的（atomistic）对企业行为与绩效的解释，为社会网络理论提供了关系的、情境的和系统的研究视角。该理论不是独立地研究个体行为和绩效，而是把个体看成嵌入在相互关联的关系网络中的成员，强调网络对个体行为和绩效的促进和约束。该理论视角的最重要概念是个体之间的关系，而不是个体的属性；个体可以是个人、部门，也可以是组织。结构网络的关键构成包含了个体、关系、自我中心网络、整体网络、网络中个体的位置属性以及网络的结构属性。

社会资本理论视角关注的是个体社会关系的价值。Burt（1992）和 Coleman（1988）提出了两类不同社会关系结构及其对应的社会资本。Burt（1992）关注的是自我中心网络中成员之间关系缺失带来的利益，即掮客的利益。该视角认为当网络中的成员缺乏连接时，焦点企业就处于一个结构洞的位置，该位置给焦点企业带来了控制利益和声誉利益。控制利益强调焦点企业沟通两个没有连接的成员时获得的信息优势和操纵性利益；声誉利益强调的是在连接先前没有连接的成员的过程中，焦点企业逐渐走向网络中心位置，进而增强该企业在网络成员中的声誉。与 Burt（1992）关注网络中关系缺失的利益不同，Coleman（1988）关注的是整体网络中所有成员之间出现关系所带来的利益，被称为封闭网络的利益。该视角认为网络成员之间广泛地相互连接产生了大量的共同第三方，共同第三方的出现促进了网络成员之间的信息流动，增强了其对网络成员不当行为的监督和约束，进而极大促进了网络成员之间的合作，提升了焦点企业的绩效。

嵌入理论认为组织之间的交易受其所嵌入的社会关系的影响，这种交易既不是理性的、非社会性的交易，也不是纯粹基于角色的、过度社会性的交易（Granovetter，1985）。嵌入（embeddedness）包含了三个方面内容：①个体更倾向于与家庭成员、朋友和其他熟悉的人互动；②当前社会关系嵌入更大范围的社会关系网络中；③先前关系会影响未来关系的发展（Granovetter，1985；Powell and Smith-Doerr，1994）。嵌入理论区分了关系嵌入和结构嵌入，前者关注二元关系的质量,后者关注网络中的关系模式。就社会嵌入的作用机理而言,当文献更多关注的是社会嵌入产生的信息优势,比如,关系嵌入文献强调直接紧密的关系有助于交换细颗粒度的信息（fine-grained information）(Uzzi,1997),而结构嵌入文献则强调成员间接连接的共同第三方在信息传播中的作用。

二、制度逻辑视角

制度（institution）是指社会环境中影响组织结构和行为的规则、规范和意识（Meyer and Rowan,1977;Scott,1995)。Meyer 和 Rowan（1977）强调现代化（modernization）使得一些规则成为"理所当然"的规则,进而导致了正式组织结构的同构（isomorphism)。制度逻辑是指一组核心的假设及原则,用以描述和解释组织现实,什么构成合适的组织行为,以及组织如何成功（Friedland and Alford,1991)。它关注的是制度的内容与意义,这些内容与意义指导和约束着决策者（Thornton and Ocasio,1999)。传统的制度理论与制度逻辑视角最大的不同在于,传统的制度理论认为制度环境存在一套主导的制度,即合法性来源只有一个,因此组织的结构和行为变得相似;而制度逻辑视角则把社会看作多个制度逻辑相互作用的系统,这些制度逻辑相互依赖、相互作用,它们的关系不是相互替代而是共存的;多个不同制度逻辑的共存是个体和组织变异、稳定和变革的源泉。

由于制度环境中可能存在多种制度逻辑,这些制度逻辑难免存在内容和意义上的相互矛盾,从而构成竞争性制度逻辑。比如,Lounsbury（2007）研究了专业资金管理公司面临的两种竞争性逻辑:受托人逻辑和绩效逻辑。受托人逻辑强调的是保守的长期性投资,这种逻辑导致了被动、低成本的资金管理方式,效率是这种逻辑的主要考量。绩效逻辑强调的是产生较高的短期回报,这种逻辑产生了更加积极主动的投资模式。当组织场域中共存着多种竞争性制度逻辑时,竞争性制度逻辑会向场域中的组织施加冲突性制度要求,即要求场域中的组织满足相互矛盾的制度要求以获得合法性。此时组织满足其中任何一种制度逻辑,就意味着忽略另一种制度逻辑,因此,无论迎合哪一方面的制度要求,企业的经营都会遭受另外一种制度逻辑成员的不满,Greenwood 等（2011）把这种竞争性的制度逻辑给组织带来的制度上的挑战称为制度复杂性。因此,组织如何应对所面临的复杂制度环境成为制度逻辑视角研究的关注点。

总的来看,无论是传统制度理论视角,还是制度逻辑视角,组织与制度环境中某些伙伴建立的合作关系,特别是与对组织合法性产生重要影响的组织建立合作关系,有助于该组织更好地理解所处的制度环境,进而获得在该制度环境下的合法性（Baum and Oliver,1991;Dacin et al.,2007)。

三、企业行为理论

企业行为理论（behavioral theory of the firm）阐释了有限理性下组织的行为决策过程，是卡内基学派的重要理论贡献（Cyert and March，1963）。企业行为理论有三个核心的假设。第一，组织决策的目标是获得满意的结果，而不是最优的结果。组织依据自己之前的绩效表现和可比较竞争对手的绩效表现构建期望绩效（aspiration performance），并参照期望绩效水平对当期绩效进行满意和不满意评估。当期绩效超过期望绩效则当期绩效被认为是满意绩效，当期绩效低于期望绩效则被认为是不满意绩效（Greve，1998；连燕玲等，2015）。第二，组织通过问题驱动的搜索方式（problematic search）来寻找解决方案，在经营实践中不满意的绩效将触发企业的问题搜索（Cyert and March，1963）。在寻找问题解决方案时，有限理性的组织不是搜索所有可能的解决方案，而是在资源约束下从问题发生的局部由近及远地进行搜索。第三，组织倾向于坚持前期经营实践中被认为有效的路径、惯例及标准程序，以规避未来的不确定性。当经营上未出现不满意绩效时，组织倾向于加强之前成功的决策和行动，而不愿意做过多改变；只有当经营上出现不满意绩效时，组织才愿意改变之前的决策和行动（Cyert and March，1963）。

基于企业行为理论中的这些主张，Greve（2003）构建了企业绩效反馈模型（performance feedback model），强调企业将当期绩效表现与期望绩效水平进行比较以获得绩效反馈，绩效反馈信息影响了企业后续的搜索行为和风险偏好。当绩效表现达到或超过期望绩效水平时，正向绩效反馈使企业倾向于规避风险并维持或加强当前的行动和决策；当绩效表现低于期望绩效水平时，负向绩效反馈触发了企业问题搜索并增加其对风险的容忍程度。因此具有负向绩效反馈的企业更愿意冒风险、投入更多的资源去进行更大范围的搜索，以寻找解决当前问题的方案。企业绩效反馈模型在多个领域得到了广泛印证。在组织间关系领域，根据合作伙伴是否有过合作经验或共同第三方，Baum 等（2005）区分了两类合作模式：与熟悉企业合作和与陌生企业合作。相比与熟悉企业合作，组织与陌生企业合作时承担的风险更大。他们的研究显示当组织绩效低于期望绩效水平时，组织才愿意承担与陌生企业合作的风险，进而与其建立合作关系。

四、社会比较理论

社会比较理论（social comparison theory）认为社会个体有自我评估的动机，即判断自己的观点是否正确，以及了解自己能做什么（Festinger，1954）。当用于自我评估的客观信息不容易获得时，人们通过与周边类似个体进行比较，间接获得自我评估的相关信息。因此，社会比较是社会个体获得自我相关信息和发现真实自我的重要手段，学者将社会比较的这种功能称为比较性自我评估（Buunk and Gibbons，2007）。Mussweiler 和 Strack（2000）提出了比较性自我评估的两类信息结果：一方面，自我评估比较增强了与比较标准一致的自我知识获取，这类与比较标准一致的自我知识，更容易被激发并被用于作为随后的判断基础；另一方面，自我评估比较提供了一个可评估的参照点，该参照点允许个体判断自身相对于比较标准的位置。由于个体通常有"人往高处走"的动机，因此处于较低相对位置的个体通常会竞争更高的位置；而处于较高相对位置的个体，出于对向下流动的厌恶，则会更加努力地维持现有位置的优先性（Festinger，1954）。

尽管社会比较理论起源于个体的研究，但相关概念和实证焦点已经延伸至组织及组织间关系层面（Kim and Tsai，2012）。特别是近些年来，组织间关系学者关注了自我中心网络中焦点企业与不同成员关系之间的社会比较过程（Griffith et al.，2017；Sa Vinhas et al.，2012）。在供应商网络情境下，无论供应商供给同类产品，还是不同类产品，供应商频繁、直接或者间接的互动使得它们具有了网络结构位置的相似性和社会接近性，这两个特征导致供应商网络成为供应商成员相互比较的参照组（Fiegenbaum and Thomas，1995）。由于企业资源是有限的，制造企业与供应商的关系强度决定了供应商从制造企业优先获取资源的可能性（Uzzi，1997）。因此，在供应商网络的参照组作用下，供应商相互观察、相互比较，影响了供应商对制造企业关系强度差异的感知和判断，进而影响它们与制造企业的合作行为（Sa Vinhas et al.，2012）。

五、社会从众理论

社会从众理论（social conformity theory）是指社会群体中的个体为使自己行为与群体保持一致而做出的行为调整（Burnkrant and Cousineau，1975；Deutsch and Gerard，1955）。Deutsch 和 Gerard（1955）认为个体参照其他社会成员对自身行为调整主要出于两种动机。第一，当个体面临环境中的模糊和不确定性时，个体倾向于从其他成员处寻求理解环境的信息，并参照其他成员的做法以更好地适应环境要求（Cialdini and Trost，1998；Festinger，1954）。Cialdini 和 Trost（1998）指出这种信息影响会塑造个体对环境的理解，并影响其应对策略的选择。第二，社会成员会在社会规范影响下寻求行为上的趋同，采取群体认可或满足社会预期的行为以获得合法性（Deutsch and Gerard，1955）。当社会成员需要获得社会接纳或规避社会惩罚时，规范性社会压力会对其行为决策产生影响（Burnkrant and Cousineau，1975；Deutsch and Gerard，1955）。由于规范性社会影响的存在，社会个体愿意在社会群体中建立并维持良好的社会关系，遵守社会群体规范以获取资源和支持（Cialdini and Trost，1998）。

供应商通常会受到来自供应商网络中的信息性和规范性社会影响，进而产生行为上的从众（Burnkrant and Cousineau，1975；刘宗粤，1998）。一方面，如果供应商对制造企业了解不充分，该供应商倾向于从供应商网络中其他成员处寻求相关信息。在这种情况下，供应商网络成为供应商成员获取制造企业信息的重要来源（Short et al.，2007）；通过激发相互之间的模仿和适应性学习，信息性社会影响加强了供应商行为上的趋同性。另一方面，在长期的合作中，供应商网络中会形成一些共同认可的合作规范。合作规范的存在使得供应商在与制造企业进行交易和合作时，不仅会考虑自身利益的最优，还会考虑网络中其他供应商对其行为的期望。当行为偏离网络预期时，该供应商行为会被认为是对共同规范的挑战，进而受到其他供应商的惩罚。这些惩罚包括减少对该供应商的支持，让其无法通过网络中的关系获取其他有用的资源等。

第三节　供应商关系的分析层面

制造企业与供应商关系对制造企业充分利用供应商资源，提升自身竞争优势有重要影响。学者从不同分析层面研究了制造企业的供应商关系管理，总的来看，制造企业的供应商关系管理涉及了三种分析层面：二元关系、三角关系、供应商网络。尽管不同分析层面都有各自的优势和劣势，但不同分析层面有助于我们更好地理解制造企业的供应商关系管理。Wang（2023）梳理了制造企业与供应商关系三种分析层面的特征和研究主题，参照 Wang（2023）并结合本书主题，本章主要对三种分析层面中的制造企业与供应商关系强度文献进行梳理。

一、二元关系层面

制造企业与供应商关系强度（relational strength）是指制造企业与供应商所形成的信任和互惠规范的约束强度。以关系强度对制造企业创新影响的文献为例，二元关系层面的制造企业与供应商关系强度文献以单个制造企业与供应商关系为分析单位，关注了不同强度的制造企业与供应商关系对制造企业创新的影响。

一部分学者基于 Granovetter（1973）的强关系和弱关系分类，强调了两种不同类型关系给企业带来的不同创新利益。强关系是一种紧密且互动频率较高的网络关系，其背后的信任和互惠规范促进了组织间紧密合作及复杂、隐性知识的转移（Hansen，1999；熊捷和孙道银，2017）。弱关系是一种疏远且互动频率较低的网络关系，它允许企业跨越不同网络圈子接触到异质化但通常是显性的知识

（Granovetter，1985；Li et al.，2010）。学者总的结论是弱关系更有利于突破式创新，强关系则更有利于渐进式创新（王永健等，2016；徐国军等，2018）。另一部分学者认为关系强度本身是一个连续变化的变量，强关系和弱关系是关系强度的两个极端。基于社会资本的优势和劣势理论，学者总的结论是关系强度对企业创新的影响呈倒"U"形关系（Kim and Choi，2018；Zhou et al.，2014）。随着关系强度的增强，必要的关系强度促进了组织间沟通、隐性知识转移和创新风险的承担，从而促进了企业创新；但过了临界点后，过高的关系强度则会导致过度关系嵌入，不仅阻碍了焦点企业对新知识的获取，还致使焦点企业出于互惠考虑而承担了不必要的任务，进而阻碍了焦点企业对环境的适应性。

尽管二元关系层面的研究有助于我们更好地理解某一关系中关系强度变化对企业创新的影响，但制造企业往往拥有多个供应商，无论这些供应商供给同类产品，还是不同类产品，供应商频繁、直接或者间接的互动使得它们具有网络结构位置的对等性和社会接近性。这两个社会嵌入的特征导致了制造企业与不同供应商关系之间相互依赖、相互影响。因此，我们无法将二元关系层面的关系强度结果简单加总为多个不同供应商关系强度的整体结果（Wassmer，2010；徐建中和武建龙，2013）。组织间关系学者呼吁制造企业与供应商关系的研究应该超越二元关系的视角，要考虑关系之间的相互依赖对制造企业与供应商关系的影响（Choi and Wu，2009；Sa Vinhas et al.，2012）。

二、三角关系层面

为了揭示关系之间的相互依赖对制造企业与供应商关系结果的影响，一部分学者将制造企业-供应商关系从二元关系延伸到三角关系（triad）（Choi and Wu，2009；Wu et al.，2010），比如，Choi 和 Wu（2009）关注了制造企业-供应商-供应商的三角关系（buyer-supplier-supplier triad）。他们认为二元关系无法分析供应商网络中相互依赖、相互影响的关系动态性（relational dynamicity），因而三角关系才应该是网络分析的基本单位。特别是当前制造企业-供应商关系，不仅受到制造企业与其他供应商关系的影响，还会受到供应商-供应商关系的影响，因此，制造企业-供应商-供应商的三角关系有助于学者研究供应商网络关系的动态性。Choi 和 Wu（2009）基于平衡理论和结构洞理论识别了九种制造企业-供应商-供应商的三角关系，他们认为制造企业在供应商管理中应该考虑制造企业-供应商关系及供应商-供应商关系的动态性。Wu 等（2010）研究了制造企业-供应商-供应商三角关系中供应商之间的合作竞争关系，他们最终收集了 43 个制造企业-供应商-供应商的三角关系数据，结果显示，制造企业对三角关系中供应商与供应商关系的合作竞争有着重要影响。

与关注制造企业-供应商-供应商的三角关系不同，Wathne 和 Heide（2004）关注了制造企业-供应商-顾客的三角关系，他们研究了制造企业与供应商关系如何影响制造企业与顾客关系。具体而言，他们研究了上游供应商关系的管理机制（供应商认证和激励结构）对下游顾客关系中应对不确定市场环境灵活性的影响。他们的研究显示制造企业对供应商高水平认证以及与供应商双边利益绑定，提升了制造企业在下游顾客关系中应对不确定市场环境的灵活性。因此，加强制造企业与上游供应商的整合有助于提升制造企业与下游顾客的关系绩效。类似地，Liu 等（2019）关注了分销商-供应商-供应商的三角关系，具体而言，他们研究了上述三角关系中不同分销商在供应商关系上的专用性资产投资相对水平对分销商机会主义行为的影响。他们研究显示当分销商感知到供应商的专用性资产投资水平低于供应商竞争对手的专用性资产投资时，分销商的机会主义行为增加，合作行为减少；当分销商感知到供应商的专用性资产投资水平高于供应商竞争对手的专用性资产投资时，分销商的机会主义行为减少。因此，在分销商-供应商-供应商的三角关系中，不同分销商在供应商关系上的专用性资产投资相对水平会影响分销商与各自供应商的合作态度。

三、供应商网络层面

另一部分学者则把与制造企业直接联系的多个供应商关系看成一个整体，从整体上分析制造企业如何管理多个供应商关系的绩效。在文献中常见的有三个术语：供应商组合（supplier portfolio）、供给基础（supplier base）和供应商网络（supplier network）。这三个术语本质上都是供应商网络，只是在含义和起源方面存在差异。具体而言，它们的区别主要体现在以下两个方面。

（一）涉及的供应商范围不同

供应商网络包含了与企业直接、间接连接的所有供应商。在具体研究中，学者通常关注以制造企业为焦点的自我中心供应商网络（ego-centric supplier network），该视角允许我们从制造企业角度思考如何管理多个供应商。在自我中心供应商网络中，与制造企业直接连接的供应商被称为一级供应商（first-tier suppliers），与制造企业间接连接的供应商称为 N 级供应商，比如，制造企业供应商的供应商称为二级供应商（second-tier suppliers）。供给基础强调的是制造企业积极管理的供应商群体，这些供应商通常是制造企业的核心供应商；但它的范围并不局限于制造企业的一级供应商，对制造企业绩效有显著影响的其他级供应商也是制造企业积极管理的对象，因此也有可能是供给基础的成员（Choi and

Krause，2006）。相比而言，供应商组合是与制造企业直接连接的供应商，并不要求一定是核心供应商，与一级自我中心供应商网络范围接近。

（二）三个术语来源不同

供给基础来自供应链管理文献，该概念起源于"供给基础最优化"（supply base optimization）的实践。自 20 世纪八九十年代开始，受日本制造企业供应商管理的影响，西方制造企业逐渐由通过交易关系来降低采购成本，转向与少数关键供应商建立战略联盟关系，以降低组织间的交易成本和促进组织间价值共创。这种"供给基础最优化"实践如何影响制造企业绩效成为学术讨论话题，特别是学者在供给基础管理中引入复杂性概念，认为单纯地减少供给基础成员数量可能是一把"双刃剑"。组合概念来自金融领域，在投资项目管理中，某些项目之间具有某种关联性，因此单独地研究某一投资项目特征对投资项目绩效的影响存在不准确性，于是学者把相互关联的多个投资项目当成整体，即投资组合，以研究投资组合的整体绩效结果。随后组合视角被组织间关系学者用于多个供应商关系的整体管理研究（Dubois and Pedersen，2002）。供应商网络更多受社会网络研究的影响，特别是社会网络中的测量方法和结构属性被应用于供应商网络的研究，极大地推动了供应商管理研究。除了上述两个区别之外，不同术语关注的研究主题也有差异。接下来本章将对使用上述术语的文献进行梳理，以帮助读者更好地理解不同术语的使用。

1. 供应商网络

在供应商网络的研究中，学者通常关注一级自我中心供应商网络，即与制造企业直接连接的供应商网络。Gao 等（2015）关注了由制造企业的 5 家核心供应商构成的供应商网络，他们研究了供应商网络的技术多样性如何影响制造企业的创新。他们的研究显示供应商网络的技术多样性通过供应商创新性信息分享机理正向影响制造企业的新产品创新。供应商网络结构特征（制造企业与供应商关系强度、供应商网络密度），以及制造企业的外部环境（环境的竞争强度和技术波动）对供应商网络技术多样性的正向影响具有调节作用。Bellamy 等（2014）关注了美国电子行业 300 强榜单企业的供应商网络，他们研究了供应商网络的结构特征（供应商网络可及性、供应商网络互连性）对制造企业创新的影响。他们的研究显示供应商网络可及性与企业创新产出有显著关系，供应商网络互连性加强了供应商网络可及性与企业创新产出之间的关系；这两个结构特征对企业创新产出的影响可以受企业的吸收能力和供应商网络合作伙伴创新水平调节。

相比于大样本数据研究，一部分学者基于案例研究揭示了一级自我中心供应商网络中的合作竞争行为。比如，Dyer 和 Nobeoka（2000）以丰田汽车的供应商网络为案例，揭示了丰田汽车如何建立高效知识分享的供应商网络。他们首先识别了网络成员知识分享的三个困难：①如何激励网络成员参与并公开分享有价值的知识；②如何阻止网络成员的"搭便车"行为；③如何降低找到并且获得成员有价值知识的成本。他们提炼了丰田在解决上述知识分享困境时的供应商管理实践。第一，丰田建立供应商协会、供应商运营管理咨询部门、自愿学习小组和供应商与公司之间员工流动机制；这四种知识获取、储存和扩散过程，培养了丰田供应商共有的网络身份，激发了网络成员参与并向其他成员分享有价值知识。第二，丰田建立了知识保护和价值获取的网络规则，比如，在丰田供应商网络中，知识产权归供应商网络所有，而不归单个公司所有；成为丰田供应商意味着该供应商丧失部分知识产权。如果不遵守这一规范，供应商不仅无法获得向丰田学习的机会，同时也很难获得丰田进一步的商业订单。这些网络规则减轻了供应商在知识保护和价值获取方面的担心。第三，创立各种双边或多边知识分享的机制，比如，供应商协会委员会会议、供应商协会一般性会议、自愿学习小组等，这些知识分享机制提升了知识分享效率，同时也间接促进了供应商成员的网络身份形成。

　　Dyer 和 Nobeoka（2000）揭示了丰田通过创建网络成员身份，建立成为丰田供应商的规则，促进了供应商网络成员的知识分享，进而提升了丰田相对于竞争对手的生产优势。Wilhelm（2011）在此基础上进一步认为除了促进供应商知识分享这一合作利益，丰田的供应商管理措施还促进了供应商之间的竞争：①专业的供应商联合组织，比如，经常性的交流会议，在供应商之间建立了一种松散的水平供应商关系（供应商之间的关系），在具有竞争关系的供应商之间创造了一种物理上的可见性；②过程导向的供应商发展项目有效地揭露了供应商之间的差异，促进了供应商能力水平的提升和水平供应商关系的有效性；③供应商之间多层次的学习小组活动，有助于建立较强的水平供应商关系，进而在供应商之间创造一种信息的透明性。通过在供应商之间形成了一种水平关系，丰田促进了供应商之间的合作和竞争，进而提升了供应商的管理绩效。

　　另一部分学者关注了多级自我中心供应商网络，他们认为供应商管理不应仅局限于与制造企业直接连接的供应商，与制造企业间接连接的供应商同样影响着制造企业的运营绩效（Choi and Kim，2008；Mena et al.，2013）。Choi 和 Kim（2008）认为在当前集成供应商和委托代理制造的时代下，制造企业向供应商采购零部件，要求供应商参与它们的产品设计；类似地，供应商也会向它们的供应商采购，也会要求它们的供应商参与它们的产品设计；因此供应商所嵌入的供给网络影响供应商的绩效，进而影响制造企业的绩效。Choi 和 Kim（2008）中的两个例子说明了供应商网络的结构嵌入性对制造企业绩效影响的重要性。一个例子是一家航天企业跟一家集成供应商合作，在合作过程出现了质量问题，结果发现这一质量问题是由于这家集成供应商引入了一家新电子零部件供应商,正是这家供应商的供应商产品出现了问题,导致了航天公司产品的质量问题。至此,这家航天企业开始重视二级供应商群体的管理,即重视供应商的供应商管理。另一个例子是一家汽车企业(A 汽车企业)的某一个核心供应商也是另一家汽车企业(B 汽车企业)的供应商。B 汽车企业造成了这家供应商严重的金融和运营负担,并最终致使这家供应商破产。该供应商的破产,使得 A 汽车企业不得不重新选择供应商。这一事件发生后,该公司高管总结道,未来选择核心供应商一定要考虑该供应商所服务的顾客群体。上述两个例子表明,制造企业对于供应商绩效的评估和供应商的选择应该考虑该供应商所嵌入的合作网络。

Mena 等(2013)关注了三级供应商网络(three-tier supplier network),即包含制造企业、供应商、供应商的供应商。他们关注了三级供应商网络之间的权力平衡、结构、相互依赖性和关系稳定性。他们认为如果制造企业想要影响供应商的产品特征,制造企业需要直接与供应商的供应商建立联系,进而才能更好地影响当前供应商。另外,他们进一步认为,当多级供应商网络从一个开放性的网络转变为一个封闭性的网络时,网络成员之间的相互依赖性会增强。尽管封闭性的多级供应商网络增强了网络成员的关系稳定性,但同时也会增加制造企业额外的管理资源。Sharma 等(2019)认为供应商网络中的结构变量在一级自我中心供应商网络中的计算存在偏差,因此有必要在多层网络关系情境下进行研究。基于 303 家企业的采购企业与供应商多层网络数据,他们研究了全网络中的三个网络结构特征——网络密度、中介中心性(betweenness centrality)和平均集聚系数(average clustering coefficient)对企业国际商业绩效的影响,并揭示了页面排名中心(page rank centrality)和平均路径长度(average path length)的影响;他们的结果发现:网络密度负向影响企业国际商业绩效,中介中心性与企业国际商业绩效呈倒"U"形关系,网络的平均集聚系数与企业国际商业绩效呈"U"形关系。传统基于一级自我中心供应商网络的文献通常显示网络结构正向或负向的绩效影响,但基于全网络数据的研究却显示出网络结构的非线性影响。

2. 供给基础

尽管关注的供应商网络层级越多,越可以给制造企业提供一个广阔的视野,来考虑供应商网络结构对自身绩效的影响;但受限于制造企业经理人员认知的局限性,制造企业很难对多层级供应商网络结构施加影响(Wilhelm et al., 2016),因此,学者更多关注制造企业积极管理的供应商群体对制造企业绩效的影响。供应链领域学者将制造企业积极管理的供应商群体定义为供给基础,研究了供给基础的复杂性对制造企业绩效的影响。

Choi 和 Krause(2006)正式地给供给基础进行了定义,并将复杂性引入供给基础管理中。他们将供给基础复杂性（supply base complexity）定义为供应商数量、供应商之间差异程度和供应商之间相互依赖关系的函数。供给基础中供应商的数量越多，供应商的差异性越大（如组织文化、地点、技术），供应商互动水平越高，供给基础复杂性就越高，供给基础管理起来就越困难。Choi 和 Krause（2006）的供给基础复杂性定义实际上涵盖供给基础复杂性的三个维度：供应商数量、供应商差异程度和供应商之间相互依赖关系，该定义为后续供给基础复杂性研究提供了概念基础。此外，Choi 和 Krause（2006）进一步认为降低供给基础复杂性对于制造企业是一把"双刃剑"，供给基础复杂性的降低，增大了供应商的响应速度，降低了制造企业与供应商之间的交易成本；但同时也增大了制造企业的采购风险，降低了供应商的创新性。因此，降低供给基础复杂性实际上是一种基于成本-效率的考量，盲目地降低供给基础复杂性可能会负向影响制造企业的整体竞争性。

　　Lu 和 Shang（2017）认为供给基础中有些结构连接是制造企业并没有直接涉及的，因为这些结构连接对制造企业而言并不明显。比如，制造企业的供应商可能直接向制造企业的顾客供给零部件，制造企业很难观察到供应商与自己顾客的连接。Lu 和 Shang（2017）识别了供给基础的五种结构复杂性特征：水平复杂性、垂直复杂性、空间复杂性、消除复杂性（eliminative complexity）和合作复杂性。水平复杂性反映的是供给基础的宽度，用供给基础中的供应商数量来表示。垂直复杂性反映的是供给基础的深度，用供给基础中供应商拥有的二级供应商数量的均值来表示。空间复杂性反映的是供给基础中供应商的空间分布程度。消除复杂性反映的是供给基础中供应商与制造企业顾客之间的连接程度。合作复杂性反映的是供给基础中供应商之间的连接程度。前三个为制造企业容易观察到的复杂性，后两个为制造企业不容易观察到的复杂性。他们的研究显示不同的供给基础复杂性对制造企业绩效有着不一致的影响。有的结构复杂性有显著影响，如水平复杂性、空间复杂性和消除复杂性；有的则没有影响，如垂直复杂性和合作复杂性。有的复杂性不是简单的线性绩效影响，而是非线性绩效影响，比如，水平复杂性与企业绩效呈倒"U"形关系，而消除复杂性则与企业绩效呈"U"形关系。因此，Lu 和 Shang（2017）呼吁供应商管理者要注意不同供给基础复杂性的差异化影响。

3. 供应商组合

　　组合分析方法最初由马科维茨于 20 世纪 50 年代提出，旨在分析相互关联投资项目的整体绩效最优（Markowitz，1959）。Kraljic（1983）率先将组合分析方法应用于采购领域，即著名的采购组合模型（purchasing portfolio model）。在资源耗竭及原材料稀缺、政治动荡与政府对供给市场的干涉、激烈竞争及加速技术变革等复杂外部环境下，确保重要原材料和零部件能够以竞争性成本长期稳定地供给，对企业保持竞争优势非常重要。Kraljic（1983）认为企业的采购应该从运营职能转向战略职能，即战略性管理采购物资。

　　为了战略性管理供应商，Kraljic（1983）根据采购重要性和供给市场复杂性，将采购项目分成四类：战略项目（高供给市场复杂性、高采购重要性）、杠杆项目（低供给市场复杂性、高采购重要性）、瓶颈项目（高供给市场复杂性、低采购重要性）和非关键项目（低供给市场复杂性、低采购重要性）。根据采购企业和供应商议价能力，Kraljic（1983）对属于战略项目的采购物资进行分类，并提出了三种管理策略：压榨策略（exploitation strategy）、多元策略（diversification strategy）和平衡策略（balance strategy）。压榨策略是指当采购企业相对于供应商更有议价能力时，采购企业应该充分利用自己的优势从供应商获得更好的价格和长期的合同。多元策略是指当供应商相对于采购企业更有议价能力时，采购企业应该寻找可替代的供应商或者可代替的零部件以减少供给风险。平衡策略是指当采购企业与供应商议价能力势均力敌时，采购企业应该平衡好压榨策略和多元策略。

　　随后学者将组合视角应用于采购企业与供应商关系管理中（Dubois and Pedersen，2002；Olsen and Ellram，1997）。Olsen 和 Ellram（1997）采用 Kraljic（1983）的采购组合模型方法，分析了供应商关系管理策略。他们采取了与 Kraljic（1983）相同的采购项目分类，但在采购企业与供应商关系的分类上采取了不同维度。根据供应商相对吸引力和交易关系强度，Olsen 和 Ellram（1997）对供应商关系进行了分类：组合 I（中高水平供应商吸引力，中低水平的关系强度）、组合 II（中高水平供应商吸引力，高水平的关系强度）和组合III（低水平供应商吸引力）。他们认为对组合 I 的供应商关系，采购企业应该提升与该组合供应商关系的关系质量；对于组合 II 的供应商关系，采购企业应该提升该组合供应商关系的吸引力，或者供应商关系的绩效；对于组合III的供应商关系，采购企业应该致力于减少对该组合供应商关系的资源投入。根据采购项目分类和供应商关系分类，他们进一步认为针对不同采购项目应该采用不同的供应商关系管理策略。

　　采购组合模型本质上关注了当存在多个供应商时，采购企业如何实现资源分配效率最优；其总的思想是通过供应商细分（supplier segmentation）针对不同类别的供应商组合采取不同的管理方法。然而，该方法也存在较大缺陷，即孤立地看待不同类别的供应商关系管理，忽略了供应商之间的相互依赖及其嵌入的社会情境影响（Dubois and Pedersen，2002）。随后学者在供应商组合的研究中，开始引入网络嵌入理论，即研究供应商组合中成员的互动关系对制造企业绩效的影响。Roseira 等（2010）采用案例的方法，研究了供应商组合成员之间的相互依赖关系。他们的研究显示供应商关系之间的相互影响受关系成员扮演的角色、关系的结构和关系的内容影响，制造企业的行为对供应商之间的相互依赖关系有着重要影响。Tang 和 Rai（2012）关注了供应商组合的三个特征：组合中心性、关系时间长度和供应商可替代性。组合中心性是指供应商组合中成员数量和相对重要性的程度，制造企业越依赖少数供应商，供应商组合的中心性越高。关系时间长度是指供应商组合中关系的平均时间长度。供应商可替代性是指市场中可以替代现有供应商的供应商数量。他们的研究显示，上述三种供应商组合特征对制造企业运营能力与其主要生产线竞争优势的关系具有显著的调节作用。

　　总之，不同分析层面有着各自优缺点，适用于不同研究目的。比如制造企业-供应商-供应商的三角关系有助于分析制造企业与供应商之间关系的动态性，但三角关系中只涉及了两个供应商，因此很难基于两个供应商的管理来预测其对制造企业绩效的影响。多级供应商网络视角尽管系统地考虑了供应商网络结构对制造企业绩效的影响，但制造企业经理的认知是有边界的，其管理资源是有限的，因此他们只能关注到有限数量的核心供应商，并且对它们施加一定影响。因此研究供应商关系管理对制造企业绩效的影响，既要确保一定数量的核心供应商作为分析对象，因为只有一定数量的核心供应商才能对制造企业绩效产生显著影响；同时又要考虑制造企业经理的认知边界和管理幅度，避免关注过多数量的供应商。

　　为了研究制造企业多个供应商关系管理的整体绩效影响，本书在网络视角下的供应商关系管理章节分别采用了供应商网络和供应商组合两个术语。这两个术语更多是根据相应章节贡献文献的习惯而选择性使用，本质上这两个术语都是以制造企业为焦点企业的一级自我中心供应商网络，请读者不要过于纠结两者的严格区别。在供应商网络范围上，为了确保所获数据的准确性及实施的可行性，本章将供应商网络范围设定为制造企业的 5 家核心供应商，这样的供应商网络范围设计既保证了问卷数据的准确性，又确保了相关网络变量的测量。

参 考 文 献

连燕玲，周兵，贺小刚，等. 2015. 经营期望、管理自主权与战略变革. 经济研究，50（8）：31-44.

刘宗粤. 1998. 社会从众现象的成因及特征. 社会心理科学，（2）：42-45.

王亚娟，刘益，张钰. 2014. 关系价值还是关系陷入？——供应商与客户关系耦合的权变效应研究. 管理评论，26（2）：165-176.

王永健，谢卫红，王田绘，等. 2016. 强弱关系与突破式创新关系研究：吸收能力的中介作用和环境动态性的调节效应. 管理评论，28（10）：111-122.

颉茂华，赵圆圆，刘远洋. 2021. 网络联结、资源获取与组织学习互动影响战略绩效路径研究：基于长城汽车的纵向案例研究. 科研管理，42（5）：57-69.

熊捷，孙道银. 2017. 企业社会资本、技术知识获取与产品创新绩效关系研究. 管理评论，29（5）：23-39.

徐国军，杨建君，孙庆刚. 2018. 联结强度、组织学习与知识转移效果. 科研管理，39（7）：97-105.

徐国中，武建龙. 2013. 联盟组合研究述评. 软科学，27（7）：118-122.

Baum J A C，Oliver C. 1991. Institutional linkages and organizational mortality. Administrative Science Quarterly，36（2）：187-218.

Baum J A C，Rowley T J，Shipilov A V，et al. 2005. Dancing with strangers：aspiration performance and the search for underwriting syndicate partners. Administrative Science Quarterly，50（4）：536-575.

Bellamy M A，Ghosh S，Hora M. 2014. The influence of supply network structure on firm innovation. Journal of Operations Management，32（6）：357-373.

Berkowitz S D. 1982. An Introduction to Structural Analysis：The Network Approach to Social Research. London：Butterworth.

Burnkrant R E，Cousineau A. 1975. Informational and normative social influence in buyer behavior. Journal of Consumer Research，2（3）：206-215.

Burt R S. 1992. Structural Holes：The Social Structure of Competition. Cambridge：Harvard University Press.

Buunk A P，Gibbons F X. 2007. Social comparison：the end of a theory and the emergence of a field. Organizational Behavior and Human Decision Processes，102（1）：3-21.

Cai S H，Jun M，Yang Z L. 2017. The effects of boundary spanners' personal relationships on interfirm collaboration and conflict：a study of the role of guanxi in China. Journal of Supply Chain Management，53（3）：19-40.

Choi T Y，Kim Y. 2008. Structural embeddedness and supplier management：a network perspective. Journal of Supply Chain Management，44（4）：5-13.

Choi T Y，Krause D R. 2006. The supply base and its complexity：implications for transaction costs，risks，responsiveness，and innovation. Journal of Operations Management，24（5）：637-652.

Choi T Y，Wu Z H. 2009. Triads in supply networks：theorizing buyer-supplier-supplier relationships. Journal of Supply Chain Management，45（1）：8-25.

Choi T Y，Wu Z H，Ellram L，et al. 2002. Supplier-supplier relationships and their implications for buyer-supplier relationships. IEEE Transactions on Engineering Management，49（2）：119-130.

Cialdini R B，Trost M R. 1998. Social influence：social norms，conformity and compliance//Gilbert D T，Fiske S T，Lindzey G. The Handbook of Social Psychology. New York：McGraw-Hill：151-192.

Coleman J S. 1988. Social capital in the creation of human capital. American Journal of Sociology，94：S95-S120.

Cropper S，Ebers M，Huxham C，et al. 2008. Introducing inter-organizational relations//Cropper S，Huxham C，Ebers M，et al. The Oxford Handbook of Inter-Organizational Relations. Oxford：Oxford University Press：3-22.

Cyert R M，March J G. 1963. A Behavioral Theory of the Firm. Englewood Cliffs：Prentice-Hall.

Dacin M T，Oliver C，Roy J P. 2007. The legitimacy of strategic alliances：an institutional perspective. Strategic Management Journal，28（2）：169-187.

Deutsch M，Gerard H B. 1955. A study of normative and informational social influences upon individual judgement. Journal of Abnormal Psychology，51（3）：629-636.

Dubois A，Pedersen A C. 2002. Why relationships do not fit into purchasing portfolio models：a comparison between the portfolio and industrial network approaches. European Journal of Purchasing & Supply Management，8（1）：35-42.

Dyer J H，Nobeoka K. 2000. Creating and managing a high-performance knowledge-sharing network：the Toyota case. Strategic Management Journal，21（3）：345-367.

Dyer J H，Singh H. 1998. The relational view：cooperative strategy and sources of interorganizational competitive advantage. Academy of Management Review，23（4）：660-679.

Festinger L. 1954. A theory of social comparison processes. Human Relations，7（2）：117-140.

Fiegenbaum A，Thomas H. 1995. Strategic groups as reference groups：theory，modeling and empirical examination of industry and competitive strategy. Strategic Management Journal，16（6）：461-476.

Friedland R，Alford R R. 1991. Bringing society back in：symbols，practices and institutional contradictions//Powell W W，DiMaggio P J. The New Institutionalism in Organizational Analysis. Chicago：University of Chicago Press：

232-263.

Gao G Y, Xie E, Zhou K Z. 2015. How does technological diversity in supplier network drive buyer innovation? Relational process and contingencies. Journal of Operations Management, 36: 165-177.

Granovetter M S. 1973. The strength of weak ties. American Journal of Sociology, 78 (6): 1360-1380.

Granovetter M S. 1985. Economic action and social structure: the problem of embeddedness. American Journal of Sociology, 91 (3): 481-510.

Greenwood R, Raynard M, Kodeih F R, et al. 2011. Institutional complexity and organizational responses. The Academy of Management Annals, 5 (1): 317-371.

Greve H R. 1998. Performance, aspirations, and risky organizational change. Administrative Science Quarterly, 43 (1): 58-86.

Greve H R. 2003. A behavioral theory of R&D expenditures and innovations: evidence from shipbuilding. Academy of Management Journal, 46 (6): 685-702.

Griffith D A, Hoppner J J, Lee H S, et al. 2017. The influence of the structure of interdependence on the response to inequity in buyer-supplier relationships. Journal of Marketing Research, 54 (1): 124-137.

Gulati R. 1998. Alliances and networks. Strategic Management Journal, 19 (4): 293-317.

Hansen M T. 1999. The search-transfer problem: the role of weak ties in sharing knowledge across organization subunits. Administrative Science Quarterly, 44 (1): 82-111.

Heide J B. 1994. Interorganizational governance in marketing channels. Journal of Marketing, 58 (1): 71-85.

Heide J B, John G. 1992. Do norms matter in marketing relationships? . Journal of Marketing, 56 (2): 32-44.

Kim K H, Tsai W. 2012. Social comparison among competing firms. Strategic Management Journal, 33 (2): 115-136.

Kim Y, Choi T Y. 2018. Tie strength and value creation in the buyer-supplier context: a U-shaped relation moderated by dependence asymmetry. Journal of Management, 44 (3): 1029-1064.

Kraljic P. 1983. Purchasing must become supply management. Harvard Business Review, 61 (5): 109.

Li J J, Poppo L, Zhou K Z. 2010. Relational mechanisms, formal contracts, and local knowledge acquisition by international subsidiaries. Strategic Management Journal, 31 (4): 349-370.

Liu Y, Xue J, Li Y. 2019. Transaction-specific investments in a supplier-distributor-supplier triad in China: opportunism and cooperation. Journal of Business & Industrial Marketing, 34 (6): 1297-1312.

Lounsbury M. 2007. A tale of two cities: competing logics and practice variation in the professionalizing of mutual funds. Academy of Management Journal, 50 (2): 289-307.

Lu G Y, Shang G Z. 2017. Impact of supply base structural complexity on financial performance: roles of visible and not-so-visible characteristics. Journal of Operations Management, 53: 23-44.

MacNeil I R. 1980. The New Social Contract: An Inquiry Into Modern Contractual Relations. New Haven: Yale University Press.

Markowitz H M. 1959. Portfolio Selection: Efficient Diversification of Investments. New Haven: Yale University Press.

Mena C, Humphries A, Choi T Y. 2013. Toward a theory of multi-tier supply chain management. Journal of Supply Chain Management, 49 (2): 58-77.

Meyer J W, Rowan B. 1977. Institutionalized organizations: formal structure as myth and ceremony. American Journal of Sociology, 83 (2): 340-363.

Mussweiler T, Strack F. 2000. The "relative self": informational and judgmental consequences of comparative self-evaluation. Journal of Personality and Social Psychology, 79 (1): 23-38.

Olsen R F, Ellram L M. 1997. A portfolio approach to supplier relationships. Industrial Marketing Management, 26 (2):

101-113.

Parmigiani A, Rivera-Santos M. 2011. Clearing a path through the forest: a meta-review of interorganizational relationships. Journal of Management, 37 (4): 1108-1136.

Powell W W, Smith-Doerr L. 1994. Networks and economic life//Collins R, Smelser N J, Swedberg R. The Handbook of Economic Sociology. Princeton: Princeton University Press: 379-402.

Rindfleisch A, Moorman C. 2001. The acquisition and utilization of information in new product alliances: a strength-of-ties perspective. Journal of Marketing, 65 (2): 1-18.

Roseira C, Brito C, Henneberg S C. 2010. Managing interdependencies in supplier networks. Industrial Marketing Management, 39 (6): 925-935.

Sa Vinhas A, Heide J B, Jap S D. 2012. Consistency judgments, embeddedness, and relationship outcomes in interorganizational networks. Management Science, 58 (5): 996-1011.

Scott W R. 1995. Institutions and Organizations. Thousand Oaks: Sage Publications Inc.

Sharma A, Kumar V, Yan J, et al. 2019. Understanding the structural characteristics of a firm's whole buyer-supplier network and its impact on international business performance. Journal of International Business Studies, 50 (3): 365-392.

Short J C, Ketchen D J, Jr, Palmer T B, et al. 2007. Firm, strategic group, and industry influences on performance. Strategic Management Journal, 28 (2): 147-167.

Tang X L, Rai A. 2012. The moderating effects of supplier portfolio characteristics on the competitive performance impacts of supplier-facing process capabilities. Journal of Operations Management, 30 (1/2): 85-98.

Terpend R, Tyler B B, Krause D R, et al. 2008. Buyer-supplier relationships: derived value over two decades. Journal of Supply Chain Management, 44 (2): 28-55.

Thornton P H, Ocasio W. 1999. Institutional logics and the historical contingency of power in organizations: executive succession in the higher education publishing industry, 1958–1990. American Journal of Sociology, 105 (3): 801-843.

Uzzi B. 1997. Social structure and competition in interfirm networks: the paradox of embeddedness. Administrative Science Quarterly, 42 (1): 35-67.

Wang L. 2023. Relational strength variability of the supplier network and its effect on buyer's supplier-facing process capabilities. Hong Kong: University of Hong Kong.

Wassmer U. 2010. Alliance portfolios: a review and research agenda. Journal of Management, 36 (1): 141-171.

Wathne K H, Heide J B. 2004. Relationship governance in a supply chain network. Journal of Marketing, 68 (1): 73-89.

Wilhelm M M. 2011. Managing coopetition through horizontal supply chain relations: linking dyadic and network levels of analysis. Journal of Operations Management, 29 (7/8): 663-676.

Wilhelm M M, Blome C, Bhakoo V, et al. 2016. Sustainability in multi-tier supply chains: understanding the double agency role of the first-tier supplier. Journal of Operations Management, 41 (1): 42-60.

Williamson O E. 1985. The Economic Institutions of Capitalism: Firms, Markets, Relational Contracting. New York: The Free Press.

Wu Z H, Choi T Y, Rungtusanatham M J. 2010. Supplier-supplier relationships in buyer-supplier-supplier triads: implications for supplier performance. Journal of Operations Management, 28 (2): 115-123.

Zhou K Z, Zhang Q Y, Sheng S B, et al. 2014. Are relational ties always good for knowledge acquisition? Buyer-supplier exchanges in China. Journal of Operations Management, 32 (3): 88-98.

第三章　供应商关系研究的实证基础

第一节　实证研究的样本与数据

一、研究情境

本书实证研究以中国制造企业及其供应商为样本。作为全球主要经济体，中国情境下的制造企业供应商关系管理主要有以下三个特点。

第一，中国企业在处理组织间关系时大量采用关系（guanxi）和基于强关系的关系治理机制（Li et al.，2010；Xiao and Tsui，2007）。中国企业普遍采用关系来管理组织间关系，是由中国的文化特征和制度环境导致的。中国是集体主义文化，相比于个人主义文化，集体主义文化的成员更注重自己与周边人的关系，他们倾向于用与周边人的关系来定义自己（Triandis，1995）。这也是为什么在中国个体更加注重人与人之间的关系，并基于强关系形成"圈子"（Xiao and Tsui，2007）。此外，尽管中国的市场化进程持续深化，但与西方发达国家相比，中国的市场环境仍旧不完善。于是组织间的社会关系便成为不完善市场环境下交易的重要补充机制。特别是关系中的信任，克服了组织间合作中的机会主义行为，保证了双方长远互惠，进而降低了组织间的交易成本和促进了双方的价值共创。最后，关系不仅局限于企业与企业之间的社会关系，还表现为企业与政府的社会关系，特别是政府作为经济宏观调控和社会治理的主导力量，与政府的社会关系增强了企业应对商业合作风险的能力。总之，社会关系在中国商业环境中扮演着非常重要的角色，这使得组织间关系强度的影响更容易被观察到。

第二，改革开放以来，中国经历了快速的经济增长和巨大的社会变革，无论在下游需求市场，还是在上游供给市场都经历着广泛的不确定环境。张维为（2019）在《这就是中国：走向世界的中国力量》一书中谈到，在改革开放短短的四十多年里，中国先后经历了四次工业革命。从 20 世纪 80 年代到 90 年代初的十多年，我们通过大力发展乡镇企业，完成了以纺织业等轻工业为主的第一次工业革命。从 20 世纪 90 年代初到 21 世纪初的十多年，我们大致完成了以电力、内燃机、家用电器、石化工业和中高端基础设施等为主的第二次工业革命，并与西方几乎同步地进入了以信息化和通信产业为代表的第三次工业革命，起初是追赶，然后是逆袭，现在已经成为第三次工业革命的佼佼者。今天世界正处于从第三次工业革命转入第四次工业革命的转折期，以大数据、人工智能、量子通信等为代表的第四次工业革命将极大地改变人类生活和运作方式，而且中国已经进入这场新工业革命的"第一方阵"（张维为，2019）。在中国经济快速崛起的过程中，一方面随着西方先进技术的不断涌入，以及中国政府对自主创新的持续投入，供给端的技术更新速度日益加快。另一方面，中国消费需求不断升级，顾客需求日益个性化、易变化，需求端给企业带来了不少压力。总之，中国的改革开放过程，提供了一个复杂多变的外部环境，为检验不确定性外部环境作为调节变量的影响提供了机会。

第三，复杂的制度环境。改革开放四十多年，中国经济逐步从计划经济体制转变为市场经济与国家调控共存的社会主义市场经济体制（王小鲁等，2009）。一方面，随着市场化不断深入，市场规则在管理经济活动中扮演着越来越重要的角色。按照市场规则，企业通过效率和创新追求竞争优势和经济利润。另一方面，政府在企业经济活动中仍扮演着重要角色。政府及其经济附属，如国有企业，占据着关键资源，掌控着生产要素市场；此外政府通过审批机制和各种政策影响着企业经济活动（He and Tian，2008）。因此，社会主义市场经济体制本质上包含了两种竞争性制度逻辑：国家制度逻辑和市场制度逻辑。前者关注的是经济和政治目标，后者关注的是创新和效率目标。这两种制度逻辑对企业的经营目标和手段有着不同的制度描述，进而对企业施加了冲突性制度要求。此外，国有部门和非国有部门两种体制并存是渐进式市场化改革的重要现象（边燕杰等，2012），尽管国有企业与民营企业均受国家制度逻辑和市场制度逻辑影响，但国家制度逻辑在国有企业中具有统治性影响，市场制度逻辑在非国有企业中具有统治性影响。总之，中国特殊的制度变迁过程为研究复杂制度环境下制造企业如何管理不同制度属性的供应商提供了较好的实证情境。

二、问卷数据

由于制造企业供应商关系管理中的很多概念很难从二手数据中获得，因此本章采用问卷方法来收集中国制造企业供应商关系管理及其外部环境的数据。Kriauciunas 等（2011）认为在非传统情境下，如中国这样的转型经济国家情境，问卷的收集有必要由非政府机构提供抽样框。为了有效地收集数据，我们与三所位于北京、山东和河南的大学进行合作，经历了三个阶段最终完成数据收集工作。第一个阶段，三所高校合作者向我们提供了总共1000家可获得的当地制造企业的名单，并以此作为抽样的样本框。随后，我们采用了两个标准来筛选潜在的受访企业：①企业至少成立两年，因为新成立企业在供应商关系管理方面尚未成熟（Hoetker et al.，2007）；②剔除了大型央企，因为大型央企在供应商关系管理中不具备典型市场行为特征（Gao et al.，2015）。需要说明的是，尽管我们剔除了大型央企，但样本中仍包含一定数量省级或市级的国有企业。经过筛选，最后我们保留了 522 家受访企业。

第二阶段，研究团队努力与这些企业负责人或者高管取得联系，赢得他们对问卷调研的支持。此外，由于研究中涉及制造企业的供应商网络，为了确保所获数据的准确性及实施的可行性，参考 Andersson 等（2002）的方法，我们将供应商网络成员数量设置为 5，即要求制造企业采购经理评价 5 家最核心供应商的关系管理情况。这样的网络范围设计既保证了问卷数据的足够准确性，又确保了相关网络变量的测量。随后问卷要求制造企业采购经理评价制造企业与每一家供应商成员的关系及合作情况。这意味着参与调研的制造企业至少识别并评价 5 家核心供应商，最终有 232 家企业符合条件且同意接受我们的问卷调研。

第三阶段，研究团队派遣调研成员到受访企业进行面对面访谈。尽管这种现场面对面访谈花费大量时间和资金，但相比于邮件或者线上问卷，现场面对面访谈更容易让受访者理解问卷中的问题，确保问卷得到完整的填写，而且避免填写人员将问卷交由其他人员代为填写。所有参与访谈的调研成员都经过相应的培训，比如，让他们熟悉调研的背景，掌握访谈的技巧以及访谈用词。调研成员在访谈前先给受访者一封调研介绍信，该信主要是解释此次问卷调研的目的，并承诺此次调研信息不会外泄，仅用于科研目的；调研介绍信可以较大程度地打消受访人员的疑虑。每次访谈大约持续一小时到一个半小时，最后有 232 家制造企业接受访谈，共回收 210 份有效问卷。

基于问卷数据研究的最大问题是共同方法偏差问题，即观测到的因果关系可能是因为共同的数据来源而产生的真正因果关系，而减轻共同方法偏差问题的最有效办法就是采用不同的数据来源（Flynn et al.，2018；Rindfleisch et al.，2008）。为了获得多源数据，我们把调研问卷分成两部分。第一部分问卷是"制造企业的战略与组织调研问卷"，该问卷涵盖了企业的基本信息、外部环境、资源和能力、外部关系及创新战略等信息。第二部分问题是"制造企业的供应体系调研问卷"，该问卷包含两组问题：第一组问题涉及制造企业对其供应商管理的总体评价，比如，供应商选择途径、从供应商处的知识获取、供给柔性等；第二组问题涉及制造企业对 5 家核心供应商的评价，比如，制造企业与供应商关系强度、控制方式、技术差异等信息。第一份问卷由企业总经理或其他高管填写，第二份问卷由企业采购经理填写。不同的问卷和填写者，保证了不同的数据来源。

表 3-1 提供了 210 家制造企业及其供应商网络的统计性描述。210 家制造企业的平均企业年龄为 16.5 年，大部分是小型企业（50%），私有企业占多数（75%）；另外，28% 的受访企业来自发达省份，72% 来自欠发达省份。210 家制造企业采购

经理识别了 998 家供应商，其中，168 家制造企业识别了 5 家供应商，32 家识别了 4 家供应商，10 家识别了 3 家供应商。

表 3-1　210 家制造企业及其供应商网络的统计性描述

分类标准		数量	占比
企业规模	大型（>2000 人）	24	11%
	中型（300~2000 人）	82	39%
	小型（<300 人）	104	50%
	总计	210	100%
企业类型	国有企业	36	17%
	私有企业	157	75%
	外资企业	17	8%
	总计	210	100%
企业地域	发达省份	58	28%
	欠发达省份	152	72%
	总计	210	100%
供应商网络规模	5 家供应商	168	80%
	4 家供应商	32	15%
	3 家供应商	10	5%
	总计	210	100%

注：样本企业共来自 18 个省（直辖市），其中，发达省份包含北京、天津、上海、重庆、广东、江苏、浙江 7 个省（直辖市）；欠发达省份包含河北、辽宁、吉林、安徽、福建、山东、河南、湖北、湖南、四川、陕西 11 个省

三、中国工业企业数据库数据

不同数据来源有助于减少共同方法偏差（Flynn et al.，2018）。本书中的一些研究将问卷数据与中国工业企业数据库数据进行匹配，以使自变量和因变量数据来自不同数据源。中国工业企业数据库数据由国家统计局每年主持收集一次，调查企业覆盖了所有国有企业和年产值 500 万元及以上的非国有企业，数据内容涉及了受调查企业的财务信息、股权信息及企业基本信息，该数据是《中国统计年鉴》的主要数据来源。由于数据权威和全面性，中国工业企业数据库数据被广泛用于管理学和经济学研究中（Cai and Liu，2009；Zhou et al.，2017）。

中国工业企业数据库数据包含了受调查企业的法人代码，这成为问卷数据与

中国工业企业数据库数据匹配的标识代码。在数据匹配过程中，首先，本书研究团队根据调研问卷中的制造企业名称，通过"全国组织机构统一社会信用代码数据服务中心"和"中国经济普查名录"查询每一家企业的"法人代码"。剔除一些无法识别和重名的样本，210家样本企业中共识别了200家企业的法人代码。其次，根据法人代码，我们将问卷数据与中国工业企业数据库企业数据进行匹配。本书中有的研究自变量来自问卷数据，因变量来自中国工业企业数据库；而有的研究自变量来自中国工业企业数据库，因变量来自问卷数据。由于研究设计的不同，不同研究会将问卷数据与不同年份的中国工业企业数据库数据进行匹配。比如，为了让因变量滞后于自变量，如果因变量数据来自中国工业企业数据库，我们会将问卷数据与问卷数据收集年份后一年的中国工业企业数据库数据进行匹配；如果自变量来自中国工业企业数据库，我们则将问卷数据与问卷数据收集年份前一年的中国工业企业数据库数据进行匹配。由于中国工业企业数据库数据涵盖了规模以上的工业企业（年产值500万元及以上）及全部的国有企业数据，如果填写问卷企业的规模较小且非国有企业，则该企业问卷数据将匹配不到中国工业企业数据库数据，这导致了匹配后的样本量减少。

　　下面将分别以第四章"绩效反馈对基于关系渠道选择供应商影响"和第八章"供应商组合中差异化社会控制对制造企业绩效影响"两个研究为例说明匹配过程。在第四章"绩效反馈对基于关系渠道选择供应商影响"的研究中，因变量是制造企业基于关系渠道选择供应商，该数据来自调研问卷；自变量是制造企业绩效反馈，该数据来自中国工业企业数据库。为确保因变量滞后于自变量，我们用问卷数据与问卷数据收集年份前5年的中国工业企业数据库数据进行匹配。由于受调研企业中有一部分企业没有达到进入中国工业企业数据库的标准，问卷数据中个别制造企业没有查询到法人代码，最终该研究成功匹配了112家调研企业。在第八章"供应商组合中差异化社会控制对制造企业绩效影响"的研究中，自变量是供应商组合的差异化社会控制，该数据来自调研问卷；因变量是制造企业资产收益率（return on assets，ROA），该数据来自中国工业企业数据库。为确保因变量滞后于自变量，我们将问卷数据与问卷数据收集年份往后一年的中国工业企业数据库数据进行匹配，最终成功匹配了133家调研企业。在这两个研究中，一个成功匹配了112家问卷企业，一个成功匹配了133家问卷企业，两个研究匹配量的不同主要是由于第四章研究中的绩效反馈测量要求连续6年的数据，而第八章的制造企业绩效只要求1年的数据，因此后者的匹配量更高。

　　参照Hitt等（1996）的做法，我们用二手数据检验了问卷数据的质量。比如，第八章的研究分别用问卷数据和中国工业企业数据库数据计算了企业员工数量、企业年龄和企业类型，并检验它们的相关性。结果显示问卷数据中的这些变量与中国工业企业数据库数据的对应变量高度相关（企业员工数量相关系

数 = 0.56，$p < 0.01$；企业年龄相关系数 = 0.72，$p < 0.01$；企业类型相关系数 = 0.71，$p < 0.01$），这些结果显示问卷数据具有较高质量。

第二节　内生性问题及解决方法

一、因果关系与内生性问题

管理学实证研究的核心目的是检验变量之间的因果关系。检验因果关系的理想情境是用随机实验的方法，即将研究对象随机分配到实验组和控制组，然后比较处理前后实验组和控制组的结果差异，进而确定处理效应（X）是否显著影响结果变量（Y）。然而，现实中，特别是组织层面的研究中，研究者很难对研究对象开展随机实验，研究中使用更多的是观测数据。基于观测数据检验因果关系存在两个主要挑战（Sande and Ghosh，2018）：第一，观测数据无法保证处理效应是随机分配的，这导致接受处理的群体（实验组）和未接受处理的群体（控制组）不可能是相似的；第二，观测数据无法保证处理效应与结果影响是相互独立的，比如，在研究合同控制对合作伙伴机会主义行为的影响时，企业可能预测到了合作伙伴机会主义行为的危害而选择了合同控制。因此，如果我们直接对观测数据进行普通最小二乘法（ordinary least squares，OLS）回归估计，则 OLS 估计量中包含了解释变量与误差项的相关系数，此时得到的 OLS 估计量是非一致的，即使样本容量很大，OLS 估计量也不会接近回归系数的真值。学者将回归分析中解释变量与误差项存在的相关关系称为内生性问题，而解决观测数据研究中的内生性问题就成为实证研究中要解决的关键问题。

王宇和李海洋（2017）总结了内生性问题的五种来源：遗漏变量偏差、选择性偏差、双向因果、动态面板偏差和测量误差。遗漏变量偏差是指模型设定中遗漏了某个或某些控制变量，而遗漏的控制变量恰好与关注的解释变量相关，进而导致了内生性问题。这些遗漏变量或是一些无法观测的因素，或是学者没有考虑到的控制变量。选择偏差是由于某些变量影响着企业是否被包含在样本中，且这些变量同时与解释变量和结果变量相关（Clougherty et al.，2016）。选择偏差包括样本选择性偏差和自我选择性偏差。样本选择性偏差是指用部分样本估计基于全样本的因果关系，自我选择性偏差是指被研究对象会做出进入控制组的选择，这一选择因素同时与解释变量和结果变量相关。双向因果是指解释变量与被解释变量互为因果，这样会使解释变量与误差项相关。动态面板偏差是指当模型纳入被解释变量的滞后项作为解释变量时，被解释变量的滞后项与误差项的滞后项相关，即误差项存在自相关，导致被解释变量的滞后项与误差项相关。测量误差是指由于对变量测量不准确，使得测量误差被包含到误差项中，进而导致测量不准的变量与误差项相关。

考虑到内生性问题对回归结果的显著影响，学者通常采用不同方法来修正内生性问题。王宇和李海洋（2017）总结了六种常用的内生性问题修正方法：工具变量法、Heckman（赫克曼）两阶段模型、广义矩估计法（generalized method of moments，GMM）、双重差分法、倾向得分匹配、固定效应模型。下面本节将对这六种方法思想进行简单介绍，以为后续研究中的内生性问题处理做铺垫。

（一）工具变量法

工具变量法实质上是通过工具变量将存在内生性问题的解释变量分成外生部分和内生部分。第一阶段分别将工具变量和内生解释变量（x）作为自变量和因变量进行回归，得到 x 的拟合值 $\hat{x}$（外生部分）；第二阶段用因变量 y 对 $\hat{x}$ 进行回归，即可达到对内生解释变量 x 进行修正的目的（Bascle，2008）。工具变量的选择要符合两个条件：一是与自变量 x 相关，二是与误差项 ε 不相关。在使用工具变量法时，常用的方法有两阶段最小二乘法（two stage least squares，2SLS）、三阶段最小二乘法（three stage least squares，3SLS）和 GMM。在满足球形扰动项（误差项没有异方差和自相关）的情况下，两阶段最小二乘法是最有效的。但在误差项存在异方差或自相关的情况下，GMM 则是更为有效的估计方法（Bascle，2008）。三阶段最小二乘法的优点在于将联立方程之间误差项的相关性考虑进去，进而修正联立方程的内生性问题。

（二）Heckman 两阶段模型

Heckman 两阶段模型主要用于修正由选择性偏差造成的内生性问题。该模型一般分为两个阶段：第一阶段选择模型用以估计存在自我选择性偏差变量的可能性，并从中得到逆米尔斯比率（inverse Mills ratio）；随后将逆米尔斯比率加入第二阶段模型中以修正自我选择性偏差。Sun 等（2016）研究了公司董事政治资本对大股东公司财富侵占行为的影响，其自变量为"公司董事会政治资本水平"，该变量的选择可能不是随机的，也就是说可能存在某些因素，使一些公司更愿意选择政治关联的董事，而另一些则不愿意，这导致了自我选择性偏差。我们采用Heckman 两阶段模型对该内生性问题进行修正，第一阶段选择模型用来估计不同特征的公司选择政治关联董事的可能性，从选择模型中可以得到逆米尔斯比率；第二阶段则将逆米尔斯比率和其他变量一起回归以修正内生性问题。

（三）GMM

GMM 是用来修正动态面板模型内生性问题的方法，它包含了 Arellano-Bond 差分 GMM、水平 GMM 和 Arellano-Bover/Blundell-Bond 系统 GMM 三种方法。Arellano-Bond 差分 GMM 是对差分后的方程进行 GMM 估计，在修正内生性问题时，该方法主要采用内生解释变量的滞后项作为工具变量，也可指定额外的工具变量（Arellano and Bond，1991）。Arellano-Bond 差分 GMM 的最大缺点在于不随时间变化的变量无法被差分掉，因此该方法无法对这类变量进行估计（Arellano and Bover，1995）。为了解决这一问题，Arellano 和 Bover（1995）提出了水平 GMM，也就是回到差分前的水平方程，并使用内生解释变量差分后的滞后项作为工具变量。水平 GMM 最大的问题是估计效率比较低。

随后 Blundell 和 Bond（1998）结合差分 GMM 和水平 GMM 提出系统 GMM。系统 GMM 是在差分 GMM 和水平 GMM 的基础上发展而来的，是将差分方程和水平方程作为一个方程系统进行 GMM 估计。Arellano-Bover/Blundell-Bond 系统 GMM 的优点是既能估计不随时间变化的变量，又具有相当高的效率。在所回顾的文献中，Arellano-Bond 差分 GMM 和 Arellano-Bover/Blundell-Bond 系统 GMM 使用得最为普遍，而水平 GMM 使用得则较少。

（四）双重差分法

双重差分法是在"自然实验"（natural experiment）的基础上发展而来的。自然实验是指一组受试个体（群体）暴露在自然地或其他非观察者控制条件下的一种实验研究方法。这种对实验组与控制组的划分类似于随机实验。在自然实验中，实验组是受到自然事件冲击的样本组，控制组是未受到自然事件冲击的样本组。样本分组的虚拟变量为 d_i，$d_i = 1$ 为实验处理的样本，$d_i = 0$ 为未经实验处理的样本。样本处理时间的虚拟变量为 d_t，$d_t = 1$ 为实验处理前的样本，$d_t = 0$ 为实验处理后的样本。分组虚拟变量 d_i 与时间虚拟变量 d_t 的乘积即为双重差分估计量 d_t^i，d_t^i 系数的显著性是实验处理（政策实施）对实验因变量（被解释变量）影响是否显著的判别依据（陈林和伍海军，2015）。比如，我们用双重差分法检验修建铁路是否对城市经济增长有显著促进影响，用 $d_i = 1$ 表示那些铁路穿过的城市，用 $d_i = 0$ 表示那些铁路没穿过的城市；用 $d_t = 1$ 表示铁路穿过前的样本，用 $d_t = 0$ 表示铁路穿过后的样本；用城市生产总值增长率表示城市经济增长。随后我们计算交互项 $d_t^i = d_i \times d_t$，并用该交互项对城市生产总值增长率进行回归，该交互项回归系数的显著性则反映了修建铁路对城市经济增长是否具有显著影响。

（五）倾向得分匹配

倾向得分匹配方法（propensity score matching method）最早由 Rosenbaum 和 Rubin（1983）提出，是一种基于倾向得分（发生概率）进行匹配的方法，其目的是构建自然实验的条件（Imbens and Wooldridge，2009；Kapoor and Lee，2013；Rosenbaum and Rubin，1983）。倾向得分是个体在给定自身观测变量前提下受到处理（treatment）的条件概率，也就是个体在其特定属性下受到处理的可能性。在随机实验条件下，实验组和控制组的结果可以直接进行比较，但在非随机实验条件下，实验组与控制组之间的非随机分配使得直接比较结果产生偏差（Rosenbaum and Rubin，1983）。倾向得分匹配方法正是为了解决这一问题，通过计算倾向得分，使得倾向得分相近的两个样本被分别分配到实验组和控制组，这样使得受处理可能性相同的两个样本可以看作被"随机"分配了（D'Agostino，1998）。

倾向得分匹配方法的优点是通过倾向得分匹配，研究者可以控制实验组和控制组之间存在的混杂因素，进而构造一个"准随机"实验。更重要的是，倾向得分匹配方法提供了一种自然加权方案，可以对处理影响进行无偏估计（Dehejia and Wahba，2002）。倾向得分匹配一般用 Probit 或 Logit 模型来计算倾向得分。比如，在 Probit 或 Logit 模型中，因变量为是否采用新政策（虚拟变量），自变量为所有可能影响地区是否被选为试点的因素，当然自变量的确定需要研究者依据理论或通过定性分析得到。倾向得分匹配最大的缺点是在计算倾向得分时，模型中只包含可观测的影响因素，并没有包含不可观测的因素（Hamilton and Nickerson，2003）。换句话说，如果某一地区是否被选为试点的影响因素大部分为不可观测的，此时倾向得分匹配方法便不再适用。另外，由于倾向得分匹配方法需要为实验组找到一个控制组，因此倾向得分匹配法还非常依赖大样本。

（六）固定效应模型

固定效应模型是指先对方程进行固定效应转换然后再进行估计的方法（Wooldridge，2002）。固定效应模型是为了解决控制不到的、不随时间变化且无法观测到的因素导致的内生性问题。解决方法便是通过固定效应转换消除所有不随时间变化且无法观测到的因素。所谓固定效应转换是指对面板数据中的各个样本（如公司 i）的历年数据取均值，然后用得到的均值变量替代原方程中的各个变量，进而形成一个新的方程，最后用原方程减去新方程完成变换。由于这些不随时间变化的因素在相减时被消掉了，所以这些因素导致的潜在内生性问题便得到解决。如果不对这些因素进行相减，它们便会融入误差项中；一旦这些因素与解释变量相关，模型便会存在内生性问题。

由此可见，固定效应模型只能部分控制内生性问题，它并没有控制那些随时间变化且无法观测到的因素，而融入了这些因素的误差项也可能与解释变量相关。因此在修正内生性时，固定效应模型往往被作为一种辅助方法，配合其他方法一起使用，起到辅助而不是主要的修正作用，如 Sun 等（2016）以及 Brush 等（2012）的研究。另外，在使用固定效应模型方法时需要注意两个问题：一是该方法只能用于面板数据，否则固定效应转换后，各变量的值都为 0；二是该方法无法对不随时间变化的变量（如行业虚拟变量、企业创始人性别等）进行估计，因为这些变量在固定效应转换时已经被消除为 0 了，即使放入模型中也会被自动排除（Wooldridge，2002）。

二、共同方法偏差及解决方法

不同数据背后的内生性问题不同，本书主要是基于横截面问卷数据的实证研究，横截面问卷数据的内生性问题主要是共同方法偏差导致的内生性问题。共同方法偏差（common method bias）是指收集数据时相同方法所导致的变量之间的共同变异（Buckley et al.，1990）。收集数据时的相同方法使得解释变量与误差项相关，进而导致非一致回归估计量。变量的测量分数由三个方面构成：真实分数、系统性误差和随机误差。真实分数是量表测量到的真实、客观的数值。系统性误差是指以一种相似的方式影响不同变量的测量，它是测量分数中的稳定构成部分，它的产生主要由受访者特有的视角决定，如乐观的受访者对所有量表评价的分数均偏高。随机误差是指围绕在真实分数均值上下波动的变异，它的产生主要是因为所有受访者很难对复杂组织做出一致性评价，所以产生了分数上的波动。共同方法偏差本质上属于系统性误差。尽管随机误差会影响估计的信度，但随着样本量增加，随机误差会相互抵消，其对回归估计的影响也会随之减少。但系统性误差则会从某一方向影响估计关系，这一影响并不会随着样本增加而减少，最终增加或降低了估计系数，导致了弃真和取伪错误。因此，共同方法偏差是基于问卷数据实证研究必须要解决的问题。

Podsakoff 等（2003）识别了四种共同方法偏差来源：同一评价者、题项特征、题项语境和测量环境。同一评价者偏差是指同一个人评价了所有变量量表，这导致了解释变量和被解释变量之间存在人为的共变。受访者的一致性动机、社会称许性、宽大效应、默认、积极或消极的情感等因素均会导致同一评价者偏差。题项特征影响是指题项中的具体属性或特征影响了评分者对题项的评价。题项的社会称许性、模糊性、暗示特征、共同的量表格式和标注，以及积极或消极文字编码导致了题项特征偏差。题项语境是指测量工具中题项之间的上下文联系造成的反应者对该项目独特的理解和解释。题项启动效应、题项嵌入、语境诱发情绪、量表长度、混合不同构念的题项导致了题项语境偏差。测量环境是指填写者填写数据时面临的环境。受访者填写问卷时，相同的时间、地点和测量媒介均导致了测量环境偏差。在问卷数据收集过程中，同一个问卷填写者在相同时间评估同一份问卷的所有题项，这导致了测量环境偏差。正是这些问题的存在，在问卷数据的研究中共同方法偏差最容易被人诟病。

Podsakoff 等（2003）识别了 6 种评估共同方法偏差的检验方法：Harman 单因子检验法、偏相关法、潜在误差变量控制法、多质多法模型、相关独特性模型、直接乘积模型。Harman 单因子检验法是指如果共同方法偏差大量存在，对测量题项进行因子分析时，要么会出现单独一个因子，要么一个因子解释了大部分单因子模型的变异。偏相关法是指用一个变量来测量潜在方法变异来源并进行控制，具体包括分离出社会称许性影响、标签变量影响和一般方法因子的影响。潜在误差变量控制法是指用结构方程模型，将共同方法变异作为一个潜在变量；如果包含潜在变量的模型拟合度显著优于不包含潜在变量的模型拟合度，则表明该模型存在共同方法偏差。多质多法模型是指通过对不同测量工具和不同测量目标之间相互关系的比较和分析，揭示具体测量工具所包含的结构和特征。相关独特性模型是指在模型中每一个观测变量只受特征因子和测量误差项影响，并不受方法因子的影响。该模型通过允许变量误差彼此相关来描述方法因子的影响。直接乘积模型认为特征变量与方法量表之间相互影响，特征的相关系数越强，共同方法偏差对特征变量的相关影响越大。

尽管有多种共同方法偏差的检测和控制方法，但良好的研究设计是解决共同方法偏差的最有效方法。Flynn 等（2018）基于共同方法偏差威胁和受访者偏差威胁两个维度识别了四类问卷设计。第一类问卷设计是由单一受访者评价所有题项，包含自变量和因变量，所测量的概念是单一视角概念；这类问卷设计共同方法偏差威胁较大，但受访者偏差威胁较小。第二类问卷设计是由单一受访者评价所有题项，包含自变量和因变量，所测量的概念是多个视角概念。所谓多个视角概念是指一个变量测量需要从多个视角（受访者）评价，比如关系强度需要关系双方当事人共同评价才更准确。这类问卷设计共同方法偏差威胁和受访者偏差威胁均较大。第三类问卷设计是由多个受访者评价题项，特别是自变量和因变量的评价来自不同受访者，所测量的概念是多个视角概念，但只有一个视角的受访者进行评价。这类问卷设计共同方法偏差威胁较少，但受访者偏差威胁较大。第四类问卷设计是由多个受访者评价题项，特别是自变量和因变量的评价来自不同受访者，所测量的概念是多个视角概念，每个视角下的测量均由对应视角受访者进行评价。

这类问卷设计共同方法偏差威胁和受访者偏差威胁均较小，相比而言，该类型设计是最优的问卷设计。

尽管第四类问卷设计是最优的，但寻找多个受访者评估因变量和自变量，并要求不同视角受访者评价相应概念，这样的研究设计是相当花时间和具有高额成本的。有些情况下其他三类问卷设计也是可以使用的。比如，在个体水平的研究中，如果研究者关注制造企业对供应商的信任如何影响制造企业的决策，第一类问卷设计就是合适的选择，因为自变量和因变量都反映的是制造企业经理感知。另外，在中小型企业研究中，由于企业规模较小，中小型企业经理对一些概念情况是非常了解的，而且中小型企业的数据相对较难获得，在这种情况下，由单一受访者评价多个视角概念也是可行的（Kull et al.，2018）。总的来说，研究设计是根据研究问题而来的，学者要对自己研究设计的选择进行说明，如果不可避免地使用了单一数据来源，学者也可以采用一些方法来减少由此带来的偏差，如混合方法、二手数据、三角测量以及多个来源的子样本等方法（Montabon et al.，2018）。当然如果关注的研究问题是一个开创性问题，第二、第三类问卷设计也是可以使用的，但需要在研究局限性中进行解释，强调这是该类问题实证研究的第一步，期望后续实证研究弥补这一问题。

三、本书中内生性问题的解决方法

学者认为相比于事后检验和统计方法的选择，实证前的研究设计是解决内生性问题的最有效手段（Flynn et al，2018；Rindfleisch et al.，2008）。本书采取多个数据来源、多种测量方法，并选择合适的受访者填写问卷，这些设计从源头上减少了共同方法偏差问题，进而减弱了模型潜在的内生性问题。

在问卷设计方面，我们将问卷分成两部分。第一部分问卷是关于制造企业组织、战略和环境方面的特征，这些方面涉及制造企业规模、年龄和股权类型等组织层面特征，企业政治关系、营销能力和生产策略等战略特征，以及技术环境不确定、需求环境不确定和市场竞争情况等环境特征。第二部分问卷包含两组题项：第一组题项涉及制造企业总的供应商管理方法和绩效，如制造企业的供应商选择渠道、知识获取情况和供应商的供给柔性等；第二组题项要求制造企业识别供应商网络中的 5 家核心供应商，并要求制造企业对其与每一家供应商的关系强度、合同治理、知识分享等变量进行评价。第一部分问卷由制造企业总经理或其他熟悉该情况的高级经理评价，第二部分问卷由制造企业的采购经理评价。不同问卷由不同受访者填写能够有效避免同源方法偏差问题。比如，在第七章"供应商关系强度对制造企业营销能力影响"的研究中，制造企业的营销能力数据来自总经理或其他高级经理填写的第一份问卷，而制造企业与供应商的关系强度、供给柔性和供应商信息分享数据来自采购经理填写的第二份问卷；解释变量和因变量数据分别来自不同受访者有效地避免了同源方差的影响。此外，制造企业总经理或其他高级经理更了解制造企业的组织、战略和环境方面的情况，而采购经理则对供应商关系管理方面更了解；不同问卷选择最了解情况的人填写，能够更好地避免受访者偏差。总之，选择多个数据来源，并由合适的受访者填写问卷有助于减少共同方法偏差导致的内生性问题。

为了进一步避免共同方法偏差，我们将问卷数据与中国工业企业数据库数据进行匹配。中国工业企业数据库数据涉及样本企业的财务数据，基于客观财务数据构造的绩效变量不同于问卷的主观数据；特别是自变量和因变量分别来自问卷数据和二手档案数据，能够更好地减少共同方法偏差。比如，在第四章"绩效反馈对基于关系渠道选择供应商影响"的研究中，自变量（制造企业绩效反馈）数据来自中国工业企业数据库中的企业资产收益率数据，因变量（制造企业基于关系渠道选择供应商）数据则来自制造企业问卷数据。在第八章"供应商组合中差异化社会控制对制造企业绩效影响"的研究中，自变量（供应商组合中差异化社会控制）数据来自制造企业问卷数据，而因变量（制造企业绩效）则来自中国工业企业数据库中的资产收益率数据。由于自变量和因变量数据来自不同数据源，且因变量均滞后自变量一年，因此，问卷数据与二手数据的匹配不仅减少了共同方法偏差，同时也从时间滞后上避免了逆向因果关系。

除了多个数据来源外，本书还采用了不同测量方法来减少共同方法偏差问题。比如，在第九章"供应商网络中关系强度差异对制造企业知识获取影响"的研究中，供应商网络中关系强度差异和制造企业知识获取均来自采购经理问卷，但供应商网络中关系强度差异是基于采购经理对供应商网络中所有制造企业与供应商关系强度的评价，然后用变异系数来测量的；而制造企业知识获取是由制造企业从供应商网络整体知识获取量表中测量的。类似地，在第十章"相对关系强度对供应商信息分享影响"的研究中，制造企业与供应商的相对关系强度是由供应商与制造企业的关系强度减去供应商网络中所有制造企业与供应商关系强度均值测量的，而供应商信息分享是由供应商向制造企业信息分享量表测量的。在第十三章"跨制度社会控制对制造企业绩效影响"的研究中，跨制度社会控制是制造企业与供应商组合中国有企业类型供应商的社会控制均值和制造企业与非国有企业类型供应商的社会控制均值差的绝对值，而因变量则来自中国工业企业数据库中的资产收益率——比例数据。不同的测量方法，而非全部是量表数据有助于减少研究中由共同方法偏差导致的内生性问题。

即使不同的数据来源和不同的测量方法，在相当程度上避免了模型的共同方法偏差问题（Flynn et al.，2018；Rindfleisch et al.，2008），本书仍采用了相应的计量经济学方法来解决内生性问题。比如，在第六章"绩效反馈对供应商关系治理机制影响"的研究中,由于合同治理和关系治理相互影响,是同时决定的,因此本书需要同时对两个方程进行估计。参照 Poppo 和 Zenger(2002)的方法,本书采用三阶段最小二乘法对该模型进行估计。该方法的原理是:第一步,将各个内生变量对方程中所有的外生变量进行回归,得到各内生变量的拟合值;第二步,产生一致性估计的方程扰动项的协方差矩阵;第三步,用第一步产生的拟合值代替内生变量,再结合第二步产生的协方差矩阵信息,通过广义最小二乘法(generalized least squares)对方程组进行估计。该方法使用工具变量产生一致性估计,并用广义最小二乘法对方程之间扰动项的相关性进行控制,因此有助于消除模型的内生性问题。

在第十三章"跨制度社会控制对制造企业绩效影响"的研究中,考虑到在样本供应商网络中,49%的供应商网络同时包含了国有企业和非国有企业两种类型的供应商,51%的供应商网络只包含了其中一种类型的供应商,为了控制样本选择性偏差的影响,该章节采用 Heckman 两阶段方法。在第一阶段选择模型中,该章将因变量设为虚拟变量:1 表示供应商网络同时包含了国有企业和非国有企业两种类型的供应商;0 表示供应商网络只包含了其中一种类型的供应商,并通过第一阶段选择模型计算逆米尔斯比率。在第二阶段回归模型中,该章引入了第一阶段模型计算的逆米尔斯比率以控制样本选择性偏差的影响(Krishnan et al.,2006)。此外,该章主要认为跨制度社会控制正向影响制造企业绩效(Phelps et al.,2012),但这一逻辑存在逆向因果可能,即拥有高绩效的制造企业更有可能采用跨制度社会控制。为了减少或避免潜在逆向因果的影响,该章在 Heckman 第二阶段模型中控制了制造企业前一年绩效。

参 考 文 献

边燕杰,王文彬,张磊,等.2012.跨体制社会资本及其收入回报.中国社会科学,(2):110-126,207.

陈林,伍海军.2015.国内双重差分法的研究现状与潜在问题.数量经济技术经济研究,32(7):133-148.

王小鲁,樊纲,刘鹏.2009.中国经济增长方式转换和增长可持续性.经济研究,44(1):4-16.

王宇,李海洋.2017.管理学研究中的内生性问题及修正方法.管理学季刊,2(3):20-47.

张维为.2019.这就是中国:走向世界的中国力量.上海:上海人民出版社.

Andersson U,Forsgren M,Holm U. 2002. The strategic impact of external networks: subsidiary performance and competence development in the multinational corporation. Strategic Management Journal,23(11):979-996.

Arellano M,Bond S. 1991. Some tests of specification for panel data: Monte Carlo evidence and an application to employment equations. The Review of Economic Studies,58(2):277-297.

Arellano M,Bover O. 1995. Another look at the instrumental variable estimation of error-components models. Journal of Econometrics,68(1):29-51.

Bascle G. 2008. Controlling for endogeneity with instrumental variables in strategic management research. Strategic Organization,6(3):285-327.

Blundell R,Bond S. 1998. Initial conditions and moment restrictions in dynamic panel data models. Journal of

Econometrics，87（1）：115-143.

Brush T H，Dangol R，O'Brien J P. 2012. Customer capabilities，switching costs，and bank performance. Strategic Management Journal，33（13）：1499-1515.

Buckley M R，Cote J A，Comstock S M. 1990. Measurement errors in the behavioral sciences：the case of personality/attitude research. Educational and Psychological Measurement，50（3）：447-474.

Cai H B，Liu Q. 2009. Competition and corporate tax avoidance：evidence from Chinese industrial firms. The Economic Journal，119（537）：764-795.

Clougherty J A，Duso T，Muck J. 2016. Correcting for self-selection based endogeneity in management research：review，recommendations and simulations. Organizational Research Methods，19（2）：286-347.

D'Agostino R B，Jr. 1998. Propensity score methods for bias reduction in the comparison of a treatment to a non-randomized control group. Statistics in Medicine，17（19）：2265-2281.

Dehejia R H，Wahba S. 2002. Propensity score-matching methods for nonexperimental causal studies. Review of Economics and Statistics，84（1）：151-161.

Flynn B，Pagell M，Fugate B. 2018. Editorial：survey research design in supply chain management：the need for evolution in our expectations. Journal of Supply Chain Management，54（1）：1-15.

Gao G Y，Xie E，Zhou K Z. 2015. How does technological diversity in supplier network drive buyer innovation？Relational process and contingencies. Journal of Operations Management，36（1）：165-177.

Hamilton B H，Nickerson J A. 2003. Correcting for endogeneity in strategic management research. Strategic Organization，1（1）：51-78.

He Y Q，Tian Z L. 2008. Government-oriented corporate public relation strategies in transitional China. Management and Organization Review，4（3）：367-391.

Hitt M A，Hoskisson R E，Johnson R A，et al. 1996. The market for corporate control and firm innovation. Academy of Management Journal，39（5）：1084-1119.

Hoetker G，Swaminathan A，Mitchell W. 2007. Modularity and the impact of buyer-supplier relationships on the survival of suppliers. Management Science，53（2）：178-191.

Imbens G W，Wooldridge J M. 2009. Recent developments in the econometrics of program evaluation. Journal of Economic Literature，47（1）：5-86.

Kapoor R，Lee J M. 2013. Coordinating and competing in ecosystems：how organizational forms shape new technology investments. Strategic Management Journal，34（3）：274-296.

Kriauciunas A，Parmigiani A，Rivera-Santos M. 2011. Leaving our comfort zone：integrating established practices with unique adaptations to conduct survey-based strategy research in nontraditional contexts. Strategic Management Journal，32（9）：994-1010.

Krishnan R，Martin X，Noorderhaven N G. 2006. When does trust matter to alliance performance？. Academy of Management Journal，49（5）：894-917.

Kull T J，Kotlar J，Spring M. 2018. Small and medium enterprise research in supply chain management：the case for single-respondent research designs. Journal of Supply Chain Management，54（1）：23-34.

Li Y，Xie E，Teo H H，et al. 2010. Formal control and social control in domestic and international buyer-supplier relationships. Journal of Operations Management，28（4）：333-344.

Montabon F，Daugherty P J，Chen H Z. 2018. Setting standards for single respondent survey design. Journal of Supply Chain Management，54（1）：35-41.

Phelps C，Heidl R，Wadhwa A. 2012. Knowledge，networks，and knowledge networks. Journal of Management，38（4）：

1115-1166.

Podsakoff P M，MacKenzie S B，Lee J Y，et al. 2003. Common method biases in behavioral research：a critical review of the literature and recommended remedies. Journal of Applied Psychology，88（5）：879-903.

Poppo L，Zenger T. 2002. Do formal contracts and relational governance function as substitutes or complements？. Strategic Management Journal，23（8）：707-725.

Rindfleisch A，Malter A J，Ganesan S，et al. 2008. Cross-sectional versus longitudinal survey research：concepts，findings，and guidelines. Journal of Marketing Research，45（3）：261-279.

Rosenbaum P R，Rubin D B. 1983. The central role of the propensity score in observational studies for causal effects. Biometrika，70（1）：41-55.

Sande J B，Ghosh M. 2018. Endogeneity in survey research. International Journal of Research in Marketing，35（2）：185-204.

Sun P，Hu H W，Hillman A J. 2016. The dark side of board political capital：enabling blockholder rent appropriation. Academy of Management Journal，59（5）：1801-1822.

Triandis H C. 1995. Individualism & Collectivism. Boulder：Westview.

Wooldridge J. 2002. Introductory Econometrics：A Modern Approach. Cincinnati：South-Western College Publishing.

Xiao Z X，Tsui A S. 2007. When brokers may not work：the cultural contingency of social capital in Chinese high-tech firms. Administrative Science Quarterly，52（1）：1-31.

Zhou K Z，Gao G Y，Zhao H X. 2017. State ownership and firm innovation in China：an integrated view of institutional and efficiency logics. Administrative Science Quarterly，62（2）：375-404.

第二篇 供应商选择

供应商选择是制造企业供应商关系管理的重要环节。基于关系渠道选择供应商是中国制造企业常见的供应商选择渠道。由于供应商的产品和合作可信赖性存在较大不确定性，制造企业倾向于从自身所嵌入的关系网络中选择供应商，比如，选择有过合作经历的供应商，或者借助现有网络成员推荐来选择供应商。由于供应商与制造企业共同嵌入在同一个关系网络中，大量的共同第三方以及网络中的非正式规范，增加了供应商信息透明性，确保了供应商在随后合作中的承诺，因而降低了制造企业选择供应商时面临的风险。

然而，基于关系渠道选择供应商也面临着一大弊端，即知识的同质性。由于来自同一个关系网络，长期直接或者间接的合作导致了网络成员之间的知识冗余，因此，基于关系渠道选择供应商会导致制造企业因错失异质性知识而丧失产品创新的机会。关系网络中的合作利益使制造企业产生了一种关系惰性，即不愿意跳出现有关系网络去选择陌生供应商。因此，什么能够激发制造企业改变基于关系渠道选择供应商便成了当前企业界和学术界关注的热点问题。本篇中第四章将关注绩效反馈如何让制造企业减少基于关系渠道选择供应商。

此外，供应商对创业阶段制造企业的产品迭代和大规模量产至关重要，但创业阶段制造企业既没有足够大的采购规模，又缺乏必要的供应商管理经验，因此创业阶段制造企业在选择和管理供应商方面面临着比成熟企业更大的挑战。本篇中第五章将探讨创业阶段制造企业供应商选择与管理面临的挑战及应对策略。

第四章 绩效反馈对基于关系渠道选择供应商影响

第一节 行为视角下的供应商选择研究

供应商选择是制造企业建立并管理供应商关系的关键环节,供应商选择渠道及由此选择的供应商,不仅会在很大程度上影响制造企业对该供应商的后续管理,同时还会影响制造企业对其他供应商的管理。然而,在供应商选择的实际操作中,制造企业不可能预先收集到每个潜在供应商的能力、绩效、可信赖性等详尽信息(Oxley,1997;Williamson,1975),并在此基础上对潜在供应商进行充分评估和比较;所以,由此导致的制造企业与供应商之间的信息不对称给制造企业供应商选择带来了极大挑战。就供应商选择渠道而言,制造企业可以通过公开市场渠道、关系网络渠道、政府推荐渠道等搜索和选择供应商(Zhou et al.,2003)。不同的供应商选择渠道使得制造企业获得的供应商信息不同,面临的供应商风险也不同(Baum et al.,2005)。考虑到供应商选择的重要性以及进行供应商选择渠道决策时面临的挑战,探究供应商选择渠道影响因素便成为供应商关系研究的一个重要问题。

当前文献显示,市场渠道和关系渠道是制造企业常用的两种供应商选择渠道(Xie et al.,2013;Zhou et al.,2003)。基于关系渠道选择供应商是指制造企业依靠合作伙伴或社会关系的推荐,搜索并选择新的供应商。当前文献揭示了基于关系渠道选择供应商的优势和劣势,如基于关系渠道选择供应商有助于制造企业从共同嵌入的关系网络中获得更多关于供应商的信息,进而降低制造企业供应商选择的风险;但其劣势在于共同嵌入的关系网络导致供应商成员之间技术与知识的同质性,不利于制造企业的产品创新(Fang et al.,2011;Gulati and Gargiulo,1999;Li et al.,2008)。总的来看,当前文献更多的是将供应商选择建立在理性企业的假设基础之上,然而在经营实践中企业并非完全理性,一些行为因素影响制造企业的决策和风险偏好,进而影响其对供应商选择渠道的偏好(Baum et al.,2005;Rogan and Sorenson,2014)。因此,学者认为有必要从非理性视角,如企业行为理论视角,对制造企业供应商选择渠道的前因做更多探讨。

基于企业行为理论视角,本章旨在研究制造企业的绩效反馈如何影响其基于关系渠道选择供应商。此外,本章进一步研究关系中专用性资产投资和制造企业面临的市场竞争强度如何调节绩效反馈对制造企业基于关系渠道选择供应商的影响。通过整合企业行为理论和关系交换理论，本章探讨了触发制造企业基于关系渠道选择供应商的行为影响机制，为制造企业供应商选择影响因素研究提供了新的视角。

第二节　绩效反馈、供应商选择的理论与假设

一、供应商选择文献综述

（一）供应商重要性与供应商选择

供应商是制造企业各种资源、零部件、信息和服务的主要提供者，选择合适的供应商并将其整合到制造企业的供应链中，是制造企业获取竞争优势的重要来源（Choi and Hartley，1996）。随着商业环境的变化和发展，制造企业面临越来越多样化的市场需求、激烈的市场竞争和多变的技术环境。商业环境变化使得企业与供应商之间的关系也不断发展和变化。特别是在复杂多变的商业环境下，制造企业越来越需要与供应商建立长期合作关系，进而确保与供应商形成良好的协同以应对快速变化的市场需求（Dyer and Singh，1998；陈启杰和齐菲，2009）。正如陈启杰和齐菲（2009）所言，在供应链管理理念的影响下，制造企业对供应商的评价指标也在发生变化，合适的供应商不仅要能够帮助企业降低整体采购成本，还要能够与企业保持良好的交易和合作，进而帮助企业取得经营上的成功。因此如何与供应商保持长期的交易和合作关系以有效地整合供应商资源与能力，越来越成为制造企业供应商关系管理面临的重要问题（Cousins et al.，2006；Mudambi and Helper，1998）。

尽管制造企业已经认识到与供应商进行良好合作的重要性，但现有研究却表明企业之间的合作和联盟存在较高的失败率（Bleeke and Ernst，1991）。Bleeke 和 Ernst（1991）分析了 49 个跨国联盟，结果发现在联盟的前两年内，三分之二的联盟面临着严重的管理和金融问题，三分之一的联盟最后遭遇失败。选择合适的供应商是建立成功的交易和合作关系、避免合作关系失败的重要因素（Shah and Swaminathan，2008）。在选择新的供应商时，企业囿于有限理性，不可能收集到潜在供应商在能力、绩效、可信赖性等方面所有详尽的信息（Oxley，1997；Williamson，1975），更难以通过这些信息对供应商进行客观全面的评价。特别是当制造企业与供应商之间在商业和文化环境等方面存在较大差异时，企业选择供应商时面临的风险将会更大（陈启杰和齐菲，2009）。因此，制造企业通常需要依赖一些供应商选择渠道，如基于关系渠道和基于市场渠道等对供应商进行了解并

将其引入自身供应商体系中。不同的供应商选择渠道给制造企业带来了不同利弊，因此，基于什么渠道选择供应商便成为制造企业供应商关系管理的重要话题（Xie et al.，2013；Zhou et al.，2003）。

（二）供应商选择渠道

制造企业可以通过多种渠道搜寻并选择新的供应商。一般而言，基于市场渠道和基于关系渠道是企业搜寻并选择供应商的两种基本渠道（Xie et al.，2013；Zhou et al.，2003）。基于市场渠道选择供应商主要是基于交易成本理论的逻辑，即企业在公开市场上获取潜在供应商的信息，通过对各个供应商的产品质量、价格、表现和服务等进行比较和评价，从而选择能在交易中获取最大利益的供应商进行合作（Saxton，1997）。一些文献指出，基于市场渠道选择供应商的一大优势在于，该渠道允许制造企业与来自嵌入关系网络之外的供应商建立合作关系，这些供应商可以为企业带来非冗余的资源、信息和技术，进而避免企业因过度嵌入现有关系网络而无法适应外部环境变化（Capaldo，2007）。另一些文献指出，基于市场渠道选择供应商也给企业带来了过高的风险（Baum et al.，2005）。一方面制造企业很难通过市场信息充分了解新供应商的能力、表现和信誉等方面的信息，因此制造企业可能会引入不适当的供应商（Oxley，1997）；另一方面由于缺乏信任基础，引入的供应商可能会为了自身利益而从事机会主义行为，进而损害制造企业的利益（Baum et al.，2005；Li et al.，2008；钱丽萍和任星耀，2012）。

相比而言，基于关系渠道选择供应商是基于社会网络理论的逻辑，即企业通过嵌入的关系网络获取潜在的供应商信息，选择新的供应商。在关系网络中，企业与网络成员建立的信任和互惠关系，不仅能使企业从关系网络中获取各种合作资源（Dyer and Singh，1998），同时还能使制造企业获得潜在供应商的能力、绩效、可信赖性等方面的信息（Li and Rowley，2002；Meuleman et al.，2010）。基于关系渠道选择供应商涵盖了制造企业所嵌入关系网络中的其他企业、合作伙伴、经理人网络等为制造企业推荐的供应商（Xie et al.，2013；Zhou et al.，2003）。大量文献指出，关系推荐是一种有效的供应商选择方式。一方面，由于关系网络中行为规范以及声誉效应等机制的存在（Burt and Knez，1995），熟识和信任的第三方推荐，可以减少企业引入新供应商时面临的风险和不确定性；另一方面，关系渠道作为有效的信息来源，减少了制造企业搜索新供应商时的时间和成本（Gulati and Gargiulo，1999）。但是，一些文献也指出过多地依赖关系渠道选择供应商也存在不利的一面，即可能会使企业过度地嵌入现有关系网络之中，而无法获取异质性信息和资源（Fang et al.，2011；Mitręga and Zolkiewski，2012）。

（三）基于关系渠道选择供应商

基于关系渠道选择供应商是指制造企业依靠合作伙伴或社会关系的推荐，搜索并选择新供应商的方式。在供应商能力、绩效和可信赖性等信息不充分的情况下，选择新供应商具有较高的风险和不确定性，制造企业倾向于从合作伙伴或其他关系成员推荐的供应商中寻找潜在的供应商（Li et al.，2008；Li and Rowley，2002；Xie et al.，2013）。当前文献强调了基于关系渠道选择供应商的两方面优势。第一，基于关系渠道选择供应商减少了制造企业与供应商之间的信息不对称性。由于制造企业与关系网络成员在长期交往互动中形成了信任和互惠关系，通过现有关系网络成员的介绍，制造企业能够获得更为可靠的关于潜在供应商能力、绩效、可信赖性等方面的信息（Gulati and Gargiulo，1999）。此外，出于对制造企业的了解，关系网络成员向制造企业推荐的供应商会更加符合制造企业的需要（Li et al.，2008）。第二，基于关系渠道选择供应商能够对新供应商产生规范性约束。关系推荐意味着制造企业与新供应商之间存在共同第三方，一旦在交易和合作中供应商采取不当行为，它们的负面形象会通过共同第三方在关系网络中迅速传播，进而对该供应商的声誉产生负面影响（Burt and Knez，1995）。因此，关系推荐能够减少新供应商在后续合作中机会主义行为的发生（Burt and Knez，1995）。总之，基于关系渠道选择供应商是一种风险较小、不确定性较低的供应商选择方式（Gulati，1995；Podolny，1994），该供应商选择渠道有助于制造企业选择合适的供应商，并为后续合作提供社会控制手段。

然而，一些研究指出基于关系渠道选择供应商可能会给制造企业带来不好的影响。这些研究认为基于关系渠道选择供应商不一定能帮助制造企业选择合适的供应商（Fang et al.，2011；Mitręga and Zolkiewski，2012；Noordhoff et al.，2011）。

首先，基于关系渠道选择供应商不仅会使制造企业在供应商管理中受到束缚，还会使制造企业在搜寻新供应商时处于盲目的状态（Poppo et al.，2008）。基于关系渠道选择供应商给制造企业供应商管理带来的合作利益，会使制造企业过度嵌入到当前供应商关系网络中，进而限制了制造企业获取有效信息的能力，使得制造企业无法从更广阔的范围搜索新供应商。此外，这种过度嵌入的关系网络致使制造企业对已经失效或效用有限的供应商承担了许多不必要的责任，这进一步限制了制造企业搜索新供应商的能力（Rogan and Sorenson，2014）。

其次，关系网络可能会使制造企业和强势的供应商建立连接，致使其在后续协商和谈判中处于不利地位（Mitręga and Zolkiewski，2012；高维和，2008）。Wathne和 Heide（2004）指出不对称的关系中普遍存在着消极机会主义行为，这种消极机会主义行为致使企业引入不合适的供应商。高维和（2008）指出渠道商网络外部性引起的正反馈循环导致渠道商被锁定,在被锁定关系中的专用性资产投资进而会导致购买商攫取准租金的机会主义行为。

当前文献进一步指出,制造企业是否基于关系渠道选择供应商取决于其是否能够通过这种供应商选择方式从关系网络中获得想要的利益(Meuleman et al.,2010；Wuyts and Geyskens, 2005)。例如,Meuleman 等(2010)指出,企业应该何时使用基于关系渠道选择合作伙伴取决于对方公司代理问题的风险。当潜在合作伙伴存在较大的代理问题,或者在知识兼容性方面和制造企业契合度较高时,基于关系渠道选择合作伙伴是合适的方式；而当潜在合作伙伴在社会网络中拥有良好的声誉时,关系推荐的方式就不再那么重要。Xie 等(2013)指出,当企业面临的需求不确定性和制度不确定性较高时,企业会更多地使用基于关系渠道选择供应商；而当技术不确定性和竞争强度较高时,企业较少地使用基于关系渠道选择供应商。Li 等(2008)指出,选择熟悉的合作伙伴还是陌生的合作伙伴取决于与新合作伙伴建立关系是否有利于企业创新及对创新的保护。表 4-1 列出了基于关系渠道选择供应商的优势与劣势。

表 4-1 基于关系渠道选择供应商的优势与劣势

方面	优势	劣势
搜索和选择	● 通过关系渠道获得的供应商能力、绩效、可信赖性等方面的信息较为可靠,且风险和成本较低	● 供应商的来源受限于关系渠道,选择供应商的范围有限
关系网络影响	● 关系网络中共同遵守的规范会对新引入供应商的行为产生约束 ● 关系网络的凝聚力使得制造企业与供应商更容易建立信任和互惠关系 ● 共同第三方背书和名誉效应的影响使供应商不容易发生机会主义行为	● 现有关系网络的锁定使得制造企业难以根据需要及时更换供应商 ● 关系网络推荐的供应商不一定能给制造企业带来异质性资源和信息 ● 关系网络限制了企业利用结构洞从供应商处获取影响力和利益
引入供应商结果	● 可靠的供应商信息获取和关系网络的影响有助于引入合适的供应商 ● 熟悉制造企业经营的网络成员更容易推荐合适的供应商	● 选择来源的限制使得制造企业不一定能选择到合适的供应商 ● 在关系网络中处于弱势地位的制造企业可能会引入不合适的供应商

通过梳理基于关系渠道选择供应商的文献,本章发现之前的相关研究均基于一个共同的潜在假设,即制造企业是理性的,能够比较全面地获取信息并对不同的供应商选择策略进行评估,然后根据企业自身情况做出最优的策略选择。然而,有研究显示当前文献存在两方面不足:第一,制造企业难以获得所有供应商选择策略的信息,因而无法对不同选择策略做出有效评价(Anderson and Jap, 2005)；第二,制造企业不可能对不同情境下从关系网络中获取的利益进行评估,因此很难界定供应商选择策略是不是最优(Rogan and Sorenson, 2014)。换句话说,在供应商选择方面,理性决策的逻辑并不能够完全解释制造企业的供应商选择决策

（Baum et al.，2005；Rogan and Sorenson，2014），因此，学者呼吁有必要从有限理性的角度探讨影响制造企业供应商选择的行为因素。

二、企业行为理论

企业行为理论是基于有限理性假设解释组织决策过程（Cyert and March，1963），该理论有三个核心假设。第一，企业决策的目标是获得满意结果，而不是最优结果。企业依据自身的历史绩效和可比较竞争对手的绩效构建期望绩效，通过将当前绩效与期望绩效进行比较来判断是否满意结果（Greve，2003；连燕玲等，2015）。第二，企业经营中积累的路径、惯例及标准化程序是用来规避未来的不确定性的（Gavetti et al.，2012），除非在经营上出现不满意结果，企业倾向于延续之前的路径、惯例及程序，而不愿意做出过多改变（Cyert and March，1963）。第三，不满意结果触发了企业的搜寻行为，在寻找解决方案时，有限理性的企业不是搜索所有可能的解决方案后再进行选择，而是在资源约束下从问题发生的局部由近及远地进行搜索，直到找到解决问题的方案（Argote and Greve，2007；Cyert and March，1963）。

Greve（2003）对企业行为理论进行了拓展并构建了企业绩效反馈模型，揭示了企业期望的绩效反馈对企业搜索行为和风险偏好的影响。当绩效表现达到或超过期望绩效时，企业倾向于规避风险并维持和加强当前的行动与决策，搜索新方案并进行改变的动机随之削弱（Cyert and March，1963）。然而，当绩效表现低于期望绩效时，负向绩效会触发企业的问题搜索，并增加其对风险的容忍程度。因此接受不满意绩效反馈的企业更愿意冒风险投入更多的资源，进行更大范围的搜索，以寻找到能够解决当前问题的方案（Cyert and March，1963；Kahneman and Tversky，1979）。不同供应商选择渠道背后的风险不同，共同嵌入的关系网络提供了信息渠道和非正式制度保护，降低了制造企业选择供应商的风险及随后的管理困难，因此制造企业更多依赖基于关系渠道选择供应商。然而基于关系渠道选择供应商的利益恰恰使得制造企业过度嵌入当前关系网络，而无法获得异质性信息。总之，尽管当前文献探讨了绩效反馈如何影响决策者的风险偏好及企业搜寻行为，但绩效反馈对制造企业基于关系渠道选择供应商的影响，当前文献仍未给出系统研究。

三、企业行为理论视角下基于关系渠道选择供应商的影响因素

绩效反馈是指企业当期绩效与企业期望绩效水平之间的差值，是企业行为理论视角下的重要作用机制（Greve，2003）。绩效反馈向企业决策者传递了当前经

营决策和行动是否令人满意的信息。根据企业行为理论，绩效反馈会触发决策者的搜索行为并影响其风险偏好。好的绩效反馈降低了企业对风险的容忍程度并弱化了其改变现状的动机，差的绩效反馈增加了企业的风险容忍程度并触发了其问题驱动的搜索行为。在选择新供应商时，企业面临的风险来源于三个方面：第一，企业能否获得候选供应商过去表现的可靠信息；第二，企业能否对供应商的能力以及未来双方良好合作的可能性进行准确评判；第三，供应商违约的可能性（Mummalaneni et al.，1996）。大量的研究表明，相较于基于市场渠道选择供应商，基于关系渠道选择供应商是一种风险更低的供应商选择方式。其原因在于，一方面，企业能够通过关系渠道获取更多关于新供应商之前表现、绩效和可信赖性等方面的可靠信息；另一方面，关系网络中共同第三方的背书会对供应商产生规范性约束，减少了其发生违约行为的可能性（Gulati and Gargiulo，1999）。

　　本章认为当企业绩效表现优于期望绩效时，企业将更多地依赖基于关系渠道选择供应商。好的绩效反馈增强了决策者对前期经营决策和行动有效性的认知，并通过组织学习的方式将先前成功的经验与实践加以总结和强化，形成了企业实践的惯例（Levitt and March，1988）。同时，制造企业还会对不可预期的、可能会改变现有成功实践的活动和冲击进行规避（Cyert and March，1963；Gavetti et al.，2012）。在选择新供应商时，当企业绩效优于期望绩效时，制造企业希望引入的供应商对其前期成功惯例造成尽量小的改变，并希望新供应商能够很好地对接先前成功的实践，而不是产生意想不到的违约行为和冲击。在这种情况下，从现有的关系网络成员中选择，或者从值得信赖、对企业经营实践有一定了解的合作伙伴推荐和背书的供应商中选择，给制造企业引入供应商带来的风险最小，对现有供应商体系带来的冲击也最小。因此，企业绩效越是优于期望绩效，制造企业越是依赖基于关系渠道选择供应商。

　　相反，低于期望绩效的绩效反馈，表明企业经营的某些方面可能存在问题，需要搜索问题的解决方案以修复不满意的绩效（Iyer and Miller，2008）。因此，较差的绩效反馈将触发企业问题搜索行为，即"被问题触发搜索……旨在寻找到问题的解决方案"（Cyert and March，1963）。对绩效进行修复的压力也使得企业更愿意开展探索性的、偏离企业熟悉领域的尝试以寻找更好的解决方案。在选择新供应商时，现有的关系网络会限制制造企业的搜索范围，使供应商的选择局限于已构建的关系网络中，这不利于企业找到能够改变绩效的供应商（Mitręga and Zolkiewski，2012）。只有在较差的绩效反馈情况下，企业才有可能跳出现有关系网络，从更大范围寻找合适的供应商。与此同时，当企业绩效低于期望绩效时，企业对风险的容忍程度会增加，许多先前被认为是高风险的解决方案，此时更加容易被接受。当低风险的调整难以使企业绩效恢复到期望绩效时，决策者愿意承担更大风险、做出更大改变，以获得能够提升企业绩效的机会和解决方案（Greve，

2003；严若森等，2016）。因此，企业绩效越是低于期望绩效，制造企业越有可能摆脱基于关系渠道选择供应商。

总之，绩效反馈反映的是企业当期绩效与企业期望绩效水平之间的差值，随着该变量值由负到正逐渐增大，企业绩效由低于期望绩效，到与期望绩效的差异逐渐缩小，再到优于期望绩效，并超出期望绩效。绩效反馈越好，企业越倾向于在现有关系网络中选择供应商，即基于关系渠道选择供应商；绩效反馈越差，企业越倾向于摆脱基于关系渠道选择供应商。基于此，本章提出如下假设。

假设 4.1：绩效反馈正向影响制造企业基于关系渠道选择供应商。

四、专用性资产投资和市场竞争强度的调节作用

制造企业是否会摆脱现有关系网络搜索新供应商，不仅取决于绩效反馈的驱动，还取决于企业的风险容忍程度。风险容忍程度"影响着组织从多种可选方案中做出选择并采纳该方案的能力"（Greve，2003）。较高风险容忍程度允许企业进行更大范围的问题搜索，接受更新的替代方案；而较低风险容忍程度则更容易导致企业拒绝新方案。制造企业的风险容忍程度受到企业自身层面和市场层面因素的影响（Beckman et al.，2004）。本章认为制造企业在现有供应商关系中投入专用性资产的多少以及自身面临的市场竞争程度影响着制造企业的风险容忍程度，进而会对绩效反馈与制造企业基于关系渠道选择供应商的关系产生调节作用。

（一）专用性资产投资的调节作用

专用性资产投资（specific asset investment）是指制造企业投资于现有供应商关系以维持信任、持久交易和合作的资产（Heide and John，1990；Jap and Ganesan，2000）。这种资产在特定关系中的价值远大于在关系外的价值（Bensaou and Anderson，1999）。较高的专用性资产投资意味着企业在供应商关系中投入了较高的沉没成本，由于这些专用性资产投资是不可逆的，投资越多，制造企业可用于搜索供应商并建立新关系的资源就越少（Rese and Roemer，2004；Wiseman and Gomez-Mejia，1998）。在专用性资产投资较多的情况下，退出现有供应商关系会造成企业难以承受的损失，这导致企业持续地对现有供应商投入资源以提升现有供应商能力。在这种情况下，制造企业会避免从关系网络之外选择新供应商，而更倾向于依赖风险和成本较低的关系渠道选择新供应商。

因此，当绩效反馈显示制造企业在经营方面表现良好时，即企业绩效超出期望绩效时，较高专用性资产投资导致的低风险容忍程度会使企业进一步对风

险进行规避，进而使制造企业拒绝风险较高的供应商选择渠道，而更加依赖基于关系渠道选择供应商。相反，当绩效反馈显示制造企业经营存在失败时，即企业绩效低于期望绩效时，较高专用性资产投资导致的低风险容忍程度，会抑制制造企业采用更高风险供应商选择渠道的动机，进而导致制造企业更难摆脱现有关系网络的束缚（Schmitz et al.，2016）。此时，为防止专用性资产投资价值损失，制造企业会对现有供应商关系承诺升级，而这将在一定程度上阻止制造企业摆脱风险和成本较低的关系渠道而采用更高风险和成本的供应商选择渠道。基于此，本章提出如下假设。

假设 4.2：制造企业在供应商关系中的专用性资产投资将增强绩效反馈对其基于关系渠道选择供应商的正向影响。

（二）市场竞争强度的调节作用

市场竞争强度是指制造企业在市场上面临的竞争对手对市场份额、资源和机会争夺的激烈程度（Grewal and Tansuhaj，2001）。市场竞争强度会影响制造企业的风险容忍程度，从而对绩效反馈与基于关系渠道选择供应商的关系起调节作用。

第一，激烈的市场竞争稀释了企业的利润，使制造企业拥有较少的冗余资源从事风险较高的搜寻尝试和探索（Slywotzky and Drzik，2005）。冗余资源是指企业所拥有的过剩资源，它对企业做出适应、改变或冒风险的行为有着重要影响（Alessandri and Pattit，2014）。当市场竞争程度比较激烈时，企业有限的边际利润会使其冗余资源减少（Slywotzky and Drzik，2005）。由于摆脱现有关系网络选择供应商需要企业投入更多的资源和试错成本，激烈市场竞争导致的冗余资源缺乏会使企业对风险的容忍程度降低，因此企业在选择新供应商时更愿意采用风险和成本较低的关系渠道（Greve，2003）。

第二，激烈的市场竞争会给制造企业带来很大的生存压力并造成企业"威胁僵化"（threat rigidity），制造企业因而会更加保守并倾向于规避风险。威胁僵化理论认为威胁增加了经理人心理上的压力和焦虑，这种压力和焦虑束缚了经理人的信息处理能力，使得经理人更趋于加强控制。一旦企业受到较为严重的威胁，将倾向于避免新活动，偏向于资源保守，更加关注现有生产活动（Chen and Miller，2007）。因此，当企业经营受到严重威胁时，组织难以采取有效的行动对经营困境进行回应（Staw et al.，1981）。激烈的市场竞争增加了企业获得较差经营结果的可能性，甚至会导致企业受到破产的威胁（Hoskisson et al.，1991）。为了应对这样的困境，企业会通过加强集权控制、限制信息流通、节约资源等更加保守的方式对自身进行保护（Miller and Chen，2004）。这样的威胁降低了企业从风险和成本较高的渠道选择供应商的可能，而是更可能通过风险和成本较低的关系渠道选择新供应商。总之，当制造企业面临的市场竞争较激烈时，绩效反馈触发的摆脱关系渠道选择供应商的行为将会受到削弱。基于此，本章提出如下假设。

假设 4.3：制造企业面临的市场竞争程度将增强绩效反馈对其基于关系渠道选择供应商的正向影响。

图 4-1 画出了本章的理论框架图。

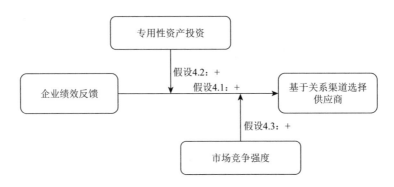

图 4-1　绩效反馈对基于关系渠道选择供应商影响的理论框架

第三节　实证研究方法

一、样本与数据

本章以中国制造企业为样本，数据由问卷数据和二手客观数据构成，其中，问卷数据来自我们对中国制造企业的问卷调查，二手客观数据来自国家统计局建立的中国工业企业数据库。问卷数据涵盖了制造企业供应商关系管理及企业战略方面的信息。中国工业企业数据库涵盖了规模以上工业企业及全部国有企业的财务数据。考虑到绩效反馈测量需要企业至少连续 3 年的绩效数据，且为了检验因果关系，绩效反馈数据（自变量数据）时间应该提前于制造企业基于关系渠道选择供应商数据（因变量数据），因此本章在中国工业企业数据库中选择了问卷调研之前连续 5 年的绩效数据。随后通过企业法人代码，本章将问卷数据与中国工业企业数据库数据进行了匹配，最后有 112 个样本匹配成功并用于验证本章的相关假设（详细数据介绍及匹配过程见第三章"供应商关系研究的实证基础"）。

表 4-2 给出了 112 家制造企业的统计性描述。在 112 家制造企业中，86%在发达省份，14%在欠发达省份。企业所有权类型方面，13%为国有企业，73%为私有企业，13%为外资企业。企业规模方面，约 34%是小型企业（员工人数小于 300 人），49%是中型企业（员工人数在 300～2000 人），17%是大型企业（员工人数大于 2000 人）。

表 4-2　112 家制造企业的统计性描述

分类标准		数量	占比
企业规模	大型（>2000 人）	19	17%
	中型（300～2000 人）	55	49%
	小型（<300 人）	38	34%
	总计	112	100%
企业类型	国有企业	15	13%
	私有企业	82	73%
	外资企业	15	13%
	总计	112	100%
企业地域	发达省份	96	86%
	欠发达省份	16	14%
	总计	112	100%

注：样本企业共来自 18 个省（直辖市），其中，发达省份是指北京、天津、上海、重庆、广东、江苏、浙江 7 个省（直辖市），欠发达省份是指河北、辽宁、吉林、安徽、福建、山东、河南、湖北、湖南、四川、陕西 11 个省。占比合计不为 100% 是舍五入修约所致

二、变量及测量

除了绩效反馈变量由中国工业企业数据库数据计算得来，本章中其他主要变量的数据来自问卷数据，这些变量测量时采用文献中成熟量表和利克特（Likert）7 点制计分（1 表示非常不同意；7 表示非常同意）。本章变量的具体测量如下。

（一）因变量

基于关系渠道选择供应商的量表来自 Zhou 等（2003）的量表，Xie 等（2016）也使用过该量表。该量表由 3 个题项构成：①我公司经常从通过朋友对我公司进行拜访的企业中选择供应商；②我公司经常从朋友或亲属开办或推荐的企业中选择供应商；③我公司经常从公司现有供应商推荐的企业中选择供应商。这些题项反映了制造企业在多大程度上依赖现有关系网络成员推荐选择供应商。

（二）自变量

绩效反馈通常是企业依据期望绩效水平对当期绩效表现情况进行评估，在测量上等于企业当期绩效水平与期望绩效水平之差。参照当前文献，本章采用企业资产收益率来反映企业的绩效反馈（Greve，2003；Baum et al.，2005）。在期望绩

效的构建方面，本章采用历史期望及社会期望的加权均值来表示制造企业的期望绩效水平。相应的计算如下：

$$PF_t = P_t - A_t$$

$$A_t = a_1 SA_t + (1-a_1)HA_t$$

其中，绩效反馈（PF_t）等于企业当期绩效（P_t）减去期望绩效（A_t）；期望绩效（A_t）是企业社会期望绩效（SA_t）和历史期望绩效（HA_t）的加权平均值；a_1 和 $1-a_1$ 分别是 SA_t 和 HA_t 的权重系数。社会期望绩效（SA_t）是指与企业社会参照群体企业的当期绩效情况对比，特别是企业通过和所在区域内生产相同或相似产品的同行企业进行比较构建社会期望绩效。根据已有的文献，本章采用企业所在县市同行企业绩效的中位数作为企业社会期望绩效的测量（Iyer and Miller，2008）。对于每一家企业，本章将社会参照群体企业的地域范围限定为四位地区代码（即县市区域），将社会参照群体企业的行业范围限定为四位行业代码[①]；通过两者结合，本章将企业的社会参照群体企业设定为企业所处的四位地区代码中的四位行业代码内的企业。

参照 Greve（2003）的测量方法，历史期望绩效（HA_t）由企业前一年的历史期望和前一年的绩效表现共同构成，具体是由企业前期绩效的指数加权移动平均求得。历史期望绩效（HA_t）的计算公式如下：

$$HA_t = a_2 HA_{t-1} + (1-a_2)P_{t-1}$$

其中，a_2 是企业前一年历史期望水平 HA_{t-1} 的权重系数；P_{t-1} 是企业前一年的绩效水平；$1-a_2$ 是 P_{t-1} 的权重系数。

在构建总的期望时，不同企业在历史期望和社会期望方面会赋予不同的权重（a_1）；在构建历史期望绩效时，不同企业会对前期绩效和近期绩效赋予不同的权重（a_2）。参照 Baum 等（2005）的方法，本章依次将 a_1 和 a_2 赋值为 0.3、0.5 和 0.7，然后对假设模型进行了 9 次检验以验证不同 a_1 和 a_2 组合下结果的稳健性；结果显示不同参数下假设模型结果是稳定和一致的。因此本章将 a_1 和 a_2 分别设定为 0.5 和 0.5，即用简单加权平均比例来计算企业期望。这样的权重设置反映了企业在设定历史期望绩效时均衡地考虑了过去和近期的绩效表现，在设定总的期望时企业也均衡地考虑了历史期望和社会期望。

（三）调节变量

专用性资产投资反映的是企业在现有供应商关系中投入资产的多少。专用性

---

① 行业一般由数字代码表示，数字代码的位数越多，表明行业细分程度越细。以《国民经济行业分类》（GB/T 4754—2017）为例，26 为化学原料和化学制品制造业，261 为基础化学原料制造，2611 为无机酸制造。

资产投资的测量量表改编自 Rokkan 等（2003）的量表。问卷要求应答者对以下题项进行评价：①我公司开展了大量的人员培训以实现员工对供应商更有效的配合；②我公司已经调整了企业生产管理办法以适应供应商队伍的实际情况；③我公司开发了专门的流程和技能以适应供应商队伍的实际情况。

市场竞争强度反映的是企业在所处行业中面临的市场竞争激烈程度（Jaworski and Kohli，1993）。该变量的测量量表改编自 Grewal 和 Tansuhaj（2001）。问卷要求应答者对以下题项进行评价：①我公司所处行业中的价格战非常频繁；②我公司所处市场中各公司新的竞争行为层出不穷；③我公司所处行业中促销方面的竞争非常激烈；④总的来说，我公司面临的市场竞争非常激烈。

（四）控制变量

当前文献表明可能会存在其他影响制造企业供应商渠道选择的因素，因此有必要对这些变量进行控制。出于这样的考虑，本章控制了制造企业在当前供应商关系中的嵌入程度。这个变量被普遍认为是影响企业基于关系渠道选择供应商的一个重要前因变量（Gulati，1995）。嵌入程度的测量量表改编自 Dacin 等（1999）、Tsai 和 Ghoshal（1998）的量表。应答者被要求对以下题项进行评价：①我公司的供应商队伍中形成了许多大家共同遵守的规则和规范；②我公司的供应商队伍中形成了许多大家共同接受的理念和价值判断；③我公司和许多供应商对于相互的合作有着共同的远景和期望。

除此之外，本章还控制了一些反映企业特征的变量，如企业规模、企业年龄和企业所有权类型。企业规模用序数变量测量，1 代表小型企业（员工人数小于 300 人），2 代表中型企业（员工人数在 300～2000 人），3 代表大型企业（员工人数大于 2000 人）（Gao et al.，2015）。企业年龄用问卷收集时间与企业成立时间之差的对数来表示。由于样本中包含了一些国有企业，本章也对企业所有权类型进行了控制。企业所有权类型用虚拟变量进行测量，1 代表国有企业，0 代表非国有企业。

三、概念的信效度分析

表 4-3 报告了主要变量的测量题项以及信效度。本章采用验证性因子分析（confirmatory factor analysis，CFA）方法来检验基于关系渠道选择供应商、专用性资产投资、市场竞争强度和嵌入程度变量测量的信度和聚合效度（Anderson and Gerbing，1988），如表 4-3 所示，一阶验证性因子分析结果显示模型具有令人满意的拟合情况 [$\chi^2(59) = 83.41$，拟合优度指数（goodness-of-fit index，GFI）= 0.90，比较拟合指数（comparative fit index，CFI）= 0.96，增量拟合指数（incremental fit index，

IFI）= 0.96，均方根误差逼近度（root mean square error of approximation，RMSEA）= 0.06]；标准化因子载荷系数在 0.53 至 0.91 之间，均在 0.01 水平下显著；平均方差萃取值（average variances extracted，AVE）在 0.59 至 0.61 之间，组合信度（composite reliability，CR）在 0.81 至 0.85 之间，两者均高于 0.50 阈值。这些结果显示上述四个变量测量具有较好的信度和聚合效度（Anderson and Gerbing，1988）。

表 4-3　主要变量的测量题项及信效度

变量题项及方法	载荷
验证性因子分析模型拟合度：$\chi^2(59)$ = 83.41，GFI = 0.90，CFI = 0.96，IFI = 0.96，RMSEA = 0.06	
基于关系渠道选择供应商（Zhou et al.，2003）：AVE = 0.60，CR = 0.81，HSV = 0.03	
1. 我公司经常从通过朋友对我公司进行拜访的企业中选择供应商	0.88
2. 我公司经常从朋友或亲属开办或推荐的企业中选择供应商	0.86
3. 我公司经常从公司现有供应商推荐的企业中选择供应商	0.53
专用性资产投资（Rokkan et al.，2003）：AVE = 0.59，CR = 0.81，HSV = 0.18	
1. 我公司开展了大量的人员培训以实现员工对供应商更有效的配合	0.72
2. 我公司已经调整了企业生产管理办法以适应供应商队伍的实际情况	0.91
3. 我公司开发了专门的流程和技能以适应供应商队伍的实际情况	0.65
市场竞争强度（Grewal and Tansuhaj，2001）：AVE = 0.59，CR = 0.85，HSV = 0.03	
1. 我公司所处行业中的价格战非常频繁	0.86
2. 我公司所处的市场中各公司新的竞争行为层出不穷	0.84
3. 我公司所处的行业中促销方面的竞争非常激烈	0.66
4. 总的来说，我公司面临的市场竞争非常激烈	0.70
嵌入程度（Dacin et al.，1999；Tsai and Ghoshal，1998）：AVE = 0.61，CR = 0.82，HSV = 0.18	
1. 我公司的供应商队伍中形成了许多大家共同遵守的规则和规范	0.88
2. 我公司的供应商队伍中形成了许多大家共同接受的理念和价值判断	0.81
3. 我公司和许多供应商对于相互的合作有共同的远景和期望	0.63

注：所有载荷在 0.01 水平下显著

此外，本章采用两种方法来评价上述四个变量测量的区分效度。第一，嵌套验证性因子分析比较法，该方法首先要构造未限制性模型和限制性模型，未限制性模型允许潜变量之间相关关系自由估计，限制性模型则把潜变量之间的相关关系设定为 1，因此限制性模型嵌套于未限制性模型。如果未限制性模型的卡方值显著小于限制性模型的卡方值，则说明观测变量具有较好的区分效度。由于两个模型自由度为 1，只要卡方值相差大于 4，即可说明未限制性模型卡方值显著小于限制性模型卡方值。本章计算了上述四个变量的未限制性模型和限制性模型的卡方值，并比较未限制性模型的卡方值与限制性模型的卡方值，结果显示未限制性模型的卡方值显著小于限制性模型的卡方值（比如，基于关系渠道选择供应商 vs. 嵌入程度：$\Delta\chi^2(1) = 102.90$，$p < 0.01$；专用性资产投资 vs. 市场竞争强度：$\Delta\chi^2(1) = 213.82$，$p < 0.01$）。因此，该方法显示上述四个变量测量具有较高的区分效度（Anderson and Gerbing，1988）。

第二，本章进一步采用了 AVE 和最大共有方差（highest shared variance，HSV）比较法（AVE 与 HSV 比较法）以检验变量测量之间的区分效度。Fornell 和 Larker（1981）认为如果每一潜变量的 AVE 大于这一潜变量与其他变量的 HSV，即大于潜变量与其他所有潜变量相关系数平方的最大值，则表明模型中各变量测量具有较好的区分效度。本章计算了上述每一个变量的 AVE 和该变量与其他变量的 HSV，并检验是否所有变量的 AVE 均大于 HSV；结果显示所有变量的 AVE 均大于 HSV（表4-3），因此，该方法进一步显示上述四个变量测量均具有较高的区分效度（Fornell and Larcker，1981）。

四、共同方法偏差检验

本章数据由多个数据来源构成，特别是因变量（基于关系渠道选择供应商）来自问卷数据，自变量（绩效反馈）来自中国工业企业数据库，多种数据来源在相当程度上避免了模型的共同方法偏差问题（Flynn et al.，2018；Rindfleisch et al.，2008）。本章进一步采用 Harman 单因子检验法和"未测量潜在方法因子效应控制法"两种方法检验了基于关系渠道选择供应商、专用性资产投资、市场竞争强度和嵌入程度变量的共同方法偏差问题（Podsakoff et al.，2003）。

在 Harman 单因子检验法中，本章对上述四个变量的所有题项进行了主成分因子分析，结果显示四个相互区别的因子共解释了主成分因子模型 72.4% 的变异，其中第一个因子解释了 24.1%。没有单个因子出现，也没有一个因子解释过多变异，这说明四个变量的潜在共同方法偏差问题不严重。在"未测量潜在方法因子效应控制法"检验中，本章在验证性因子分析模型中加入了一个方法因子，并允许该因子与所有题项相关；随后，本章将该模型与验证性因子分析模型进行比较，结果显示方法因子确实提升了模型的拟合度，增加了 6.8% 的模型解释比例，少于 Williams 等（1989）提出的 25% 临界值。因此，该方法也显示上述四个变量的共同方法偏差问题不严重。

第四节　实证研究结果

本章采用 OLS 来检验本章假设。为了减少多重共线性影响，构造交互项前所有变量都去中心化，经检测模型变量方差膨胀因子（variance inflation factor，VIF）值介于 1~2，小于临界值 10，因此多重共线性不是本模型的主要问题。表 4-4 报告了主要测量变量的相关系数、均值与标准差。表 4-5 报告了使用稳健性标准误的 OLS 所估计的结果。模型 1 只包含了控制变量，模型 2 加入了绩效反馈以检测主效应的影响，模型 3 加入了供应商关系中的绩效反馈与专用性资产投资的交互项以检验专用性资产投资的调节作用，模型 4 加入了绩效反馈与市场竞争强度的交互项以检验市场竞争强度的调节作用，模型 5 加入了所有变量和交互项。

表 4-4　变量相关系数、均值与标准差

变量	1	2	3	4	5	6	7	8
1. 基于关系渠道选择供应商	1.00							
2. 绩效反馈	0.17	1.00						
3. 专用性资产投资	0.04	−0.12	1.00					
4. 市场竞争强度	0.16	0.17	−0.01	1.00				
5. 嵌入程度	0.06	0.06	0.39	0.00	1.00			
6. 企业规模	0.04	−0.07	0.02	−0.21	0.02	1.00		
7. 企业年龄	−0.08	−0.08	−0.01	−0.09	−0.08	0.36	1.00	
8. 企业所有权类型	0.05	0.04	−0.17	0.24	−0.22	−0.06	0.18	1.00
均值	4.09	0.01	4.79	5.32	5.67	1.83	18.82	0.13
标准差	1.27	0.10	1.27	1.22	0.84	0.70	14.79	0.34

注：样本量 = 112，绝对值大于 0.21 的相关系数在 0.05 水平下显著

表 4-5　逐步层次回归结果

变量	模型 1	模型 2	模型 3	模型 4	模型 5
企业规模	0.16 （0.15）	0.17 （0.14）	0.19 （0.15）	0.15 （0.14）	0.18 （0.14）
企业年龄	−0.01 （0.01）	−0.01 （0.01）	−0.01 （0.01）	−0.01 （0.00）	−0.01 （0.00）
企业所有权类型	0.16 （0.38）	0.15 （0.35）	0.29 （0.39）	0.12 （0.34）	0.30 （0.37）
嵌入程度	0.05 （0.14）	0.04 （0.14）	0.05 （0.13）	0.05 （0.12）	0.09 （0.10）
专用性资产投资	0.03 （0.11）	0.05 （0.11）	0.04 （0.11）	0.05 （0.11）	0.02 （0.11）
市场竞争强度	0.17 （0.12）	0.14 （0.12）	0.14 （0.12）	0.15 （0.12）	0.14 （0.12）

续表

变量	模型 1	模型 2	模型 3	模型 4	模型 5
绩效反馈		0.15^{**} (0.04)	0.19^{**} (0.06)	0.10^{*} (0.04)	0.12^{*} (0.05)
绩效反馈×专用性资产投资			0.16^{*} (0.06)		0.27^{**} (0.08)
绩效反馈×市场竞争强度				0.13^{*} (0.06)	0.25^{**} (0.08)
常数项	-0.18 (0.25)	-0.20 (0.25)	-0.23 (0.25)	-0.19 (0.25)	-0.24 (0.25)
模型 F 值	1.03	4.17^{**}	16.55^{**}	15.67^{**}	10.24^{**}
R^2	0.047	0.067	0.089	0.081	0.129

注：样本量 = 112，括号中数据是稳健性标准误

* $p<0.05$，** $p<0.01$

假设 4.1 预测绩效反馈正向影响制造企业基于关系渠道选择供应商。与预测相一致，在模型 2 中，绩效反馈的系数显著为正（$\beta = 0.15$，$p<0.01$）。在模型 3 和模型 4 中分别加入主效应变量与调节变量交互项后，主效应依然显著为正（模型 3：$\beta = 0.19$，$p<0.01$；模型 4：$\beta = 0.10$，$p<0.05$）。在全模型中，主效应仍然保持 5% 水平的显著性（模型 5：$\beta = 0.12$，$p<0.05$）。这些稳健结果显示假设 4.1 得到了很好的支持。在解释力度方面，单独检验主效应模型中的 R^2 为 0.067，当加入所有交互项后，R^2 上升到了 0.129。这进一步说明尽管先前文献对绩效反馈探讨较少，但绩效反馈确实是影响企业基于关系渠道选择供应商的重要因素。

假设 4.2 预测供应商关系中专用性资产投资将会增强绩效反馈对制造企业基于关系渠道选择供应商的影响。与预测相一致，模型 3 的结果显示绩效反馈与专用性资产投资交互项的系数显著为正（$\beta = 0.16$，$p<0.05$），模型 5 的结果显示该交互项系数仍然显著为正（$\beta = 0.27$，$p<0.01$），因此假设 4.2 得到了支持。为进一步了解专用性资产投资的调节效应，参照 Aiken 和 West（1991）的操作程序，本章将专用性资产投资变量分为两组：高专用性资产投资组（高于均值一个标准差）和低专用性资产投资组（低于均值一个标准差）；然后基于模型 5，本章画出了专用性资产投资的调节效应图（图 4-2），并计算出不同组线斜率。结果发现高专用性资产投资组线的斜率显著大于 0（$p<0.05$），低专用性资产投资组线的斜率不显著异于 0（$p>0.10$），这意味着当制造企业在供应商关系中投入的专用性资产较多时，绩效反馈对制造企业基于关系渠道选择供应商有着更大的正向影响。总之，这些结果进一步支持了假设 4.2 的预测。

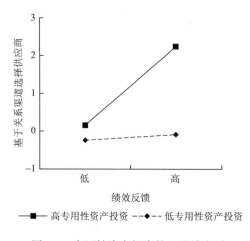

图 4-2 专用性资产投资的调节效应图

假设 4.3 预测市场竞争强度将会增强绩效反馈对制造企业基于关系渠道选择供应商的影响。与预测相一致，模型 4 的结果显示绩效反馈与市场竞争强度交互项的系数显著为正（$\beta = 0.13$，$p < 0.05$），模型 5 的结果显示该交互项系数仍然显著为正（$\beta = 0.25$，$p < 0.01$），因此假设 4.3 得到了支持。采用相同的方法，本章画出了市场竞争强度的调节效应图（图 4-3），并计算出图中两条组线的斜率。结果发现高市场竞争强度组线的斜率显著大于 0（$p < 0.05$），低市场竞争强度组线的斜率不显著异于 0（$p > 0.10$），这意味着当制造企业面临较高市场竞争强度时，绩效反馈对制造企业基于关系渠道选择供应商有着更大的正向影响。总之，这些结果进一步支持了假设 4.3 的预测。

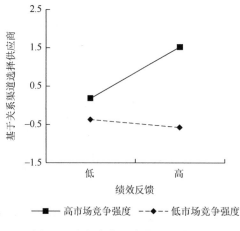

图 4-3 市场竞争强度的调节效应图

第五节　本 章 小 结

一、研究结论及理论贡献

本章揭示了绩效反馈对制造企业基于关系渠道选择供应商的影响。实证结果显示：①企业绩效反馈正向影响制造企业基于关系渠道选择供应商；②制造企业在现有供应商关系中的专用性资产投资和所面临的市场竞争程度将增强绩效反馈对制造企业基于关系渠道选择供应商的正向影响。因此本章将丰富供应商选择和社会资本文献，具体而言，本章主要有以下三方面贡献。

第一，通过放宽理性企业的假设，本章探讨了在很大程度上被忽略的且能够对企业供应商选择决策产生重大影响的行为变量。本章指出，有限理性的企业是否基于关系渠道选择供应商，不仅仅取决于其对基于关系渠道选择供应商带来好处和坏处的理性评估，还会受到指示企业经营成功或失败的绩效反馈影响。绩效反馈通过内在地改变企业的搜索行为和风险偏好，潜在地改变了企业依赖或偏离基于关系渠道选择供应商的决策。在控制了关系网络中企业的关系嵌入程度后，本章仍然发现绩效反馈对制造企业基于关系渠道选择供应商的显著影响，因而丰富了供应商关系管理领域中供应商选择研究的相关知识。

第二，本章在一定程度上弥合了社会资本理论中的结构洞与网络黏性（network cohesiveness）视角在企业供应商选择方面的争论。结构洞视角聚焦于网络结构，强调关系网络之外的供应商建立关系能够形成结构洞，从而有助于企业利用结构洞获取利益（Burt，2000）；而网络黏性视角则强调关系网络中凝聚力是企业社会资本的来源，强调建立封闭、相互连接的网络结构（Coleman，1988；Gulati，1995）。本章表明，企业究竟是与关系网络之外的供应商建立合作关系，还是从现有关系网络成员推荐中选择供应商，可能取决于企业对自身绩效反馈的认知。当绩效反馈较好时，企业更愿意基于关系渠道选择新的供应商以规避供应商选择的风险和不确定性，因此加强了关系网络的凝聚力。而当绩效反馈较差时，企业会减少基于关系渠道选择供应商，并倾向于从现有关系网络之外的范围内选择供应商，如此符合了结构洞视角的观点。因此，通过研究绩效反馈对制造企业基于关系渠道选择供应商的影响，本章揭示了在获取社会资本时，绩效反馈不仅是企业培养关系网络凝聚力，还是在关系网络中建立结构洞的重要影响因素。

第三，本章试图对企业行为理论和关系网络理论进行整合。尽管社会网络理论揭示了企业外部的社会力量能够规范企业间的交易行为并降低交易风险，本章发现企业内部的行为驱动因素可能会决定企业的风险容忍程度和行为决策偏好，并在企业供应商选择决策方面起着重要作用。此外，本章发现制造企业在现有供应商关系中的专用性资产投资的多少，以及制造企业面临的市场竞争程度的大小会影响其风险容忍程度，从而对绩效反馈与基于关系渠道选择供应商的关系起调节作用。因此本章还为绩效反馈影响界定了两个情境变量。

二、管理启示

本章对制造企业供应商关系管理有一定启示。

第一，制造企业必须认识到影响其供应商选择的行为驱动因素。尽管之前主流观点认为企业倾向于依据基于关系渠道选择供应商时的利弊来制定供应商选择决策，但是本章认为企业经理人内在的行为因素变化将对其供应商选择决策产生重要影响。本章结论显示了企业绩效反馈正向影响制造企业基于关系渠道选择供应商。这显示绩效反馈通过指示企业经营的成功或失败，进而影响企业选择供应商时的搜索行为和风险偏好。

第二，本章表明制造企业构建不同类型社会资本的时机可能不同。当企业受困于较差的绩效反馈时，经理人倾向于跳出现有的关系网络去与新的供应商建立关系。而当制造企业的绩效反馈较好时，制造企业更加依赖现有的关系网络引入新的供应商。因此，在绩效反馈表现好的情况下，制造企业更有可能通过关系网络的凝聚力去获取社会资本；而在绩效反馈表现差的情况下，制造企业更可能会通过建立结构洞的方式获取社会资本。

第三，经理人应该注意到，当企业投资于现有供应商关系中的专用性资产越多，所面临的市场竞争越激烈时，企业越可能在绩效反馈好时依赖社会关系选择供应商。因此，在选择新供应商时，企业经理人应该注意这些外在条件对自身决策和行为产生的影响，从而根据企业实际情况做好供应商选择决策。

三、研究局限及未来建议

本章主要存在以下三方面不足，为未来研究提供了机会。

第一，本章只检验了绩效反馈对制造企业基于关系渠道选择供应商的影响，没有检验绩效反馈对制造企业基于市场渠道选择供应商的影响。考虑到绩效反馈对制造企业基于市场渠道选择供应商的影响可能与对基于关系渠道选择供应商的影响相反，后续研究可以探讨绩效反馈如何影响企业在多种供应商选择渠道中进行抉择和转换。这方面研究也将对长期以来企业是替代还是互补地使用合同治理和关系治理供应商关系的争论做出贡献。

第二，本章认为制造企业在现有供应商关系中的专用性资产投资及其面临的市场竞争程度可能会影响其风险容忍程度，从而对绩效反馈与制造企业基于关系渠道选择供应商的关系产生调节作用。然而，其他一些因素也可能会对该效应产生影响，后续研究可以探讨其他情境因素，如经理人个体特征等，如何正向或负向调节绩效反馈对制造企业基于关系渠道选择供应商的影响。

第三，尽管本章控制了制造企业供应商网络中关系嵌入程度的影响，但是企业先前选择供应商的方式可能会影响到当前供应商选择决策。后续研究可以采用多阶段数据，在控制企业先期供应商选择渠道的基础上，对本章的假设做进一步验证。

参 考 文 献

陈启杰，齐菲. 2009. 供应商选择研究述评. 外国经济与管理，31（5）：30-37.

高维和. 2008. 网络外部性、专用性投资与机会主义行为：双边锁定与关系持续. 财经研究，34（8）：120-132.

连燕玲，周兵，贺小刚，等. 2015. 经营期望、管理自主权与战略变革. 经济研究，50（8）：31-44.

彭雷清，张丽娜. 2008. 专用资产、关系规范对渠道中机会主义行为影响的实证研究. 广东商学院学报，（6）：31-37.

钱丽萍，任星耀. 2012. 渠道关系中专项投资不对等与机会主义行为间关系研究：正式化、参与与私人关系的调节作用. 管理评论，24（10）：73-84.

严若森，叶云龙，江诗松. 2016. 企业行为理论视角下的家族企业异质性、R&D 投入与企业价值. 管理学报，13（10）：1499-1508.

Aiken L S，West S G. 1991. Multiple Regression：Testing and Interpreting Interactions. London：Sage Publications Inc.

Alessandri T M，Pattit J M. 2014. Drivers of R&D investment：the interaction of behavioral theory and managerial incentives. Journal of Business Research，67（2）：151-158.

Anderson E，Jap S D. 2005. The dark side of close relationships. MIT Sloan Management Review，46（3）：75-82.

Anderson J C，Gerbing D W. 1988. Structural equation modeling in practice：a review and recommended two-step approach. Psychological Bulletin，103（3）：411-423.

Argote L，Greve H R. 2007. A behavioral theory of the firm: 40 years and counting: introduction and impact. Organization Science，18（3）：337-545.

Baum J A C，Rowley T J，Shipilov A V，et al. 2005. Dancing with strangers：aspiration performance and the search for underwriting syndicate partners. Administrative Science Quarterly，50（4）：536-575.

Beckman C M，Haunschild P R，Phillips D J. 2004. Friends or strangers？Firm-specific uncertainty，market uncertainty，and network partner selection. Organization Science，15（3）：259-275.

Bensaou M，Anderson E. 1999. Buyer-supplier relations in industrial markets：when do buyers risk making idiosyncratic investments？. Organization Science，10（4）：460-481.

Bleeke J，Ernst D. 1991. The way to win in cross-border alliances. Harvard Business Review，69（6）：127-135.

Burt R S. 2000. The network structure of social capital. Research in Organizational Behavior，22：345-423.

Burt R S，Knez M. 1995. Kinds of third-party effects on trust. Rationality and Society，7（3）：255-292.

Capaldo A. 2007. Network structure and innovation：the leveraging of a dual network as a distinctive relational capability. Strategic Management Journal，28（6）：585-608.

Chen W R，Miller K D. 2007. Situational and institutional determinants of firms' R&D search intensity. Strategic Management Journal，28（4）：369-381.

Choi T Y，Hartley J L. 1996. An exploration of supplier selection practices across the supply chain. Journal of Operations

Management, 14 (4): 333-343.

Coleman J S. 1988. Social capital in the creation of human capital. American Journal of Sociology, 94: S95-S120.

Cousins P D, Handfield R B, Lawson B, et al. 2006. Creating supply chain relational capital: the impact of formal and informal socialization processes. Journal of Operations Management, 24 (6): 851-863.

Cyert R M, March J G. 1963. A Behavioral Theory of the Firm. Englewood Cliffs: Prentice-Hall.

Dacin M T, Ventresca M J, Beal B D. 1999. The embeddedness of organizations: dialogue & directions. Journal of Management, 25 (3): 317-356.

Dyer J H, Singh H. 1998. The relational view: cooperative strategy and sources of interorganizational competitive advantage. Academy of Management Review, 23 (4): 660-679.

Fang S R, Chang Y S, Peng Y C. 2011. Dark side of relationships: a tensions-based view. Industrial Marketing Management, 40 (5): 774-784.

Flynn B, Pagell M, Fugate B. 2018. Editorial: survey research design in supply chain management: the need for evolution in our expectations. Journal of Supply Chain Management, 54 (1): 1-15.

Fornell C, Larcker D F. 1981. Evaluating structural equation models with unobservable variables and measurement error. Journal of Marketing Research, 18 (1): 39-50.

Gao G Y, Xie E, Zhou K Z. 2015. How does technological diversity in supplier network drive buyer innovation? Relational process and contingencies. Journal of Operations Management, 36: 165-177.

Gavetti G, Greve H R, Levinthal D A, et al. 2012. The behavioral theory of the firm: assessment and prospects. The Academy of Management Annals, 6 (1): 1-40.

Greve H R. 2003. A behavioral theory of R&D expenditures and innovations: evidence from shipbuilding. Academy of Management Journal, 46 (6): 685-702.

Grewal R, Tansuhaj P. 2001. Building organizational capabilities for managing economic crisis: the role of market orientation and strategic flexibility. Journal of Marketing, 65 (2): 67-80.

Gulati R. 1995. Social structure and alliance formation patterns: a longitudinal analysis. Administrative Science Quarterly, 40 (4): 619-652.

Gulati R, Gargiulo M. 1999. Where do interorganizational networks come from? . American Journal of Sociology, 104 (5): 1439-1493.

Heide J B, John G. 1990. Alliances in industrial purchasing: the determinants of joint action in buyer-supplier relationships. Journal of Marketing Research, 27 (1): 24-36.

Hoskisson R E, Hitt M A, Hill C W L. 1991. Managerial risk taking in diversified firms: an evolutionary perspective. Organization Science, 2 (3): 296-314.

Iyer D N, Miller K D. 2008. Performance feedback, slack, and the timing of acquisitions. Academy of Management Journal, 51 (4): 808-822.

Jap S D, Ganesan S. 2000. Control mechanisms and the relationship life cycle: implications for safeguarding specific investments and developing commitment. Journal of Marketing Research, 37 (2): 227-245.

Jaworski B J, Kohli A K. 1993. Market orientation: antecedents and consequences. Journal of Marketing, 57 (3): 53-70.

Kahneman D, Tversky A. 1979. Prospect theory: an analysis of decision under risk. Econometrica, 47: 263-291.

Levitt B, March J G. 1988. Organizational learning. Annual Review of Sociology, 14: 319-338.

Li D, Eden L, Hitt M A, et al. 2008. Friends, acquaintances, or strangers? Partner selection in R&D alliances. Academy of Management Journal, 51 (2): 315-334.

Li S X, Rowley T J. 2002. Inertia and evaluation mechanisms in interorganizational partner selection: syndicate formation among US investment banks. Academy of Management Journal，45（6）：1104-1119.

Meuleman M，Lockett A，Manigart S，et al. 2010. Partner selection decisions in interfirm collaborations: the paradox of relational embeddedness. Journal of Management Studies，47（6）：995-1019.

Miller K D，Chen W R. 2004. Variable organizational risk preferences: test of the March-Shapira model. Academy of Management Journal，47（1）：105-115.

Mitręga M，Zolkiewski J. 2012. Negative consequences of deep relationships with suppliers: an exploratory study in Poland. Industrial Marketing Management，41（5）：886-894.

Mudambi R，Helper S. 1998. The "close but adversarial" model of supplier relations in the U.S. auto industry. Strategic Management Journal，19（8）：775-792.

Mummalaneni V，Dubas K M，Chao C N. 1996. Chinese purchasing managers' preferences and trade-offs in supplier selection and performance evaluation. Industrial Marketing Management，25（2）：115-124.

Noordhoff C S，Kyriakopoulos K，Moorman C，et al. 2011. The bright side and dark side of embedded ties in business-to-business innovation. Journal of Marketing，75（5）：34-52.

Oxley J E. 1997. Appropriability hazards and governance in strategic alliances: a transaction cost approach. The Journal of Law，Economics，and Organization，13（2）：387-409.

Podolny J M. 1994. Market uncertainty and the social character of economic exchange. Administrative Science Quarterly，39（3）：458-483.

Podsakoff P M，MacKenzie S B，Lee J Y，et al. 2003. Common method biases in behavioral research: a critical review of the literature and recommended remedies. Journal of Applied Psychology，88（5）：879-903.

Poppo L，Zhou K Z，Zenger T R. 2008. Examining the conditional limits of relational governance: specialized assets，performance ambiguity，and long-standing ties. Journal of Management Studies，45（7）：1195-1216.

Rese M，Roemer E. 2004. Managing commitments and flexibility by real options. Industrial Marketing Management，33（6）：501-512.

Rindfleisch A，Malter A J，Ganesan S，et al. 2008. Cross-sectional versus longitudinal survey research: concepts，findings，and guidelines. Journal of Marketing Research，45（3）：261-279.

Rogan M，Sorenson O. 2014. Picking a（poor）partner: a relational perspective on acquisitions. Administrative Science Quarterly，59（2）：301-329.

Rokkan A I，Heide J B，Wathne K H. 2003. Specific investments in marketing relationships: expropriation and bonding effects. Journal of Marketing Research，40（2）：210.

Saxton T. 1997. The effects of partner and relationship characteristics on alliance outcomes. Academy of Management Journal，40（2）：443-461.

Schmitz T，Schweiger B，Daft J. 2016. The emergence of dependence and lock-in effects in buyer-supplier relationships: a buyer perspective. Industrial Marketing Management，55：22-34.

Shah R H，Swaminathan V. 2008. Factors influencing partner selection in strategic alliances: the moderating role of alliance context. Strategic Management Journal，29（5）：471-494.

Slywotzky A J，Drzik J. 2005. Countering the biggest risk of all. Harvard Business Review，83（4）：78-88，133.

Staw B M，Sandelands L E，Dutton J E. 1981. Threat rigidity effects in organizational behavior: a multilevel analysis. Administrative Science Quarterly，26（4）：501-524.

Tsai W，Ghoshal S. 1998. Social capital and value creation: the role of intrafirm networks. Academy of Management Journal，41（4）：464-476.

Wathne K H，Heide J B. 2004. Relationship governance in a supply chain network. Journal of Marketing，68（1）：73-89.

Williams L J，Cote J A，Buckley M R. 1989. Lack of method variance in self-reported affect and perceptions at work: reality or artifact? . Journal of Applied Psychology，74（3）：462-468.

Williamson O E. 1975. Markets and Hierarchies: Analysis and Antitrust Implication. New York: The Free Press.

Wiseman R M，Gomez-Mejia L R. 1998. A behavioral agency model of managerial risk taking. Academy of Management Review，23（1）：133-153.

Wuyts S，Geyskens I. 2005. The formation of buyer-supplier relationships: detailed contract drafting and close partner selection. Journal of Marketing，69（4）：103-117.

Xie E，Liang J，Zhou K Z. 2016. How to enhance supplier performance in China: an integrative view of partner selection and partner control. Industrial Marketing Management，56：156-166.

Xie E，Peng M W H，Zhao W. 2013. Uncertainties，resources，and supplier selection in an emerging economy. Asia Pacific Journal of Management，30（4）：1219-1242.

Zhou X G，Li Q，Zhao W，et al. 2003. Embeddedness and contractual relationships in China's transitional economy. American Sociological Review，68（1）：75-102.

第五章 创业阶段制造企业的供应商选择与管理

第一节 供应商对制造企业创业成功至关重要

创业的门类千姿百态、各有不同，而其中难度最大、耗时最久、成本要求最高的，无疑当属制造企业创业。因为制造企业的产品是看得见、摸得着且能实现一定功能的实物，所以与互联网、软件等类别的初创企业有着本质的区别。特别是相比软件产品创业，制造企业的创业成功需要供应商深度参与。

一方面，新产品开发通常是一个不断迭代的过程，相比软件产品的开发通常在研发团队内部即可完成，制造企业产品的开发过程通常需要供应商深度参与。一件产品由成千上万个零部件构成，制造企业通常只能生产有限种类的零部件，因此，如何协调众多供应商以实现产品预期功能是一个不小的挑战。小米手环一代的设计出现在 2014 年，为了让手环更小、更漂亮，华米科技需要一种体积更小但续航能力更强的电池。华米科技在市场上找了很久，也没有找到尺寸适合的电池，于是只能找供应商一起研发一款微型电池。然而由于利润和订货量都没有吸引力，没有供应商愿意研发这种微型电池。后来华米科技找到了一家中型供应商团队，与其合作研发，最终研发出满足要求的电池。

另一方面，即使新产品最终定型，把实验室的产品转化成可量产的产品，也需要供应商深度参与和配合。实验室阶段更多关注产品功能的实现，而量产阶段则更关注产品的稳定性和生产成本，这需要在创业阶段制造企业与供应商一起优化产品设计，持续改进零件部性能，以确保量产的实现。以美国众筹平台 Kickstarter 为例，在所有众筹成功的项目中，只有 15%项目的产品能够按时发布，绝大多数项目无法实现规模化生产。即使制造企业有幸进入了量产阶段，但接下来制造企业又面临另一个难题，即量产多少呢？对于所有创业而言，顾客的偏好及购买数量永远是一个难预测的问题。考虑到资金的限制和市场需求的不确定性，制造企业创业阶段的产量通常是保守的。一旦新产品成为爆品，如何协同众多供应商提供所需的零部件并快速组织生产，就成为创业阶段制造企业面临的重要挑战。

供应商深度参与产品研发、量产再到最终交付，不仅决定了新产品能否顺利推向市场，还决定了创业阶段制造企业能否对市场波动做出快速响应。因此，如何管理众多供应商共同参与制造企业的生产过程，对一个在创业阶段资源极其有限的制造企业来说是一个严峻的挑战。本章主要讨论以下三个问题：创业阶段制造企业在供应商管理中面临哪些挑战？创业企业有哪些应对策略？如何理解创业企业供应商管理的动态过程？

第二节　创业阶段制造企业供应商管理的挑战

一、优质供应商合作意愿低

在创业阶段，制造企业的新型零部件往往无法从现有市场上直接采购，需要供应商根据其特定需求，重新设计，定制化生产。新产品定型需要经过一个快速迭代的过程，新产品的每次迭代都需要供应商对零部件进行改进，对生产流程进行调整。因此，在新产品研发阶段，制造企业的小批量、多批次订单很难弥补供应商前期的大量专用性资产投资。

只有产品成为爆款产品，供应商才能从创业阶段制造企业后续的大量订单中获得丰厚利润。然而，即使创业阶段制造企业的产品具有爆款潜质，但从新产品宣传，到早期用户尝试，再到大众用户购买，每一个时间点都很难预测，因此创业阶段制造企业很难准确估计市场需求量以提前组织采购。再者，创业阶段制造企业的现金流比较脆弱，很难将大量资金用于库存以缓冲市场需求的波动。最后，供应商通常要为多家企业供货，按其生产排期不可能为制造企业临时加单，最终创业阶段制造企业很可能因零部件供给不及时导致产品销量不足，供应商也因此错失了取得丰厚回报的机会。

在创业阶段，制造企业产品"新"的特性决定了其原材料采购与成熟制造企业不同。成熟制造企业的产品已经定型，供应商只需在现有模具和生产线下组织零部件生产即可。此外，成熟制造企业面临的市场较为稳定，供应商可以提前获得企业的订单以安排生产。总之，优质的供应商资源永远是稀缺的，相比成熟制造企业，优质供应商没有强烈意愿与创业阶段制造企业合作。

二、供应商体系整合能力弱

供应商管理是一项复杂的系统性工程。一件产品往往涉及众多物料，少了任何一种物料都不能组织生产，而临时替换物料对产品功能的实现和稳定性往往会产生较大影响。因此，对于创业阶段制造企业而言，如何有效地整合供应商体系以保证所需物料足量准时地供给至关重要。

相比成熟制造企业，创业阶段制造企业的物料品控体系往往不够健全，这使得一些供应商浑水摸鱼，以次充优，最终影响了产品质量。产品质量问题的出现，不仅导致顾客退货、换货，而且严重地影响制造企业的声誉。由于合作时间短，创业阶段制造企业与供应商的合作流程尚未成熟，与供应商协调的过程中难免出现一些沟通不当的问题，这极有可能导致个别零部件不能及时到位。另外，创业阶段制造企业与供应商之间尚未建立必要的信任和合作规范，一旦供应商遇到突发情况，它们随时都有"跳票"的可能。

此外，相比成熟制造企业，创业阶段制造企业的供应商体系尚未形成高效的合作流程和必要的信任关系，这些问题归集在一起反映了创业阶段制造企业较弱的供应商体系整合能力。很多创业阶段制造企业由于供应商体系整合能力弱而吃尽了苦头。例如，罗永浩的锤子手机 T1、T2 由于经常无法按时交付给顾客，影响了顾客对锤子手机的热情。

第三节　创业阶段制造企业供应商管理的策略

图 5-1 给出了创业阶段制造企业应对供应商管理挑战的分析框架。如图 5-1 所示，创业阶段制造企业可以激发优质供应商的合作意愿、选择"门当户对"的供应商、降低供应商体系的复杂性和提升供应商体系整合能力以应对供应商管理的挑战。

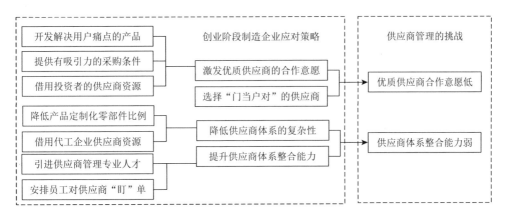

图 5-1　创业阶段制造企业供应商管理策略

一、激发优质供应商的合作意愿

激发优质供应商的合作意愿可以从以下三个方面入手。

一是开发解决用户痛点的产品。为了激发优质供应商的合作意愿，在产品定位阶段，企业就要致力于开发能解决用户痛点的产品。只有这样，供应商才会被后续的大规模采购打动，进而才有意愿在创业初期就与制造企业紧密配合。近些年来，一些供应商不断对有潜力的但尚处于创业阶段的制造企业进行投资，或者将采购账款转为股份。一旦制造企业与供应商成为利益共同体，供应商就会致力于与创业阶段制造企业联合研发新型零部件，优化成本并且延长支付时间。

二是提供有吸引力的采购条件。在创业阶段，制造企业的采购量少，后期大批量采购存在较大的不确定性，因此，创业阶段制造企业应该在合作初期就给予供应商有吸引力的采购条件，比如，提高采购单价，缩短账期，必要情况下现金结算。创立于2013年的名创优品，短短4年间就在全球开了2000多家店。与名创优品合作的供应商都是行业内数一数二的，甚至是世界级的供应商。在回答创业企业如何与优质供应商合作时，名创优品联合创始人叶国富表示，一流供应商从来不缺订单，它们选择客户有两个标准：要么有品牌，有知名度；要么订单大，现金结算。"你既没有品牌，又下小单，还要给账期，我怎么知道你哪天倒闭，哪天跑路呢？"有吸引力的采购条件确实能够激发供应商的合作意愿，但如何解决创业企业的资金短缺问题呢？一个资深的制造企业创客谈道："量产前建议先去融资，拿到足够的资金才能找到最靠谱的供应商，才能够做出最棒的产品。"

三是借用投资者的供应商资源。很多创业者创业之前就已经在行业内工作了多年，积累了丰富的供应商资源，创始人的供应商关系有助于创业企业与一些优质供应商达成合作。另外，近年来许多行业中的大型企业投入了大量资金从事公司创投，以应对行业发展的不确定性。这些大型企业给予创业阶段制造企业的不仅仅是钱，其背后强大的供应商资源同样也可以为创业阶段制造企业所用。雷神科技是一家做游戏笔记本电脑的创业企业，在成立不到两年的时间内，其销售量就超越了游戏笔记本电脑的龙头老大——戴尔 Alienware（"外星人"）系列。雷神科技的快速成长，除了得益于其创始人路凯林笔记本电脑行业多年的工作经验外，还在于其充分运用了海尔的供应商资源。雷神科技是海尔孵化的小微企业，背靠海尔强大的供应链资源，雷神科技分别与全球第一笔记本电脑代工厂广达、第一游戏笔记本电脑代工厂蓝天电脑等建立合作关系。海尔供应商资源的支持，使得雷神科技团队成员把重心放在与用户互动和产品迭代上，最终在游戏笔记本电脑行业后来居上。

因此，在创业团队中吸收有供应商背景的管理者加入，并在融资过程中引入行业大型企业的战略投资，借助管理团队中个人和行业大型企业的供应商资源，创业阶段制造企业与优质供应商达成合作的概率将会极大提高。

二、选择"门当户对"的供应商

相比优质的供应商，"门当户对"的供应商更有可能与创业阶段制造企业形成紧密的合作关系。"门当户对"的供应商是指中等规模但合作意愿较强的供应商。

这类供应商具有一定的技术研发能力，但产能又相对剩余。创业阶段制造企业的订单，特别是未来的潜在订单，对其具有较大的吸引力。由于中等规模供应商技术能力有限，在一些新型零部件的研发中，它们愿意与创业阶段制造企业紧密协作。因为这样既有助于中等规模供应商获得一定数量的订单，同时又拓宽了他们的产品线，提升了他们的研发能力。

华米科技是小米生态链企业中第一家在美国上市的企业，其推出的智能手环，在一年左右的时间内销售量就超过 1200 万个。当时智能手环需要一款体积更小但续航能力更强的电池。由于智能手环刚刚兴起，华米科技在现有供应商市场中找不到合适的微型电池。由于华米科技处于初创期，利润和订货量都没有吸引力，很多供应商出于风险考虑都不愿意投资研发这款微型电池。后来华米科技找到了一支中型供应商团队与其合作开发，并最终成功开发出符合要求的微型电池。对于供应商而言，它们不仅从华米科技获得了可观订单，同时还极大地提升了自身微型电池的研发实力，可以为更多的智能可穿戴产品制造企业提供电池服务。

三、降低供应商体系的复杂性

复杂的供应商体系对于创业阶段制造企业的供应商管理具有较大挑战。因此，如何降低供应商体系复杂性对提升创业阶段制造企业供应商管理能力具有重要意义。本文认为创业阶段制造企业可以从以下两个方面降低供应商体系的复杂性。

第一，降低产品定制化零部件比例。管理定制化零部件的供应商要比管理通用件的供应商复杂得多。创业阶段制造企业可以通过降低定制化零部件比例以降低供应商体系的复杂性。然而，在产品设计中，产品研发团队往往忽略这一问题。在产品设计过程中，产品研发团队常常面临两种冲突思维：工程师思维和产品思维。工程师思维强调把技术发挥到工程师满意的程度；而产品思维则强调适度研发，避免采用那些不适合大规模量产且不是消费者刚需的技术。产品研发团队应该避免偏重工程师思维、轻视产品思维，尽量降低产品定制化零部件比例。

第二，借用代工企业供应商资源。供应商体系管理是一个复杂的组织间协调工作，如果创业阶段制造企业没有这方面的专业人才和经验积累，制造企业可以与成熟代工企业进行合作，以避免自己直接管理众多供应商。这样可使创业阶段制造企业将精力聚焦于与定制零部件的供应商的互动上。当然选择代工企业也要注意"门当户对"。一方面，创业阶段制造企业早期订单量不够，大型代工企业的合作意愿不强；另一方面，产品迭代过程要求创业阶段制造企业与代工企业紧密配合，大型代工企业繁杂的业务流程，让产品迭代过程变得非常缓慢。因此，与有一定实力、合作意愿较强的代工企业合作，有助于创业阶段制造企业较快完成样机定型，并实现小批量生产。

四、提升供应商体系整合能力

创业阶段制造企业提升供应商体系整合能力有两种途径。

第一，引进供应商管理专业人才。供应商管理专业人才发挥作用主要体现在两个方面：在产品设计阶段，供应商管理专业人才的丰富采购知识，可以帮助创业阶段制造企业降低定制化零部件的比例；在产品生产阶段，供应商管理专业人才知道如何与供应商沟通，以及如何建立零部件品控体系。同时，供应商管理专业人才的行业经验也有助于识别有信誉的供应商，以降低供应商"跳票"的概率。

第二，安排员工对供应商"盯"单。供应商排产是有优先级的，大客户优先，小客户靠后。即便创业阶段制造企业给予供应商有吸引力的采购条件，供应商也不一定严格遵守合同约定。很有可能因为工期紧张就省略了某个细节，或者因为大客户临时加单，供应商就"跳票"了。在信任关系建立之前，安排专人到供应商那里"盯"单，即使不能完全杜绝相关问题的发生，但也可以让企业较早地发现问题并及时做出反应。

总之，招聘供应商管理专业人才和安排专人对供应商生产"盯"单，既是创业阶段制造企业应对供应商体系整合能力弱的权宜之计，也是供应商体系管理经验和能力积累的有效途径。

第四节　供应商管理随制造企业成长动态变化

随着制造企业成长，制造企业在不同阶段面临的供应商管理问题不尽相同，如何动态地管理供应商群体呢？本章将供应商管理分为两个维度：协调配合和风险控制。在创业阶段，供应商在新型零部件研发和应对市场不确定方面扮演重要角色，此时，如何促进供应商协调配合对创业阶段制造企业来说最为重要。随着企业成长，产品的零部件逐渐定型，企业对市场的预测能力也日益增强，此时，制造企业对供应商管理的重点则从协调配合转向风险控制。

图 5-2 展示了供应商协调配合和采购企业风险控制对制造企业重要程度的动态变化。随着时间推移，协调配合对制造企业的重要程度逐渐降低，而风险控制对制造企业的重要程度逐渐上升。这个转变过程背后蕴含着制造企业采购量的变化。当制造企业具备较大采购量时，供应商自然会优先响应制造企业的采购需求，此时供应商紧密配合将不再成为问题。随之而来的是，采购量的提升使得管控采购风险成为制造企业的管理重点，此时将订单分散给多个供应商有助于增强制造企业对采购风险的控制。

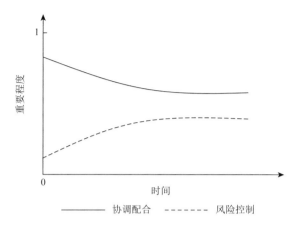

图 5-2 供应商协调配合和风险控制的动态变化

极米科技是一家做智能投影仪的厂商，IDC（International Data Corporation，国际数据公司）报告显示，2018 年前三季度，极米科技以 40 万台的出货量位居行业第一。联合创始人兼首席运营官（chief operation officer，COO）肖适在分享其供应商管理经验时强调制造企业应该随着企业成长动态地管理供应商。在创业初期，极米科技更多的是与质量不稳定的小型供应商合作，因为这些供应商的合作意愿更强；随着极米科技不断壮大，极米科技在加强与原有供应商合作的同时，开始将一些订单交给成熟的大型供应商生产。比如，将 70%的订单量交给原有的战略伙伴型供应商，而另外 30%的订单量则交给成熟的大型供应商。其原因是在交货压力非常大或者销售量猛增的情况下，这些大型供应商能够快速把产量提高，以避免断货风险；而在市场比较平稳时，战略伙伴型供应商的价格更低，更适合持久生产。

第五节 本 章 小 结

2021 年 12 月 11 日工业和信息化部等十九部门联合发布了《"十四五"促进中小企业发展规划》，该发展规划明确提出要"推动形成一百万家创新型中小企业、十万家'专精特新'中小企业、一万家专精特新'小巨人'企业。"当前，科技创新成为大国博弈的焦点，关键核心技术成为产业发展的"命门"。专精特新企业的茁壮成长，将有助于我国在制造业关键核心技术方面加快"补短板"。

然而，这些专精特新企业大多是处于创业阶段的制造企业。不同于互联网和软件产品的创业企业，创业阶段制造企业的新产品研发和销售成功，不仅仅取决于制造企业自身的资源和能力，同时还需要众多供应商的深度参与、紧密配合。相比成熟制造企业，创业阶段制造企业面临着优质供应商合作意愿低和自身供应商体系整合能力弱的挑战。这使得众多创业阶段制造企业的新产品开发进程缓慢，新产品定型后又面临着量产难题；即使制造企业走过了量产阶段，进入了产品销售阶段，制造企业又要面临着如何快速响应不确定性的市场需求。因此，提升供应商管理能力对创业阶段制造企业尤为重要。

本章认为，在应对优质供应商合作意愿低的挑战时，创业阶段制造企业一方面要聚焦开发解决用户痛点的产品、提供有吸引力的采购条件和借用投资者的供应商资源，以激发优质供应商的合作意愿；另一方面，创业阶段制造企业要选择"门当户对"的供应商，与规模中等但有一定技术能力的供应商形成合作联盟，以更好激发供应商的合作意愿。在应对供应商体系整合能力弱的挑战时，创业阶段制造企业一方面要降低产品定制化零部件比例，借用代工企业供应商资源以降低供应商体系的复杂性；另一方面，也要引进供应商管理专业人才，安排员工对供应商"盯"单，以提升自身供应商体系的整合能力。最后，本章还提醒创业阶段制造企业应根据不同发展阶段供应商管理面临的问题，特别是不同阶段自身对供应商协调配合和供给风险控制需求的不同，动态化地管理供应商。

第三篇　二元关系视角下的供应商关系管理

当供应商选择之后，有效的供应商关系管理就成为制造企业充分利用供应商资源为顾客创造价值的关键。当前学者普遍采取二元关系的视角，即以单个制造企业与供应商关系为分析对象，研究了制造企业与供应商关系的治理机制和关系特征对制造企业绩效的影响。

合同治理和关系治理是组织间关系的两种典型治理机制。合同治理强调用合同条款对双方合作要求描述清楚，交易双方严格按照合同条款履行相应义务。关系治理则强调利用交易双方长期建立的信任和互惠规范约束双方交易行为。考虑到两种治理机制的不同，学者普遍关注合同治理与关系治理究竟是替代关系，还是互补关系。本书第六章将从行为理论视角揭示绩效反馈如何影响制造企业供应商关系管理中合同治理和关系治理之间的替代与互补关系。

营销能力对制造企业绩效具有重要影响。传统营销能力文献关注的是如何通过企业内部活动构建自身的营销能力，忽略了企业如何利用外部资源提升自身的营销能力。特别是制造企业的供应商，它们不仅影响着原材料与零部件的灵活供给以确保制造企业快速响应顾客需求，同时还参与制造企业产品创新过程以提升制造企业满足顾客需求的能力。本书将在第七章揭示制造企业与供应商关系强度如何影响制造企业的营销能力。

第六章　绩效反馈对供应商关系治理机制影响

第一节　行为视角下的关系治理机制研究

供应商关系管理是制造企业经营实践中一项重要的战略活动。制造企业与供应商在交易和合作过程中会面临各种问题和不确定性，需要采取适当的治理机制对供应商关系进行管理（Poppo and Zenger，2002；Zhou and Poppo，2010）。由于制造企业与供应商在交易和合作中存在目标不一致，各自在追求自身利益最大化时会从事机会主义行为。此外，双方在制度、文化和运营方面的差异，以及突发的市场环境变动等因素可能会导致双方在合作中产生冲突。这些潜在的风险与不确定性使得建立和维持良好的供应商关系变得尤为困难。因此，制造企业需要采取适当的治理机制对供应商关系进行管理以降低制造企业与供应商之间的交易成本，提升制造企业与供应商的价值创造（Inkpen and Beamish，1997）。

合同治理和关系治理是两种基本的组织间关系治理机制，它们分别来自交易成本理论和关系交换理论（Wuyts and Geyskens，2005）。交易成本理论强调了采用正式合同阻止供应商机会主义行为、应对交易中不确定性以及提升交易绩效（Malhotra and Lumineau，2011；Weber and Mayer，2011）。关系交换理论则强调双方之间信任及关系规范（relational norms）在阻止机会主义行为和提升交易绩效方面的有效性（Dyer and Singh，1998；Liu et al.，2009；Poppo and Zenger，2002）。考虑到两种治理机制的不同特点，合同治理和关系治理究竟是代替关系，还是互补关系呢？尽管已有大量的研究试图阐明这两种治理机制之间的替代与互补关系，但是现有文献过度强调了两种治理机制在既定情境下对等的替代或互补关系，以及单独或同时使用两种治理机制的绩效，忽略了一些行为因素对有限理性决策者安排治理结构的影响。因此，学者有必要从行为视角揭示合同治理和关系治理的替代与互补关系的影响因素。

企业行为理论认为企业决策者追求的是满意结果，而不是最优结果。当企业绩效大于期望绩效时，正向绩效反馈显示当前企业的绩效是令人满意的；当企业绩效小于期望绩效时，负向绩效反馈显示当前企业的绩效是令人不满意的。不满意的绩效结果触发了企业问题搜寻行为，增强了企业的风险承担能力，促使尝试找到改变当前不满意绩效的方法。基于企业行为理论视角，本章试图探讨企业绩效反馈如何影响合同治理和关系治理之间的关系。本章认为合同治理和关系治理之间的关系，不仅取决于它们之间直接的相互作用，以及联合使用对供应商关系绩效的影响；同时还取决于不同绩效反馈影响下有限理性决策者在治理结构中对两种治理机制的选择。因此，本章试图揭示合同治理和关系治理替代与互补关系的企业行为机制，进而为两种治理机制的相互关系提供新的解释。

第二节　治理机制、绩效反馈的理论与假设

一、合同治理与关系治理

企业之间在交易和合作过程中会面临许多问题，比如，投资于交易关系中的专用性资产投资可能会被对方不当地利用，合作中企业难以对合作伙伴的绩效进行准确评估，以及外部不确定性环境使得交易双方不能完成预先目标（Weber and Mayer，2011）。为了阻止交易伙伴间的机会主义行为和提升合作伙伴间的价值共创，各种治理机制被制造企业广泛地用于管理供应商关系，其中，合同治理和关系治理是组织间关系的两种重要机制（Poppo and Zenger，2002）。合同治理是指通过制定具体的合同对交易与合作中双方的角色和责任、行为和产出、监督的过程及违规的处罚等进行界定，并通过合同条款的执行确保交易目标的达成（Poppo and Zenger，2002）。因此，制造企业可以通过合同治理的方式抑制供应商的机会主义行为，实现交易和合作的目标。与合同治理不同，关系治理则强调企业使用非正式的治理机制，如组织间的信任、共同遵守的关系规范，来管理组织间关系（Cao and Lumineau，2015；Poppo et al.，2008）。良好的信任和共同遵守的规范使得企业在合作中加强自我约束并按共同预期的方式采取行动，因而有助于减少交易中机会主义行为的发生，并最终提升组织间关系的绩效（Liu et al.，2009）。

考虑到两种治理机制的特点不同，合作治理与关系治理究竟是替代还是互补关系成为组织间关系管理研究中一个持续争论的问题。表 6-1 分别列出了文献中关于合同治理和关系治理替代与互补关系的观点。强调替代关系的文献认为合同治理和关系治理是功能上对等的，使用一种治理机制会减少另一种机制的使用（Gulati，1995；Rai et al.，2012）。第一，合同治理和关系治理都能有效地对交易中存在的问题进行管理。合同治理通过明确规定双方的角色和责任，以及交易过程中的监督和处罚等机制发挥作用（Ryall and Sampson，2009）；关系治理则通过在交易双方之间建立信任和规范，使双方在交易和合作过程中保持良好的行为（Das and Teng，1998）。因此一种治理机制存在不需要引入另一种治理机制。第二，采用合同治理会被对方视为缺乏信任的表现，因此会损害交易双方的关系（Ghoshal and Moran，1996）。因此，企业之间在前期交易过程中建立起来的信任和共同遵守的关系规范会阻止合同的引入。第三，在同时使用合同治理和关系治

理时，关系治理对交易绩效的作用会因合同对关系的破坏而抵消（Lee and Cavusgil，2006；白鸥等，2015）。同样，关系治理可能会使合同得不到严格的执行，因此合同对交易绩效的促进作用也会受到削弱（Antia and Frazier，2001）。

表 6-1　合同治理和关系治理替代与互补关系的观点

项目	替代	互补
什么是替代和互补		
定义	• 使用合同治理减少了使用关系治理获得的好处，反之亦然	• 使用合同治理增加了使用关系治理获得的好处，反之亦然
概念化	• 负向关系：合同治理和关系治理交互项负向影响交易绩效	• 正向关系：合同治理和关系治理交互项正向影响交易绩效
为什么形成替代或互补		
取代 vs.补充	• 合同治理和关系治理功能上是对等的，可以相互取代	• 合同治理和关系治理各有优势，一种治理方式的优势可以补充另一种的不足
损害 vs.促进	• 合同治理会损害关系治理，因为合同治理损害了关系治理的基础	• 合同治理和关系治理相互促进，一种治理机制的存在为另一种治理机制创造了条件
替代和互补如何关联		
二者居其一	• 给定一种情境，合同治理和关系治理在任何时候都相互替代	• 给定一种情境，合同治理和关系治理在任何时候都相互补充
没有关联	• 替代是互补的反面，它和互补不相关	• 互补是替代的反面，它和替代不相关
方法论总结		
静态研究设计	• 替代可以在某一时点进行评估	• 互补可以在某一时点进行评估

资料来源：Huber 等（2013）

与此相反，强调互补关系的文献则认为合同治理和关系治理之间存在互补关系（Poppo and Zenger，2002；谈毅和慕继丰，2008）。第一，合同治理和关系治理在功能上是互补的。正式合同明确界定了交易双方的目标、责任和角色，为交易伙伴之间的行为提供了一个清晰的指导框架（Poppo and Zenger，2002）；而关系治理则为交易双方提供了信任和互惠规范，促进了交易双方信息分享和联合解决问题。由于两种机制的特点不同，同时使用合同治理和关系治理能够产生协同效应（Liu et al.，2009；Poppo and Zenger，2002）。第二，合同治理和关系治理能够共存，并且相互促进。详细的合同为交易提供了制度保障，消除了信息不对称并规定了相互协作的方式，从而增强了交易双方相互合作的信心，促进了信任关系的建立（Poppo and Zenger，2002；袁静和毛蕴诗，2011）。关系治理能够促进合同改进，交易双方在交易和合作中形成的良好协作规范可以通过合同形式确立下来（Huber et al.，2013；Ryall and Sampson，2009）。第三，合同治理和关系治理联合使用时，能更好地抑制机会主义行为，提升交易绩效（Poppo and Zenger，2002；周海军和杨忠，2014）。特别是当交易中任务较为复杂，且充满了不确定时，同时使用合同治理和关系治理管理组织间交易与合作更能提升组织间关系绩效（Mahapatra et al.，2010；周茵等，2015）。

　　文献中持续的争论表明当前对于关系治理与合同治理之间关系的认识还存在不足之处，一致的结论尚未达成。Cao 和 Lumineau（2015）指出，为了更好地界定两种治理机制之间的关系，需要对更多边界条件和情境因素进行探讨。最近有一些研究探讨了合同治理和关系治理在不同情境下的适用情况（Hoetker and Mellewigt，2009；Zhou and Poppo，2010）。例如，Zhou 和 Poppo（2010）研究了法律执行力对合同治理和关系治理之间相互关系的调节作用；Hoetker 和 Mellewigt（2009）发现两种治理机制的合理使用取决于企业投入交易中的资产的类别。另一些研究指出合同治理和关系治理有不同的维度，合同治理根据其内容与执行情况可以分为控制型和协作型，关系治理中的信任可以分为善意型和算计型信任，合同治理和关系治理可能在不同内容和维度方面有着不同的替代与互补关系（Faems et al.，2008；Malhotra and Lumineau，2011）。例如，Malhotra 和 Lumineau（2011）发现合同中控制型维度破坏了交易双方之间的善意型信任，而合同中协作型维度则加强了交易双方继续合作的意愿。

　　此外，一些文献探讨了合同治理和关系治理之间的动态关系。Faems 等（2008）指出合同治理和关系治理具有内在联系并相互影响。他们研究发现开放式的合同框架增进了友善和信任，进而促进了合同的灵活执行，灵活的合同执行又进一步促进了信任的发展。当合同缺少延展性时，合同会破坏信任，信任的缺失又使得合同被严格执行，进而负面影响信任的发展。此外，还有几篇文献探讨了两种治理机制之间关系的动态变化过程（Faems et al.，2008；Huber et al.，2013；张闯等，2009）。比如，Huber 等（2013）发现在事件或情境因素的驱动下，合同治理和关系治理之间的关系在替代与互补之间动态转换，替代或互补关系是企业根据治理需要进行调适的结果。动态视角下的两种治理机制关系研究得出了一些与静态视角下研究的不同发现。这些发现强调了合同治理和关系治理之间的替代与互补关系不是一成不变的，而是在不同事件或情境因素驱动下，关系治理和合同治理在替代与互补关系之间进行转换（Huber et al.，2013），或是在不同合同框架和执行下交互地相互促进或损害（Faems et al.，2008）。此外，姜翰等（2008）探讨了企业战略模式选择对其关系治理行为的影响。

　　尽管合同治理和关系治理在抑制机会主义行为、提升交易绩效方面有各自优势，然而在企业经营实践中，两种治理机制被制造企业同时用于管理供应商关系（Cao and Lumineau，2015）。本章认为合同治理和关系治理之间的相互作用是多方面的，在具体情境下，两种治理机制之间的相互作用甚至可能是不一致的。比如合同治理在为关系发展提供保障的同时，在执行过程中又可能与关系治理发生冲突；关系治理在促进合同改进的同时又可能对合同治理产生替代作用。因此，在复杂的组织间关系管理实践中，两种治理机制之间可能会同时存在相互替代和互补关系，因此两者之间的关系不是简单的替代或互补关系，可能会受到有限理性决策者在治理结构中对两者安排的影响（Huber et al.，2013）。企业行为理论认为，企业绩效反馈向决策者传递了先前经营活动和决策是否有效的信息（Greve，2003）。这种信息可能会影响决策者在治理结构中对关系治理和合同治理的调整。基于企业行为理论视角，本章试图探讨企业绩效反馈如何影响制造企业与供应商关系中合同治理和关系治理之间的替代与互补关系。

二、企业行为理论

企业行为理论关注组织中的实际决策过程，该理论认为决策者是有限理性的，决策者并不是追求最优结果，而是追求满意结果（Cyert and March，1963）。期望绩效水平是指决策者认为满意的最小结果，决策者根据期望绩效水平评估对企业经营绩效是否满意。当绩效表现优于期望绩效时（正向绩效反馈，满意的绩效评估），企业倾向于坚持原来的惯例、决策及行动，而缺少进行改变的意愿（Cyert and March，1963；Levinthal and March，1981）；当绩效表现低于期望绩效时（负向绩效反馈，不满意的绩效评估），企业的搜索行为会被触发，对风险的容忍程度也会增加。在此情况下，企业更加愿意承担风险并做出改变，以期找到更好的解决方案，改变当前的不满意绩效（Cyert and March，1963）。Greve（2003）用企业历史绩效信息和可比较同行企业的绩效信息构建了企业期望绩效，并将企业当期绩效同期望绩效水平作差来反映企业绩效反馈（performance feedback）。Greve（2003）将企业的研究与开发（research and development，R&D）视为一种风险性的问题搜寻行为，实证结果显示负向企业绩效反馈会增强企业的 R&D 投入强度。

当前组织间关系的研究大多从交易成本理论和关系交换理论视角探讨合同治理和关系治理之间的替代或互补关系，这些文献逻辑集中于合同治理和关系治理之间相互促进或损害的影响，以及两者在功能上的替代或互补关系（Cao and Lumineau，2015；Huber et al.，2013）。本章认为合同治理和关系治理之间的关系，不仅取决于两者相互促进或损害的影响，以及单独或联合使用时对组织间关系绩效的影响；还取决于决策者在供应商关系治理中对两种治理机制的安排。因此探讨影响决策者在供应商关系治理中对两种治理机制的安排的情境因素，有助于从新的视角揭示合同治理与关系治理相互关系的影响因素。企业行为理论聚焦于有限理性企业的决策过程，强调绩效反馈对决策者问题搜寻和风险承担能力的影响

（Cyert and March，1963；Greve，2003）。因此，不同绩效反馈可能会影响决策者在企业组织间关系中对合同治理和关系治理的安排，进而对两者之间的替代或互补关系产生调节作用。然而现有文献尚未明确探究绩效反馈如何影响组织间关系中合同治理和关系治理的关系。因此，本章旨在研究绩效反馈对制造企业供应商关系中合同治理与关系治理相互关系的影响。

三、绩效反馈对合同治理和关系治理关系的调节作用

企业行为理论显示，当企业接受正向绩效反馈时，优于期望绩效的表现使得决策者风险偏好降低，并倾向于维持现有经营策略（Greve，2003；Kahneman and Tversky，1979）；当企业接受负向绩效反馈时，低于期望绩效的表现增强了决策者对风险的容忍程度，并更愿意偏离原来的行为和决策去寻找新的解决方案（Gavetti et al.，2012；Greve，2003）。考虑绩效反馈对决策者风险偏好和搜寻行为的不同影响，不同的企业绩效反馈可能会影响决策者在供应商关系治理结构中对关系治理和合同治理的调整，进而导致两种治理机制不同的替代与互补关系。

本章认为正向绩效反馈增强了关系治理对合同治理的替代作用，以及合同治理对关系治理的促进作用。

第一，当企业绩效优于期望绩效水平时，企业在现有关系治理的基础上会减少合同治理的使用。首先，当绩效反馈较好时，制造企业倾向于加强与现有供应商的关系，更愿意从长远利益出发与供应商建立持久互惠的关系以维持现有较好的绩效表现（Cyert and March，1963；Gavetti et al.，2012）。此时供应商关系中信任和关系规范的建立会取代合同在供应商关系治理中的角色。其次，加强与现有供应商的合作关系会使制造企业在供应商关系中投入更多的资源并可能锁定在关系之中（Lechner et al.，2010）。受限于资源的约束和关系的锁定效应，用于发展合同和通过合同管理供应商关系的资源便会受到限制，因此现有关系的加强会抑制合同治理的发展。最后，正向绩效反馈降低了企业风险容忍程度，风险容忍程度的降低使得企业不愿意承担引入合同治理而造成对现有关系负面影响的潜在风险（Greve，2003），此时为了避免引入过多的风险和冲突，制造企业在现有关系治理的基础上会较少使用合同治理。

第二，当企业绩效优于期望绩效水平时，企业会在现有合同治理的基础上增加关系治理的使用。首先，正向绩效反馈增强了制造企业与供应商建立长期互惠关系的考虑，因此在制造企业和供应商执行合同的过程中，双方有更强的互动交流意愿，在这个过程中双方的信任不断增强，合作规范逐渐形成。随之而来的是，信任和合作规范在后续交易中发挥的作用越来越大。因此正向绩效反馈会使

先前依赖合同治理方式管理供应商关系的过程中逐渐滋生出关系治理，并形成合同治理与关系治理共存的局面。其次，当企业接受正向绩效反馈时，企业倾向于规避风险和不确定性，因此制造企业可能会继续使用合同治理，不愿意引入新的关系治理机制。特别是加强供应商关系需要制造企业在现有供应商关系中投入更多专用性资产（Das and Teng，1998；Dyer and Singh，1998），随着供应商关系中专用性资产投资的增加，制造企业面临供应商机会主义行为的风险日益增大（Williamson，1985）。然而，合同治理的使用减少了对这一方面的担心。由于合同治理阐明了制造企业和供应商合作中的权利与义务，为合作过程提供了框架和保障，减少了制造企业专用性资产投资面临的来自供应商的机会主义行为，因而解决了制造企业对引入关系治理的担心，进而促进了关系治理的使用。

总之，一方面，正向绩效反馈弱化了制造企业在关系治理的供应商关系中引入合同治理，促进了制造企业投入更多资源去发展供应商关系，因此增强了关系治理对合同治理的替代作用；另一方面，正向绩效反馈增强了制造企业在合同治理的供应商关系中发展良好关系的意愿，并没有降低制造企业在合同治理关系引入关系治理带来的风险承担能力，因此增强了合同治理对关系治理的促进作用。基于此，本章提出如下假设。

假设 6.1a：企业绩效反馈较好时，关系治理对合同治理的替代作用得到加强。

假设 6.1b：企业绩效反馈较好时，合同治理对关系治理的促进作用得到加强。

相反，本章认为负向绩效反馈增强了关系治理对合同治理的促进作用，以及合同治理对关系治理的替代作用。

第一，当企业绩效低于期望绩效时，企业倾向于在现有关系治理的基础上加强合同治理。首先，负向绩效反馈使得制造企业将注意力聚焦到当前供应商关系管理存在的问题上，这增加了制造企业对改变治理结构带来风险的容忍程度，并驱动企业引入更多合同治理来解决供应商关系中存在的问题。相较于关系治理，合同治理在管理组织间关系时有其特有的优点。一方面，合同治理通过对双方在合作中的责任和角色、目标和产出等进行界定，有利于消除交易过程中的不确定性（Williamson，1985），不易使双方出现较大的分歧；另一方面，合同治理有强制性第三方作为保障，合同条款对供应商有更强的约束力（Poppo and Zenger，2002）。其次，当企业绩效低于期望绩效时，关系治理也会使合同的改进作用得到加强。企业在供应商关系管理过程中可能会总结出一些有助于双方合作的有效模式和规范，通过合同将这些模式和规范固定下来有助于提升双方在随后合作中的协作效率并避免分歧的产生（Huber et al.，2013；Poppo and Zenger，2002；Ryall and Sampson，2009）。

第二，当企业绩效低于期望绩效时，企业会在现有合同治理的基础上减少关系治理的使用。首先，当企业接受负向绩效反馈时，企业愿意承担更多的风险、投入更多资源在治理结构调整上进行尝试（Gavetti et al.，2012；Greve，2003），甚至终结与当前供应商的关系去引入新的供应商。此时制造企业会避免在当前供应商关系中继续投入过多资产而被锁定在当前关系中，相反制造企业倾向于使用合同治理并使自己在当前供应商关系中保持尽可能多的灵活性，从而造成了合同治理对关系治理的损害和替代。其次，负向绩效反馈使得企业更多地关注当前供应商关系中存在的问题（Cyert and March，1963；Gavetti et al.，2012），过多地关注合作中的问题将会引起制造企业对供应商信任和合作规范有效性的质疑。因此负向绩效反馈将触发问题搜寻以寻找提升当前制造企业与供应商关系的方案。此时制造企业倾向于借助合同的明确性和更强的约束力对现有供应商关系中的问题与不确定性进行管理。随着合同治理在供应商关系管理中的使用，关系治理发挥作用的空间被逐渐压缩，因而合同治理在一定程度上替代了关系治理。

　　总之，一方面，负向绩效反馈激发了制造企业在关系治理的供应商关系中引入合同治理以解决关系治理中存在的问题，同时有助于将关系治理中的成功经验通过合同方式固定下来，因此增强了关系治理对合同治理的促进作用；另一方面，负向绩效反馈阻碍了制造企业在合同治理的供应商关系中发展良好关系，强化了制造企业通过合同治理来解决当前供应商关系中存在的问题，因此增强了合同治理对关系治理的替代作用。基于此，本章提出如下假设。

　　假设 6.2a：企业绩效反馈较差时，关系治理对合同治理的促进作用得到加强。

　　假设 6.2b：企业绩效反馈较差时，合同治理对关系治理的替代作用得到加强。

　　图 6-1 画出了本章的理论框架图。

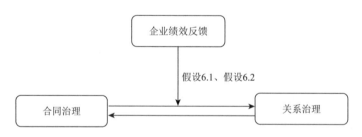

图 6-1　企业绩效反馈对合同治理与关系治理关系影响的理论框架

第三节　实证研究方法

一、样本与数据

　　本章以中国制造企业为样本，数据由问卷数据和二手客观数据构成，其中，问卷数据来自本章对中国制造企业的问卷调查，二手客观数据来自国家统计局建立的中国工业企业数据库。首先，问卷数据涵盖了制造企业供应商关系管理及企业战略和所面临环境方面的信息。在问卷设计中，问卷要求制造企业识别 5 家核心供应商，然后对自己与每一家供应商的关系管理情况进行评价，其中包含了合同治理与关系治理等方面情况（问卷设计的其他方面内容见第三章"供应商关系研究的实证基础"）。其次，中国工业企业数据库涵盖了规模以上工业企业及全部国有企业的财务数据。考虑到绩效反馈测量需要企业至少连续 3 年的绩效数据，且为了检验因果关系，绩效反馈数据（自变量数据）时间应该提前于制造企业供应商关系治理数据（因变量数据），因此本章在中国工业企业数据库中选择了问卷调研之前连续 5 年的绩效数据。随后通过企业法人代码，本章将问卷数据与中国工业企业数据库数据进行了匹配，剔除了变量缺失的样本，最终 110 家制造企业填写了自身及其供应商关系数据。

然而，并不是所有制造企业都完整评价了 5 个供应商关系，110 家制造企业共评价了 498 个供应商关系；其中，71 家制造企业评价了 5 个供应商关系，30 家制造企业评价了 4 个供应商关系，6 家制造企业评价了 3 个供应商关系，2 家制造企业评价了 2 个供应商关系，1 家制造企业评价了 1 个供应商关系。表 6-2 给出了 498 家供应商的统计性描述。在 498 家供应商中，36%属于大型供应商，52%属于中型供应商，12%属于小型供应商，总的来看，样本中的供应商规模较大。另外，81%的供应商与制造企业合作时间超过 3 年，24%合作时间超过 10 年；就制造企业从这些供应商的采购份额来看，49%采购份额超过了 10%，14%采购份额超过了 20%；总的来看，这些制造企业与供应商合作时间较久，采购份额较高，制造企业更有可能与这些供应商发展良好关系，因此关系治理应该广泛存在于制造企业对这些供应商关系的管理中。

表 6-2　498 家供应商的统计性描述

分类标准		数量	占比
供应商规模	大型	180	36%
	中型	260	52%
	小型	58	12%
	总计	498	100%
供应商与制造企业合作时间	3 年以下	96	19%
	3～5 年	156	31%
	6～10 年	124	25%
	10 年以上	122	24%
	总计	498	100%

续表

分类标准		数量	占比
制造企业采购份额	5%及以下	41	8%
	>5%~10%	215	43%
	>10%~20%	174	35%
	>20%~30%	35	7%
	30%以上	33	7%
	总计	498	100%

注：占比总计不为100%是四舍五入修约所致

二、变量及测量

除绩效反馈是由二手数据计算得来，本章中其他主要变量的数据均来自问卷数据，测量时采用文献中成熟量表和利克特 7 点制计分（1 表示非常不同意；7 表示非常同意）。其中，法治环境、知识获取、需求不确定性来自制造企业对自身所处环境的整体评价，涉及 110 家制造企业层面的数据；而合同治理、关系治理、转换成本、技术差异来自制造企业对识别的供应商关系的评价，涉及 498 家制造企业与供应商关系层面的数据。这些变量的具体测量如下。

（一）合同治理与关系治理

合同治理反映的是企业使用正式合同对组织间交易关系进行管理的程度（Malhotra and Lumineau，2011）。本章改编 Wuyts 和 Geyskens（2005）研究中合同治理的量表，改编后量表的 4 个题项如下：①我方和该供应商所签订的合同详细定义了应达到的工作标准；②我方和该供应商所签订的合同详细说明了双方的权利和责任；③在合作过程中，我方通过各种方式对该供应商进行监督；④总体来说，签订详细的合同是我方约束该供应商最重要的方式。

关系治理反映的是企业使用非正式的治理机制对组织间交易关系进行管理的程度。本章改编 Rindfleisch 和 Moorman（2001）研究中关系强度的量表，改编后量表的 4 个题项如下：①我方和该供应商通过讨论共同做出了许多决策；②我方和该供应商通过充分协作来解决合作中出现的问题；③我方和该供应商之间有充分、广泛的信息交流；④总的来看，我方和该供应商的关系比较密切。

（二）绩效反馈

文献中绩效反馈测量是将企业当前绩效与其期望绩效水平进行比较。Greve

（2003）用企业资产收益率对绩效进行测量，基于企业先前年份的资产收益率数据计算历史期望，基于参照组企业资产收益率数据计算企业社会期望。企业的绩效反馈（PF_t）等于企业当期的绩效（P_t）减去期望绩效（A_t）。期望绩效（A_t）是企业社会期望绩效（SA_t）和历史期望绩效（HA_t）的加权平均值。具体的绩效反馈计算模型如下：

$$PF_t = P_t - A_t$$

$$A_t = a_1 SA_t + (1 - a_1) HA_t$$

$$HA_t = a_2 HA_{t-1} + (1 - a_2) P_{t-1}$$

其中，t 是时间；SA_t 是参照组企业绩效水平的中位数；HA_{t-1} 是企业前一年的历史期望；P_{t-1} 是企业前一年的绩效表现；a_1 和 a_2 是权重系数。

参照 Greve（2003）的方法，本章采用资产收益率来反映制造企业的绩效，该数据来自中国工业企业数据库。在社会期望绩效的测量上，有的学者采用参照组企业绩效的均值（Greve，2003），而有的学者采用参照组企业绩效的中位数（Iyer and Miller，2008）。考虑中位数比均值更能反映参照组企业绩效的位置水平，本章采用参照组企业绩效的中位数来反映企业社会期望绩效。中国工业企业数据库提供了每家企业所处的行业和地区代码，代码的不同位数反映了行业和地区的不同细分水平，比如，企业的 2 位地区代码反映的是该企业所在的省份，3 位地区代码反映的是该企业所在的地级市，4 位地区代码反映的是该企业所在的区县；类似地，不同的行业代码也反映了企业所在行业的不同细分水平。为了增强参照组企业的可比较水平，本章将社会参照组范围限定为 4 位地区代码和 4 位行业代码范围，该范围内所有制造企业绩效的中位数反映了制造企业的社会期望绩效。在历史期望绩效的计算方面，本章采用现有文献的通常做法，采用企业先前绩效的指数加权移动平均值；具体而言，本章基于问卷收集年份前 5 年的企业绩效数据计算指数加权移动平均值。

模型中存在 a_1 和 a_2 两个参数，如何确定 a_1 和 a_2 的数值呢？a_1 和 a_2 的取值范围是 0 到 1，Greve（2003）以 0.1 为间隔依次赋予不同参数数值（$a_1 = 0.1$，$a_2 = 0.9$；$a_1 = 0.2$，$a_2 = 0.8$；……），计算每组参照取值下绩效反馈模型的极大似然估计值，然后选择极大似然估计值最大的参数组作为企业绩效反馈模型中的参数。Bromiley 和 Harris（2014）指出 Greve（2003）在绩效反馈模型中使用最大似然法求得的参数是数据驱动而缺少理论依据的，他们认为企业在形成预期的经营绩效水平时，通常会综合考虑自身历史绩效表现和社会可参照群体的绩效表现。参照 Baum 等（2005）的方法，本章分别将 a_1 和 a_2 分别赋值为 0.3、0.5 和 0.7，进行了 9 次测量，结果显示不同参数组的实证结果是比较稳定和一致的。最终本章采用简单加权平均值（$a_1 = 0.5$，$a_2 = 0.5$）计算企业绩效反馈并报告实证结果。

（三）控制变量

法治环境、知识获取、转换成本、需求不确定性、技术差异、制造企业年龄、制造企业规模、制造企业与供应商合作的时间，都影响着制造企业在供应商关系管理中对关系治理和合同治理的选择。因此，本章在模型中控制了这些变量。

法治环境是指法律制度对企业利益进行保护的程度（Zhou and Poppo，2010）。该变量测量来源于问卷的第一部分，是由制造企业总经理评价制造企业所处地域的法治情况。本章将该变量与制造企业供应商关系中的合同治理对应起来，作为合同治理机制的工具变量。法治环境的量表改自 Zhou 等（2003）的量表，该量表具体由 3 个题项构成：①我公司对公司所在地目前的法律法规制定工作比较满意；②我公司对公司所在地目前的公检法机构的工作比较满意；③我公司对公司所在地的政府依法行政的情况比较满意。

知识获取是指制造企业在多大程度上能从供应商群体中获取有价值的知识和技能。本章将该变量与制造企业供应商关系中的关系治理对应起来，作为关系治理机制的工具变量。知识获取的量表改自 Griffith 等（2001）的量表，该量表具体由 3 个题项构成：①我公司从供应商那里学习到了很多新的技术专长；②我公司从供应商那里学习到了很多新的管理经验和办法；③我公司从供应商那里学习到了很多新产品开发方面的知识。

转换成本是指企业结束与特定供应商的关系时所遭受的潜在损失（Liu et al.，2009）。企业通常会在供应商的交易和合作过程中投入人力资本、实物资本及经验和知识等专用性资产，这些投入将随着合作关系的终止而消失。转换成本的量表改自 Liu 等（2009）的量表，该量表具体由 3 个题项构成：①若合作终止，重新安排为该供应商服务的我方员工将耗费很大精力；②若合作终止，我方为提高双方合作效率所开发的技能将失去价值；③若合作终止，我方须调整涉及该供应商提供的零部件/原材料的生产系统。

需求不确定性是指企业主生产计划在多大程度上是稳定的，物料需求在多大程度上是可预测的。供应商关系中合同治理和关系治理的替代与互补关系可能会受到制造企业面临的需求不确定性的影响，因此本章控制了制造企业总的需求不确定性情况。需求不确定性量表改自 Grewal 和 Tansuhaj（2001）的量表，该量表具体由 3 个题项构成：①我公司经常需要根据市场需求的变化对生产计划进行调整；②我公司对原材料和零部件供应的需求每周都会有很大变化；③我公司总保有几周的关键原料/零部件库存以应对市场需求的变化。

技术差异反映了制造企业与供应商之间的技术差异程度。技术差异是制造企业与供应商关系中不确定性的一个重要来源，会影响制造企业供应商关系的治理机制。技术差异量表改自 Gao 等（2015）的量表，该量表由 3 个题项构成：①我公司和该供应商在总体技术能力上存在很大差异；②我公司和该供应商在制造技术方面存在很大差异；③我公司和该供应商在技术研发方向上存在很大差异。

除此之外，本章还控制了一些反映制造企业特征的变量，如企业规模、企业年龄。企业规模用序数变量测量，1 代表小型企业（员工人数小于 300 人），2 代表中型企业（员工人数在 300~2000 人），3 代表大型企业（员工人数大于 2000人）（Gao et al.，2015）。企业年龄用问卷收集时间与企业成立时间之差的对数来表示。此外，本章还控制了制造企业与供应商合作时间以及供应商的规模。制造企业与供应商合作时间由双方开始合作以来年数的对数表示。同样地，供应商规模也用序数变量测量，1 代表小型企业，2 代表中型企业，3 代表大型企业。

三、概念的信效度分析

表 6-3 报告了主要变量的测量题项及信效度。法治环境、知识获取和需求不确定性测量的是制造企业所处环境及其与供应商关系的整体情况，涉及 110 家制造企业层面的数据；而合同治理、关系治理、转换成本和技术差异测量的是制造企业识别的供应商关系，共涉及 498 个制造企业-供应商关系。由于样本量的不同，本章分别评估这两组变量的信效度。

表 6-3　主要变量的测量题项及信效度

变量题项及方法	载荷
模型 1：498 家制造企业与供应商关系层面数据的验证性因子分析模型 模型拟合指数：$\chi^2(71) = 216.12$，GFI = 0.94，CFI = 0.97，IFI = 0.97，RMSEA = 0.06	
合同治理（Wuyts and Geyskens，2005）：AVE = 0.64，CR = 0.87，HSV = 0.14	
1. 我方和该供应商所签订的合同详细定义了应达到的工作标准	0.92
2. 我方和该供应商所签订的合同详细说明了双方的权利和责任	0.91
3. 在合作过程中，我方通过各种方式对该供应商进行监督	0.65
4. 总体来说，签订详细的合同是我方约束该供应商最重要的方式	0.69
关系治理（Rindfleisch and Moorman，2001）：AVE = 0.59，CR = 0.85，HSV = 0.14	
1. 我方和该供应商通过讨论共同做出了许多决策	0.58
2. 我方和该供应商通过充分协作来解决合作中出现的问题	0.85
3. 我方和该供应商之间有充分、广泛的信息交流	0.84
4. 总的来看，我方和该供应商的关系比较密切	0.77
转换成本（Liu et al.，2009）：AVE = 0.70，CR = 0.87，HSV = 0.12	
1. 若合作终止，重新安排为该供应商服务的我方员工将耗费很大精力	0.83

续表

变量题项及方法	载荷
2. 若合作终止，我方为提高双方合作效率所开发的技能将失去价值	0.91
3. 若合作终止，我方须调整涉及该供应商提供的零部件/原材料的生产系统	0.76
技术差异（Gao et al.，2015）：AVE = 0.80，CR = 0.92，HSV = 0.12	
1. 我公司和该供应商在总体技术能力上存在很大差异	0.87
2. 我公司和该供应商在制造技术方面存在很大差异	0.94
3. 我公司和该供应商在技术研发方向上存在很大差异	0.87
模型 2：110 家制造企业层面数据的验证性因子分析模型 模型拟合指数：$\chi^2(24) = 37.45$，GFI = 0.93，CFI = 0.97，IFI = 0.97，RMSEA = 0.07	
法治环境（Zhou and Poppo，2010）：AVE = 0.78，CR = 0.91，HSV = 0.04	
1. 我公司对公司所在地目前的法律法规制定工作比较满意	0.91
2. 我公司对公司所在地目前的公检法机构的工作比较满意	1.01
3. 我公司对公司所在地的政府依法行政的情况比较满意	0.71
知识获取（Griffith et al.，2001）：AVE = 0.62，CR = 0.83，HSV = 0.10	
1. 我公司从供应商那里学习到了很多新的技术专长	0.75
2. 我公司从供应商那里学习到了很多新的管理经验和办法	0.84
3. 我公司从供应商那里学习到了很多新产品开发方面的知识	0.77
需求不确定性（Grewal and Tansuhaj，2001）：AVE = 0.53，CR = 0.77，HSV = 0.10	
1. 我公司经常需要根据市场需求的变化对生产计划进行调整	0.74
2. 我公司对原材料和零部件供应的需求每周都会有很大变化	0.76
3. 我公司总保有几周的关键原料/零部件库存以应对市场需求的变化	0.68

注：所有载荷在 0.01 水平下显著

　　本章采用验证性因子分析方法检验合同治理、关系治理、转换成本和技术差异变量测量的信度和聚合效度（Anderson and Gerbing，1988）。如表 6-3 所示，一阶验证性因子分析结果显示模型具有令人满意的拟合情况（$\chi^2(71) = 216.12$，GFI = 0.94，CFI = 0.97，IFI = 0.97，RMSEA = 0.06），标准化因子载荷系数在 0.58 至 0.94 之间，均在 0.01 水平下显著；所有变量的 AVE 在 0.59 至 0.80 之间，CR 在 0.85 至 0.92 之间，两者均高于 0.50 阈值。总之，这些结果显示上述四个变量测量具有较好的信度和聚合效度。采用相同方法，本章检验了法治环境、知识获取和需求不确定性变量测量的信度和聚合效度（Anderson and Gerbing，1988），一阶验证性因子分析结果显示模型具有令人满意的拟合情况（$\chi^2(24) = 37.45$，GFI = 0.93，CFI = 0.97，IFI = 0.97，RMSEA = 0.07），标准化因子载荷系数在 0.68 至 1.01 之间，均在 0.01 水平下显著；所有变量的 AVE 在 0.53 至 0.78 之间，CR

在 0.77 至 0.91 之间，两者均高于 0.50 阈值。总之，这些结果显示这三个变量测量也具有较好的信度和聚合效度（Fornell and Larcker，1981）。

此外，本章采用两种方法来评价合同治理、关系治理、转换成本和技术差异变量测量的区分效度。首先，参照 AVE 与 HSV 比较法程序（详细介绍见第四章第三节），本章计算了每一个变量的 AVE 和该变量与其他变量的 HSV，并检验是否所有变量的 AVE 均大于 HSV，结果显示所有变量的 AVE 均大于 HSV（表 6-3），因此该方法显示上述四个变量测量具有较高的区分效度（Fornell and Larcker，1981）。其次，参照嵌套验证性因子分析比较法程序（详细介绍见第四章第三节），本章计算了上述变量的限制性模型与未限制性模型的卡方值，并检验未限制性模型的卡方值是否显著小于限制性模型，结果显示未限制性模型的卡方值显著小于限制性模型的卡方值（比如，合同治理 vs.关系治理：$\Delta\chi^2(1) = 904.32$，$p<0.01$；技术差异 vs.转换成本：$\Delta\chi^2(1) = 655.81$，$p<0.01$），因此，该方法显示上述四个变量测量具有较高的区分效度（Anderson and Gerbing，1988）。

采取相同方法，本章检验了法治环境、知识获取和需求不确定性变量测量的区分效度。结果显示所有变量的 AVE 均大于 HSV（表 6-3），限制性模型的卡方值显著小于未限制性模型的卡方值（比如，需求不确定性 vs.知识获取，$\Delta\chi^2(1) = 72.78$，$p<0.01$；法治环境 vs.知识获取，$\Delta\chi^2(1) = 124.68$，$p<0.01$）。总的来说，这些结果显示这三个变量测量也具有较高的区分效度。

四、共同方法偏差检验

本章数据有多个来源，合同治理和关系治理来自问卷数据，绩效反馈来自二手客观数据。在测量方法上，合同治理和关系治理为量表数据，而绩效反馈是经过计算加总后获得的数据。不同的数据来源和测量方法在相当程度上避免了模型的共同方法偏差问题（Flynn et al.，2018；Rindfleisch et al.，2008）。本章进一步采取 Harman 单因子检验法和"未测量潜在方法因子效应控制法"两种方法检验变量间的共同方法偏差问题（Podsakoff et al.，2003）。合同治理、关系治理、转换成本和技术差异变量涉及 498 家制造企业与供应商关系层面的数据，而法治环境、知识获取和需求不确定性变量涉及 110 家制造企业层面的数据，由于样本量不同，本章分别检验了这两组变量的共同方法偏差问题。

本章首先对合同治理、关系治理、转换成本和技术差异变量的共同方法偏差问题进行检验。在 Harman 单因子检验中，本章对这些变量所有题项进行主成分因子分析，结果显示前四个主成分因子解释了主成分因子模型 76.6%的变异，其中，第一个因子解释了 26.6%的变异；没有单个因子出现，也没有一个因子解释过多变异，这说明上述四个变量的共同方法偏差问题不严重。在"未测量潜在方法因子效应控制法"检验中，本章在验证性因子分析模型中加入了一个方法因子，并允许该因子与所有题项相关；随后本章将该模型与验证性因子分析模型进行比较，结果显示方法因子确实提升了模型的拟合度，增加了 7.8% 的解释比例，少于 Williams 等（1989）提出的 25% 临界值。因此，该方法进一步显示上述四个变量的共同方法偏差问题不严重。

采用相同方法，本章检验了法治环境、知识获取和需求不确定性变量的共同方法偏差问题。Harman 单因子检验显示前三个主成分因子解释了主成分因子模型 76.9% 的变异，其中，第一个因子解释了 31.6% 的变异；没有单个因子出现，也没有一个因子解释过多变异。在"未测量潜在方法因子效应控制法"检验中，方法因子增加了 13.3% 的解释比例，小于 25% 的临界值。总之，这些方法均显示上述三个变量的共同方法偏差问题也不严重。

第四节　实证研究结果

在企业经营实践中，由于合同治理和关系治理相互影响，是同时决定的，因此在研究设计上需要对两个方程同时进行估计。参照 Poppo 和 Zenger（2002）的方法，本章采用三阶段最小二乘法对理论模型进行检验。该方法使用工具变量产生一致性估计并用广义最小二乘法对方程之间扰动项的相关性进行控制。该方法的原理是：第一步，将各个内生变量对方程中所有的外生变量进行回归，得到各内生变量的拟合值；第二步，产生一致性估计方程扰动项的协方差矩阵；第三步，用第一步产生的拟合值代替内生变量，再结合第二步产生的协方差矩阵信息，通过广义最小二乘法对方程组进行估计。该方法能消除关键变量的内生性所导致的估计偏差。

表 6-4 报告了变量的相关系数、均值与标准差。表 6-5 报告了使用三阶段最小二乘法的估计结果。在表 6-5 中，模型 1 和模型 3 包含了控制变量和自变量，其中，模型 1 显示了关系治理对合同治理的影响，模型 2 加入了绩效反馈与关系治理的交互项；模型 3 显示了合同治理对关系治理的影响，模型 4 加入了绩效反馈与合同治理的交互项。

表 6-4　变量相关系数、均值与标准差

变量	1	2	3	4	5	6	7	8	9	10	11	12
1. 合同治理	1.00											
2. 关系治理	0.28	1.00										
3. 绩效反馈	0.03	0.06	1.00									
4. 法治环境	0.20	0.07	−0.01	1.00								

续表

变量	1	2	3	4	5	6	7	8	9	10	11	12
5. 知识获取	0.12	0.25	0.08	0.03	1.00							
6. 转换成本	0.04	−0.14	0.03	−0.18	0.08	1.00						
7. 需求不确定性	−0.06	0.00	0.13	−0.17	0.24	0.17	1.00					
8. 技术差异	0.09	−0.03	0.14	−0.13	−0.03	0.35	−0.02	1.00				
9. 合作时间	0.12	−0.01	0.00	0.06	−0.02	0.00	−0.08	−0.10	1.00			
10. 企业规模	0.07	0.03	−0.04	0.04	−0.07	0.13	−0.05	0.07	0.42	1.00		
11. 企业年龄	0.15	−0.12	−0.07	0.01	−0.12	0.05	−0.14	0.07	0.46	0.43	1.00	
12. 供应商规模	−0.09	0.00	0.07	−0.03	−0.04	−0.07	0.06	0.02	−0.17	−0.09	−0.04	1.00
均值	5.54	5.53	0.01	5.71	5.01	3.94	4.22	4.04	2.07	1.83	2.73	1.74
标准差	0.97	0.81	0.10	1.07	1.08	1.48	1.54	1.39	0.65	0.70	0.76	0.64

注：样本量 = 498，绝对值大于 0.09 的相关系数在 0.05 水平下显著

表 6-5　三阶段最小二乘法的估计结果

变量	合同治理		关系治理	
	模型 1	模型 2	模型 3	模型 4
法治环境	0.19** (0.04)	0.21** (0.05)		
知识获取			0.26** (0.05)	0.28** (0.06)
转换成本	0.11* (0.05)	0.15** (0.06)	−0.18** (0.05)	−0.20** (0.05)
需求不确定性	−0.02 (0.04)	−0.02 (0.05)	−0.04 (0.05)	−0.05 (0.05)
技术差异	0.09 (0.05)	0.10* (0.05)	0.03 (0.05)	0.00 (0.05)
合作时间	0.09 (0.08)	0.11 (0.08)	0.00 (0.08)	0.00 (0.08)
企业规模	−0.12 (0.08)	−0.13 (0.08)	0.18* (0.07)	0.18* (0.07)
企业年龄	0.26** (0.07)	0.26** (0.07)	−0.20** (0.07)	−0.17* (0.08)
供应商规模	−0.10 (0.07)	−0.12 (0.07)	0.01 (0.07)	0.03 (0.07)
关系治理	0.50** (0.16)	0.57*** (0.15)		
合同治理			0.12 (0.21)	−0.001 (0.21)

续表

变量	合同治理		关系治理	
	模型 1	模型 2	模型 3	模型 4
绩效反馈	0.00 (0.04)	−0.06 (0.05)	0.04 (0.04)	0.17** (0.06)
绩效反馈×关系治理		−0.18* (0.09)		
绩效反馈×合同治理				0.31** (0.09)
常数项	−0.49* (0.23)	−0.50* (0.23)	0.21 (0.24)	0.10 (0.25)
χ^2 值	57.93	60.11	68.11	75.22
p 值	0.000	0.000	0.000	0.000
R^2	0.137	0.078	0.162	0.072

注：样本量 = 498；括号中数据是稳健性标准误

* $p < 0.05$，** $p < 0.01$，*** $p < 0.001$

如表 6-5 所示，模型 1 和模型 2 的结果显示关系治理的系数显著为正（模型 1：$\beta = 0.50$，$p < 0.01$；模型 2：$\beta = 0.57$，$p < 0.001$），这与之前强调关系治理互补或促进合同治理文献中的发现相一致。但模型 3 和模型 4 的结果显示合同治理的系数不显著（模型 3：$\beta = 0.12$，$p > 0.10$；模型 4：$\beta = −0.001$，$p > 0.10$）。这两组结果说明合同治理和关系治理之间的相互影响不是对等的。

假设 6.1a 预测企业绩效反馈较好时，关系治理对合同治理的替代作用得到加强，假设 6.2a 预测企业绩效反馈较差时，关系治理对合同治理的促进作用得到加强。与预测相一致，模型 2 的结果显示绩效反馈与关系治理交互项的系数显著为负（$\beta = −0.18$，$p < 0.05$）。这一结果表明关系治理对合同治理的影响取决于企业绩效反馈的影响，当企业绩效反馈较好时，关系治理对合同治理的影响会减弱，即关系治理对合同治理的替代作用得到加强；而绩效反馈较差时，关系治理对合同治理的影响会得到加强，即关系治理对合同治理的促进作用得到加强；因此假设 6.1a 和假设 6.2a 的预测得到了支持。

为进一步了解企业绩效反馈对关系治理与合同治理关系的调节效应，参照 Aiken 和 West（1991）的操作程序，本章将企业绩效反馈变量分为两组：绩效反馈较好组（高于均值一个标准差）和绩效反馈较差组（低于均值一个标准差）；然后基于模型 2，画出了绩效反馈对关系治理与合同治理关系的调节效应图（图 6-2），并计算出不同组线的斜率。结果发现当绩效反馈取值高于均值一个标准差时，组线的斜率在 $p < 0.01$ 水平下显著；而低于均值一个标准差时，组线的斜率在 $p < 0.01$ 水平下显著。总之，这些结果进一步说明关系治理对合同治理的影响受到企业绩效反馈的调节。

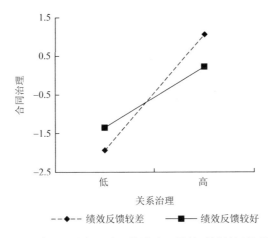

图 6-2　关系治理对合同治理的影响：绩效反馈的调节效应图

假设 6.1b 预测企业绩效反馈较好时，合同治理对关系治理的促进作用得到加强，假设 6.2b 预测企业绩效反馈较差时，合同治理对关系治理的替代作用得到加强。与预测相一致，模型 4 的结果显示绩效反馈与合同治理交互项的系数显著为正（模型 4：$\beta = 0.31$，$p < 0.01$）。这一结果表明合同治理对关系治理的影响取决于企业绩效反馈。当企业绩效反馈较好时，合同治理可能会正向地影响关系治理，即合同治理对关系治理的促进作用得到加强；而当绩效反馈较差时，合同治理可能会负向地影响关系治理，即合同治理对关系治理的替代作用得到加强。因此假设 6.1b 和假设 6.2b 的预测得到了支持。

为进一步了解企业绩效反馈对合同治理与关系治理关系的调节效应，采用相同的方法，基于模型 4 画出了绩效反馈的调节效应图（图 6-3），并计算出不同组

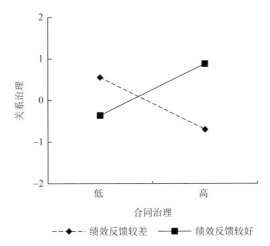

图 6-3　合同治理对关系治理的影响：绩效反馈的调节效应图

线的斜率。结果发现当企业绩效反馈较好时（高于均值一个标准差），合同治理对关系治理的影响为正；而当企业绩效反馈较差时（低于均值一个标准差），合同治理对关系治理的影响为负。总之，这些结果进一步说明合同治理对关系治理的影响在很大程度上取决于企业绩效反馈。

第五节　本　章　小　结

一、研究结论及理论贡献

基于企业行为理论视角，本章探讨了企业绩效反馈对合同治理与关系治理关系的影响。实证结果显示：①当企业绩效反馈较好时，制造企业会在现有合同治理的基础上加强关系治理，而会在现有关系治理的基础上减少合同治理的使用；②当企业绩效反馈较差时，企业会在现有关系治理的基础上加强合同治理，而会在现有合同治理的基础上减少关系治理的使用。因此，本章将丰富关系治理和合同治理替代与互补关系的相关文献，具体而言，本章主要有以下两方面贡献。

第一，基于企业行为理论视角，本章揭示了企业对组织间关系治理结构调整的行为机制，丰富了合同治理和关系治理关系文献。先前组织间关系治理文献通常从交易成本理论和关系交换理论逻辑对两种治理机制之间的相互关系进行解释（Cao and Lumineau，2015；Poppo and Zenger，2002）；本章将企业行为理论逻辑与交易成本理论以及关系交换理论逻辑进行整合，指出合同治理和关系治理替代或互补的关系不仅取决于两种治理机制之间的相互作用，以及联合使用时对供应商关系治理绩效的影响；同时还取决于有限理性决策者在企业绩效反馈的影响下对两者替代和互补关系造成的加强或削弱效应。在较好的绩效反馈下，企业倾向于规避风险并避免同时使用两种治理机制，此时会较多地通过关系治理的方式维持和加强与供应商的关系；而较差的绩效反馈使得企业更愿意接受两种机制，在应对合作中的潜在冲突时，会较多地通过合同治理对供应商关系进行治理。因此，本章为供应商关系管理中两种治理机制之间的相互关系提供了新的解释。

第二，通过阐明绩效反馈对合同治理与关系治理关系的调节作用，本章结论在一定程度上弥合了先前研究中关于两者替代与互补关系的争论。先前已有大量文献对两种治理机制之间的替代或互补关系进行了研究，但未得出一致的结论。一些文献强调了合同治理和关系治理中的不同维度之间可能存在不同的替代或互补关系（Faems et al.，2008；Reuer and Ariño，2007），如控制型的合同可能会损害双方善意的信任，而协作型的合同可能会加强彼此的信任（Faems et al.，2008）。

总之，这些研究通常是从单方面对两种治理机制的互补与替代关系进行探讨，得出了两种治理机制在具体情境下替代或互补的结论（Huber et al.，2013）。然而企业行为理论视角则认为，合同治理和关系治理在某些情境下可能会表现出不对等的替代或互补关系，一种治理机制在促进另一种治理机制的同时，另一种治理机制可能会损害此种治理机制。本章结论显示，当企业绩效反馈较好时，关系治理对合同治理的替代作用会得到加强，合同治理对关系治理的促进作用会得到加强；当企业绩效反馈较差时，关系治理对合同治理的促进作用会得到加强，合同治理对关系治理的替代作用会得到加强。这种不对等的替代与互补关系的发现将进一步丰富文献中关于两种治理机制之间替代与互补关系的理解。

二、管理启示

本章强调了有限理性的采购经理在供应商关系管理中会受到企业绩效反馈结果的影响，因此对制造企业供应商关系管理具有一定指导意义。

第一，当绩效反馈较好时，制造企业采购经理对风险的容忍程度较低，且倾向于加强与现有供应商的合作关系，此时制造企业倾向于加强关系治理而减少合同治理的使用。但这样的治理结构在供应商关系管理中可能不是最有效的。首先，制造企业加强与现有供应商的合作关系可能导致其在现有供应商关系中过多地投资，这可能会让制造企业锁定在现有的供应商关系中，从而给供应商提供了从事机会主义行为的空间。其次，关系治理虽然在阻止机会主义行为和促进合作伙伴协作方面具有优势，但其缺乏对制造企业和供应商权责的明确描述，因此容易导致双方发生误解或冲突。相反合同治理通过对双方角色和责任、目标和产出等清楚界定，能够消除供应商在产品或服务供给方面的不确定性。此外，合同治理通过强制性约束使得供应商发生机会主义行为的可能性较低。因此决策者应该认识到在绩效反馈较好时自己在关系治理和合同治理调整中可能存在问题，决策者要根据企业具体情况和供应商关系管理实际需要，做好供应商关系管理机制的调整。

第二，当绩效反馈较差时，制造企业采购经理更倾向于关注供应商关系中存在的问题，同时愿意为解决问题承担更大的风险。在这种情境下，采购经理更容易接受加强合同治理给双方关系带来的损害，进而会在供应商关系管理中增加合同治理。此外差的绩效反馈会触发企业进行更多的搜索和尝试以寻找更好的解决方案，因此在这种情境下，制造企业更愿意使用权责明晰的合同治理，而避免使用关系治理来管理现有供应商。然而合同治理也存在明显的缺点：首先，合同使用的增加可能会损害企业之间的信任；其次，合同由于其不完备性和刚性，很难适应变化的交易情境。

第三，在双方需要进行大量协同合作的情况下，仅依赖合同治理难以促进交易和合作绩效的提升。当绩效反馈较差时，采购经理有在供应商关系中增加合同治理的倾向，但还是应意识到关系治理具有的优点，要根据具体情况调整供应商关系中关系治理和合同治理的比例。

三、研究局限及未来建议

本章主要存在以下三方面不足，为未来的研究提供了机会。

第一，当前文献将合同区分为两种类型：控制型合同和协作型合同（Faems et al.，2008；Reuer and Ariño，2007）。例如，Reuer 和 Ariño（2007）发现之前有合作关系的双方，他们签订的合同不太可能包含协作条款，但会保留控制条款。本章中合同治理的测量反映的是合同整体使用程度，因而无法检验在具体情境下合同的协作维度和控制维度与关系治理之间的关系，而这两个维度在不同绩效反馈条件下与关系治理可能有不同的关系。未来学者可以在这方面进行拓展。

第二，一些研究强调合同治理和关系治理的替代与互补关系会在时间维度上随着具体情境的变动而变动（Faems et al.，2008；Huber et al.，2013）。尽管本章结果表明在企业绩效反馈较好时，合同治理可能会促进关系治理，而关系治理则会损害合同治理；在企业绩效反馈较差时，关系治理可能会促进合同治理，而合同治理会损害关系治理。但本章所用的合同治理和关系治理数据是横截面问卷数据。如果能够获得不同时段的多期合同治理和关系治理数据，就能更好地检验不同绩效反馈下合同治理与关系治理之间的动态相互影响。因此，未来学者可以在这方面做深入研究以进一步检验本章的研究结论。

第三，虽然本章探讨了合同治理和关系治理在不同绩效反馈情境下的相互关系，但是没有检验具体情境下的治理结构在供应商关系管理中的成本和收益。未来学者可以检验不同绩效反馈下，合同治理与关系治理调整的绩效结果，即制造企业供应商关系治理结构调整是否或者在多大程度上改善了企业绩效。此外，在预测组织间关系治理结构调整时，本章采用基于企业资产收益率的绩效反馈。尽管资产收益率是企业关注的非常重要的绩效指标，显著影响企业的各方面决策；但是基于组织间关系绩效的绩效反馈对治理结构调整的影响更加直接。因此，未来学者可以用基于组织间关系绩效的绩效反馈来预测组织间关系治理结构调整。

参 考 文 献

白鸥，魏江，斯碧霞. 2015. 关系还是契约：服务创新网络治理和知识获取困境. 科学学研究，33（9）：1432-1440.
姜翰，杨鑫，金占明. 2008. 战略模式选择对企业关系治理行为影响的实证研究：从关系强度角度出发. 管理世界，（3）：

115-125，164.

谈毅，慕继丰. 2008. 论合同治理和关系治理的互补性与有效性. 公共管理学报，（3）：56-62，124.

袁静，毛蕴诗. 2011. 产业链纵向交易的契约治理与关系治理的实证研究. 学术研究，（3）：59-67.

张闯，夏春玉，梁守砚. 2009. 关系交换、治理机制与交易绩效：基于蔬菜流通渠道的比较案例研究. 管理世界，（8）：124-140，156，188.

周海军，杨忠. 2014. 供应链企业间机会主义行为及关系契约治理研究：基于抵押物模型的实证分析. 南京社会科学，（1）：43-51.

周茵，庄贵军，王非. 2015. 破解渠道投机的恶性循环：合同治理与关系治理权变模型. 西安交通大学学报（社会科学版），35（1）：40-47.

Aiken L S，West S G. 1991. Multiple Regression：Testing and Interpreting Interactions. London：Sage Publications Inc.

Anderson J C，Gerbing D W. 1988. Structural equation modeling in practice：a review and recommended two-step approach. Psychological Bulletin，103（3）：411-423.

Antia K D，Frazier G L. 2001. The severity of contract enforcement in interfirm channel relationships. Journal of Marketing，65（4）：67-81.

Baum J A C，Rowley T J，Shipilov A V，et al. 2005. Dancing with strangers：aspiration performance and the search for underwriting syndicate partners. Administrative Science Quarterly，50（4）：536-575.

Bromiley P，Harris J D. 2014. A comparison of alternative measures of organizational aspirations. Strategic Management Journal，35（3）：338-357.

Cao Z，Lumineau F. 2015. Revisiting the interplay between contractual and relational governance：a qualitative and meta-analytic investigation. Journal of Operations Management，33/34（1）：15-42.

Cyert R M，March J G. 1963. A Behavioral Theory of the Firm. Englewood Cliffs：Prentice-Hall.

Das T K，Teng B S. 1998. Between trust and control：developing confidence in partner cooperation in alliances. Academy of Management Review，23（3）：491-512.

Dyer J H，Singh H. 1998. The relational view：cooperative strategy and sources of interorganizational competitive advantage. Academy of Management Review，23（4）：660-679.

Faems D，Janssens M，Madhok A，et al. 2008. Toward an integrative perspective on alliance governance：connecting contract design，trust dynamics，and contract application. Academy of Management Journal，51（6）：1053-1078.

Flynn B，Pagell M，Fugate B. 2018. Editorial：survey research design in supply chain management：the need for evolution in our expectations. Journal of Supply Chain Management，54（1）：1-15.

Fornell C，Larcker D F. 1981. Evaluating structural equation models with unobservable variables and measurement error. Journal of Marketing Research，18（1）：39-50.

Gao G Y，Xie E，Zhou K Z. 2015. How does technological diversity in supplier network drive buyer innovation？Relational process and contingencies. Journal of Operations Management，36（1）：165-177.

Gavetti G，Greve H R，Levinthal D A，et al. 2012. The behavioral theory of the firm：assessment and prospects. The Academy of Management Annals，6（1）：1-40.

Ghoshal S，Moran P. 1996. Bad for practice：a critique of the transaction cost theory. Academy of Management Review，21（1）：13-47.

Greve H R. 2003. A behavioral theory of R&D expenditures and innovations：evidence from shipbuilding. Academy of Management Journal，46（6）：685-702.

Grewal R，Tansuhaj P. 2001. Building organizational capabilities for managing economic crisis：the role of market orientation and strategic flexibility. Journal of Marketing，65（2）：67-80.

Griffith D A, Zeybek A Y, O'Brien M. 2001. Knowledge transfer as a means for relationship development: a Kazakhstan-foreign international joint venture illustration. Journal of International Marketing, 9 (2): 1-18.

Gulati R. 1995. Social structure and alliance formation patterns: a longitudinal analysis. Administrative Science Quarterly, 40 (4): 619-652.

Hoetker G, Mellewigt T. 2009. Choice and performance of governance mechanisms: matching alliance governance to asset type. Strategic Management Journal, 30 (10): 1025-1044.

Huber T L, Fischer T A, Dibbern J, et al. 2013. A process model of complementarity and substitution of contractual and relational governance in IS outsourcing. Journal of Management Information Systems, 30 (3): 81-114.

Inkpen A C, Beamish P W. 1997. Knowledge, bargaining power, and the instability of international joint ventures. Academy of Management Review, 22 (1): 177-202.

Iyer D N, Miller K D. 2008. Performance feedback, slack, and the timing of acquisitions. Academy of Management Journal, 51 (4): 808-822.

Kahneman D, Tversky A. 1979. Prospect theory: an analysis of decision under risk. Econometrica, 47 (2): 263-291.

Lechner C, Frankenberger K, Floyd S W. 2010. Task contingencies in the curvilinear relationships between intergroup networks and initiative performance. Academy of Management Journal, 53 (4): 865-889.

Lee Y K, Cavusgil S T. 2006. Enhancing alliance performance: the effects of contractual-based versus relational-based governance. Journal of Business Research, 59 (8): 896-905.

Levinthal D, March J G. 1981. A model of adaptive organizational search. Journal of Economic Behavior & Organization, 2 (4): 307-333.

Liu Y, Luo Y D, Liu T. 2009. Governing buyer-supplier relationships through transactional and relational mechanisms: evidence from China. Journal of Operations Management, 27 (4): 294-309.

Mahapatra S K, Narasimhan R, Barbieri P. 2010. Strategic interdependence, governance effectiveness and supplier performance: a dyadic case study investigation and theory development. Journal of Operations Management, 28(6): 537-552.

Malhotra D, Lumineau F. 2011.Trust and collaboration in the aftermath of conflict: the effects of contract structure. Academy of Management Journal, 54 (5): 981-998.

Podsakoff P M, MacKenzie S B, Lee J Y, et al. 2003. Common method biases in behavioral research: a critical review of the literature and recommended remedies. Journal of Applied Psychology, 88 (5): 879-903.

Poppo L, Zenger T. 2002. Do formal contracts and relational governance function as substitutes or complements? . Strategic Management Journal, 23 (8): 707-725.

Poppo L, Zhou K Z, Zenger T R. 2008. Examining the conditional limits of relational governance: specialized assets, performance ambiguity, and long-standing ties. Journal of Management Studies, 45 (7): 1195-1216.

Rai A, Keil M, Hornyak R, et al. 2012. Hybrid relational-contractual governance for business process outsourcing. Journal of Management Information Systems, 29 (2): 213-256.

Reuer J J, Ariño A. 2007. Strategic alliance contracts: dimensions and determinants of contractual complexity. Strategic Management Journal, 28 (3): 313-330.

Rindfleisch A, Malter A J, Ganesan S, et al. 2008. Cross-sectional versus longitudinal survey research: concepts, findings, and guidelines. Journal of Marketing Research, 45 (3): 261-279.

Rindfleisch A, Moorman C. 2001.The acquisition and utilization of information in new product alliances: a strength-of-ties perspective. Journal of Marketing, 65 (2): 1-18.

Ryall M D, Sampson R C. 2009. Formal contracts in the presence of relational enforcement mechanisms: evidence from technology development projects. Management Science，55（6）：906-925.

Weber L，Mayer K J. 2011. Designing effective contracts: exploring the influence of framing and expectations. Academy of Management Review，36（1）：53-75.

Williams L J，Cote J A，Buckley M R. 1989. Lack of method variance in self-reported affect and perceptions at work: reality or artifact? . Journal of Applied Psychology，74（3）：462-468.

Williamson O E. 1985. The Economic Institutions of Capitalism: Firms，Markets，Relational Contracting. New York: The Free Press.

Wuyts S，Geyskens I. 2005. The formation of buyer-supplier relationships: detailed contract drafting and close partner selection. Journal of Marketing，69（4）：103-117.

Zhou K Z，Poppo L. 2010. Exchange hazards，relational reliability，and contracts in China: the contingent role of legal enforceability. Journal of International Business Studies，41（5）：861-881.

Zhou X G，Li Q，Zhao W，et al. 2003. Embeddedness and contractual relationships in China's transitional economy. American Sociological Review，68（1）：75-102.

第七章　供应商关系强度对制造企业营销能力影响

第一节　由外到内视角下的营销能力研究

长期以来营销能力一直被认为是企业超级绩效的重要影响因素（Day，2011；Dutta et al.，1999；Morgan et al.，2009）。营销能力使得企业能够在复杂市场环境下有效地响应顾客需求（Day，2011；Dutta et al.，1999；Mu，2015）。当前文献或是基于资源基础观，或是基于动态能力视角，强调企业必须培养自身特有的营销能力，以有效地理解和服务客户进而获得竞争优势（Greenley et al.，2005；Krasnikov and Jayachandran，2008；Salunke et al.，2011）。然而，这些研究普遍地从企业内部资源和能力角度讨论企业营销能力的影响因素（Akdeniz et al.，2010；Dutta et al.，1999），这类研究被学者归为由内到外的视角，即从企业内部向外探究企业如何发展营销战略（Day，2011）。

最近文献显示，这种由内到外的视角更多关注企业内部资源和能力，导致了企业在营销能力建设中的短视，进而阻碍了企业进行探索式革新和适应性学习（Day，2011；Mu，2015；Mu et al.，2018）。学者呼吁营销能力的研究应该采用由外到内的视角，即从企业外部环境着眼，关注管理团队如何思考外部环境变化并利用企业外部资源以增强企业应对市场变化的能力，进而缩短企业内部营销能力和复杂外部市场的差距（Day，2011；Day and Moorman，2010；Mu，2015）。然而，如何把外部因素转化为内部营销能力，这一领域的研究尚不充分。营销能力不仅取决于企业如何理解顾客需求，还取决于企业如何融合上游供应商以更好地满足市场需求（Greenley et al.，2005；Nath et al.，2010）。当前文献大多从下游顾客角度研究如何形成自己的营销能力（Duncan and Moriarty，1998；Greenley et al.，2005），从上游供应商角度研究企业如何学习并组织供应商资源满足顾客需求的研究较少。特别是供应商是企业最重要的外部利益相关者之一，它显著影响着制造企业对外部环境的感知和响应。

为了响应学者对采用由外到内视角研究营销能力的呼吁，本章致力于揭示供应商关系强度对制造企业营销能力的作用机理。供应商关系强度是指制造企业与供应商之间形成的互惠和约束关系的强度，有助于制造企业更好地整合自身和供应商资源以应对下游顾客需求（Rindfleisch and Moorman，2001；Villena et al.，2011）。为了响应复杂市场的环境，制造企业不仅需要供应商向制造企业分享自己专有的信息或者知识，同时还需要供应商按照制造企业的要求进行调整，并提供灵活、定制化的产品和服务。因此本章试图检验供应商信息分享和供给柔性对供应商关系强度与制造企业营销能力影响的中介作用。

第二节　关系强度、营销能力的理论与假设

一、营销能力相关文献

营销能力是指企业将资源和市场知识转化成满足顾客需求并实现更高市场绩效的过程整合能力（Nath et al.，2010；Shou et al.，2014）。资源基础观和动态能力理论是解释企业营销能力本质、前因及如何更好实现市场绩效的常用理论视角（Akdeniz et al.，2010；Angulo-Ruiz et al.，2014）。比如，资源基础观认为稀缺、难以模仿和有价值的资源是形成营销能力的基础（Day，2011；Narasimhan et al.，2006；Nath et al.，2010）。因此为了培养更强的营销能力，企业应该利用诸如品牌、研发等独特资源基础，形成竞争对手难以复制的市场理解能力和提供解决方案的能力。动态能力理论则进一步揭示了营销能力形成和适应市场变革的本质（Morgan et al.，2009；Teece et al.，1997）。该理论认为资源和能力应该按照市场变化动态地发展，即不断感知环境的变化，并以新的方式结合和转变现有资源（Teece et al.，1997）。因此动态能力是一种隐藏于企业惯例和日常实践中独特的技能和知识，很难被竞争对手模仿，因此能产生持续的竞争优势（Eisenhardt and Martin，2000；Teece et al.，1997）。

总的来看，资源基础观和动态能力理论认为企业营销能力的形成始于内部资源、能力的梳理和培养自身独特的资源与能力。尽管动态能力理论试图考虑外部环境对营销能力的影响，但其较强的意义构建（sense-making）和资源整合的能力仍旧是一组内部技巧和自身经验知识的积累。因此，基于资源基础观和动态能力理论对营销能力的理解，本质上是一个由内到外的解释视角，即强调企业培养内部的营销能力以影响外部营销环境的需求。由于内部资源和能力具有路径依赖，企业培养营销能力容易短视，进而束缚了企业环境搜寻和意义构建的范围与深度。复杂、动荡的外部营销环境，进一步造成了企业营销能力和外部环境需求之间的错位，使得企业无法有效地应对外部环境的冲击。

相比之下，Day（2011）强调了由外到内的营销能力研究视角，该视角认为企业对外部环境的意义构建和响应始于外部环境，因此营销能力相当程度上源于企业预期市场的变化和利用外部资源发展相应能力（Day，2011；Greenley et al.，2005；Saeed et al.，2015）。因此，企业必须从被动响应转向主动建构和

应对，这就需要管理者跳出企业边界，警惕陌生环境的干扰。从这个角度来看，营销能力是一种适应性的、可以预期的并对模糊环境响应的能力，最终将模糊环境转化成意义和市场信号。由外到内视角下的营销能力有三个构成部分：警惕性市场学习、适应性实验和开放式营销。警惕性市场学习强调对边缘微弱信号建构和响应的意愿与能力。适应性实验强调的是探索企业未知领域的可能性，对现有观念的挑战意愿和从网络伙伴中学习的能力是适应性学习的必要条件（Day，2014）。开放式营销强调充分、灵活地利用网络伙伴资源（Day，2011；La Rocca et al.，2013）。因此，由外到内的视角使得企业对营销的多样变化保持开放的心态，运用灵活方法形成战略前瞻，并广泛地探索营销机会，因此更有利于企业缩小内部营销能力和外部环境需求之间的错位。

二、供应商关系强度对制造企业营销能力的影响

供应商关系强度是指制造企业与供应商形成的互惠和约束关系的强度（Rindfleisch and Moorman，2001；Villena et al.，2011）。对互惠的信任和对名誉的谴责是较强供应商关系的基础（Lawson et al.，2008；Moran，2005）。基于长期互动，交易双方彼此信任，认为自己对对方的帮助将会在未来得到回馈。如果任何一方违反了这一规范，该公司的负面名誉将会在网络中传播，进而很难再从其他成员处获得重要的信息和资源（Moran，2005）。在较强的供应商关系中，这种基于互惠且具有约束性的规范，使得制造企业与供应商的合作要比合同规定得灵活，进而能够更好地适应动荡的市场环境（Chang and Huang，2012；Luo，2002；Young-Ybarra and Wiersema，1999）。

本章认为供应商关系强度对制造企业营销能力的影响主要通过两个渠道：信息分享和供给柔性。一方面，较强的供应商关系强度培养了关系双方的信任，促进了供应商向制造企业的信息分享，提升了制造企业对外部环境意义建构和市场洞察的能力（Johnston et al.，2004；Lawson et al.，2008；Reagans and McEvily，2003）。另一方面，较强的供应商关系增强了供应商提供灵活、定制化产品和服务的愿意和行为，允许制造企业更灵活地调整产品和服务以应对不可预测的市场环境（Claro and de Oliveira Claro，2010）。接下来，本章将分析供应商信息分享和供给柔性如何中介制造企业与供应商关系强度对制造企业营销能力影响的假设逻辑。

（一）供应商信息分享的中介作用

供应商信息分享是指供应商在多大程度上向制造企业分享或者愿意分享自己

的专有信息和知识。当前文献识别了供应商信息分享的两大障碍：第一，专有的信息和知识是供应商私有、敏感的战略资产的一部分，这类信息和知识的泄露会给供应商带来严重的损失，因此供应商不愿意向其他企业分享，除非是该供应商信任且有共同利益的合作伙伴；第二，专有的信息和知识通常是隐性的，供应商很难以书面等显性方式向合作伙伴传递，只能在不断的互动中进行传递，这需要供应商投入大量的时间和精力。

制造企业与供应商较强的关系强度能够促进供应商的信息分享。第一，随着关系强度的增强，制造企业与供应商对彼此的任务和共同利益有了共同理解，制造企业和供应商彼此形成了信任。这使得双方有足够的信心认为对方不会为自己的私利而利用对方分享的信息（Doney and Cannon，1997；Hald et al.，2009；McEvily and Marcus，2005）。第二，较强的关系强度为供应商的信息分享提供了一种非正式的控制机制（Zhou et al.，2014）。规范的压力和对偏离行为的谴责，使得制造企业的行为更符合供应商的预期。如果制造企业对供应商分享的知识从事机会主义行为，制造企业的负面名声便会在供应商网络中传播，制造企业将会面临来自整个供应商群体的集体谴责，这将严重影响制造企业与其他供应商的合作水平。实际上，较强的关系扮演着一种信息交换的担保角色，降低了制造企业与供应商之间的冲突和成本（Liu et al.，2017）。

第三，较强的关系强度增强了制造企业对分享信息的理解。供应商是否能成功地分享知识给制造企业，不仅取决于供应商分享的意愿，还取决于发送和接收方对分享知识的理解能力。简单、显性的信息能够容易地被接受方理解和吸收，但复杂、隐性知识的理解和吸收却非常困难，除非发送方能给予必要的解释（Hansen，1999）。较强的供应商关系使得供应商愿意帮助制造企业理解复杂知识的演化路径，明白复杂系统中的因果关系，进而更容易实现复杂、隐性知识的转移（Reagans and McEvily，2003）。Hansen（1999）和Liu等（2017）的研究显示强关系比弱关系更有助于隐性知识的分享。基于此，本节提出如下假设。

假设7.1：制造企业与供应商关系强度正向影响供应商信息分享。

根据由外到内的营销能力视角，本章进一步认为供应商的知识分享有助于制造企业建立较强的营销能力。较强的营销能力需要获得必要的信息以对外部环境建构意义，供应商分享的信息有助于制造企业对外部环境深刻的理解和意义建构。

第一，供应商分享的信息有利于制造企业警惕性市场学习能力的形成。在波动且难以预测的市场环境中，制造企业需要通过较早的预警系统形成市场洞察力（McEvily and Marcus，2005），由被动向主动转变，注重快速地感知和响应反馈循环（Aragón-Correa and Sharma，2003；Sarkar et al.，2001）。供应商不仅为某一个制造企业供给原材料或零部件，他们还会为制造企业的竞争对手供给原材料或零部件，因此供应商对制造企业所处的整个行业的看法，要比制造企业更深刻、更全面，他们通常会先于制造企业识别和获得制造企业所处市场的机会和威胁。因此，供应商分享的知识能够帮助制造企业较早地意识并预测到市场的变化，进而缩小营销能力与市场的错位，促进制造企业生产与市场动态的匹配（Mooi and Frambach，2012）。

第二，供应商分享的信息有利于制造企业开展适应性实验。不同于警惕性市场学习，适应性实验要求企业在自己陌生领域内探索和实验未来市场上的各种可能（Day，2011）。供应商分享的信息给制造企业提供了多样化的视角，更多有价值的解决问题的选项（Rosenkopf and Nerkar，2001；Subramaniam and Youndt，2005），进而帮助制造企业找到一种更有效且具有创造性的问题解决办法（Davenport，2009；Hauser et al.，2009）。

第三，供应商分享的信息有利于制造企业开展开放式营销。开放式营销要求企业通过协调机制和知识分享来整合合作伙伴的资源（Day，2011；La Rocca et al.，2013）。供应商向制造企业分享的信息，特别是隐形、专有的知识，有利于制造企业有效地获得并利用供应商网络资源以响应顾客的需求（Mu，2015）。基于此，本章提出如下假设。

假设 7.2：供应商信息分享正向影响制造企业营销能力。

（二）供给柔性的中介作用

供给柔性是指供应商按照制造企业要求进行调整，并提供灵活、定制化的产品和服务的意愿和行为（Cannon and Homburg，2001；Chu et al.，2012；Hartmann and de Grahl，2011）。文献识别了影响供给柔性的两种障碍。第一，供给柔性与制造企业和供应商签订的合同相矛盾（Cannon and Homburg，2001；Han et al.，2014）。一旦合同被签订，供应商就会按照合同上规定的数据和时间备货生产，供给要求就很难改变。而供给柔性要求的调整往往超过了合同条款要求，供应商需要承担更多的价格去适应制造企业的这种要求，这导致了制造企业与供应商之间的冲突（Han et al.，2014）。第二，供给柔性与专用性资产投资相矛盾。在与制造企业的合作过程中，供应商会投入大量专用性资产投资。一旦制造企业改变其从该供应商的采购，供应商在该制造企业关系上的专用性资产投资就会变成沉没成本，这加剧了供应商对制造企业机会主义行为的担心（Han et al.，2014）。因此供应商不愿意在与制造企业的关系上投入大量的专用性资产投资，而供给柔性的实现离不开类似于信息系统、柔性生产设备、专职服务人员等专用性资产的投资。

制造企业与供应商较强的关系恰恰减少了供应商在专用性资产投资方面的担忧，增强了供应商的供给柔性。第一，较强的关系使得制造企业和供应商往往有着相同的愿意和价值观（Gulati et al.，2000），这使得双方能够就他们的任务和共同利益形成一种长期、共同的理解。他们更能够理解彼此面对的挑战，并共同承担风险。这些一致性的利益使得他们能够通过一种互惠机制，而非合同条件，寻找灵活的问题解决办法。供应商对制造企业灵活地提供产品和服务能够在未来得到制造企业更大采购规模或更高采购价格的回报（Doney and Cannon，1997；Han et al.，2014）。第二，较强的关系在供应商关系管理中扮演一种非正式控制的角色。较强的关系能够向双方施加规范性的压力和来自共同第三方谴责的压力（Mahapatra et al.，2010）。如果制造企业对供应商的供给柔性从事机会主义行为，将会遭受负面名声影响，并难以有效整合其他供应商成员资源。这种约束性质的规范，向供应商提供了一种社会保证，使得供应商更有信心提供灵活性的产品和服务。基于此，本章提出如下假设。

假设 7.3：制造企业与供应商关系强度正向影响供给柔性。

供给柔性是制造企业营销能力的重要前提条件。第一，供给柔性有助于制造企业形成警惕性市场学习。营销学习强调企业对市场变革的意义建构，而这种意义建构不可能通过简单的价格和数量调整来实现。简单的价格和数量调整是一种单循环学习过程（Slater and Narver，1995），并没有改变对当前市场和环境的基本假设，因此阻碍了制造企业对愿景和未来机会的预测。而供给柔性允许制造企业从一开始便引入双环学习所提出的新逻辑，这有利于制造企业警惕性市场学习能力的形成。第二，供给柔性有助于制造企业开展适应性市场实验。适应性市场实验允许制造企业检验不同的市场假设，并对市场变化提出创新性的响应。这种实验是一种不断试错的过程，没有高水平的供给柔性，这种试错性质的学习很难实施，最终将制造企业约束在一个狭窄的搜寻范围内（Noordewier et al.，1990）。第三，供给柔性提升了制造企业开放式营销能力。开放式营销强调对合作伙伴资源的利用（La Rocca et al.，2013）。供应商网络不仅包含了与制造企业直接连接的供应商，还包含了制造企业供应商的供应商，即制造企业的二级供应商。供给柔性提升了制造企业与其二级供应商的紧密合作，进而帮助了制造企业充分利用整个供应商网络的资源。基于此，本章提出如下假设。

假设 7.4：供给柔性正向影响制造企业营销能力。

图 7-1 画出了本章的理论框架图。

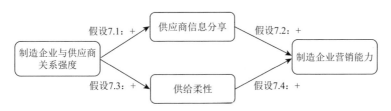

图 7-1　供应商关系强度对制造企业营销能力影响的理论框架

第三节　实证研究方法

一、样本与数据

本章以中国制造企业为样本，数据来自对中国制造企业的问卷调查（详细数据收集过程见第三章"供应商关系研究的实证基础"），问卷数据总的样本量为210，在剔除一些缺失值后，199 家制造企业进入最终模型。表 7-1 给出了 199 家制造企业及其供应商网络的统计性描述。就企业规模而言，50%的制造企业为小型企业，38%的制造企业为中型企业，12%的制造企业为大型企业。就企业类型而言，17%制造企业为国有企业，75%为私有企业，外资企业占比较小（占 9%）。就供应商网络规模而言，199 家制造企业的采购经理总共评价了 937 家供应商，其中，155 家制造企业的采购经理评价了 5 家核心供应商，30 家评价了 4 家核心供应商，14 家评价了 3 家核心供应商。

表 7-1　199 家制造企业及其供应商网络的统计性描述

分类标准		数量	占比
企业规模	大型（>2000 人）	24	12%
	中型（300～2000 人）	76	38%
	小型（<300 人）	99	50%
	总计	199	100%
企业类型	国有企业	33	17%
	私有企业	149	75%
	外资企业	17	9%
	总计	199	100%
供应商网络规模	5 家供应商	155	78%
	4 家供应商	30	15%
	3 家供应商	14	7%
	总计	199	100%

注：占比总计不为 100%是四舍五入修约所致

二、变量及测量

本章主要变量的数据来自问卷数据，测量时采用文献中成熟量表和利克特 7 点制计分（1表示非常不同意；7表示非常同意）。其中，制造企业营销能力、供应商信息分享、供给柔性变量来自直接量表的测量，而制造企业与供应商关系强度、制造企业与供应商技术差异、制造企业对供应商依赖变量是基于制造企业与供应商关系层面变量测量计算而来的网络层面变量。这些变量的具体测量如下。

（一）因变量

Day（2011）认为由外到内视角下的营销能力是一种适应、探索性质的能力，应该能反映企业满足市场需求的方式和整合资源追赶市场变化的过程。基于此，本章采用了 Vorhies 和 Morgan（2005）的量表，该量表由5个题项组成：①我公司能比较容易地调整产品线，如增减和调整产品的数量/类型；②我公司能比较容易地从现在的主营市场切换到新的目标市场；③我公司能比较容易地对现有产品进行修改以适应客户新的需求；④我公司能较迅速地调整内部资源（如人力/资金/设备等）的使用方式；⑤我公司能较容易地将内部资源由现有的应用重点转移到其他领域。这些题项反映了制造企业响应市场变化的过程中在产品和资源利用上的适应性。

（二）自变量

制造企业与供应商关系强度的测量分两步。首先，问卷要求制造企业采购经理依次对该制造企业与其核心供应商网络中5家供应商的关系强度进行评价。关系强度量表来自 Rindfleisch 和 Moorman（2001），该量表由以下4个题项组成：①我方相信该供应商在合作中会履行所做出的承诺；②我方和该供应商通过充分协作来解决合作中出现的问题；③我方和该供应商通过讨论共同做出了许多决策；④总的来看，我方和该供应商的关系比较密切。其次，本章计算了供应商网络中制造企业与不同供应商关系强度变量得分的均值，用该均值来反映该制造企业与其供应商关系的强度。均值的测量方式避免了个别关系强度偏差导致的测量误差。

（三）调节变量

供应商信息分享和供给柔性是本章关注的2个调节变量。供应商信息分享采用了 Cai 等（2010）的量表。该量表由4个题项构成：①供应商愿意向贵公司分享技术信息；②供应商愿意向贵公司分享新产品信息；③供应商愿意向贵公司分享市场信息；④供应商向贵公司分享的信息很有帮助。这些题项反映了供应商在多大程度上愿意向制造企业分享自己的专有信息和知识。

我们采用了 Slack（1987）的供给柔性量表。该量表由 3 个题项构成：①在我公司对原材料和零部件的需求数量发生突然变化的条件下，供应体系能够有效地满足企业要求；②在我公司对原材料和零部件交货时间的要求发生突然变化的条件下，供应体系也能有效地满足企业要求；③总的来说，我公司的供应体系有很强的应对变化的能力。总的来看，这些题项反映了供应商在多大程度上按照制造企业的要求进行调整，并提供灵活、定制化的产品和服务。

（四）控制变量

本章控制了影响市场能力的其他因素：企业年龄、企业性质、企业规模、制造企业对供应商依赖和制造企业与供应商技术差异。企业年龄用问卷收集时间与企业成立时间之差的对数来表示。企业性质为虚拟变量，对非国有企业赋值为 1，国有企业赋值为 0。企业规模用序数变量测量，1 代表小型企业（员工人数小于 300 人），2 代表中型企业（员工人数在 300～2000 人），3 代表大型企业（员工人数大于 2000 人）（Gao et al.，2015）。

制造企业对供应商依赖变量的测量分两步。首先，问卷要求制造企业采购经理依次对该企业与供应商网络中 5 家供应商的依赖程度进行评价，制造企业对供应商依赖变量的量表来自 Payan 和 McFarland（2005），由 3 个题项组成：①若合作终止，重新安排为该企业服务的我方员工将耗费很大精力；②若合作终止，我方为提高双方合作效率所开发的技能将失去价值；③若合作终止，我方已经进行的许多相关投资将面临贬值风险。这些题项通过反映终止与当前供应商的关系给制造企业带来的损失大小，体现制造企业对当前供应商的依赖程度。其次，本章计算了供应商网络中制造企业与不同供应商依赖程度的均值，用该均值来反映制造企业与当前供应商的总体依赖程度。

类似地，制造企业与供应商技术差异变量的测量也分两步。首先，问卷要求制造企业采购经理依次对该企业与核心供应商网络中 5 家供应商的技术差异进行评价，技术差异变量量表来自 Rodan 和 Galunic（2004），由 3 个题项组成：①我公司和该供应商在总体技术能力上存在很大差异；②我公司和该供应商在制造技术方面存在很大差异；③我公司和该供应商在技术研发方向上存在很大差异。这些题项反映了制造企业在制造技术、研发方向等方面与供应商的差异程度。其次，本章计算了供应商网络中制造企业与不同供应商技术差异变量得分的均值，用该均值来反映制造企业与当前供应商的总体技术差异。

三、概念的信效度分析

表 7-2 报告了主要变量的测量题项及信效度。制造企业营销能力、供应商信息分享和供给柔性共涉及 199 家制造企业及供应商网络层面的数据，制造企业与供应商关系强度、制造企业与供应商技术差异和制造企业对供应商依赖涉及了937 家供应商关系层面的数据。由于样本量不同，本章分别评估这两组变量的信效度。

表 7-2　主要变量的测量题项及信效度

变量题项及方法	载荷
模型 1：199 家制造企业及供应商网络层面数据的验证性因子分析模型 模型拟合指数：$\chi^2(51) = 100.48$，GFI = 0.92，CFI = 0.97，IFI = 0.97，RMSEA = 0.07	
制造企业营销能力（Vorhies and Morgan，2005）：AVE = 0.52，CR = 0.84，HSV = 0.14	
1. 我公司能比较容易地调整产品线，如增减和调整产品的数量/类型	0.74
2. 我公司能比较容易地从现在的主营市场切换到新的目标市场	0.84
3. 我公司能比较容易地对现有产品进行修改以适应客户新的需求	0.77
4. 我公司能较迅速地调整内部资源（如人力/资金/设备等）的使用方式	0.56
5. 我公司能较容易地将内部资源由现有的应用重点转移到其他领域	0.66
供应商信息分享（Cai et al.，2010）：AVE = 0.65，CR = 0.88，HSV = 0.12	
1. 供应商愿意向贵公司分享技术信息	0.71
2. 供应商愿意向贵公司分享新产品信息	0.83
3. 供应商愿意向贵公司分享市场信息	0.81
4. 供应商向贵公司分享的信息很有帮助	0.87
供给柔性（Slack，1987）：AVE = 0.62，CR = 0.83，HSV = 0.14	
1. 在我公司对原材料和零部件的需求数量突然发生变化的条件下，供应体系能够有效地满足企业要求	0.78
2. 在我公司对原材料和零部件交货时间的要求突然发生变化的条件下，供应体系也能有效地满足企业要求	0.82
3. 总的来说，我公司的供应体系有很强的应对变化的能力	0.76
模型 2：937 家供应商关系层面数据的验证性因子分析模型 模型拟合指数：$\chi^2(32) = 123.29$，GFI = 0.99，CFI = 0.99，IFI = 0.97，RMSEA = 0.06	
制造企业与供应商关系强度（Rindfleisch and Moorman，2001）：AVE = 0.68，CR = 0.90，HSV = 0.01	
1. 我方相信该供应商在合作中会履行所做出的承诺	0.80
2. 我方和该供应商通过充分协作来解决合作中出现的问题	0.85
3. 我方和该供应商通过讨论共同做出了许多决策	0.84

变量题项及方法	载荷
4. 总的来看，我方和该供应商的关系比较密切	0.81
制造企业与供应商技术差异（Rodan and Galunic，2004）：AVE = 0.82，CR = 0.93，HSV = 0.14	
1. 我公司和该供应商在总体技术能力上存在很大差异	0.89
2. 我公司和该供应商在制造技术方面存在很大差异	0.94
3. 我公司和该供应商在技术研发方向上存在很大差异	0.88
制造企业对供应商依赖（Payan and McFarland，2005）：AVE = 0.69，CR = 0.87，HSV = 0.14	
1. 若合作终止，重新安排为该企业服务的我方员工将耗费很大精力	0.82
2. 若合作终止，我方为提高双方合作效率所开发的技能将失去价值	0.93
3. 若合作终止，我方已经进行的许多相关投资将面临贬值风险	0.72

注：所有载荷在 0.01 水平下显著

本章用验证性因子分析方法检验制造企业营销能力、供应商信息分享和供给柔性变量测量的信度和聚合效度（Anderson and Gerbing，1988），如表 7-2 所示，一阶验证性因子分析结果显示模型具有令人满意的拟合情况（$\chi^2(51)$ = 100.48，GFI = 0.92，CFI = 0.97，IFI = 0.97，RMSEA = 0.07）；标准化因子载荷系数在 0.56 至 0.87 之间，均在 0.01 水平下显著；所有变量的 AVE 在 0.52 至 0.65 之间，CR 在 0.83 至 0.88 之间，两者均高于 0.50 阈值。这些结果显示上述三个变量测量具有较好的信度和聚合效度（Anderson and Gerbing，1988）。采取相同方法，本章检验了制造企业与供应商关系强度、制造企业与供应商技术差异和制造企业对供应商依赖变量测量的信度和聚合效度。一阶验证性因子分析结果显示模型具有令人满意的拟合情况（$\chi^2(32)$ = 123.29，GFI = 0.99，CFI = 0.99，IFI = 0.97，RMSEA = 0.06）；标准化因子载荷系数在 0.72 至 0.94 之间，均在 0.01 水平下显著；所有变量 AVE 在 0.68 至 0.82 之间，CR 在 0.87 至 0.93 之间，两者均高于 0.50 阈值。这些结果显示这三个变量测量也具有较好的信度和聚合效度（Fornell and Larcker，1981）。

此外，本章采用 AVE 与 HSV 比较法评价制造企业营销能力、供应商信息分享和供给柔性变量测量的区分效度。参照 AVE 与 HSV 比较法程序（详细介绍见第四章第三节），本章计算了每一个变量的 AVE 和该变量与其他变量的 HSV，并检验是否所有变量的 AVE 均大于 HSV，结果显示所有变量的 AVE 均大于 HSV（表 7-2），因此，该方法显示上述三个变量测量具有较高的区分效度（Fornell and Larcker，1981）。参照嵌套验证性因子分析比较法程序（详细介绍见第四章第三节），本章计算了上述三个变量的限制性模型与未限制性模型的卡方值，并检验是否未限制性模型的卡方值显著小于限制性模型的卡方值，结果显示未限制性模型的卡方值显著小于限制性模型的卡方值。总之，这些结果进一步显示上述三个变量测量具有较好的区分效度（Fornell and Larcker，1981）。采取相同方法，本章检验了制造企业与供应商关系强度、制造企业与供应商技术差异和制造企业对供应商依赖变量测量的区分效度。结果显示这三个变量的 AVE 均显著大于 HSV，未限制性模型的卡方值显著小于限制性模型的卡方值。总之，这些结果显示这三个变量测量也具有较好的区分效度。

四、共同方法偏差检验

基于自我报告问卷数据（self-report questionnaire data）研究的最大问题是共同方法偏差问题（Podsakoff et al.，2003）。因为同一个受访者，在相同环境下填写问卷，可能会导致自变量和因变量数据的某种相关性，这种相关性可能与假设中两个变量的因果关系产生混淆。为了解决自我报告问卷数据潜在的共同方法偏差问题，在研究设计上，本章采用了多种数据来源，制造企业营销能力（因变量）来自制造企业的总经理问卷；制造企业与供应商关系强度（自变量）、供应商信息分享（中介变量）和供给柔性（中介变量）来自制造企业的采购经理问卷。在测量方法上，制造企业与供应商关系强度来自填写者对多个供应商关系单独评价的加总，而制造企业营销能力、供应商信息分享和供给柔性来自填写者对制造企业营销能力和供应商情况的整体评价。不同数据来源在相当程度上避免了模型的共同方法偏差问题（Flynn et al.，2018；Rindfleisch et al.，2008）。

本章进一步采用 Harman 单因子检验法和"未测量潜在方法因子效应控制法"检验变量间的共同方法偏差问题。在 Harman 单因子检验法中，本章对所有变量题项进行了主成分因子分析，结果显示第一个因子解释了主成分因子模型 37.25% 的变异，没有单个因子出现，也没有一个因子解释过多变异，这说明这些变量的潜在共同方法偏差问题不严重。在"未测量潜在方法因子效应控制法"检验中，我们在验证性因子分析模型中加入了一个方法因子，并允许该因子与所有题项相关；随后，我们将该模型与验证性因子分析模型进行比较，结果显示方法因子确实提高了验证性因子分析模型的拟合度，增加了 16.78% 的解释比例，少于 Williams 等（1989）提出的 25% 临界值。因此该方法进一步显示这些变量的共同方法偏差问题不严重。

第四节　实证研究结果

本章采用结构方程模型检验上述假设。用 LISREL 8.80 来测量模型。表 7-3 显示了所有关键变量的相关系数、均值与标准差，表 7-4 列出了结构方程模型标准化路径系数。在结构方程模型中，模型显示了较好的拟合度（$\chi^2(117) = 201.83$，GFI = 0.90，CFI = 0.96，IFI = 0.96，RMSEA = 0.06）。

表 7-3 变量相关系数、均值与标准差

变量	1	2	3	4	5	6	7	8
1. 制造企业与供应商关系强度	1.00							
2. 供应商信息分享	0.29	1.00						
3. 供给柔性	0.47	0.30	1.00					
4. 制造企业营销能力	0.27	0.30	0.30	1.00				
5. 制造企业与供应商技术差异	0.03	−0.04	−0.11	−0.07	1.00			
6. 制造企业对供应商依赖	−0.04	0.21	0.03	0.11	0.41	1.00		
7. 企业年龄	−0.06	−0.03	−0.04	−0.15	0.02	−0.05	1.00	
8. 企业规模	0.07	0.11	0	0.07	−0.08	−0.03	−0.16	1.00
均值	5.39	4.97	5.62	5.38	3.91	3.84	16.48	1.62
标准差	0.99	1.08	0.78	1.06	1.23	1.34	13.85	0.69

注：样本量 = 199，绝对值大于 0.15 的相关系数在 0.05 水平下显著

表 7-4 结构方程模型标准化路径系数

假设路径	假设符号	标准化路径系数	支持与否
假设 7.1：制造企业与供应商关系强度→供应商信息分享	+	0.30**	支持
假设 7.2：供应商信息分享→制造企业营销能力	+	0.24**	支持
假设 7.3：制造企业与供应商关系强度→供给柔性	+	0.52**	支持
假设 7.4：供给柔性→制造企业营销能力	+	0.29**	支持
控制变量			
制造企业与供应商技术差异→制造企业营销能力		−0.08	
制造企业对供应商依赖→制造企业营销能力		0.12	
企业年龄→制造企业营销能力		−0.08	
企业股权→制造企业营销能力		−0.03	
企业规模→制造企业营销能力		−0.12	

模型拟合指数：$\chi^2(117) = 201.83$（$p < 0.01$），GFI = 0.90，CFI = 0.96，IFI = 0.96，RMSEA = 0.06

注：样本量 = 199

** $p < 0.01$（双尾检验）

假设 7.1 预测制造企业与供应商关系强度正向影响供应商信息分享，假设

7.2 预测供应商信息分享正向影响制造企业营销能力，即供应商信息分享在制造企业与供应商关系强度对制造企业营销能力的影响中起中介作用。结果显示：制造企业与供应商关系强度与供应商信息分享的路径系数显著为正（$\beta = 0.30$，$p <$ 0.01），供应商信息分享与制造企业营销能力的路径系数也显著为正（$\beta = 0.24$，$p < 0.01$），这些结果支持了供应商信息分享的中介作用。

假设 7.3 预测制造企业与供应商关系强度正向影响供给柔性，假设 7.4 预测供给柔性正向影响制造企业营销能力，即供给柔性在制造企业与供应商关系强度对制造企业营销能力的影响中起中介作用。结构方程模型结果显示：①制造企业与供应商关系强度与供给柔性的路径系数显著为正（$\beta = 0.52$，$p < 0.01$）；②供给柔性与制造企业营销能力的路径系数也显著为正（$\beta = 0.29$，$p < 0.01$），这些结果支持了供给柔性在制造企业与供应商关系强度对制造企业营销能力的影响中的中介作用。

为了进一步检验供应商信息分享和供给柔性是完全中介，还是部分中介，本章检验了制造企业与供应商关系强度对制造企业营销能力的直接影响，结果显示，制造企业与供应商关系强度与制造企业营销能力的路径系数不显著（$\beta = 0.11$，t 值 $= 1.22$），但两个中介关系仍然显著。因此，这些结果显示了供应商信息分享和供给柔性在供应商关系强度对制造企业营销能力的影响中起完全中介作用。

第五节　本章小结

一、研究结论及理论贡献

本章研究了制造企业与供应商关系强度对制造企业营销能力的影响和作用机理。实证结果显示，供应商信息分享和供给柔性在制造企业与供应商关系强度对制造企业营销能力的正向影响中起完全中介作用。通过揭示制造企业与供应商关系强度对制造企业营销能力的影响和作用机理，本章将丰富营销能力方面的文献，具体而言，本章主要有以下三方面贡献。

第一，虽然学者一致认为企业营销能力对提升企业绩效有重要影响（Krasnikov and Jayachandran，2008；Morgan et al.，2009），但是营销能力的前因仍需要进一步研究。不同理论视角的文献识别了营销能力的不同前因和提升策略。采用由内到外的视角，资源基础观和动态能力理论识别了诸如技术能力、市场导向等组织内部的影响因素（Akdeniz et al.，2010；Trainor et al.，2011）。然而，最近文献认为由内到外的视角容易引发企业短视，进而导致企业营销能力与市场复杂性的不匹配。基于关系理论，本章揭示了制造企业与供应商外部关系有助于提升自身营销能力，因而进一步丰富了营销能力的外部影响因素。

第二，尽管由外到内的视角日益得到学者的关注（Greenley et al.，2005；Jaakkola et al.，2010；Saeed et al.，2015），但企业外部因素对营销能力的作用机理研究，特别是企业的外部关系如何影响企业营销能力的研究仍然较少。本章结论显示供应商的信息分享和供给柔性在制造企业与供应商关系强度对制造企业营销能力的影响中起完全中介作用。这支持了合作伙伴的信息分享拓宽了企业对环境变化的认识，加深了企业对隐性知识和新技术路径的理解，进而有助于企业对外部环境的意义建构的观点；供给柔性则增强了企业利用外部资源验证不同方法和探索潜在机会的能力。总之，本章揭示了企业如何将外部关系转化为自身营销能力，进而丰富由外到内视角下的营销能力形成机理。

第三，当前营销能力文献普遍关注企业与下游顾客的关系，强调顾客在企业营销能力形成中的重要作用（Cannon and Homburg，2001）。本章显示了企业与供应商外部关系对企业营销能力的重要影响，强调了供应商信息分享和供给柔性的中介作用，进而强调了上游供应商在影响企业营销能力中扮演的重要角色。因此本章拓宽了营销能力影响因素的新领域。

二、管理启示

Saeed 等（2015）认为由外到内的视角有助于企业比竞争对手更好地理解市场变化并采取应对策略，进而提升自身的竞争优势，本章在这一方面给予管理者启示。

第一，制造企业经理应该注意从企业外部提升自身的营销能力。为了更好地匹配复杂市场环境，企业可以通过利用自身外部关系以主动、敏锐地感知外部市场，并利用企业外部资源来塑造自身的营销能力。仅仅从企业内部已知道的，或者证明成功的领域提升自身的营销能力，实际上缩小了企业的搜寻范围，加大了企业营销能力与复杂营销环境的差距。因此采取由外到内的视角给企业提供了一个提升营销能力的崭新视角。

第二，制造企业经理应该意识到较强的制造企业与供应商关系在塑造自身营销能力中的重要角色。制造企业与供应商较强的关系强度，一方面增强了供应商分享信息的动机，使得制造企业能够获得供应商所知道的专有信息和知识；另一方面增强了制造企业与供应商之间的信任和互惠程度，解决了合同治理和专用性资产投资适应困难的问题，使得供应商愿意按照制造企业的要求进行调整，并提供灵活、定制化的产品和服务。供应商信息分享和供给柔性有利于制造企业警惕性市场学习能力的形成、适应性实验和开放式营销的开展，进而增强了制造企业的营销能力。换句话说，制造企业经理应该从供应链整体角度，而不只是单一的营销角度，看待企业的营销问题。

三、研究局限及未来建议

本章主要存在以下两方面不足，需要未来研究进一步完善。第一，制造企业与供应商关系层面变量的测量，如关系强度和信息分享的测量来自制造企业的评价，缺乏供应商评价的数据。尽管先前文献强调了制造企业与供应商就彼此关系的感知具有一致性（Heide and John，1992），但未来研究可以从供应商角度收集数据以进一步验证本章结论。第二，本章中营销能力的测量是基于 Day（2011）的概念性文章和 Vorhies 和 Morgan（2005）的量表，尽管相关检验显示了该量表具有较好的信效度，但考虑到由外到内情境与由内到外情境量表的维度可能存在差异，因此未来应该开发基于由外到内情境的相关量表。

本章认为学者未来可以在以下三个方面完善该领域研究。第一，由外到内形成的营销能力强调了企业对外部环境意义的建构，而由内到外形成的营销能力则关注企业发展独特的能力和资源。因此，未来研究需要从概念上对这两种不同方法形成的营销能力进行区分，并探究它们对企业绩效影响的差异。第二，未来研究应该探索为什么有些企业更可能由外到内形成营销能力，而有的企业则更习惯采取相反方法。是哪些因素影响了企业营销能力建设由关注内部向关注外部转变？尽管 Saeed 等（2015）比较了由外到内营销能力的形成方法和由内到外营销能力的形成方法，并提出了一些情境因素，但在这个转变的过程中企业需要什么结构和资源，以及如何重构企业的结构和资源仍需要进一步研究。第三，未来的研究应该探索营销能力由外到内的形成方法和由内到外形成方法的均衡。Day（2011）提出了由外到内的形成方法有助于缩小营销能力与市场复杂环境的差距，但没有关注由外到内形成方法的不足。比如，外部环境的噪声是否会干扰由外到内形成方法的有效性呢？企业如何平衡不同方法形成的营销能力呢？因此，未来研究应该比较并整合两种不同方法，进而增强读者对复杂市场环境下市场与组织交互作用的理解。

参 考 文 献

Akdeniz M B，Gonzalez-Padron T，Calantone R J. 2010. An integrated marketing capability benchmarking approach to dealer performance through parametric and nonparametric analyses. Industrial Marketing Management，39（1）：150-160.

Anderson J C，Gerbing D W. 1988. Structural equation modeling in practice: a review and recommended two-step approach. Psychological Bulletin，103（3）：411-423.

Angulo-Ruiz F，Donthu N，Prior D，et al. 2014. The financial contribution of customer-oriented marketing capability. Journal of the Academy of Marketing Science，42（4）：380-399.

Aragón-Correa J A，Sharma S. 2003. A contingent resource-based view of proactive corporate environmental strategy.

Academy of Management Review，28（1）：71-88.

Cai S H，Jun M，Yang Z L. 2010. Implementing supply chain information integration in China：the role of institutional forces and trust. Journal of Operations Management，28（3）：257-268.

Cannon J P，Homburg C. 2001. Buyer-supplier relationships and customer firm costs. Journal of Marketing，65（1）：29-43.

Chang K H，Huang H F. 2012. Using influence strategies to advance supplier delivery flexibility：the moderating roles of trust and shared vision. Industrial Marketing Management，41（5）：849-860.

Chu P Y，Chang K H，Huang H F. 2012. How to increase supplier flexibility through social mechanisms and influence strategies？. Journal of Business & Industrial Marketing，27（2）：115-131.

Claro D P，de Oliveira Claro P B. 2010. Collaborative buyer-supplier relationships and downstream information in marketing channels. Industrial Marketing Management，39（2）：221-228.

Davenport T H. 2009. How to design smart business experiments. Harvard Business Review，87（2）：68-76.

Day G S. 2011. Closing the marketing capabilities gap. Journal of Marketing，75（4）：183-195.

Day G S. 2014. An outside-in approach to resource-based theories. Journal of the Academy of Marketing Science，42（1）：27-28.

Day G S，Moorman C. 2010. Strategy from the Outside In：Profiting From Customer Value. New York：McGraw-Hill.

Doney P M，Cannon J P. 1997. An examination of the nature of trust in buyer-seller relationships. Journal of Marketing，61（2）：35-51.

Duncan T，Moriarty S E. 1998. A communication-based marketing model for managing relationships. Journal of Marketing，62（2）：1-13.

Dutta S，Narasimhan O，Rajiv S. 1999. Success in high-technology markets：is marketing capability critical？. Marketing Science，18（4）：547-568.

Eisenhardt K M，Martin J A. 2000. Dynamic capabilities：what are they？. Strategic Management Journal，21（10/11）：1105-1121.

Flynn B，Pagell M，Fugate B. 2018. Editorial：survey research design in supply chain management：the need for evolution in our expectations. Journal of Supply Chain Management，54（1）：1-15.

Fornell C，Larcker D F. 1981. Evaluating structural equation models with unobservable variables and measurement error. Journal of Marketing Research，18（1）：39-50.

Gao G Y，Xie E，Zhou K Z. 2015. How does technological diversity in supplier network drive buyer innovation？ Relational process and contingencies. Journal of Operations Management，36（1）：165-177.

Greenley G E，Hooley G J，Rudd J M. 2005. Market orientation in a multiple stakeholder orientation context：implications for marketing capabilities and assets. Journal of Business Research，58（11）：1483-1494.

Gulati R，Nohria N，Zaheer A. 2000. Strategic networks. Strategic Management Journal，21（3）：203-215.

Hald K S，Cordón C，Vollmann T E. 2009. Towards an understanding of attraction in buyer-supplier relationships. Industrial Marketing Management，38（8）：960-970.

Han S L，Sung H S，Shim H S. 2014. Antecedents and performance outcomes of flexibility in industrial customer-supplier relationships. Journal of Business Research，67（10）：2115-2122.

Hansen M T. 1999. The search-transfer problem：the role of weak ties in sharing knowledge across organization subunits. Administrative Science Quarterly，44（1）：82-111.

Hartmann E，de Grahl A. 2011. The flexibility of logistics service providers and its impact on customer loyalty：an empirical study. Journal of Supply Chain Management，47（3）：63-85.

Hauser J R，Urban G L，Liberali G，et al. 2009. Website morphing. Marketing Science，28（2）：202-223.

Heide J B，John G. 1992. Do norms matter in marketing relationships？. Journal of Marketing，56（2）：32-44.

Jaakkola M，Möller K，Parvinen P，et al. 2010. Strategic marketing and business performance：a study in three European "engineering countries". Industrial Marketing Management，39（8）：1300-1310.

Johnston D A，McCutcheon D M，Stuart F I，et al. 2004. Effects of supplier trust on performance of cooperative supplier relationships. Journal of Operations Management，22（1）：23-38.

Krasnikov A，Jayachandran S. 2008. The relative impact of marketing，research-and-development，and operations capabilities on firm performance. Journal of Marketing，72（4）：1-11.

La Rocca A，Ford D，Snehota I. 2013. Initial relationship development in new business ventures. Industrial Marketing Management，42（7）：1025-1032.

Lawson B，Tyler B B，Cousins P D. 2008. Antecedents and consequences of social capital on buyer performance improvement. Journal of Operations Management，26（3）：446-460.

Liu Y，Li Y，Shi L H，et al. 2017. Knowledge transfer in buyer-supplier relationships：the role of transactional and relational governance mechanisms. Journal of Business Research，78：285-293.

Luo Y D. 2002. Building trust in cross-cultural collaborations：toward a contingency perspective. Journal of Management，28（5）：669-694.

Mahapatra S K，Narasimhan R，Barbieri P. 2010. Strategic interdependence，governance effectiveness and supplier performance：a dyadic case study investigation and theory development. Journal of Operations Management，28（6）：537-552.

McEvily B，Marcus A. 2005. Embedded ties and the acquisition of competitive capabilities. Strategic Management Journal，26（11）：1033-1055.

Mooi E A，Frambach R T. 2012. Encouraging innovation in business relationships：a research note. Journal of Business Research，65（7）：1025-1030.

Moran P. 2005. Structural vs. relational embeddedness：social capital and managerial performance. Strategic Management Journal，26（12）：1129-1151.

Morgan N A，Vorhies D W，Mason C H. 2009. Market orientation，marketing capabilities，and firm performance. Strategic Management Journal，30（8）：909-920.

Mu J F. 2015. Marketing capability，organizational adaptation and new product development performance. Industrial Marketing Management，49：151-166.

Mu J F，Bao Y C，Sekhon T，et al. 2018. Outside-in marketing capability and firm performance. Industrial Marketing Management，75：37-54.

Narasimhan O，Rajiv S，Dutta S. 2006. Absorptive capacity in high-technology markets：the competitive advantage of the haves. Marketing Science，25（5）：510-524.

Nath P，Nachiappan S，Ramanathan R. 2010. The impact of marketing capability，operations capability and diversification strategy on performance：a resource-based view. Industrial Marketing Management，39（2）：317-329.

Noordewier T G，John G，Nevin J R. 1990. Performance outcomes of purchasing arrangements in industrial buyer-vendor relationships. Journal of Marketing，54（4）：80-93.

Payan J M，McFarland R G. 2005. Decomposing influence strategies：argument structure and dependence as determinants of the effectiveness of influence strategies in gaining channel member compliance. Journal of Marketing，69（3）：66-79.

Podsakoff P M，MacKenzie S B，Lee J Y，et al. 2003. Common method biases in behavioral research：a critical review of the literature and recommended remedies. Journal of Applied Psychology, 88 (5): 879-903.

Reagans R, McEvily B. 2003. Network structure and knowledge transfer: the effects of cohesion and range. Administrative Science Quarterly, 48 (2): 240-267.

Rindfleisch A, Malter A J, Ganesan S, et al. 2008. Cross-sectional versus longitudinal survey research: concepts, findings, and guidelines. Journal of Marketing Research, 45 (3): 261-279.

Rindfleisch A, Moorman C. 2001. The acquisition and utilization of information in new product alliances: a strength-of-ties perspective. Journal of Marketing, 65 (2): 1-18.

Rodan S, Galunic C. 2004. More than network structure: how knowledge heterogeneity influences managerial performance and innovativeness. Strategic Management Journal, 25 (6): 541-562.

Rosenkopf L, Nerkar A. 2001. Beyond local search: boundary-spanning, exploration, and impact in the optical disk industry. Strategic Management Journal, 22 (4): 287-306.

Saeed S, Yousafzai S, Paladino A, et al. 2015. Inside-out and outside-in orientations: a meta-analysis of orientation's effects on innovation and firm performance. Industrial Marketing Management, 47: 121-133.

Salunke S, Weerawardena J, Mccoll-Kennedy J R. 2011. Towards a model of dynamic capabilities in innovation-based competitive strategy: insights from project-oriented service firms. Industrial Marketing Management, 40 (8): 1251-1263.

Sarkar M B, Echambadi R, Harrison J S. 2001. Alliance entrepreneurship and firm market performance. Strategic Management Journal, 22 (6/7): 701-711.

Shou Z G, Chen J, Zhu W T, et al. 2014. Firm capability and performance in China: the moderating role of guanxi and institutional forces in domestic and foreign contexts. Journal of Business Research, 67 (2): 77-82.

Slack N. 1987. The flexibility of manufacturing systems. International Journal of Operations & Production Research, 7 (4): 35-45.

Slater S F, Narver J C. 1995. Market orientation and the learning organization. Journal of Marketing, 59 (3): 63-74.

Subramaniam M, Youndt M A. 2005. The influence of intellectual capital on the types of innovative capabilities. Academy of Management Journal, 48 (3): 450-463.

Teece D J, Pisano G, Shuen A. 1997. Dynamic capabilities and strategic management. Strategic Management Journal, 18 (7): 509-533.

Trainor K J, Rapp A, Beitelspacher L S, et al. 2011. Integrating information technology and marketing: an examination of the drivers and outcomes of e-marketing capability. Industrial Marketing Management, 40 (1): 162-174.

Villena V H, Revilla E, Choi T Y. 2011. The dark side of buyer-supplier relationships: a social capital perspective. Journal of Operations Management, 29 (6): 561-576.

Vorhies D W, Morgan N A. 2005. Benchmarking marketing capabilities for sustainable competitive advantage. Journal of Marketing, 69 (1): 80-94.

Williams L J, Cote J A, Buckley M R. 1989. Lack of method variance in self-reported affect and perceptions at work: reality or artifact? . Journal of Applied Psychology, 74 (3): 462-468.

Young-Ybarra C, Wiersema M. 1999. Strategic flexibility in information technology alliances: the influence of transaction cost economics and social exchange theory. Organization Science, 10 (4): 439-459.

Zhou K Z, Zhang Q Y, Sheng S B, et al. 2014. Are relational ties always good for knowledge acquisition? Buyer-supplier exchanges in China. Journal of Operations Management, 32 (3): 88-98.

第四篇 网络视角下的 供应商关系管理

　　制造企业通常管理多家供应商，这些供应商在任务上相互依赖且共同嵌入在以制造企业为核心的供应商网络中。任务上的相互依赖和关系的嵌入性，使得我们无法将二元关系层面的结果直接加总为网络层面的结果。换句话说，多个供应商关系的整体结果可能大于或小于单个二元关系结果的简单加总，即存在着正向或负向的网络效应。因此，供应商关系管理研究应该超越二元关系的视角，从整体角度研究多个供应商关系的管理绩效。

　　当考虑多个供应商关系管理时，制造企业面临一个基本战略问题：如何在不同供应商关系中分配有限的关系资源？究竟是"一视同仁"，还是"差别对待"更有利于自身绩效呢？考虑到供应商网络位置的相似性和社会的接近性，供应商网络实际上成为供应商相互比较的社会参照组。制造企业差异化的关系资源分配，引起了供应商之间相互比较，并影响着供应商随后的合作行为。然而，现有组织间关系文献并没有系统地关注这一问题。

　　本篇采用供应商网络视角，研究了制造企业与供应商网络中成员间的差异化关系强度如何影响制造企业绩效。本篇用两个概念来反映制造企业与不同供应商的差异化关系强度：关系强度差异和相对关系强度。前者反映了供应商网络中制造企业与不同供应商关系强度的差异程度，适用于从制造企业的视角研究制造企业差异化管理供应商对自身绩效的影响。后者反映了制造企业与某一供应商的关系强度和供应商网络中制造企业与所有供应商关系强度相对所处的位置，适用于从供应商的角度研究制造企业差异化管理供应商对供应商行为的影响。本书第八、九章分别研究了供应商网络中关系强度差异对制造企业绩效和从供应商知识获取的影响；第十章研究了制造企业与供应商关系的相对关系强度对供应商信息分享的影响。第十一章则从整体上探讨了供应商组合关系治理策略，并阐述了不同的供应商组合关系治理策略对制造企业双元过程能力的影响。

第八章 供应商组合中差异化社会控制
对制造企业绩效影响

第一节 供应商管理:"一视同仁",还是"差别对待"?

在制造企业与供应商关系的研究中,社会控制(social control)是指制造企业利用社会力量,如信任和互惠等,来管理供应商关系(Dyer and Singh,1998;Fryxell et al.,2002)。它主要通过与供应商建立紧密的关系,以及在制造企业与供应商之间形成行为规范和名誉等约束机制,进而避免供应商在合作过程中滋生机会主义行为。当前组织间关系控制研究普遍基于二元关系视角,即孤立地关注单个制造企业与供应商关系控制机制的影响,并显示了社会控制对企业绩效有不一致的影响。一方面,社会控制有助于减少组织间机会主义行为的监督成本(Dyer and Singh,1998;Larson,1992),有助于复杂、敏感、隐性的知识在组织间转移(Carey et al.,2011),有助于增强合作伙伴承担额外风险的意愿(Cousins et al.,2006;Ring and van de Ven,1992),因此正向影响制造企业的绩效。另一方面,社会控制所带来的良好关系助长了合作伙伴的不当行为(Anderson and Jap,2005),导致了群体盲视(Zhou et al.,2014),并且阻碍了企业灵活转换新的合作伙伴(Kim et al.,2006;Lechner et al.,2010),进而负向影响制造企业绩效。

尽管有研究从二元关系视角对社会控制的正向和负向影响进行了深入的探讨,但是近年来组织间关系文献呼吁组织间关系的研究应该超越二元关系视角,建议采用整体视角来研究组织间关系管理(Choi et al.,2001;Choi and Kim,2008;Ozcan and Eisenhardt,2009)。其原因在于:①制造企业的供应商不止一家,制造企业要同时管理多个供应商关系(Choi and Kim,2008;Sa Vinhas et al.,2012);②供应商之间是相互依赖、相互影响的,供应商群体整体管理的绩效不能把众多制造企业与供应商关系管理绩效进行简单相加,因为这里存在着正向或负向的网络效应(Cui,2013;Lavie,2007);③制造企业的管理策略往往会影响供应商群体行为和态度的一致性,进而会影响供应商群体管理的整体价值共创(Wassmer,2010)。那么,如何在多个供应商关系中分配有限的关系资源呢?究竟是"一视同仁",还是"差别对待"更有利于自身绩效呢?它的情境条件是什么?

供应商组合(supplier portfolio)是指以制造企业为中心的一组核心供应商。

以供应商组合为分析单位有助于学者从整体角度研究社会控制在制造企业对多个供应商关系管理中的作用。供应商组合的差异化社会控制是指在管理供应商组合成员时，制造企业依赖社会力量的差异程度。基于社会资本的理论视角，本章认为制造企业的差异化社会控制削弱了供应商组合的网络黏性，破坏了供应商组合的社会资本，因而负向影响制造企业绩效。此外，本章认为需求环境不确定和技术环境不确定代表了两种不同的不确定性环境，前者要求供应商组合成员紧密协调和合作以应对制造企业顾客需求数量的波动；后者要求制造企业灵活地调整供应商组合成员，以不断地获取新的技术和知识。本章认为这两种不确定性环境将会对供应商组合中差异化社会控制与制造企业绩效的关系产生相反的调节作用。

第二节　社会控制、供应商组合的理论与假设

一、社会控制理论

控制是组织间管理的重要职能，它是指为了实现某种目标，企业通过一定标准体系使得系统中的元素更加符合目标的管制过程（regulatory process）（Das and Teng，1998）。企业采用控制机制，不仅可以使企业活动惯例化（routinization），还可以增加一些非惯例活动，如组织学习、风险行为和创新。总之，无论出于什么目标，企业会采用控制机制使得企业目标的实现变得更加可预测，确保更多确定性行为发生（Das and Teng，1998）。

社会控制是指企业利用社会力量，如信任和互惠等，来管理组织间交易关系（Das and Teng，1998；Fryxell et al.，2002）。Dalton 和 Lawrence（1971）认为社会控制提供了潜在规则和支持性结构，这种规则和结构促进了双方对交易活动的理解。Heide（1994）认为社会控制是一种双边的关系治理结构，是一种在绩效难以评估的环境下的有效控制机制。Das 和 Teng（1998）进一步认为，正式控制与社会控制的最大不同在于，正式控制是通过严格的绩效评估来约束双方行为，而社会控制是通过实现交易双方目标和价值观的一致来约束交易双方行为，因此，社会控制更容易培养组织间的信任和互惠规范。Luo（2002）认为重复交易的合作过程使得交易双方嵌入共同的社会环境中，这让社会控制成为减轻组织间关系管理困难和合同适应性弱的重要保护机制。Cousins 和 Menguc（2006）的研究发现供应链成员的社会化程度正向影响供应商的运营绩效和沟通绩效，进而影响制造企业对合同一致性的感知。

组织间关系社会控制起源于 Ouchi（1979）的组织内部管理的宗族机制（clan mechanism）。宗族机制是指依赖社会化过程使个体目标与组织目标一致，它要求

组织成员对合适行为有着深层次的认同，并对合适行为有较高的承诺。宗族机制是针对代理理论的缺陷和不足提出来的。代理理论的核心前提是委托人和代理人的目标不一致，其关注的是委托人如何控制代理人行为的问题（Eisenhardt，1985）。为了控制代理人行为，代理理论提出了两种控制策略：行为控制和结果控制。当代理人的行为信息可以完全被委托人获得时，基于行为控制的合同是最优的。当代理人的结果信息可以完全被委托人获得时，基于结果控制的合同是最优的。然而，无论是基于行为的合同控制，还是基于结果的合同控制，本质上都是依赖对行为或行为结果的准确评估。因此当组织成员的行为或行为结果可以测量时，基于绩效评估的控制策略是有效的。然而，当任务结构导致任务绩效不能准确评估时，基于绩效评估的控制策略便会无效（Ouchi，1979），即行为控制和结果控制两种控制策略无效。

Ouchi（1979）识别了任务结构的两个维度：任务的程序性（task programmability）和结果的可测量性（outcome measurement）。低程序性任务是指经理不知道什么样的行为可以实现目标（Eisenhardt，1985），Ouchi 和 Maguire（1975）将之称为对任务转化过程的无知。此外，由于行为与结果之间存在时滞，以及个人行为数据难以观测，不同任务在结果测量的难易程度上会表现出不同。在低程序性和结果难以测量的任务情况下，行为控制和结果控制是无效的。基于此，Ouchi（1979）提出第三种控制系统——宗族机制，该控制机制强调通过社会化过程使组织中个体目标与组织目标一致，进而使个体行为与组织目标要求保持一致。在组织间关系中，企业不容易掌握合作伙伴在任务转化过程中的行为，对合作伙伴绩效的衡量也存在一定挑战，因此宗族机制随后被应于组织间关系管理（Heide，1994）。Anderson 和 Oliver（1987）认为对结果和行为的控制实际上是正式控制方式，而通过社会化过程形成共有规范和价值观则是一种社会控制方式，该方式是一种不同的控制方式。Aulakh 等（1996）认为在组织间关系管理中可以通过宗族机制消除组织间合作目标的不一致，进而实现对合作伙伴交易行为的控制。

当前二元关系视角下的组织间关系管理文献显示，社会控制对企业绩效影响存在有利和有害的影响。一方面，社会控制降低了组织间交易成本，促进了组织间合作（Dyer and Singh，1998；Larson，1992；Cousins et al.，2006；Ring and van de Ven，1992）；另一方面，过度的社会控制助长了合作伙伴的机会主义行为，束缚了企业对外部环境的适应性（Anderson and Jap，2005；Zhou et al.，2014；Kim et al.，2006；Lechner et al.，2010）。尽管社会控制在二元关系层面下得到了较为充分的研究，但网络层面下社会控制的绩效影响仍未得到充分研究。学者呼吁组织间关系管理应该超越二元关系视角，考虑多个关系之间相互依赖、相互影响对组织间关系管理绩效的影响。比如，制造企业与供应商之间的社会控制有利于双边敏感信息和资源的分享，但却忽略了周边邻近供应商关系对当前供应商信息分享的影响（Liu et al.，2012；Wu et al.，2010）。此外，制造企业对供应商群体的管理策略必将影响供应商成员态度和行为的一致性，进而影响供应商群体整体的价值创造，故而有必要考虑多个相互依赖关系情境下社会控制的整体绩效影响。

二、供应商组合的研究背景

（一）组合与组合构成

组合视角（portfolio perspective）起源于金融领域，由于不同投资之间存在某种相关关系，因此投资者不应该单独关注单个投资的绩效，而是应把多个相互关联的投资当成一个整体进行研究，即以投资组合为分析单位，通过研究投资组合的选择和构成进而做出整体最优的投资决策（Markowitz，1959）。当前组合视角已被广泛用于联盟关系管理（Cui，2013）、顾客管理（Yli-Renko and Janakiraman，2008）和供应商管理（Tang and Rai，2012）等研究领域。考虑制造企业与供应商关系具有某种战略联盟的性质，且组合在联盟关系文献中广泛应用，本章对联盟组合（alliance portfolio）的分析维度和理论视角进行简单梳理。

研究联盟组合的学者通常关注联盟组合构成对企业绩效的影响，文献将联盟组合构成分为四个维度：规模、结构、关系强度和成员属性（Wassmer，2010）。组合规模维度的文献主要以资源基础观为研究视角，总的来说，他们的研究结论主要有两个：①组合的规模越大，组合内的知识、信息和能力就越多样化，进而对企业的绩效越好；②组合规模与绩效的关系还受到其他因素的影响，如组合的广度、效率和成员水平等。组合结构维度的文献以社会网络理论为研究视角，主要关注组合结构，如组合密度、中心性与其他属性（如企业和网络成员属性结合在一起对企业绩效的影响）。例如，在利用网络资源时，企业从自己的创新能力中获得的利益，要比从组合成员的创新能力中获得的利益要多（Zaheer and Bell，2005）；组合成员的网络密度负向影响企业绩效，但正向调节组合成员资源分享与企业绩效的关系（Bae and Insead，2004）。Koka 和 Prescott（2008）关注了两种组合结构：杰出网络位置（prominent network position）和创业网络位置（entrepreneurial network position），前者强调自身处于网络的中心位置，后者强调自身处于连接结构洞的网络位置。他们研究发现两种组合结构对企业绩效的影响取决于外部环境变化和企业战略的影响。

组合关系强度维度文献以社会网络理论为研究视角，一部分学者采用了Granovetter（1973）的强关系和弱关系分类，研究了不同强度类型关系对企业绩效的不同影响（Uzzi，1997；Rowley et al.，2000）。比如，Rowley 等（2000）研究发现，组合中强弱关系构成对公司绩效的影响取决于组合的网络密度和行业环境变化情况。他们研究发现，强关系在组合网络密度较高的环境下负向影响企业绩效；强关系和弱关系在变化速度较慢的行业内正向影响企业绩效。另一部分学者把关系强度当作连续变量，比如，Zhou 等（2014）发现关系强度与企业知识获取呈倒"U"形关系。他们认为随着关系强度的增加，适当强度的关系增强了成员互动的频率，形成了互惠和团结的规范，因此有利于企业及时获得敏感的信息；但随着关系强度进一步增强，企业承担了不必要的社会义务，形成了集体谴责机制，阻碍了制造企业灵活地选择供应商，进而影响了企业获取新知识。总的来看，组合关系强度维度文献强调了不同强度类型关系的不同绩效影响，并把组合中不同强度类型关系绩效加总为对企业绩效的整体影响。这种简单加总的方法忽略了组合中关系强度差异对成员之间社会互动的影响，比如，组合中关系强度差异引发了成员之间就他们与焦点企业关系的社会比较，这种关系的比较可能促进或抑制了组合成员的价值共创。

组合成员属性对联盟组合的价值创造具有重要的影响。当前研究关注的组合成员属性涉及成员的名誉和素质、资源贡献和国际性（Wassmer，2010）。比如，创业企业从联盟组合中获得的价值取决于组合成员的技术和创新能力，以及成员的经济收益（Stuart，2000）；联盟伙伴的多样性将会使企业以更小的成本产生更多样化的资源、信息和能力（Baum et al.，2000）。另外，组合成员的资源互补和成员间的相对讨价还价能力也影响着联盟组合成员的价值共创（Lavie，2007）。然而，这一部分文献研究缺乏探讨组合成员制度属性的差异给焦点企业的组合成员管理所带来的冲突性制度要求。一方面，不同制度属性的成员可以给焦点企业带来异质的信息、知识和能力，进而有利于提升企业竞争力（Baum et al.，2000）；另一方面，不同制度属性的成员向焦点企业施加了冲突性制度要求，满足其中一种制度要求，意味着否定另外一种制度要求，进而给焦点企业的联盟组合管理带来了挑战。忽略组合成员制度属性的差异性，可能会导致实证研究结论的不一致。比如，企业联盟组合成员的国际多样性对企业绩效影响有着不一致的结论。Goerzen 和 Beamish（2005）研究发现企业联盟组合成员国际多样性负向影响企业绩效，而 Lavie 和 Miller（2008）发现企业联盟组合成员国际多样性对企业绩效的影响呈"S"形关系，即随着企业联盟组合成员国际多样性的增加，企业绩效先降低，再增加，最后降低。

（二）供应商组合

供应链管理学者采用组合矩阵法（portfolio matrix method）分析了采购企业如何管理不同类型的供应商，其中典型的是 Kraljic（克拉利奇）矩阵（Kraljic，1983）。为了战略性管理供应商群体，Kraljic 根据采购重要性和供给市场复杂性，将采购项目分成了四类：战略项目、杠杆项目、瓶颈项目和非关键项目。战略项目是指供给市场复杂性高、采购重要性也高的供应商；杠杆项目是指供给市场复杂性低、采购重要性高的供应商；瓶颈项目是指供给市场复杂性高、采购重要性低的供应商；非关键项目是指供给市场复杂性低、采购重要性也低的供应商。随后 Kraljic 根据采购企业力量和供应商力量，提出了三种供应商管理策略：压榨策略、多元策略和平衡策略。最后，Kraljic 认为采购经理应该对不同采购项目的供应商采用不同类型的管理策略。总的来看，Kraljic 矩阵的主要目的是最小化采购企业面临的供给风险，最大化采购企业的议价能力。

随后一部分文献通过关注采购项目的不同维度、设置不同维度的影响参数，进而提出了不同的组合矩阵模型（Gelderman and van Weele，2005；Nellore and Söderquist，2000）。尽管这类方法在业界得到了广泛应用，但组合矩阵模型忽略了供应商组合成员之间内部互动和相互依赖的作用（Roseira et al.，2010）。组合矩阵模型方法建议采购企业根据组合矩阵的相关维度和参数，与不同的供应商建立不同关系，分配不同的资源，以获得最优的价值。这种方法潜在的假设是采购企业与不同供应商的关系之间相互独立，忽略了邻近采购企业与供应商关系对当前采购企业与供应商关系的影响，忽略了供应商之间关系对当前采购企业与供应商关系的影响，忽略供应商之间合作对采购企业自身绩效的影响（Choi et al.，2002）。换句话说，供应商组合最终价值不仅取决于组合矩阵的相关维度和参数，还取决于采购企业与供应商，以及供应商与供应商之间的价值共创程度。

另一部分文献呼吁从网络视角来考虑供应商组合的内部互动和相互依赖性（Choi et al.，2001；Ozcan and Eisenhardt，2009）。网络视角下的供应商组合实际上是一个以采购企业为焦点企业的自我中心供应商网络（Roseira et al.，2010；Tang and Rai，2012）。Roseira 等（2010）采用案例的方法，研究了供应商组合成员之间的相互依赖关系，他们的研究发现供应商关系之间的相互影响受关系成员扮演的角色、关系结构和内容的影响，采购企业行为对供应商之间的相互依赖关系有着重要影响，特别是对供应商之间的合作与竞争有着重要影响。Tang 和 Rai（2012）关注了供应商组合的三个特征：组合中心性、关系时间长度和供应商可替代性。组合中心性是指供应商组合中成员数量和相对重要性的密度，采购企业所依赖的供应商数量越少，供应商组合的中心性越高。关系时间长度是指供应商组合中关系的平均时间长度。供应商可替代性是指市场中可以替代现有供应商的供应商数量。他们的研究揭示了三种供应商组合的特征对采购企业运营能力与其主要生产线竞争优势关系的显著调节作用。

总的来看，供应商组合成员参与采购企业价值共创，对采购企业绩效有重要影响。社会资本文献认为网络中的群体认同（Dyer and Nobeoka，2000）、值得信赖的共同第三方（Reagans and McEvily，2003）和组织间的合作规范（Krause et al.，

2007）带来了网络黏性。较强的网络黏性减少了组织之间的机会主义行为（Rowley et al.，2000），促进了成员之间信息和资源的分享（McEvily and Marcus，2005），提高了组织之间协调和沟通的效率（Coleman，1988；Tsai and Ghoshal，1998），进而正向影响了采购企业绩效。基于社会资本理论，本章旨在研究供应商组合中制造企业对不同供应商社会控制程度的差异（差异化社会控制）对制造企业绩效的影响，并探讨该关系在不确定环境下的情境条件。

三、供应商组合的差异化社会控制对制造企业绩效的影响

供应商组合的差异化社会控制是指在管理供应商组合成员时，制造企业依赖社会力量的差异程度。由于供应商资源的重要程度以及供应商服务制造企业过程的差异，制造企业与不同供应商关系在信任和规范的约束力量方面存在差异，这导致了制造企业对不同供应商关系采取的社会控制在程度上存在差异（Ocasio，1997；Perrone et al.，2003）。那么在管理供应商组合成员时，制造企业的差异化社会控制究竟是促进，还是损害自身绩效呢？

基于社会资本理论视角，本章认为供应商组合的差异化社会控制，将会损害供应商组合的网络黏性，进而负向影响制造企业绩效。

第一，差异化社会控制损害了供应商组合的群体认同，进而滋生了供应商的机会主义行为。一方面，制造企业对供应商组合成员采取差异化的社会控制将会致使供应商组合成员分化为组内和组外两种关系地位（Friedkin，2004），这严重损害了供应商组合成员的群体认同。另一方面，群体正面特殊性（positive distinctiveness）有助于群体成员形成正面的自我概念（positive self-concept）（Turner and Oakes，1997），进而促进了成员对群体的认同。然而，差异化社会控制可能会导致成员之间的负面情绪（Choi and Wu，2009），进而减少供应商组合成员关系的正面特殊性（Turner et al.，1987），最终损害供应商组合成员的群体认同。群体认同激励着组内成员在态度和行为上与群体规范保持一致，供应商群体认同的缺失将会导致供应商产生自利动机，进而增加其从事机会主义行为的可能性。此外，供应商群体认同的缺失，使得成员之间不仅很难形成集体的价值和目标，同时，也很难形成对机会主义行为的群体监督和集体谴责，这些最终导致供应商更可能利用外部环境波动来获得自己的短期利益，而这却损害了制造企业的利益。

第二，差异化社会控制破坏了制造企业作为供应商网络成员共同信任方的基础，不利于供应商网络成员之间的信息和资源分享。当制造企业依赖较强程度的社会力量管理一部分供应商关系，而依赖较弱程度的社会力量管理另一部分供应商关系时，关系差的供应商会感到自己没有得到制造企业公平对待，而关系好的供应商会认为自己当前的关系优势是因为自己资源的重要性而不是制造企业的善

意。因此，差异化社会控制会被供应商认为是制造企业的机会主义策略，进而阻碍了制造企业成为供应商网络成员值得信赖的共同第三方（Reagans and McEvily，2003）。这不仅让与制造企业以交易型关系连接的供应商不愿意将自己敏感的信息和资源分享给制造企业；同时让与制造企业以嵌入关系连接的供应商在分享自己敏感的信息和资源时，也会担心当前的关系优势可能会随着信息和资源的分享而消失。由于供应商群体是基于制造企业采购需求形成的网络群体，制造企业可信赖性的缺失将影响整个供应商网络的信任氛围，出于对彼此机会主义行为的担心，供应商之间的信息和资源分享变得不可能（McCarter and Northcraft，2007）。

第三，制造企业差异化社会控制也会损害供应商之间的合作规范，进而损害供应商组合中共同遵守的交易参照和启发式决策过程（heuristic decision-making process）的形成。在差异化社会控制下，为了从制造企业获得相对于其他供应商更好的资源和注意力，供应商之间会进行竞争，导致冲突性协同关系（Parise and Casher，2003）。相应地，为了确保自己地位，与制造企业关系好的供应商将不愿意与那些关系差的供应商合作。比如，某公司对它底盘系统的供应商采取区别对待，考虑到该公司最后只会偏爱有限的供应商，那么与该公司关系好的供应商不愿意和那些与该公司关系不好的供应商一起提升底盘系统性能，这不利于供应商之间互动并形成合作规范。为了实现供应商组合的联合行动，制造企业必须分别与每一个供应商进行谈判，并且在遇到波动的外部环境时，制造企业需要与供应商进行重新谈判（Uzzi，1997）。另外，由于缺乏合作规范，供应商对制造企业关系中资产投入的回报会有一种不确定性感知，这种不确定性感知减少了供应商对其与制造企业交易关系的专用性资产投资。而这种合作过程中的专用性资产投资，不仅有助于制造企业与供应商之间交易效率的提升，同时也有助于供应商向制造企业提供特有的、高质量的产品和服务。

总之，供应商组合的差异化社会控制损害了供应商组合成员的群体认同，破坏了供应商组合的信任环境并阻碍了成员间合作规范的形成。随着供应商组合中社会资本的损失，制造企业对供应商机会主义行为的约束、网络成员之间的信息和资源分享随之降低，制造企业与供应商、供应商与供应商之间的协调合作成本随之提升，这些最终将负向影响制造企业绩效，基于此，本章提出如下假设。

假设 8.1：供应商组合的差异化社会控制将会负向影响制造企业的绩效。

四、需求环境不确定与技术环境不确定的调节作用

假设 8.1 的逻辑认为供应商组合的差异化社会控制损害了供应商组合中网络黏性的社会资本，进而负向影响制造企业绩效。实际上，网络黏性社会资本对制造企业并不总是有益的，而是随情境变化的。一方面，网络黏性社会资本给制造

企业带来了促进供应商组合成员紧密合作的利益；另一方面，网络黏性社会资本阻碍了制造企业灵活调换供应商，容易在网络中形成集体盲视，因而降低了制造企业对外部环境的适应性。因此，本章认为供应商组合的差异化社会控制的负向影响还取决于环境对供应商组合紧密合作的需要，还是重构供应商组合以适应外部环境的需要。如果外部环境需要供应商组合紧密合作，此时差异化社会控制的负向影响将会增强；如果外部环境需要重构供应商组合适应外部环境，此时差异化社会控制的负向影响将会减弱。

环境不确定是指企业环境不能被预期或者清楚预测的程度。本章关注了两种不确定环境：需求环境不确定和技术环境不确定（Jaworski and Kohli，1993）。需求环境不确定是指顾客数量和偏好的变化，这种变化导致了企业在产品提供、计划、运营和战略等方面的不可预测性。它要求制造企业与供应商紧密合作以应对制造企业顾客需求数量的波动。技术环境不确定是指行业技术创新速度和创新程度，它要求制造企业灵活地调整供应商，即不断地引入拥有新技术的供应商，淘汰技术落后的供应商，以适应技术环境的变化（Wang et al.，2014）。根据网络黏性社会资本的情境价值，本章认为这两种不确定环境将会对供应商组合中差异化社会控制与制造企业绩效的关系产生相反的调节作用。

（一）需求环境不确定的调节作用

本章认为需求环境不确定将会增强供应商组合的差异化社会控制对制造企业绩效的负向影响。第一，在较高的需求不确定环境下，无法预料的情况发生的可能性更高，因此制造企业面临供应商机会主义行为的风险也更高（Carson et al.，2006）。群体认同激励着供应商在态度和行为上与群体规范保持一致，但较高的差异化社会控制损害了供应商组合的群体认同，增强了供应商自利的动机，进而加重了制造企业面临供应商机会主义行为的风险。此外，没有群体认同，供应商很难形成共同的价值观和目标，这导致供应商成员很难在信息理解上达成一致（Roberson and Colquitt，2005）。一旦遇到不确定的外部环境，供应商不仅不会考虑如何团结起来共同应对需求环境的波动，反而会趁机"敲"制造企业的"竹杠"。另外，较高的差异化社会控制，损害了供应商群体对成员机会主义行为的群体监督和集体谴责。随着这种非正式约束机制的缺失，供应商倾向于利用市场需求的波动获得自己短期的利益，而这种短期利益则是以制造企业的损失为代价的。总之，在较高的需求不确定环境下，供应商组合的差异化社会控制损害了供应商的群体认同和供应商群体对成员机会主义行为的非正式约束，进而给制造企业带来了较高的交易成本。

第二，在较高的需求不确定环境下，供应商与制造企业之间交换的敏感信息，以及供应商对制造企业的紧急性供给，均有助于制造企业快速地调整生产计划以应对需求环境不确定。换句话说，较高的需求环境不确定，需要所有供应商及制造企业之间进行智力、知识和资源的分享（Germain et al.，2008）。但是供应商组合的差异化社会控制阻碍了制造企业成为供应商之间值得信赖的共同第三方（Reagans and McEvily，2003），进而阻碍了供应商与制造企业之间、供应商与供应商之间资源和信息的分享，最终导致制造企业不能很好地整合和利用供应商资源以应对下游顾客需求的波动，进而对制造企业绩效产生负向影响。尽管与制造企业保持良好关系的供应商愿意为制造企业应对需求环境不确定做出必要的牺牲，但与制造企业没有建立良好关系的供应商是不愿意做出自我牺牲的，其他网络成员的不配合为制造企业协调和整合供应商资源带来了困难。

第三，较高的需求环境不确定，要求制造企业与供应商之间紧密沟通和协调。差异化社会控制使得制造企业与供应商之间很难建立交易参照和启发式决策过程。缺乏交易参照和启发式决策过程，制造企业不得不花大量时间与供应商就波动的外部需求问题讨价还价（Mahoney，1992；Perols et al.，2013），这严重影响了制造企业与供应商之间的合作效率，降低了制造企业对需求环境不确定的应对能力。另外，供应商与制造企业交易关系中的专用性资产投资有助于制造企业快速响应下游需求数量的波动。供应商关系中的专用性资产投资，既可以降低制造企业与供应商之间的沟通和协调成本，同时也有助于供应商向制造企业提供特有的、高质量的产品和服务。然而，供应商组合的差异化社会控制，损害了供应商组合的合作规范，增强了供应商对其与制造企业交易关系中专用性资产投资回报的不确定性感知，进而阻碍了供应商对制造企业交易关系进行必要的专用性资产投资。

总之，需求环境不确定需要制造企业与供应商进行紧密合作，但供应商组合的差异化社会控制，损害了供应商组合的群体认同，阻碍了制造企业成为值得信任的共同第三方和供应商之间交易参照和启发式决策过程的形成，损害了制造企业与供应商群体紧密合作以应对下游顾客的不确定需求，进而增加了差异化社会控制对制造企业绩效的负面影响。基于此，本章提出如下假设。

假设8.2：需求环境不确定将会增强供应商组合的差异化社会控制对制造企业绩效的负向影响。

（二）技术环境不确定的调节作用

本章认为技术环境不确定将会减弱供应商组合的差异化社会控制对制造企业绩效的负向影响。

第一，技术环境不确定要求制造企业调整现有供应商组合成员构成以适应技术环境的变动。虽然强烈的群体认同增强了现有供应商群体的紧密协作，但它阻碍了制造企业灵活调整供应商组合的构成（Burkhardt and Brass，1990）。无论是出于共同集体目标和价值观，还是受迫于集体监督和集体谴责的压力，当面对技术不确定环境时，制造企业往往选择帮助现有供应商升级它们的技术，而不是引进拥有新技术的供应商，制造企业承担的这些义务极大增加了自身成本。特别是在行业经历突破式创新时，这种义务可能会使制造企业陷入陈旧的技术中，并在挽救现有供应商过程中浪费大量精力（Beckman et al.，2004）。然而，供应商组合的差异化社会控制将减弱供应商组合的群体认同，进而减轻现有供应商群体对制造企业的非正式约束，方便制造企业灵活替换技术落后的供应商。因此，在较高技术不确定环境下，差异化社会允许制造企业灵活地调整现有供应商组合成员构成以适应新技术的需要（Kraatz，1998）。

第二，技术环境不确定势必要求制造企业整合更加多样化的信息和新出现的技术，而新知识和新技术往往蕴藏在新供应商之中，并且潜在地改变着现有知识和技术体系。一方面，在较高的技术不确定环境下，当前知识体系将会迅速变陈旧，制造企业对现有供应商知识体系的依赖程度随之降低（Rowley et al.，2000），相应地，现有供应商向制造企业分享的私有信息和资源的重要性也随之降低，因此差异化社会控制对供应商信息和资源分享的负向影响也随之降低。另一方面，当前供应商向制造企业分享的信息和资源将会被新引入供应商弥补。在较高的技术不确定环境下，新供应商所拥有的新知识和新技术将会替代现有供应商的知识和技术，制造企业可以通过与新供应商建立关系来获取自身必需的新知识和新技术。因此供应商组合的差异化社会控制，便利了制造企业引入新的供应商，进而使得制造企业避免掉入技术陷阱和丧失利用新技术的机会。

第三，组织间的交易参照和启发式决策过程将会阻碍制造企业灵活地引入新供应商。组织间的交易参照和启发式决策过程提升了制造企业与供应商之间的决策效率，方便了制造企业与供应商的沟通和协调（Tsai and Ghoshal，1998）。然而，这些交易参照和启发式决策过程很大程度是在先前的技术框架中形成的，在较高技术不确定环境下，先前的交易参照和启发式决策过程将会导致决策者严重的意识偏差，进而使制造企业在寻找新技术的过程中迷失方向。比如，Biyalogorsky等（2006）研究发现，启发式决策过程导致了决策者的观念扭曲，进而导致了观念惯性（belief inertia）、决策参与扭曲和参与惯性，最终导致了企业新产品的失败。然而，供应商组合的差异化社会控制阻碍了制造企业与供应商之间交易参照和启发式决策过程的形成，因而在较高的技术不确定环境下，制造企业会对当前技术情境认真思考后再进行决策，避免因忽略决策情境中的新特征、新趋势而做出无效决策。

总之，较高的技术不确定环境改变了企业利用资源和信息的基本结构，需要制造企业灵活地调整供应商组合构成以适应新的技术环境（Anderson and Tushman，1990）。供应商组合的差异化社会控制损害了供应商组合的群体认同，阻碍了制造企业成为值得信赖的共同第三方以及制造企业与供应商之间交易参照和启发式决策过程的形成。而这不仅减少了制造企业灵活调整供应商组合构成时面临的现有供应商群体的非正式约束，同时也避免了供应商群体集体盲视，帮助制造企业及时识别新的技术趋势。基于此，本章提出如下假设。

假设 8.3：技术环境不确定将会减弱供应商组合的差异化社会控制对制造企业绩效的负向影响。

图 8-1 画出了本章的理论框架图。

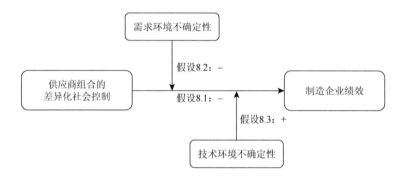

图 8-1　供应商组合的差异化社会控制对制造企业绩效影响的理论框架

第三节　实证研究方法

一、样本与数据

本章以中国制造企业为样本，数据由问卷数据和二手客观数据构成，其中，问卷数据来自中国制造企业的问卷调查，二手客观数据来自国家统计局建立的中国工业企业数据库。问卷数据与二手客观数据的匹配过程如下：①根据制造企业问卷中的企业名称，本章通过"全国组织机构统一社会信用代码数据服务中心"和"中国经济普查名录"查询到每一家制造企业的法人代码；②根据获得的法人代码，本章将问卷数据与中国工业企业数据库中问卷调查年份后一年的数据进行匹配。中国工业企业数据库覆盖了所有国有企业和年产值 500 万元及以上的工业企业。考虑到参与调研企业中有些企业没有符合中国工业企业数据库的收集标准，以及一些样本企业没有查询到相应法人代码而无法匹配，本章最终成功匹配了 133 家调研企业（详细数据介绍及匹配过程见第三章"供应商关系研究的实证基础"）。剔除变量缺失值后，共有 128 家制造企业数据进入模型。

表 8-1 给出了 128 家制造企业及其供应商组合的统计性描述。在 128 家制造企业样本中，大多是中小型企业（87%），私有企业占多数（74%）。另外，128 家制造企业的采购经理总共评价了 613 家供应商，其中，104 家评价了 5 家核心供应商，21 家评价了 4 家核心供应商，3 家评价了 3 家核心供应商。参照 Hitt 等（1996）的做法，本章用二手数据检验了问卷数据的质量。结果显示，问卷中企业员工数量、企业年龄和企业类型的数据与中国工业企业数据库中对应数据高度相关（企业员工数量相关系数 = 0.56，$p < 0.01$；企业年龄相关系数 = 0.72；$p < 0.01$；企业类型相关系数 = 0.71，$p < 0.01$），这些结果显示了问卷数据具有较高质量。

表 8-1 128 家制造企业及其供应商组合的统计性描述

分类标准		数量	占比
企业规模	大型（>2000 人）	16	13%
	中型（300~2000 人）	53	41%
	小型（<300 人）	59	46%
	总计	128	100%
企业类型	国有企业	18	14%
	私有企业	95	74%
	外资企业	15	12%
	总计	128	100%
供应商组合规模	5 家供应商	104	81%
	4 家供应商	21	16%
	3 家供应商	3	2%
	总计	128	100%

注：占比总计不为 100% 是四舍五入修约所致

二、变量及测量

本章除制造企业绩效来自二手数据计算外，其他主要变量的数据来自问卷数据，测量时采用文献中的成熟量表和利克特 7 点制计分（1 表示非常不同意；7 表示非常同意）。其中，需求环境不确定、技术环境不确定变量通过量表直接测量，供应商组合的差异化社会控制、供应商组合的平均社会控制强度和供应商组合的网络密度变量是基于制造企业与供应商关系层面相关变量测量计算而来的网络层面变量。这些变量的具体测量如下。

（一）因变量

本章采用资产收益率来反映制造企业的绩效。这部分信息来自中国工业企业数据库。本章选择资产收益率作为因变量，其原因主要有两个：①资产收益率作为客观绩效数据被广泛地用于绩效测量（Beckman et al.，2004），因此采用资产收益率作为绩效指标方便将本章结果与现有文献结果进行比较；②资产收益率数据来自中国工业企业数据库，而非问卷数据，多个数据来源可以较好地避免共同方法偏差问题。

（二）自变量

供应商组合的差异化社会控制是指在管理供应商组合成员时，制造企业依赖社会力量的差异程度。该变量的测量分两步。首先，问卷要求制造企业采购经理评价其与供应商组合中每一家供应商的社会控制强度，基于 Rindfleisch 和 Moorman（2001）的关系强度量表，本章采用关系强度量表中的 4 个题项来反映社会控制概念：①我方相信该供应商在合作中会履行所做出的承诺；②我方和该供应商通过充分协作来解决合作中出现的问题；③我方和该供应商通过讨论共同做出了许多决策；④我方和该供应商之间有充分、广泛的信息交流。其次，计算供应商组合中社会控制的均值和标准差，用标准差除以均值来反映制造企业在其供应商组合管理中采取差异化社会控制的程度。该测量方法考虑了不同社会控制水平下的制造企业在供应商组合中社会控制的差异程度（Wu et al.，2010）。该值越大，制造企业在供应商组合成员管理中采取社会控制的差异程度越大。

（三）调节变量

本章关注了两个调节变量：需求环境不确定和技术环境不确定。这两个环境不确定变量的评价来自制造企业总经理，它们的量表均来自 Chen 和 Paulraj（2004）的量表。需求环境不确定由 3 个题项测量：①市场对我公司的产品需求情况每周都会变化；②我公司对原材料和零部件供应的需求每周都会有很大变化；③很难准确预测市场对我公司产品在数量和品种上的需求。这些题项反映了制造企业下游需求数量的不可预测性。技术环境不确定量表原本由 5 个题项构成，2 个题项由于载荷较低被删除，最终该量表由 3 个题项构成：①行业中经常会有一些传统的技术和工艺由于科技发展而被淘汰；②行业中生产和制造技术方面发生变革的程度很大；③如果不紧跟技术的变化和发展，我公司将很快失去竞争力。这些题项反映了制造企业所在行业中技术的变化速度，以及如果没有及时跟进相应技术变化，制造企业面临的威胁程度。

（四）控制变量

第一组控制变量涉及制造企业年龄、企业规模、企业类型和财务杠杆。企业年龄用问卷收集时间与企业成立时间之差的对数来表示。企业规模用制造企业员工数量的自然对数来表示。企业类型用 2 个虚拟变量来表示：SOE 和 FOE。如果制造企业类型为国有企业，SOE 被赋值为 1，反之被赋值为 0；如果制造企业类型为外资企业，FOE 被赋值为 1，反之被赋值为 0；当 SOE 和 FOE 同时为 0 时，表示制造企业类型为私有企业。财务杠杆对制造企业的资产收益率有重要影响，因此本章控制了该变量的影响，财务杠杆用资产负债率来表示。

第二组控制变量涉及供应商组合特征，包括供应商组合规模、平均社会控制强度和供应商组合网络密度。供应商组合规模用制造企业供应商组合中的供应商数量来表示。由于供应商组合社会控制的平均强度也会对制造企业绩效产生影响（Harrison and Klein，2007），因此本章控制了该变量的影响。该变量用制造企业对供应商组合中所有供应商关系的社会控制强度的平均值来表示。另外，供应商组合网络密度反映了供应商组合成员之间的社会连接程度，潜在地影响制造企业绩效。参照 Gao 等（2015）的方法，本章要求采购经理评价每一家供应商与其他供应商之间的合作关系情况，然后计算供应商组合中供应商之间合作关系的平均值。本章用供应商组合中供应商之间合作关系的平均值来表示供应商组合网络密度。

三、概念的信效度分析

表 8-2 报告了主要变量的测量题项及信效度。需求环境不确定和技术环境不确定变量涉及 128 家制造企业的数据，而社会控制变量涉及 613 家制造企业与供应商关系的数据，由于样本量的不同，本章分别评估这两组变量的信效度。

表 8-2 主要变量的测量题项及信效度

变量题项及方法	载荷
模型 1：613 家制造企业与供应商关系层面数据的验证性因子分析模型 模型拟合指数：$\chi^2(2) = 7.24$，GFI = 0.99，CFI = 1.00，IFI = 1.00，RMSEA = 0.06	
社会控制（Rindfleisch and Moorman，2001）：AVE = 0.60，CR = 0.85	

续表

变量题项及方法	载荷
1. 我方相信该供应商在合作中会履行所做出的承诺	0.81
2. 我方和该供应商通过充分协作来解决合作中出现的问题	0.89
3. 我方和该供应商通过讨论共同做出了许多决策	0.55
4. 我方和该供应商之间有充分、广泛的信息交流	0.80
模型 2：128 家制造企业层面数据的验证性因子分析模型 模型拟合指数：$\chi^2(8) = 11.57$，GFI = 0.97，CFI = 0.98，IFI = 0.98，RMSEA = 0.06	
需求环境不确定（Chen and Paulraj, 2004）：AVE = 0.55, CR = 0.78, HSV = 0.05	
1. 市场对我公司的产品需求情况每周都会变化	0.75
2. 我公司对原材料和零部件供应的需求每周都会有很大变化	0.78
3. 很难准确预测市场对我公司产品在数量和品种上的需求	0.69
技术环境不确定（Chen and Paulraj, 2004）：AVE = 0.56, CR = 0.79, HSV = 0.05	
1. 行业中经常会有一些传统的技术和工艺由于科技发展而被淘汰	0.96
2. 行业中生产和制造技术方面发生变革的程度很大	0.69
3. 如果不紧跟技术的变化和发展，我公司将很快失去竞争力	0.54

注：所有载荷在 0.01 水平下显著

　　本章采用验证性因子分析方法检验社会控制变量测量的信度和聚合效度（Anderson and Gerbing，1988）。如表 8-2 所示，一阶验证性因子分析结果显示模型具有令人满意的拟合情况（$\chi^2(2) = 7.24$，GFI = 0.99，CFI = 1.00，IFI = 1.00，RMSEA = 0.06）；标准化因子载荷系数在 0.55 至 0.89 之间，均在 0.01 水平下显著；变量的 CR 为 0.85，AVE 为 0.60，两者均高于 0.50 阈值。这些结果显示社会控制变量测量具有较好的信度和聚合效度。采用相同方法，本章检验了需求环境不确定和技术环境不确定变量测量的信度和聚合效度（Anderson and Gerbing，1988），一阶验证性因子分析结果显示模型具有令人满意的拟合情况（$\chi^2(8) = 11.57$，GFI = 0.97，CFI = 0.98，IFI = 0.98，RMSEA = 0.06）；标准化因子载荷系数在 0.54 至 0.96 之间，均在 0.01 水平下显著；所有变量的 AVE 在 0.55 至 0.56 之间，CR 在 0.78 至 0.79 之间，两者均高于 0.50 阈值，这些结果充分显示了这两个变量测量也具有较好的信度和聚合效度（Fornell and Larcker，1981）。

　　由于社会控制变量与需求环境不确定和技术环境不确定变量的样本量不同，且社会控制变量所在模型只有一个变量，因此本章只能对后两个变量测量的区分效度进行评估。参照 AVE 与 HSV 比较法程序（详细介绍见第四章第三节），本章计算了每一个变量的 AVE 和该变量与其他变量的 HSV，并检验是否所有变量的 AVE 均大于 HSV，结果显示所有变量的 AVE 均大于 HSV（表 8-2），因此，该方法显示上述变量测量具有较高的区分效度（Fornell and Larcker，1981）。参照嵌套验证性因子分析比较法程序（详细介绍见第四章第三节），本章计算了上述变量的限制性模型与未限制性模型的卡方值，并检验是否未限制性模型的卡方值显著小于限制性模型的卡方值，结果显示未限制性模型的卡方值显著小于限制性模型的卡方值（比如，需求环境不确定 vs.技术环境不确定：$\Delta\chi^2(1)=118.00$，$p<0.01$），因此，该方法进一步显示上述变量测量具有较高的区分效度（Anderson and Gerbing，1988）。

四、共同方法偏差检验

本章变量测量有多个数据来源，制造企业绩效（因变量）来自二手客观数据，供应商网络的差异化社会控制（自变量）、需求环境不确定（调节变量）和技术环境不确定（调节变量）来自问卷数据。其中，自变量来自采购经理所填写的问卷，两个调节变量来自总经理填写的问卷。在测量方法上，因变量为比例数据，自变量是经过计算加总后获得的，两个调节变量为直接量表测量数据。因此，不同的数据来源和测量方法，在相当程度上避免了模型的共同方法偏差问题（Flynn et al.，2018；Rindfleisch et al.，2008）。

此外，本章进一步采用了 Harman 单因子检验法和"未测量潜在方法因子效应控制法"两种方法检验这些变量的共同方法偏差问题。社会控制变量涉及 613 家制造企业与供应商关系层面的数据，而需求环境不确定和技术环境不确定变量涉及 128 家制造企业层面的数据。由于样本量不同和社会控制变量模型中只有一个变量，本章只检验了需求环境不确定和技术环境不确定变量的共同方法偏差问题。在 Harman 单因子检验中，本章对所有变量题项进行了主成分因子分析，结果显示前两个主成分因子解释了主成分因子模型 69.39%的变异，其中第一个因子解释了 39.43%的变异，第二个因子解释了 29.96%的变异，没有单个因子出现，也没有一个因子解释过多变异，这说明这两个变量的潜在共同方法偏差问题不严重。在"未测量潜在方法因子效应控制法"检验中，本章在验证性因子分析模型中加入了一个方法因子，并允许该因子与所有题项相关；随后，本章将该模型与验证性因子分析模型进行比较，结果显示方法因子确实提升了模型的拟合度，增加了 14.15%的解释比例，少于 Williams 等（1989）提出的 25%临界值。因此，该方法进一步显示这两个变量的共同方法偏差问题不严重。

第四节　实证研究结果

本章采用逐步层次回归（stepwise hierarchical regression）方法检验研究中的

假设，该方法允许观察每一组变量的解释力度（Aiken and West，1991）。为了减少多重共线性影响，所有交互项的构成变量在相乘前都进行了去中心化处理。本章检查了变量的方差膨胀因子，所有变量之间的方差膨胀因子均小于 10，因此，多重共线性不是本章模型的主要问题。表 8-3 列出了上述变量的相关系数、均值与标准差。表 8-4 列出了假设 8.1～假设 8.3 的逐步层次回归估计结果，模型 1 只包含了控制变量，模型 2 加入了主效应变量，模型 3 和模型 4 分别加入主效应变量与两个调节变量的交互项，模型 5 包含了所有变量及交互项。

表 8-3　变量相关系数、均值与标准差

变量	1	2	3	4	5	6	7	8	9	10
1. 资产收益率	1.00									
2. 差异化社会控制	−0.10	1.00								
3. 需求环境不确定	0.00	−0.10	1.00							
4. 技术环境不确定	0.04	−0.14	0.15	1.00						
5. 平均社会控制强度	−0.06	−0.54	0.01	0.10	1.00					
6. 供应商组合网络密度	0.04	0.22	−0.03	−0.04	−0.04	1.00				
7. 供应商组合规模	0.08	0.02	−0.07	0.09	0.08	0.10	1.00			
8. 财务杠杆	0.11	−0.10	0.14	0.07	0.02	−0.07	0.08	1.00		
9. 企业规模	−0.20	−0.02	−0.03	0.18	0.12	0.01	−0.10	0.02	1.00	
10. 企业年龄	−0.14	0.10	0.13	0.17	−0.07	0.02	−0.06	0.07	0.47	1.00
均值	0.10	0.10	4.18	4.96	5.52	0.19	4.79	2.28	5.83	2.33
标准差	0.16	0.09	1.53	1.22	0.64	0.19	0.46	2.34	1.40	0.92

注：样本量＝128，绝对值大于 0.18 的相关系数在 0.05 水平下显著

表 8-4　逐步层次回归结果

变量	模型 1	模型 2	模型 3	模型 4	模型 5
企业规模	−0.02 （0.01）	−0.01 （0.01）	−0.02 （0.01）	−0.02 （0.01）	−0.02 （0.01）
企业年龄	−0.01 （0.02）	−0.01 （0.02）	−0.00 （0.02）	−0.01 （0.02）	0.00 （0.02）
企业类型（SOE）	−0.15** （0.04）	−0.15** （0.04）	−0.15** （0.03）	−0.16** （0.04）	−0.19** （0.04）
企业类型（FOE）	−0.04 （0.03）	−0.04† （0.03）	−0.05† （0.03）	−0.05† （0.03）	−0.06* （0.02）
财务杠杆	0.01 （0.01）	0.01 （0.01）	0.01 （0.01）	0.01 （0.01）	0.00 （0.01）

续表

变量	模型 1	模型 2	模型 3	模型 4	模型 5
供应商组合规模	0.03 (0.03)	0.03 (0.02)	0.03 (0.02)	0.03 (0.02)	0.03 (0.02)
平均社会控制强度	−0.03 (0.02)	−0.06* (0.03)	−0.05† (0.03)	−0.06* (0.02)	−0.05† (0.03)
供应商组合网络密度	0.02 (0.08)	0.05 (0.08)	0.05 (0.08)	0.05 (0.08)	0.06 (0.07)
需求环境不确定	0.01 (0.01)	0.00 (0.01)	0.00 (0.01)	0.00 (0.01)	0.00 (0.01)
技术环境不确定	0.01 (0.01)	0.01 (0.01)	0.00 (0.01)	0.01 (0.01)	0.00 (0.01)
差异化社会控制		−0.38* (0.17)	−0.51** (0.18)	−0.39* (0.17)	−0.56** (0.18)
差异化社会控制×需求环境不确定			−0.04* (0.02)		−0.05** (0.02)
差异化社会控制×技术环境不确定				0.02 (0.01)	0.03** (0.01)
常数项	0.18 (0.18)	0.35† (0.19)	0.34† (0.18)	0.37† (0.19)	0.36* (0.18)
模型 F 值	2.56**	2.72**	2.66**	2.60**	3.20**
R^2	0.16	0.19	0.24	0.20	0.27
ΔR^2		0.03*	0.05**	0.01	0.08**

注：样本量＝128，括号中数值为稳健性标准误，模型 3～模型 5 的 ΔR^2 是与模型 2 相比的变化量
$†p<0.10$，$* p<0.05$，$** p<0.01$

　　如表 8-4 所示，控制变量解释了制造企业绩效 0.16 的变异。在模型 2 中，随着自变量的加入，模型对因变量的解释力度增加了 0.03。模型 3 增加了主效应变量与调节变量的交互项，与模型 2 相比，模型的 R^2 显著增加了 0.05（$p<0.01$）。模型 5 同时加入了所有变量及交互项，与模型 2 相比，模型的 R^2 从 0.19 增加到 0.27，显著增加了 0.08（$p<0.01$）。随着自变量和交互项的加入，模型解释力度的显著增加表明主效应变量和调节变量对制造企业绩效有显著影响。

　　假设 8.1 预测供应商组合的差异化社会控制将会负向影响制造企业绩效。与预测相一致，在模型 2 中，差异化社会控制的系数显著为负（$\beta = -0.38$，$p<0.05$）；在模型 3 和模型 4 中分别加入主效应变量与调节变量交互项后，主效应依然显著为负（模型 3：$\beta = -0.51$，$p<0.01$；模型 4：$\beta = -0.39$，$p<0.05$）。在加入所有交互项的全模型中，主效应仍保持在 1% 水平下显著（模型 5：$\beta = -0.56$，$p<0.01$）。总的来看，在控制了供应商组合的平均社会控制强度后，差异化社会控制仍显著地负向影响制造企业绩效，因此假设 8.1 得到了支持。

假设 8.2 预测需求环境不确定将会增强供应商组合的差异化社会控制对制造企业绩效的负向影响。与预测相一致，在模型 3 中，差异化社会控制与需求环境不确定交互项的系数显著为负（$\beta = -0.04$，$p < 0.05$）；在模型 5 中，差异化社会控制与需求环境不确定交互项的系数仍然显著为负（$\beta = -0.05$，$p < 0.01$）。因此，假设 8.2 得到了支持。为了进一步了解需求环境不确定性的调节效应，参照 Aiken 和 West（1991）的操作程序，本章将需求环境不确定变量分为两组：高需求环境不确定组（高于均值一个标准差）和低需求环境不确定组（低于均值一个标准差）；然后基于模型 5，本章画出了需求环境不确定的调节效应图（图 8-2），并计算出不同组线的斜率。结果发现高需求环境不确定组线的斜率显著小于 0（$p < 0.05$），低需求环境不确定组线的斜率不显著异于 0（$p > 0.10$），即当制造企业面临较高需求环境不确定时，供应商组合的差异化社会控制对制造企业绩效有着更大的负向影响。总之，这些结果进一步支持了假设 8.2 的预测。

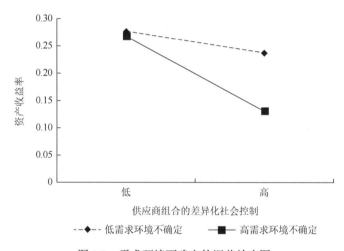

图 8-2　需求环境不确定的调节效应图

假设 8.3 预测技术环境不确定将会减弱供应商组合的差异化社会控制对制造企业绩效的负向影响。与预测相一致，模型 4 中，差异化社会控制与技术环境不确定交互项的系数不显著（$\beta = 0.02$，$p = 0.14$），但在模型 5 中，差异化社会控制与技术环境不确定交互项的系数显著为正（$\beta = 0.03$，$p < 0.01$）。因此，假设 8.3 得到了部分支持。采用假设 8.2 调节效应的作图方法，本章画出了技术环境不确定的调节效应图（图 8-3），并计算不同组线的斜率。结果发现低技术环境不确定组线的斜率显著小于 0（$p < 0.01$），高技术环境不确定组线的斜率不显著异于 0（$p > 0.10$），即当制造企业面临较高技术环境不确定时，供应商组合的差异化社会控制对制造企业绩效有着较小的负向影响。总之，这些结果进一步支持了假设 8.3 的预测。

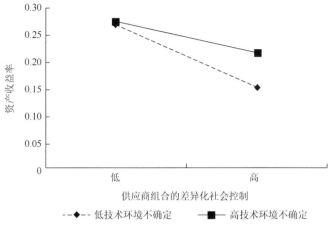

图 8-3　技术环境不确定的调节效应图

第五节　本 章 小 结

一、研究结论及理论贡献

基于社会资本理论，本章研究了供应商组合的差异化社会控制对制造企业绩效的影响，以及技术环境不确定与需求环境不确定性对上述关系的调节作用。实证结果显示：①供应商组合的差异化社会控制负向影响制造企业绩效；②需求环境不确定将会增强差异化社会控制对制造企业绩效的负向影响；③技术环境不确定将会减弱差异化社会控制对制造企业绩效的负向影响。因此本章将丰富组织间关系和战略采购方面的文献，具体而言，本章主要有以下三方面贡献。

第一，当前组织间关系文献主要从二元关系视角揭示了社会控制的优势和劣势（Anderson and Jap，2005；Dyer and Singh，1998；Lechner et al.，2010；Zhou et al.，2014）。但是任务中的相互依赖和供应商之间的社会比较，使得二元关系视角下不同强度关系的研究结论无法简单加总为网络层面中不同强度关系的整体绩效。一方面，制造企业绩效取决于供应商之间的相互配合，因此供应商组合成员的整体价值共创取决于供应商之间的紧密协调；另一方面，供应商服务于同一家制造企业，网络结构上的相似性和频繁的互动使得供应商组合成为供应商之间相互比较的参照组，成员之间的社会比较影响着供应商在合作中的态度。因此，供应商组合中差异化社会控制产生的价值可能大于或小于所有供应商关系中社会控制单独产生价值的总和（Wassmer，2010）。本章以供应商组合为分析单位，从整体视角揭示了供应商组合的差异化社会控制负向影响制造企业绩效，因此响应了文献中关于组织间关系研究应该超越二元关系视角的呼吁。

第二，本章响应了战略采购文献中强调减少供应商数量，致力于培养制造企业与供应商之间紧密关系，进而充分利用供给基础资源的呼吁。Choi 和 Krause（2006）把制造企业直接管理的多个供应商定义为供给基础。供应商之间相互依赖、相互影响的关系导致了供给基础的复杂性，Choi 和 Krause（2006）识别了影响供给基础复杂性的三个维度：供应商数量、供应商之间差异化程度和供应商之间相互依赖关系。供应商数量越多，供应商之间的差异化程度越大，供应商之间的相互依赖性越强，供给基础的复杂性越高。他们认为降低供给基础的复杂性对于制造企业是一把"双刃剑"，一方面，供给基础复杂性的降低，增强了供应商的响应速度，降低了制造企业与供应商之间的交易成本；但同时也增加了制造企业的采购风险，降低了供应商的创新性。因此减少供给基础复杂性实际上是一种基于成本-效率的考量，盲目地减少供给基础复杂性可能会负向影响制造企业供应商组合的整体竞争性。本章进一步显示，在供应商组合中，与一些供应商建立较高程度的社会控制关系，而与其他供应商建立较低程度的社会控制关系，将会负向影响制造企业的绩效。减少社会控制的差异程度将会在供应商组合中形成基于网络黏性的社会资本，进而正向影响制造企业的绩效（Carr and Pearson，1999），因此本章凸显了供应商之间的相互依赖性及其带来的供应商管理复杂性。

第三，本章将贡献于制造企业与供应商关系管理和外部环境匹配的文献，具体而言，本章检验了差异化社会控制在需求不确定和技术不确定环境下的情境价值。本章发现，差异化社会控制对制造企业绩效的负向影响，在较高的需求不确定环境下会被增强，而在较高的技术不确定环境下会被减弱。这些研究结论显示，尽管供应商组合的网络黏性可以促进供应商成员紧密合作，进而正向影响制造企业的绩效，但是当环境要求制造企业灵活调换现有供应商时，如在较高技术不确定环境下，供应商组合的网络黏性反而会对制造企业绩效产生负面影响。总之，需求环境不确定和技术环境不确定对主效应的相反调节作用，不仅与社会资本情境价值的文献相一致（Adler and Kwon，2002；Rowley et al.，2000），同时也为制造企业与供应商关系管理和外部环境匹配的文献增添了新的证据。

二、管理启示

本章将对制造企业供应商管理有三方面启示。

第一，本章呼吁管理者要关注不同供应商关系中差异化社会控制的影响。供应商关系的社会控制程度与供应商关系间的差异化社会控制程度是供应商关系控制的两个维度。相比而言，管理者更倾向于关注单一供应商关系社会控制程度的影响，忽略了供应商关系间的差异化社会控制程度的影响。本章显示制造企业对供应商组合的差异化社会控制将会破坏供应商组合的网络黏性，进而负向影响制造企业绩效。尽管制造企业的关系资源是有限的，制造企业不可能在所有供应商关系中都采用较高程度的社会控制，但是本章建议采购经理可以降低多个供应商关系整体社会控制的程度，但应努力减少供应商之间的差异程度，特别是在核心供应商之间要"一视同仁"。这正好与中国"不患寡而患不均"的思想相一致。

第二，采购经理应该保持供应商管理战略与外部环境的匹配。当外部环境要求现有供应商之间有效率地合作时，减少供应商组合的社会控制差异程度将会有益于制造企业的绩效。当外部环境要求制造企业灵活引入新的供应商以获得新技术时，增大供应商组合的社会控制差异程度将会有益于制造企业的绩效。换句话说，采购经理要根据企业所处的外部环境的特点来调整自己供应商组合的社会控制策略。

第三，采购经理应该意识到关系管理在利用供应商网络社会资本中的重要角色。先前研究强调企业的社会资本取决于企业所处的网络结构位置，这种网络结构位置通常被认为是静态、不可改变的；忽略了企业在运用社会资本时的主观能动性的角色（Adler and Kwon，2002；Lavie，2006）。本章显示通过调整供应商组合中社会控制的差异程度有助于制造企业充分利用社会资本的优势，避免其潜在的劣势。因此，管理者应该主动和创造性地管理与不同供应商的关系，以使企业从当前关系网络中获利最大化。

三、研究局限及未来建议

本章研究主要存在以下三方面不足，为未来的研究提供了机会。

第一，本章从制造企业视角出发，研究了供应商组合的差异化社会控制对制造企业绩效的影响，因此，本章对制造企业社会控制的测量基于制造企业的视角，并没有获得供应商视角的数据。然而制造企业和供应商对社会控制的感知可能存在不一致，即有可能出现制造企业认为它与某个供应商关系比较好，但该供应商感知其与该制造企业的关系没有那么好。未来研究可以分别从制造企业和供应商两个方面收集数据，一方面可以检验本章结论，另一方面也可以研究制造企业与供应商之间的不同感知如何影响供应商组合的价值共创。

第二，本章将制造企业供应商网络范围限定为五家核心供应商，从数量上来看，这比较保守地反映供应商组合的差异化社会控制对制造企业绩效的影响。由于本章的发现局限于核心供应商的管理，当供应商组合包含了更多非核心供应商时，本章结论可能会发生变化，因此未来研究可以在这一方向进行探讨。

第三，Lavie（2007）认为制造企业相对于供应商的议价能力将会正向影响自己在联盟组合中的价值分配，因此制造企业对供应商的相对依赖性或者权力将会影响制造企业的供应商管理。未来研究可以探索制造企业与供应商之间相对权力对供应商组合的差异化社会控制与制造企业绩效关系的调节作用。

参 考 文 献

Adler P S, Kwon S W. 2002. Social capital: prospects for a new concept. Academy of Management Review, 27 (1): 17-40.

Aiken L S, West S G. 1991. Multiple Regression: Testing and Interpreting Interactions. London: Sage Publications Inc.

Anderson E, Jap S D. 2005. The dark side of close relationships. MIT Sloan Management Review, 46 (3): 75-82.

Anderson E, Oliver R L. 1987. Perspectives on behavior-based versus outcome-based salesforce control systems. Journal of Marketing, 51 (4): 76-88.

Anderson J C, Gerbing D W. 1988. Structural equation modeling in practice: a review and recommended two-step approach. Psychological Bulletin, 103 (3): 411-423.

Anderson P, Tushman M L. 1990. Technological discontinuities and dominant designs: a cyclical model of technological change. Administrative Science Quarterly, 35 (4): 604-633.

Aulakh P S, Kotabe M, Sahay A. 1996. Trust and performance in cross-border marketing partnerships: a behavioral approach. Journal of International Business Studies, 27 (5): 1005-1032.

Bae J, Insead M G. 2004. Partner substitutability, alliance network structure, and firm profitability in the telecommunications industry. Academy of Management Journal, 47 (6): 843-859.

Baum J A C, Calabrese T, Silverman B S. 2000. Don't go it alone: alliance network composition and startups' performance in Canadian biotechnology. Strategic Management Journal, 21 (3): 267-294.

Beckman C M, Haunschild P R, Phillips D J. 2004. Friends or strangers? Firm-specific uncertainty, market uncertainty, and network partner selection. Organization Science, 15 (3): 259-275.

Biyalogorsky E, Boulding W, Staelin R. 2006. Stuck in the past: why managers persist with new product failures. Journal of Marketing, 70 (2): 108-121.

Burkhardt M E, Brass D J. 1990. Changing patterns or patterns of change: the effects of a change in technology on social network structure and power. Administrative Science Quarterly, 35 (1): 104-127.

Carey S, Lawson B, Krause D R. 2011. Social capital configuration, legal bonds and performance in buyer-supplier relationships. Journal of Operations Management, 29 (4): 277-288.

Carr A S, Pearson J N. 1999. Strategically managed buyer-supplier relationships and performance outcomes. Journal of Operations Management, 17 (5): 497-519.

Carson S J, Madhok A, Wu T. 2006. Uncertainty, opportunism, and governance: the effects of volatility and ambiguity on formal and relational contracting. Academy of Management Journal, 49 (5): 1058-1077.

Chen I J, Paulraj A. 2004. Towards a theory of supply chain management: the constructs and measurements. Journal of Operations Management, 22 (2): 119-150.

Choi T Y, Dooley K J, Rungtusanatham M. 2001. Supply networks and complex adaptive systems: control versus emergence. Journal of Operations Management, 19 (3): 351-366.

Choi T Y, Kim Y. 2008. Structural embeddedness and supplier management: a network perspective. Journal of Supply Chain Management, 44 (4): 5-13.

Choi T Y, Krause D R. 2006. The supply base and its complexity: implications for transaction costs, risks, responsiveness, and innovation. Journal of Operations Management, 24 (5): 637-652.

Choi T Y, Wu Z. 2009. Triads in supply networks: theorizing buyer-supplier-supplier relationships. Journal of Supply Chain Management, 45 (1): 8-25.

Choi T Y, Wu Z H, Ellram L, et al. 2002. Supplier-supplier relationships and their implications for buyer-supplier relationships. IEEE Transactions on Engineering Management, 49 (2): 119-130.

Coleman J S. 1988. Social capital in the creation of human capital. American Journal of Sociology, 94: S95-S120.

Cousins P D, Handfield R B, Lawson B, et al. 2006. Creating supply chain relational capital: the impact of formal and informal socialization processes. Journal of Operations Management, 24 (6): 851-863.

Cousins P D, Menguc B. 2006. The implications of socialization and integration in supply chain management. Journal of Operations Management, 24 (5): 604-620.

Cui A S. 2013. Portfolio dynamics and alliance termination: the contingent role of resource dissimilarity. Journal of Marketing, 77 (3): 15-32.

Dalton G W, Lawrence P R. 1971. Motivation and Control in Organizations. Homewood: R.D. Irwin.

Das T K, Teng B S. 1998. Between trust and control: developing confidence in partner cooperation in alliances. Academy of Management Review, 23 (3): 491-512.

Dyer J H, Nobeoka K. 2000. Creating and managing a high-performance knowledge-sharing network: the Toyota case. Strategic Management Journal, 21 (3): 345-367.

Dyer J H, Singh H. 1998. The relational view: cooperative strategy and sources of interorganizational competitive advantage. Academy of Management Review, 23 (4): 660-679.

Eisenhardt K M. 1985. Control: organizational and economic approaches. Management Science, 31 (2): 134-149.

Flynn B, Pagell M, Fugate B. 2018. Editorial: survey research design in supply chain management: the need for evolution in our expectations. Journal of Supply Chain Management, 54 (1): 1-15.

Fornell C, Larcker D F. 1981. Evaluating structural equation models with unobservable variables and measurement error. Journal of Marketing Research, 18 (1): 39-50.

Friedkin N E. 2004. Social cohesion. Annual Review of Sociology, 30: 409-425.

Fryxell G E, Dooley R S, Vryza M. 2002. After the ink dries: the interaction of trust and control in us-based international joint ventures. Journal of Management Studies, 39 (6): 865-886.

Gao G Y, Xie E, Zhou K Z. 2015. How does technological diversity in supplier network drive buyer innovation? Relational process and contingencies. Journal of Operations Management, 36 (1): 165-177.

Gelderman C J, van Weele A J. 2005. Purchasing portfolio models: a critique and update. Journal of Supply Chain Management, 41 (3): 19-28.

Germain R, Claycomb C, Dröge C. 2008. Supply chain variability, organizational structure, and performance: the moderating effect of demand unpredictability. Journal of Operations Management, 26 (5): 557-570.

Goerzen A, Beamish P W. 2005. The effect of alliance network diversity on multinational enterprise performance. Strategic Management Journal, 26 (4): 333-354.

Granovetter M S. 1973. The strength of weak ties. American Journal of Sociology, 78 (6): 1360-1380.

Harrison D A, Klein K J. 2007. What's the difference? Diversity constructs as separation, variety, or disparity in organizations. Academy of Management Review, 32 (4): 1199-1228.

Heide J B. 1994. Interorganizational governance in marketing channels. Journal of Marketing, 58 (1): 71-85.

Hitt M A, Hoskisson R E, Johnson R A, et al. 1996. The market for corporate control and firm innovation. Academy of Management Journal, 39 (5): 1084-1119.

Jaworski B J, Kohli A K. 1993. Market orientation: antecedents and consequences. Journal of Marketing, 57 (3): 53-70.

Kim T Y, Oh H, Swaminathan A. 2006. Framing interorganizational network change: a network inertia perspective. Academy of Management Review, 31 (3): 704-720.

Koka B R, Prescott J E. 2008. Designing alliance networks: the influence of network position, environmental change, and strategy on firm performance. Strategic Management Journal, 29 (6): 639-661.

Kraatz M S. 1998. Learning by association? Interorganizational networks and adaptation to environmental change. Academy of Management Journal, 41 (6): 621-643.

Kraljic P. 1983. Purchasing must become supply management. Harvard Business Review, 61 (5): 109.

Krause D R, Handfield R B, Tyler B B. 2007. The relationships between supplier development, commitment, social capital accumulation and performance improvement. Journal of Operations Management, 25 (2): 528-545.

Larson A. 1992. Network dyads in entrepreneurial settings: a study of the governance of exchange relationships. Administrative Science Quarterly, 37 (1): 76-104.

Lavie D. 2006. The competitive advantage of interconnected firms: an extension of the resource-based view. Academy of Management Review, 31 (3): 638-658.

Lavie D. 2007. Alliance portfolios and firm performance: a study of value creation and appropriation in the U.S. software industry. Strategic Management Journal, 28 (12): 1187-1212.

Lavie D, Miller S R. 2008. Alliance portfolio internationalization and firm performance. Organization Science, 19 (4): 623-646.

Lechner C, Frankenberger K, Floyd S W. 2010. Task contingencies in the curvilinear relationships between intergroup networks and initiative performance. Academy of Management Journal, 53 (4): 865-889.

Liu Y, Huang Y, Luo Y D, et al. 2012. How does justice matter in achieving buyer-supplier relationship performance? . Journal of Operations Management, 30 (5): 355-367.

Luo Y D. 2002. Contract, cooperation, and performance in international joint ventures. Strategic Management Journal, 23 (10): 903-919.

Mahoney J T. 1992. The choice of organizational form: vertical financial ownership versus other methods of vertical integration. Strategic Management Journal, 13 (8): 559-584.

Markowitz H M. 1959. Portfolio Selection: Efficient Diversification of Investments. New Haven: Yale University Press.

McCarter M W, Northcraft G B. 2007. Happy together? Insights and implications of viewing managed supply chains as a social dilemma. Journal of Operations Management, 25 (2): 498-511.

McEvily B, Marcus A. 2005. Embedded ties and the acquisition of competitive capabilities. Strategic Management Journal, 26 (11): 1033-1055.

Nellore R, Söderquist K. 2000. Portfolio approaches to procurement: analysing the missing link to specifications. Long Range Planning, 33 (2): 245-267.

Ocasio W. 1997. Towards an attention-based view of the firm. Strategic Management Journal, 18: 187-206.

Ouchi W G. 1979. A conceptual framework for the design of organizational control mechanisms. Management Science, 25 (9): 833-848.

Ouchi W G, Maguire M A. 1975. Organizational control: two functions. Administrative Science Quarterly, 20 (4): 559-569.

Ozcan P, Eisenhardt K M. 2009. Origin of alliance portfolios: entrepreneurs, network strategies, and firm performance. Academy of Management Journal, 52 (2): 246-279.

Parise S, Casher A. 2003. Alliance portfolios: designing and managing your network of business-partner relationships. Academy of Management Perspectives, 17 (4): 25-39.

Perols J, Zimmermann C, Kortmann S. 2013. On the relationship between supplier integration and time-to-market. Journal of Operations Management, 31 (3): 153-167.

Perrone V, Zaheer A, McEvily B. 2003. Free to be trusted? Organizational constraints on trust in boundary spanners. Organization Science, 14 (4): 422-439.

Reagans R, McEvily B. 2003. Network structure and knowledge transfer: the effects of cohesion and range. Administrative Science Quarterly, 48 (2): 240-267.

Rindfleisch A, Malter A J, Ganesan S, et al. 2008. Cross-sectional versus longitudinal survey research: concepts, findings, and guidelines. Journal of Marketing Research, 45 (3): 261-279.

Rindfleisch A, Moorman C. 2001. The acquisition and utilization of information in new product alliances: a strength-of-ties perspective. Journal of Marketing, 65 (2): 1-18.

Ring P S, van de Ven A H. 1992. Structuring cooperative relationships between organizations. Strategic Management Journal, 13 (7): 483-498.

Roberson Q M, Colquitt J A. 2005. Shared and configural justice: a social network model of justice in teams. Academy of Management Review, 30 (3): 595-607.

Roseira C, Brito C, Henneberg S C. 2010. Managing interdependencies in supplier networks. Industrial Marketing Management, 39 (6): 925-935.

Rowley T, Behrens D, Krackhardt D. 2000. Redundant governance structures: an analysis of structural and relational embeddedness in the steel and semiconductor industries. Strategic Management Journal, 21 (3): 369-386.

Sa Vinhas A, Heide J B, Jap S D. 2012. Consistency judgments, embeddedness, and relationship outcomes in interorganizational networks. Management Science, 58 (5): 996-1011.

Stuart T E. 2000. Interorganizational alliances and the performance of firms: a study of growth and innovation rates in a high-technology industry. Strategic Management Journal, 21 (8): 791-811.

Tang X L, Rai A. 2012. The moderating effects of supplier portfolio characteristics on the competitive performance impacts of supplier-facing process capabilities. Journal of Operations Management, 30 (1/2): 85-98.

Tsai W, Ghoshal S. 1998. Social capital and value creation: the role of intrafirm networks. Academy of Management Journal, 41 (4): 464-476.

Turner J C, Hogg M A, Oakes P J, et al. 1987. Rediscovering the Social Group: A Self-Categorization Theory. Oxford: Black-well.

Turner J C, Oakes P J. 1997. The socially structured mind//McGarty C, Haslam S A. The Message of Social Psychology: Perspectives on Mind in Society. Hoboken: Wiley-Blackwell: 355-373.

Uzzi B. 1997. Social structure and competition in interfirm networks: the paradox of embeddedness. Administrative Science Quarterly, 42 (1): 35-67.

Wang C L, Rodan S, Fruin M, et al. 2014. Knowledge networks, collaboration networks, and exploratory innovation. Academy of Management Journal, 57 (2): 484-514.

Wassmer U. 2010. Alliance portfolios: a review and research agenda. Journal of Management, 36 (1): 141-171.

Williams L J, Cote J A, Buckley M R. 1989. Lack of method variance in self-reported affect and perceptions at work: reality or artifact?. Journal of Applied Psychology, 74 (3): 462-468.

Wu J B, Tsui A S, Kinicki A J. 2010. Consequences of differentiated leadership in groups. Academy of Management Journal, 53 (1): 90-106.

Yli-Renko H, Janakiraman R. 2008. How customer portfolio affects new product development in technology-based entrepreneurial firms. Journal of Marketing, 72 (5): 131-148.

Zaheer A，Bell G G. 2005. Benefiting from network position：firm capabilities，structural holes，and performance. Strategic Management Journal，26（9）：809-825.

Zhou K Z，Zhang Q Y，Sheng S B，et al. 2014. Are relational ties always good for knowledge acquisition？Buyer-supplier exchanges in China. Journal of Operations Management，32（3）：88-98.

第九章　供应商网络中关系强度差异
对制造企业知识获取影响

第一节　社会比较视角下的制造企业知识获取研究

随着竞争日益激烈，有效地从供应商获取知识对提升制造企业创新绩效越来越重要（Yan et al.，2017；李随成等，2013）。关系强度文献强调了组织间关系强度对焦点企业从合作伙伴获取知识的重要影响（刘学元等，2016）。为了使从供应商网络中的整体知识获取最优，制造企业应该与不同供应商维持相同关系强度，还是差异化关系强度呢？换句话说，供应商网络中关系强度差异究竟是促进还是抑制制造企业从供应商网络中的整体知识获取呢？它的情境条件是什么？

当前关系强度文献通常基于二元关系视角，研究单一制造企业与供应商关系中关系强度变化对制造企业从供应商知识获取的影响（Yang et al.，2019；Zhou et al.，2014），但较少从网络层面研究制造企业与不同供应商关系强度差异对制造企业从供应商网络中整体知识获取的影响（Wassmer，2010）。然而，我们不能将二元关系层面上制造企业与供应商关系强度的结果，简单加总为网络层面上不同强度关系的整体结果。在供应商网络中，供应商之间存在较强的相互依赖关系。这种相互依赖关系不仅表现为零部件供给过程以及制造企业产品开发过程中供应商之间的相互配合（Roseira et al.，2010；Suurmond et al.，2020），还表现为网络中供应商之间社会比较过程中的相互影响（Sa Vinhas et al.，2012；Yang et al.，2017）。由于相互依赖关系的存在，供应商网络中关系强度差异的整体结果可能大于或小于二元关系结果的加总，即产生正向或负向的网络效应（Wassmer，2010；Wilhelm and Sydow，2018）。因此，供应商网络中关系强度差异如何影响制造企业整体知识获取，仍需要进一步的理论解释和实证研究。

本章将供应商网络定义为以制造企业为焦点企业，以供应商为成员的一级自我中心供应商网络（张闯，2011），将供应商网络中关系强度差异定义为在供应商网络中，制造企业与不同供应商关系强度的差异程度。该变量值越大，制造企业与不同供应商关系强度的差异越大。基于社会比较理论，本章认为网络位置的结构对等性和成员的社会接近性使供应商网络成为供应商相互比较的参照组（Fiegenbaum and Thomas，1995；Sa Vinhas et al.，2012）。由于制造企业与供应商的关系强度决定了供应商从制造企业优先分配资源的可能性（Pulles et al.，2016；Uzzi，1997），因此关系强度差异引发的供应商之间的相互比较，将会激发供应商竞争性地向制造企业转移知识，进而有利于制造企业整体知识获取（Sa Vinhas et al.，2012；Yang et al.，2017）。此外，本章将供应商网络技术异质性分为两类：供应商间技术异质性和制造企业与供应商技术异质性。本章认为它们影响着供应商之间社会比较及应对策略的选择，进而对供应商网络中关系强度差异的影响产生调节作用。

本章将贡献于网络层面的关系强度和知识管理文献。首先，本章关注了供应商网络中关系强度差异这一结构属性，并从社会比较理论视角解释了它对制造企业从供应商网络中整体知识获取的影响，因而丰富了网络层面的关系强度文献（Sa Vinhas et al.，2012；Zaheer et al.，2010）。其次，通过揭示供应商网络技术异质性对网络中关系强度差异的调节作用，本章整合了知识管理文献中成员属性和关系属性两个研究视角，强调了网络中成员技术异质性和关系强度差异匹配对企业知识获取的重要影响（Lavie et al.，2012；于茂荐和孙元欣，2020）。最后，从实践角度而言，本章将启发管理者从整体角度考虑供应商网络关系管理，特别是要考虑网络成员之间的社会比较过程对企业差异化关系管理的影响。

第二节 关系强度差异、知识获取的理论与假设

一、关系强度对知识获取的影响

知识获取（knowledge acquisition）是指企业从合作伙伴获取知识资源的程度，这些知识资源包括技术、管理、产品和市场等方面的知识（Griffith et al.，2001；Zhou et al.，2014）。组织间关系强度是指组织间信任、支持和互惠的程度（Rindfleisch and Moorman，2001；Yang et al.，2019）。当前关系强度文献通常基于二元关系视角，研究单一关系中关系强度变化对企业知识获取的影响（Yang et al.，2019；Zhou et al.，2014）。一部分学者基于 Granovetter（1973）的强关系和弱关系分类，研究了强关系和弱关系对企业知识获取的影响。强关系是一种紧密且互动频率较高的网络关系，其背后的信任和互惠规范允许企业从合作伙伴获得隐性、复杂的知识（王石磊等，2021）；弱关系是一种疏远且互动频率较低的网络关系，它允许企业跨越不同网络圈子接触到显性、异质性知识（颉茂华等，2021）。

另一部分学者认为强关系和弱关系是关系强度的两个极端，关系强度本质上是一个连续变化的概念。他们的研究结论显示关系强度与企业知识获取呈倒"U"形关系（Lechner et al.，2010；Zhou et al.，2014）。随着关系强度增加，关系中的信任和互惠规范增强了合作伙伴向企业转移知识的动机，企业从合伙伙伴

获取知识随之增加（王石磊等，2021）；但过了临界点之后，过强的关系强度则会使企业过度嵌入当前关系中，企业与合作伙伴逐渐出现了知识冗余，进而阻碍了企业从合作伙伴获取知识（王亚娟等，2014）。

少数学者将关系强度从二元关系层面延伸到了网络层面，他们以与企业直接或间接连接的全部网络成员为分析单位，研究了强关系和弱关系的网络构成对企业整体知识获取的影响（Michelfelder and Kratzer，2013；Thornton et al.，2019）。这些学者将二元关系层面上强关系和弱关系的知识利益加总为网络层面上不同强度关系的整体利益，即强关系和弱关系的网络构成允许企业同时获得不同类型关系的知识利益。这种加总方法的潜在假设是不同强度关系在对企业知识获取的影响中相互独立。然而，当网络中不同强度关系存在较强的相互依赖、相互影响时，网络中关系强度差异的整体结果可能大于或小于二元关系结果的加总，即产生正向或负向的网络效应（Wassmer，2010；Wilhelm and Sydow，2018）。因此，网络层面中焦点企业与成员关系强度差异对企业整体知识获取的影响，仍需要进一步的理论解释和实证研究。

二、供应商网络中关系强度差异概念及社会比较影响

本章将供应商网络定义为以制造企业为焦点企业，以供应商为成员的一级自我中心供应商网络（张闯，2011）。供应商网络中关系强度差异是指在供应商网络中，制造企业与不同供应商关系强度的差异程度。高关系强度差异意味着制造企业与不同供应商建立不同强度的关系，比如，制造企业更信任某一些供应商，与它们信息交流、联合决策和解决问题的程度更深，而与另一些供应商的关系强度可能会弱一些。相反，低关系强度差异则意味着制造企业与不同供应商建立相同强度关系。在制造企业访谈中，采购经理和供应商销售代表表示，由于供应商资源及服务水平的差异，即便在由核心供应商构成的网络中，制造企业与不同供应商的关系强度也难免存在较大差异。相比二元视角下关系强度文献所关注的单一制造企业与供应商关系强度的变化（Lechner et al.，2010；Zhou et al.，2014），供应商网络中关系强度差异关注的是制造企业与不同供应商关系的强度差异。

社会比较理论认为在客观信息缺乏时，与周边类似个体的比较是个体获得自我相关信息和发现真实自我的重要手段，社会比较的这种功能被称为比较性自我评估（Buunk and Gibbons，2007）。该理论进一步认为社会比较的结果通常会激发社会个体努力改变自身所处的不利态势，对于已处于有利态势的社会个体，出于对向下流动的厌恶，通常社会比较的结果会激发他们更加努力地维持自己的有利态势（Festinger，1954）。社会比较理论起源于个体层面，在个体层面研究应用得比较多。但近些年来，社会比较理论的一些机理被应用到组织间关系层面上，并

得到了实证支持（Lee and Griffith，2019；Zeng et al.，2021）。

在供应商网络中，无论供应商供给同类产品，还是不同类产品，供应商频繁的、直接或者间接的互动使得它们具有了网络位置的结构对等性和社会接近性。这两个特征让供应商网络成为供应商成员相互比较的参照组（Fiegenbaum and Thomas，1995；Sa Vinhas et al.，2012）。在这个参照组中，供应商的相互观察、相互比较，影响着供应商对制造企业关系管理的感知和判断，进而影响它们与制造企业的合作行为。制造企业的资源是有限的，制造企业与供应商的关系强度决定了供应商从制造企业优先分配资源的可能性（Pulles et al.，2016；Uzzi，1997）。因此，制造企业与不同供应商关系强度的差异很容易被供应商感知到，同时也很容易影响供应商与制造企业的合作行为（Sa Vinhas et al.，2012）。

三、社会比较理论视角下的制造企业知识获取影响因素

基于社会比较理论，本章认为供应商网络中关系强度差异正向影响制造企业从供应商网络获取知识。一方面，对于关系强度较弱的供应商而言，较弱的关系强度不能消除该供应商对制造企业机会主义行为的担心，它们不能确定制造企业是否会对它们分享的知识从事机会主义行为，因而它们没有动机向制造企业转移知识（Szulanski，1996）。然而，当考虑到供应商网络的参照组作用时，关系强度差异将会引发供应商间相互比较，为了从制造企业优先分配资源，关系强度较弱的供应商愿意承担知识转移的风险。因为知识转移的努力不仅能凸显该供应商资源的重要性，同时还展现了它们在合作过程中的努力程度，进而有助于与制造企业增强关系强度（Griffith et al.，2001）。随着与制造企业关系强度的增加，这些供应商更有可能从制造企业分配更多的资源。因此关系强度差异引发的网络中供应商的相互比较，增强了关系强度较弱的供应商竞争性地向制造企业转移知识的努力程度（Pulles et al.，2016；Yang et al.，2017）。

另一方面，对于关系强度较强的供应商而言，较强的关系强度减弱了制造企业对该供应商监督、警觉和自我保护方面的努力，但这也为这些供应商的自利行为提供了机会（王亚娟等，2014）。随着制造企业监督力度降低，供应商逐渐开始关注自己的投入。由于学习和转移新知识需要投入新的成本，供应商学习并向制造企业转移新知识的努力随之会相应减少。此外，先前合作过程中投入的成本也将减弱供应商改进、升级现有技术的动机（Zheng and Yang，2015；张钰等，2015）。这些最终导致了制造企业与关系强度较强供应商的知识冗余，进而阻碍了制造企业从这些供应商获取知识。然而，当考虑到供应商网络的参照组作用时，通过与关系强度较弱的供应商比较，关系强度较强的供应商会感到自己的关系优势受到关系强度较弱的供应商的威胁。一旦它们不能持续学习并向制造企业转移新知识，

它们将会被努力转移知识的关系强度较弱的供应商或者网络外部的其他供应商替代。因此关系强度差异引发的供应商间相互比较，也将激发关系强度较强的供应商持续学习并向制造企业转移新的知识，进而避免了它们与制造企业之间的知识冗余。

综合上述两个方面，本章认为供应商网络中关系强度差异引发的成员间相互比较，激发了不同关系强度供应商竞争性地向制造企业转移知识，进而有利于制造企业整体知识获取。基于此，本章提出如下假设。

假设 9.1：供应商网络中关系强度差异正向影响制造企业知识获取。

四、供应商网络技术异质性的调节作用

假设 9.1 的逻辑存在两个潜在假设。一是供应商具有较高相似性，如 Festinger (1954) 所言，参照群体较高的相似性使得社会比较信息更相关，进而使得社会比较信息对个体行为的影响也更大，因此供应商相似性将会影响关系强度差异的作用力度。二是制造企业有较强的评估能力，只有制造企业有能力对供应商知识转移进行准确评估，知识转移才更有可能成为供应商竞争的手段，因此制造企业评估能力也将影响关系强度差异的作用力度。本章将供应商网络技术异质性分为两类：供应商间技术异质性和制造企业与供应商技术异质性，它们分别与供应商相似性和制造企业评估能力相关（Mowery et al., 1996），进而对关系强度差异与制造企业知识获取的关系产生调节作用。

本章认为供应商间技术异质性将会减弱关系强度差异的正向影响。一方面，供应商间技术异质性与供应商相似性负相关，它不仅减弱了供应商间社会比较信息的相关性，同时也减弱了供应商对比较信息的反应力度。另一方面，供应商间技术异质性使得供应商将供应商网络中关系强度差异归因于供应商间技术的差异，而不是知识转移努力程度的差异。关系强度较弱的供应商会认为自己之所以与制造企业关系强度低，是因为自己的技术不是制造企业需要的，因而它们不愿意承担知识转移的潜在风险。供应商间技术异质性也让关系强度较强的供应商感受不到来自关系强度较弱的供应商的威胁，它们可以借助自身技术的独特性来掩盖自己知识转移的不努力。总之，供应商间技术异质性减弱了关系强度差异对供应商社会比较及其竞争性知识转移的影响，进而减弱了关系强度差异对制造企业从供应商网络获取知识的正向影响。基于此，本章提出如下假设。

假设 9.2：供应商间技术异质性将减弱供应商网络中关系强度差异对制造企业知识获取的正向影响。

本章认为制造企业与供应商技术异质性也将减弱关系强度差异对制造企业知识获取的正向影响。制造企业与供应商技术差异程度与制造企业对供应商知识转

移评估能力正相关。对于关系强度较弱的供应商而言，制造企业较弱的知识评估能力使得供应商的知识转移得不到准确评估，因此知识转移对提升它们与制造企业的关系强度进而获得资源优先分配的影响不大。纵然关系强度差异能够激发关系强度较弱的供应商进行社会比较并产生相应的竞争行为，但由于制造企业较弱的评估能力，供应商可能选择其他方式，而不是知识转移方式来改变自身的关系劣势。类似地，对于关系强度较强的供应商而言，制造企业较弱的知识评估能力也减少了它们把持续学习并转移新知识作为维持自身关系优势的手段的使用（Wilhelm and Sydow，2018）。总之，制造企业与供应商技术异质性将降低供应商将知识转移作为彼此竞争手段的可能性，进而减弱了关系强度差异对制造企业从供应商网络获取知识的正向影响。基于此，本章提出如下假设。

假设9.3：制造企业与供应商技术异质性将减弱供应商网络中关系强度差异对制造企业知识获取的正向影响。

图9-1画出了本章的理论框架图。

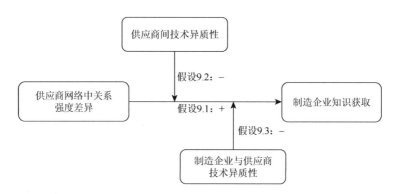

图9-1 供应商网络中关系强度差异对制造企业知识获取影响的理论框架

第三节 实证研究方法

一、样本和数据

本章以中国制造企业供应商网络为样本，数据来自中国制造企业及其供应商网络的问卷调查（详细数据收集过程见第三章"供应商关系研究的实证基础"）。问卷数据总的样本量为210，在剔除一些缺失值后，158个制造企业供应商网络进入研究模型。表9-1列出了158个制造企业供应商网络的统计性描述。这些供应商网络共包含了753个供应商成员，其中，127个供应商网络包含了5家供应商，25个供应商网络包含了4家供应商，6个供应商网络包含了3家供应商。供应商成员与制造企业合作时间均值为 8.69 年，供应商总供给占制造企业总采购比例均值为 72.0%。

表 9-1 158 个制造企业供应商网络的统计性描述

分类标准		数量	占比
供应商网络规模	5 家供应商	127	80%
	4 家供应商	25	16%
	3 家供应商	6	4%
	总计	158	100%
供应商规模	大型	258	36%
	中型	366	51%
	小型	89	12%
	总计	713	100%
供应商成员与制造企业合作时间均值		8.69 年	
供应商总供给占制造企业总采购比例均值		72.0%	

注：753 家供应商中有 40 家供应商规模数据缺失，导致该数据只包含了 713 家供应商。占比合计不为 100% 是四舍五入修约所致

二、变量及测量

本章主要变量的数据均来自问卷数据，测量时采用文献中的成熟量表和利克特 7 点制计分（1 表示非常不同意；7 表示非常同意）。其中，制造企业知识获取和技术环境不确定变量来自直接量表的测量，而供应商网络中关系强度差异、制造企业与供应商技术异质性、供应商间技术异质性、供应商网络中整体关系强度、合同控制变量是基于制造企业与供应商关系层面相关变量测量计算而来的网络层面变量。这些变量的具体测量如下。

（一）因变量

制造企业知识获取是指制造企业从供应商网络整体知识获取的情况。该变量的测量量表改自 Griffith 等（2001）的量表，具体由 4 个题项构成：①我公司从供应商那里学习到了很多新产品开发方面的知识；②我公司从供应商那里学习到了很多新的管理经验和办法；③我公司从供应商那里学习到了很多新的技术专长；④我公司从供应商那里学习到了很多新的营销方面的知识和技能。问卷要求制造企业采购经理对上述 4 个题项进行评价。

（二）自变量

供应商网络中关系强度差异的测量分两步。首先，本章要求制造企业采购经理依次对该企业与核心供应商网络中 5 家供应商的关系强度进行评价。基于 Rindfleisch 和 Moorman（2001）的关系强度量表，本章采用 4 个题项来测量制造企业与供应商关系强度：①我方相信该供应商在合作中会履行所做出的承诺；②我方和该供应商通过讨论共同做出了许多决策；③我方和该供应商通过充分协作来解决合作中出现的问题；④我方和该供应商之间有充分、广泛的信息交流。其次，本章计算了供应商网络中制造企业与不同供应商关系强度变量的标准差和均值；为了控制均值大小的影响，本章采用关系强度的标准差除以关系强度的均值来反映制造企业与不同供应商关系的强度差异（Wu et al.，2010）。该变量值越大，制造企业与不同供应商关系的强度差异越大。

（三）调节变量

制造企业与供应商技术异质性和供应商间技术异质性是关系强度差异对制造企业知识获取影响的两个调节变量。基于 Gao 等（2015）的测量方法和量表，这两个调节变量分两步测量。首先，本章要求制造企业采购经理依次评价该制造企业与核心供应商网络中 5 家供应商的技术差异情况，以及核心供应商网络中每一名供应商与其他供应商的技术差异情况。制造企业与供应商技术差异是一个 3 题项量表：①我公司和该供应商在总体技术能力上存在很大差异；②我公司和该供应商在制造技术方面存在很大差异；③我公司和该供应商在技术研发方向上存在很大差异。供应商间技术差异则涉及 1 个题项：与我公司其他供应商相比，该供应商具有独特的技术。其次，本章计算了供应商网络中制造企业与不同供应商技术差异变量得分的均值，用该均值表示供应商网络中制造企业与供应商技术异质性；本章计算了供应商网络中供应商与其他供应商技术差异变量得分的均值，用该均值表示供应商网络中供应商间技术异质性。

（四）控制变量

本章控制了一些影响制造企业知识获取的其他因素：企业年龄、企业规模、技术环境不确定、供应商网络中整体关系强度和合同控制。企业年龄用问卷收集时间与企业成立时间之差的对数来表示。企业规模用序数变量测量，1 代表小型企业（员工人数小于 300 人），2 代表中型企业（员工人数在 300～2000 人），3

代表大型企业（员工人数大于 2000 人）（Gao et al., 2015）。技术环境不确定的测量采用 Chen 和 Paulraj（2004）的量表，该量表由 3 个题项构成：①行业中经常会有一些传统的技术和工艺由于科技发展而被淘汰；②行业中生产和制造技术方面发生变革的程度很大；③如果不紧跟技术的变化和发展，我公司将很快失去竞争力。总之，这些题项反映了制造企业面临的行业中的技术变化，以及如果没有及时跟进相应技术变化，制造企业面临的威胁程度。

考虑到供应商网络中整体关系强度会影响供应商知识分享（Gao et al., 2015; Harrison and Klein, 2007），本章控制了供应商网络中整体关系强度，该变量由供应商网络中制造企业与不同供应商关系强度的均值来表示。考虑到组织间关系治理机制对组织间知识转移有重要影响（Li et al., 2010），本章控制了制造企业对供应商关系的合同治理水平。合同治理的测量采用 Wuyts 和 Geyskens（2005）的量表，该量表由 4 个题项构成：①我方和该供应商所签订的合同详细定义了应达到的工作标准；②我方和该供应商所签订的合同详细说明了双方的权利和责任；③在合作中我方通过各种方式对该供应商进行监督；④在合作中我方严格坚持按照合同中每一项条款来约束该供应商。

三、概念的信效度分析

表 9-2 报告了主要变量的测量题项及信效度。制造企业知识获取和技术环境不确定变量共涉及 158 家制造企业和供应商网络层面的数据，而制造企业与供应商关系强度、制造企业与供应商技术异质性和合同控制变量涉及 753 家制造企业与供应商层面的数据。由于样本量不同，本章分别评估了这两组变量的信效度。

表 9-2　主要变量的测量题项及信效度

变量题项及方法	载荷
模型 1：158 家制造企业和供应商网络层面数据的验证性因子分析模型 模型拟合指数：$\chi^2(13) = 28.45$，CFI $= 0.97$，IFI $= 0.97$，RMSEA $= 0.08$	
制造企业知识获取（Griffith et al., 2001）：AVE $= 0.61$，CR $= 0.86$，HSV $= 0.09$	
1. 我公司从供应商那里学习到了很多新产品开发方面的知识	0.82
2. 我公司从供应商那里学习到了很多新的管理经验和办法	0.86
3. 我公司从供应商那里学习到了很多新的技术专长	0.61
4. 我公司从供应商那里学习到了很多新的营销方面的知识和技能	0.82
技术环境不确定（Chen et al., 2004）：AVE $= 0.62$，CR $= 0.83$，HSV $= 0.09$	
1. 行业中经常会有一些传统的技术和工艺由于科技发展而被淘汰	0.89

变量题项及方法	载荷
2. 行业中生产和制造技术方面发生变革的程度很大	0.78
3. 如果不紧跟技术的变化和发展，我公司将很快失去竞争力	0.67
模型2：753家制造企业与供应商关系层面数据的验证性因子分析模型 模型拟合指数：$\chi^2(41) = 226.67$，CFI = 0.97，IFI = 0.97，RMSEA = 0.08	
制造企业与供应商关系强度（Rindfleisch and Moorman，2001）：AVE = 0.60，CR = 0.85，HSV = 0.20	
1. 我方相信该供应商在合作中会履行所做出的承诺	0.83
2. 我方和该供应商通过讨论共同做出了许多决策	0.58
3. 我方和该供应商通过充分协作来解决合作中出现的问题	0.85
4. 我方和该供应商之间有充分、广泛的信息交流	0.81
制造企业与供应商技术异质性（Gao et al.，2015）：AVE = 0.82，CR = 0.93，HSV = 0.20	
1. 我公司和该供应商在总体技术能力上存在很大差异	0.90
2. 我公司和该供应商在制造技术方面存在很大差异	0.94
3. 我公司和该供应商在技术研发方向上存在很大差异	0.88
供应商间技术异质性：采用Gao等（2015）方法，该测量由采购经理依次评价每一名供应商与网络其他供应商的技术差异情况，该变量有一个题项：与我公司其他供应商相比，该供应商具有独特的技术	
合同控制（Wuyts and Geyskens，2005）：AVE = 0.71，CR = 0.91，HSV = 0.20	
1. 我方和该供应商所签订的合同详细定义了应达到的工作标准	0.90
2. 我方和该供应商所签订的合同详细说明了双方的权利和责任	0.91
3. 在合作中我方通过各种方式对该供应商进行监督	0.76
4. 在合作中我方严格坚持按照合同中每一项条款来约束该供应商	0.79

注：所有载荷在 0.01 水平下显著

本章采用验证性因子分析方法检验了制造企业知识获取和技术环境不确定变量测量的信度和聚合效度（Anderson and Gerbing，1988），如表9-2所示，一阶验证性因子分析结果显示模型具有令人满意的拟合情况（$\Delta\chi^2(13) = 28.45$，CFI = 0.97，IFI = 0.97，RMSEA = 0.08）；标准化因子载荷系数在 0.61 至 0.89 之间，均在 0.01 水平下显著；所有变量的 AVE 在 0.61 至 0.62 之间，CR 在 0.83 至 0.86 之间，两者均高于 0.50 阈值。这些结果显示上述两个变量测量具有较好的信度和聚合效度（Anderson and Gerbing，1988）。采取相同方法，本章检验了制造企业与供应商关系强度、制造企业与供应商技术异质性和合同控制变量测量的信度和聚合效度。如表 9-2 所示，一阶验证性因子分析结果显示模型具有令人满意的拟合情况（$\Delta\chi^2(41) = 226.67$，CFI = 0.97，IFI = 0.97，RMSEA = 0.08）；标准化因子载荷系数在 0.58 至 0.94 之间，均在 0.01 水平下显著；所有变量的 AVE 在 0.60

至 0.82 之间，CR 在 0.85 至 0.93 之间，两者均高于 0.50 阈值。这些结果显示这三个变量测量也具有较好的信度和聚合效度。

此外，本章采用了两种方法来评价制造企业知识获取和技术环境不确定变量测量的区分效度。参照 AVE 与 HSV 比较法程序（详细介绍见第四章第三节），本章计算了每一个变量的 AVE 和该变量与其他变量的 HSV，并检验是否所有变量的 AVE 均大于 HSV，结果显示所有变量的 AVE 均大于 HSV（表 9-2），因此该方法显示上述两个变量测量具有较高的区分效度（Fornell and Larcker，1981）。参照嵌套验证性因子分析比较法程序（详细介绍见第四章第三节），本章计算了上述变量的限制性模型的卡方值与未限制性模型的卡方值，并检验未限制性模型的卡方值是否显著小于限制性模型的卡方值，结果显示未限制性模型的卡方值显著小于限制性模型的卡方值（比如，需求不确定性 vs.知识获取，$\Delta\chi^2(1) = 72.78$，$p<0.01$），因此，该方法显示上述两个变量测量具有较高的区分效度（Anderson and Gerbing，1988）。

采取相同方法，本章检验了制造企业与供应商关系强度、制造企业与供应商技术异质性和合同控制变量测量的区分效度。结果显示所有变量的 AVE 均大于 HSV（表 9-2），限制性模型的卡方值显著小于未限制性模型的卡方值（比如，制造企业与供应商关系强度 vs.制造企业与供应商技术异质性，$\Delta\chi^2(1) = 1502.20$，$p<0.01$）。总之，这些结果显示这三个变量测量也具有较高的区分效度。

四、共同方法偏差检验

共同方法偏差是基于自我报告问卷数据实证研究的较大威胁（Podsakoff et al.，2003）。在研究设计，本章变量采取了不同测量方法，知识获取（因变量）为直接量表数据，而供应商网络中关系强度差异（自变量）是量表数据经过计算加总后获得的，不同的测量方法在相当程度上避免了模型的共同方法偏差问题（Flynn et al.，2018；Rindfleisch et al.，2008）。本章进一步采取 Harman 单因子检验法和"未测量潜在方法因子效应控制法"两种方法检验变量间的共同方法偏差问题（Podsakoff et al.，2003）。制造企业知识获取和技术环境不确定变量涉及158 家制造企业和供应商网络层面的数据，而制造企业与供应商关系强度、制造企业与供应商技术异质性和合同控制变量涉及 753 家制造企业与供应商关系层面的数据，由于样本量不同，本章分别检验这两组变量的共同方法偏差问题。

本章首先对制造企业知识获取和技术环境不确定变量的共同方法偏差问题进行检验。在 Harman 单因子检验中，本章对这两个变量的所有题项进行主成分因子分析，结果显示前两个主成分因子解释了主成分因子模型 71.7%的变异；其中，第一个因子解释了 37.0%的变异，第二个因子解释了 34.7%的变异；没有单个因子出现，也没有一个因子解释过多变异，这说明两个变量的潜在共同方法偏差问题不严重。在"未测量潜在方法因子效应控制法"检验中，本章在验证性因子分析模型中加入了一个方法因子，并允许该因子与所有题项相关；随后，本章将该模型与验证性因子分析模型进行比较，结果显示方法因子确实提升了模型的拟合度，增加了 6.3% 的解释比例，少于 Williams 等（1989）提出的 25% 临界值。因此该方法进一步显示这两个变量的共同方法偏差问题不严重。

采用相同方法，本章检验了制造企业与供应商关系强度、制造企业与供应商间技术异质性和合同控制变量的共同方法偏差问题。Harman 单因子检验显示前三个主成分因子解释了主成分因子模型 78.0% 的变异，其中，第一个因子解释了29.7% 的变异，第二个因子解释了 25.8% 的变异，最后一个因子解释了 22.5% 的变异。没有单个因子出现，也没有一个因子解释过多变异。在"未测量潜在方法因子效应控制法"检验中，方法因子增加了 6.5% 的解释比例，小于 25% 临界值。总之，这些方法显示这三个变量的共同方法偏差问题也不严重。

第四节　实证研究结果

本章采用逐步层次回归方法检验研究中的假设，该方法允许分别观察主效应和调节效应的解释力度（Aiken and West，1991）。为了减少多重共线性的影响，构造交互项前所有变量都去中心化，经检测模型变量方差膨胀因子值介于 1~2，小于临界值 10，因此多重共线性不是本模型的主要问题。表 9-3 列出了变量相关系数、均值与标准差，表 9-4 列出了标准化系数的逐步层次回归结果。模型 1 只包含了控制变量，模型 2 加入了主效应变量，模型 3 和模型 4 分别加入了主效应变量与两个调节变量的交互项，模型 5 包含了所有变量及交互项。

表 9-3　变量相关系数、均值与标准差

变量	1	2	3	4	5	6	7	8	9
1. 制造企业知识获取	1.00								
2. 供应商网络中关系强度差异	−0.11	1.00							
3. 供应商间技术异质性	−0.18	0.31	1.00						
4. 制造企业与供应商技术异质性	−0.12	0.25	0.51	1.00					
5. 供应商网络中整体关系强度	0.41	−0.55	−0.27	−0.05	1.00				
6. 合同控制	0.27	−0.41	−0.21	−0.19	0.55	1.00			
7. 技术环境不确定	0.29	−0.15	−0.26	−0.13	0.19	0.20	1.00		
8. 企业年龄	−0.09	−0.02	−0.01	0.09	−0.04	0.13	0.08	1.00	

续表

变量	1	2	3	4	5	6	7	8	9
9. 企业规模	0.04	−0.02	−0.13	0.01	0.04	0.11	0.08	0.44	1.00
均值	4.91	0.08	5.00	4.19	5.58	5.57	4.97	2.71	1.67
标准差	1.04	0.08	0.98	1.21	0.68	0.87	1.34	0.68	0.68

注：样本量为158，绝对值大于0.18的相关系数在0.05水平下显著

表 9-4　逐步层次回归结果

变量	模型 1	模型 2	模型 3	模型 4	模型 5
企业规模	0.10 (0.12)	0.09 (0.11)	0.09 (0.11)	0.08 (0.12)	0.09 (0.11)
企业年龄	−0.18 (0.13)	−0.16 (0.13)	−0.22† (0.13)	−0.21 (0.13)	−0.24† (0.13)
技术环境不确定	0.23** (0.08)	0.23** (0.07)	0.26** (0.07)	0.26** (0.07)	0.27** (0.07)
合同控制	0.03 (0.10)	0.05 (0.10)	0.04 (0.10)	0.00 (0.10)	0.01 (0.10)
供应商网络中整体关系强度	0.36** (0.09)	0.47** (0.10)	0.43** (0.10)	0.44** (0.10)	0.42** (0.10)
制造企业与供应商技术异质性	−0.08 (0.08)	−0.12 (0.08)	−0.12 (0.08)	−0.13† (0.07)	−0.13† (0.07)
供应商间技术异质性	0.03 (0.09)	0.01 (0.09)	−0.01 (0.10)	0.00 (0.09)	−0.01 (0.09)
供应商网络中关系强度差异		0.22* (0.09)	0.28** (0.10)	0.25** (0.08)	0.28** (0.09)
供应商间技术异质性×供应商网络中关系强度差异			−0.23* (0.09)		−0.16† (0.08)
制造企业与供应商技术异质性×供应商网络中关系强度差异				−0.22** (0.07)	−0.16* (0.07)
常数项	5.24** (0.33)	5.21** (0.32)	5.43** (0.33)	5.40** (0.32)	5.50** (0.33)
模型 F 值	7.994**	8.196**	7.730**	7.983**	8.031**
R^2	0.235	0.263	0.297	0.297	0.311
ΔR^2		0.028*	0.034**	0.034**	0.048*

注：样本量为158，括号中为稳健性标准误，模型3~模型5的 ΔR^2 是与模型2相比的变化量
$\dagger\, p<0.10$，$*\, p<0.05$，$**\, p<0.01$

如表9-4所示，所有控制变量解释了因变量总变异的23.5%（$F=7.994$，$p<0.01$）。在模型2中，随着自变量的加入，模型对因变量的解释力度增加了0.028（$p<0.05$）；

模型 3 和模型 4 依次加入主效应变量与两个调节变量的交互项，同模型 2 相比，R^2 得到了显著增加（模型 3：$\Delta R^2 = 0.034$，$p<0.01$；模型 4：$\Delta R^2 = 0.034$，$p<0.01$）。将两个调节变量交互项同时加入模型 5，该模型的 R^2 额外增加 0.048（$p<0.05$），总的解释力度达 0.311。随着自变量和交互项的加入，解释力度的显著增加表明主效应和调节效应对因变量的影响是显著的（Aiken and West，1991）。

假设 9.1 预测供应商网络中关系强度差异正向影响制造企业知识获取。与预测相一致，在模型 2 中，供应商网络中关系强度差异系数显著为正（$\beta = 0.22$，$p<0.05$）。在模型 3 和模型 4 中分别加入主效应变量与调节变量交互项后，主效应依然显著（模型 3：$\beta = 0.28$，$p<0.01$；模型 4：$\beta = 0.25$，$p<0.01$）。在全模型中，主效应仍然在 1%水平下显著（模型 5：$\beta = 0.28$，$p<0.01$）。这些稳健结果显示假设 9.1 得到了很好的支持。

假设 9.2 预测供应商间技术异质性将减弱供应商网络中关系强度差异对制造企业知识获取的正向影响。与预测相一致，模型 3 的结果显示供应商间技术异质性与供应商网络中关系强度差异交互项的系数显著为负（$\beta = -0.23$，$p<0.05$）；模型 5 的结果显示该交互项系数仍然显著为负（$\beta = -0.16$，$p = 0.052$）。因此假设 9.2 得到了支持。为了进一步了解供应商间技术异质性的调节效应，参照 Aiken 和 West（1991）的操作程序，本章将供应商间技术异质性变量分为两组：高供应商间技术异质性组（高于均值一个标准差）和低供应商间技术异质性组（低于均值一个标准差）；然后基于模型 5，本章画出了供应商间技术异质性的调节效应图（图 9-2），并计算出不同组线的斜率。结果发现低供应商间技术异质性组线的斜率为 0.44（$p<0.05$），高供应商间技术异质性组线的斜率不显著异于 0（$p>0.10$），

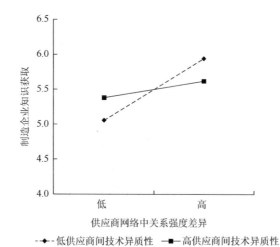

图 9-2　供应商间技术异质性的调节效应图

即当供应商网络中的供应商之间存在较低技术异质性时，供应商网络中关系强度差异对制造企业知识获取有着较大的正向影响。总之，这些结果进一步支持了假设 9.2 的预测。

　　假设 9.3 预测制造企业与供应商技术异质性将减弱供应商网络中关系强度差异对制造企业知识获取的正向影响。与预测相一致，模型 4 的结果显示制造企业与供应商技术异质性与供应商网络中关系强度差异交互项的系数显著为负（$\beta = -0.22$，$p<0.01$）；模型 5 的结果显示该交互项系数仍然显著为负（$\beta = -0.16$，$p<0.05$）。采用假设 9.2 调节效应的作图方法，本章画出了制造企业与供应商技术异质性的调节效应图（图 9-3），并计算不同组线的斜率。结果发现低制造企业与供应商技术异质性组线的斜率为 0.44（$p<0.01$），而高制造企业与供应商技术异质性组线的斜率不显著异于 0（$p>0.10$），即当制造企业与供应商之间技术差异较小时，供应商网络中关系强度差异对制造企业知识获取有着较大的正向影响。总的来看，这些结果进一步支持了假设 9.3 的预测。

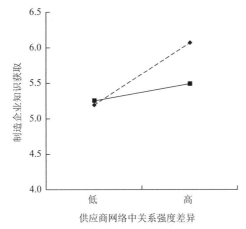

图 9-3　制造企业与供应商技术异质性的调节效应图

第五节　本　章　小　结

一、研究结论及理论贡献

　　基于社会比较理论视角，本章研究了供应商网络中关系强度差异对制造企业从供应商网络获取知识的影响，并检验了供应商间技术异质性和制造企业与供应商技术异质性对上述关系的调节作用。实证结果显示：①供应商网络中关系强度差异正向影响制造企业从供应商网络获取知识；②供应商间技术异质性和制造企业与供应商技术异质性均减弱供应商网络中关系强度差异对制造企业知识获取的正向影响。这些结论将丰富网络层面的关系强度和知识管理文献，具体而言，本章主要有以下两方面贡献。

第一，当前关系强度文献较少从网络层面研究焦点企业与不同网络成员关系的强度差异对焦点企业从网络成员整体知识获取的影响。有限的文献通常以与焦点企业直接或间接连接的全部网络成员为分析单位，将二元关系层面上强关系和弱关系给焦点企业带来的知识利益直接加总为网络层面的结果（Michelfelder and Kratzer，2013；Wassmer，2010）。这种加总方法忽略了不同强度关系成员之间相互依赖、相互影响对焦点企业从网络成员整体获取知识的影响。由于供应商网络成员之间有着较强的依赖关系，因此，当前二元关系层面的研究结论不能用于解释网络层面上不同强度类型关系整体对制造企业知识获取的影响。本章关注了供应商网络中关系强度差异这一网络结构属性，并从社会比较理论视角解释了它对制造企业从供应商网络整体知识获取的影响，因而丰富了网络层面的关系强度文献（Sa Vinhas et al.，2012；Zaheer et al.，2010）。

第二，网络层面的知识管理文献对于焦点企业的知识获取存在两个不同视角。一个视角关注了网络成员个体特征，该视角或是从吸收能力角度研究了焦点企业与网络成员的技术差异对焦点企业知识获取的影响（Mowery et al.，1996），或是从知识异质性角度研究了网络成员技术异质性对焦点企业知识获取的影响（Cui and O'Connor，2012；Gao et al.，2015）。另一个视角关注了企业与网络成员的关系特征，认为企业与成员关系强度通过影响成员知识转移动机进而影响企业知识获取（Yang et al.，2017；Zhou et al.，2014）。近些年来学者呼吁将这两个视角进行整合（Lavie et al.，2012），比如，于茂荐和孙元欣（2020）关注了供应商网络中制造企业与供应商关系强度的平均水平与供应商网络技术异质性对企业创新绩效的交互影响。本章则进一步揭示了供应商网络中制造企业与不同供应商关系的强度差异与供应商网络技术异质性对企业知识获取的交互影响，因而进一步丰富了网络层面的知识管理文献。

二、管理启示

在供应商关系管理过程中，管理者不应孤立地看待某一供应商关系及其结果，而应从整体角度考虑供应商关系管理。整体供应商关系管理需要注意供应商间的相互依赖、相互影响。本章强调了供应商网络扮演的参照组角色，并认为供应商网络中关系强度差异引发的社会比较，激发了供应商竞争性的知识转移，进而有利于企业从供应商网络的整体知识获取。这凸显了网络成员间的社会比较过程对企业差异化关系管理的重要影响，因此管理者可以充分利用网络成员间的相互依赖、相互影响，来激发供应商相互竞争以更好实现自身目标。此外，本章还发现供应商网络中制造企业与供应商的技术异质性以及供应商之间的技术异质性影响了供应商社会比较及其应对策略的选择，进而减弱了关系强度差异的作用结果。因此，整体供应商网络管理还应注意网络中关系特征与网络成员特征的匹配。

三、研究局限及未来建议

本章主要存在以下四方面不足，为未来的研究提供了机会。第一，在供应商网络中关系强度差异对制造企业知识获取的影响中，本章基于社会比较理论强调了供应商相互比较引发的供应商竞争性地向制造企业转移知识这一理论机理，但本章并未对该机理进行检验。尽管两个调节变量的结论与该理论机理的预测一致，从侧面印证这一理论机理存在，但是未来研究仍需要收集相关数据对这一理论机理进行检验。第二，本章中制造企业与供应商关系强度的测量来自制造企业的评价，缺乏供应商评价的数据。尽管先前文献强调了制造企业与供应商彼此的关系感知具有一致性（Poppo et al.，2008），但是未来研究依然可以从供应商角度收集数据进一步验证本章结论。第三，当前实证结果是基于制造类企业数据得出的，因此读者在应用本章结论时要注意行业局限性，未来研究可以采用多个行业数据以进一步验证本章的结论。第四，本章没有从知识类型的角度区分制造企业知识获取的类型，未来研究可以关注网络中关系强度差异对不同类型知识获取的影响。

参 考 文 献

李随成，李勃，张延涛. 2013. 供应商创新性、网络能力对制造企业产品创新的影响：供应商网络结构的调节作用. 科研管理，34（11）：103-113.

刘学元，丁雯婧，赵先德. 2016. 企业创新网络中关系强度、吸收能力与创新绩效的关系研究. 南开管理评论，19（1）：30-42.

王石磊，王飞，彭新敏. 2021. 深陷"盘丝洞"：网络关系嵌入过度与中小企业技术创新. 科研管理，42（5）：116-123.

王亚娟，刘益，张钰. 2014. 关系价值还是关系陷入？——供应商与客户关系耦合的权变效应研究. 管理评论，26（2）：165-176.

颉茂华，赵圆圆，刘远洋. 2021. 网络联结、资源获取与组织学习互动影响战略绩效路径研究：基于长城汽车的纵向案例研究. 科研管理，42（5）：57-69.

于茂荐，孙元欣. 2020. 供应商网络技术多元化如何影响企业创新绩效：中介效应与调节效应分析. 南开管理评论，23（2）：51-62.

张闯. 2011. 管理学研究中的社会网络范式：基于研究方法视角的12个管理学顶级期刊（2001～2010）文献研究. 管理世界，（7）：154-163，168.

张钰，刘益，李瑶. 2015. 营销渠道中控制机制的使用与机会主义行为. 管理科学学报，18（12）：79-92.

Aiken L S，West S G. 1991. Multiple Regression：Testing and Interpreting Interactions. London：Sage Publications Inc.

Anderson J C, Gerbing D W. 1988. Structural equation modeling in practice: a review and recommended two-step approach. Psychological Bulletin, 103 (3): 411-423.

Buunk A P, Gibbons F X. 2007. Social comparison: the end of a theory and the emergence of a field. Organizational Behavior and Human Decision Processes, 102 (1): 3-21.

Chen I J, Paulraj A. 2004. Towards a theory of supply chain management: the constructs and measurements. Journal of Operations Management, 22 (2): 119-150.

Chen I J, Paulraj A, Lado A A. 2004. Strategic purchasing, supply management, and firm performance. Journal of Operations Management, 22 (5): 505-523.

Cui A S, O'Connor G. 2012. Alliance portfolio resource diversity and firm innovation. Journal of Marketing, 76 (4): 24-43.

Festinger L. 1954. A theory of social comparison processes. Human Relations, 7 (2): 117-140.

Fiegenbaum A, Thomas H. 1995. Strategic groups as reference groups: theory, modeling and empirical examination of industry and competitive strategy. Strategic Management Journal, 16 (6): 461-476.

Flynn B, Pagell M, Fugate B. 2018. Editorial: survey research design in supply chain management: the need for evolution in our expectations. Journal of Supply Chain Management, 54 (1): 1-15.

Fornell C, Larcker D F. 1981. Evaluating structural equation models with unobservable variables and measurement error. Journal of Marketing Research, 18 (1): 39-50.

Gao G Y, Xie E, Zhou K Z. 2015. How does technological diversity in supplier network drive buyer innovation? Relational process and contingencies. Journal of Operations Management, 36 (1): 165-177.

Granovetter M S. 1973. The strength of weak ties. American Journal of Sociology, 78 (6): 1360-1380.

Griffith D A, Zeybek A Y, O'Brien M. 2001. Knowledge transfer as a means for relationship development: a Kazakhstan-foreign international joint venture illustration. Journal of International Marketing, 9 (2): 1-18.

Harrison D A, Klein K J. 2007. What's the difference? Diversity constructs as separation, variety, or disparity in organizations. Academy of Management Review, 32 (4): 1199-1228.

Lavie D, Haunschild P R, Khanna P. 2012. Organizational differences, relational mechanisms, and alliance performance. Strategic Management Journal, 33 (13): 1453-1479.

Lechner C, Frankenberger K, Floyd S W. 2010. Task contingencies in the curvilinear relationships between intergroup networks and initiative performance. Academy of Management Journal, 53 (4): 865-889.

Lee H S, Griffith D A. 2019. Social comparison in retailer-supplier relationships: referent discrepancy effects. Journal of Marketing, 83 (2): 120-137.

Li J J, Poppo L, Zhou K Z. 2010. Relational mechanisms, formal contracts, and local knowledge acquisition by international subsidiaries. Strategic Management Journal, 31 (4): 349-370.

Michelfelder I, Kratzer J. 2013. Why and how combining strong and weak ties within a single interorganizational R&D collaboration outperforms other collaboration structures. Journal of Product Innovation Management, 30 (6): 1159-1177.

Mowery D C, Oxley J E, Silverman B S. 1996. Strategic alliances and interfirm knowledge transfer. Strategic Management Journal, 17 (Suppl. 2): 77-91.

Podsakoff P M, MacKenzie S B, Lee J Y, et al. 2003. Common method biases in behavioral research: a critical review of the literature and recommended remedies. Journal of Applied Psychology, 88 (5): 879-903.

Poppo L, Zhou K Z, Zenger T R. 2008. Examining the conditional limits of relational governance: specialized assets, performance ambiguity, and long-standing ties. Journal of Management Studies, 45 (7): 1195-1216.

Pulles N J, Veldman J, Schiele H. 2016. Winning the competition for supplier resources: the role of preferential resource allocation from suppliers. International Journal of Operations & Production Management，36（11）：1458-1481.

Rindfleisch A，Malter A J，Ganesan S，et al. 2008. Cross-sectional versus longitudinal survey research：concepts，findings，and guidelines. Journal of Marketing Research，45（3）：261-279.

Rindfleisch A，Moorman C. 2001. The acquisition and utilization of information in new product alliances：a strength-of-ties perspective. Journal of Marketing，65（2）：1-18.

Roseira C，Brito C，Henneberg S C. 2010. Managing interdependencies in supplier networks. Industrial Marketing Management，39（6）：925-935.

Sa Vinhas A，Heide J B，Jap S D. 2012. Consistency judgments，embeddedness，and relationship outcomes in interorganizational networks. Management Science，58（5）：996-1011.

Suurmond R，Wynstra F，Dul J. 2020. Unraveling the dimensions of supplier involvement and their effects on NPD performance：a meta-analysis. Journal of Supply Chain Management，56（3）：26-46.

Szulanski G. 1996. Exploring internal stickiness：impediments to the transfer of best practice within the firm. Strategic Management Journal，17（Suppl. 2）：27-43.

Thornton S C，Henneberg S C，Leischnig A，et al. 2019. It's in the mix：how firms configure resource mobilization for new product success. Journal of Product Innovation Management，36（4）：513-531.

Uzzi B. 1997. Social structure and competition in interfirm networks：the paradox of embeddedness. Administrative Science Quarterly，42（1）：35-67.

Wassmer U. 2010. Alliance portfolios：a review and research agenda. Journal of Management，36（1）：141-171.

Wilhelm M，Sydow J. 2018. Managing coopetition in supplier networks：a paradox perspective. Journal of Supply Chain Management，54（3）：22-41.

Williams L J，Cote J A，Buckley M R. 1989. Lack of method variance in self-reported affect and perceptions at work：reality or artifact？. Journal of Applied Psychology，74（3）：462-468.

Wu J B，Tsui A S，Kinicki A J. 2010. Consequences of differentiated leadership in groups. Academy of Management Journal，53（1）：90-106.

Wuyts S，Geyskens I. 2005. The formation of buyer-supplier relationships：detailed contract drafting and close partner selection. Journal of Marketing，69（4）：103-117.

Yan T T，Yang S，Dooley K. 2017. A theory of supplier network-based innovation value. Journal of Purchasing and Supply Management，23（3）：153-162.

Yang Z，Jiang Y Y，Xie E. 2019. Buyer-supplier relational strength and buying firm's marketing capability：an outside-in perspective. Industrial Marketing Management，82：27-37.

Yang Z，Zhang H，Xie E. 2017. Relative buyer-supplier relational strength and supplier's information sharing with the buyer. Journal of Business Research，78：303-313.

Zaheer A，Gözübüyük R，Milanov H. 2010. It's the connections：the network perspective in interorganizational research. Academy of Management Perspectives，24（1）：62-77.

Zeng F E，Huang Y，Xiao Z X，et al. 2021. The dark side of channel rewards for observer distributors：a social comparison perspective. Journal of Business Research，132：441-452.

Zheng Y F，Yang H B. 2015. Does familiarity foster innovation？The impact of alliance partner repeatedness on breakthrough innovations. Journal of Management Studies，52（2）：213-230.

Zhou K Z，Zhang Q Y，Sheng S B，et al. 2014. Are relational ties always good for knowledge acquisition？Buyer-supplier exchanges in China. Journal of Operations Management，32（3）：88-98.

第十章 相对关系强度对供应商信息分享影响

第一节 社会从众视角下的供应商信息分享研究

供应商信息分享对制造企业生产运作和产品创新具有重要影响。当前关系强度与知识分享文献通常以二元关系为分析单位，研究了二元关系层面上的关系强度变化如何影响交易双方的信息分享（Uzzi，1997；Zhou et al.，2014）。这类文献总的结论是，较强的关系强度有助于提升交易双方之间的信息分享，即强关系背后的信任使得交易伙伴更愿意向制造企业传递复杂的信息（Hansen，1999；Li et al.，2010）。然而，考虑到当前关系通常嵌入在更大的社会网络中，邻近关系之间的相互依赖、相互影响促进或抑制着当前关系成员的信息分享。换句话说，交易双方的信息分享不仅受到当前二元关系特征的影响，同时还会受到网络中邻近关系的影响（Choi and Kim，2008；Wu et al.，2010）。因此，组织间关系文献呼吁学者应该超越二元关系视角，考虑关系之间的相互依赖对当前关系绩效的影响（Choi and Wu，2009；Sa Vinhas et al.，2012）。

供应商网络是以制造企业为中心的供应商群体。在服务制造企业的过程中，供应商不仅要与制造企业双边合作来满足制造企业的需求，同时还需要与其他供应商一起向制造企业提供一体化解决方案（Choi and Kim，2008），这导致供应商网络成员的角色及其与制造企业的关系具有相似性（Burt，1987）。结构上的相似性和社会的接近性使得同一制造企业的供应商网络会产生共同的行为规范及参照标准（Galaskiewicz and Wasserman，1989；Marquis et al.，2007；McEvily and Marcus，2005）。供应商网络成员，不仅要遵循网络中的行为规范来获得网络合法性，同时还会在较大模糊及不确定情境下通过模仿相似成员实践以认清社会现实（DiMaggio and Powell，1983；Short et al.，2007）。因此网络产生的社会影响对制造企业与供应商的行为和战略具有重要影响（Fiegenbaum and Thomas，1995）。那么，在供应商网络中，邻近关系如何影响当前关系中供应商对制造企业的信息分享呢？现有文献仍未给出系统答案。

本章将相对关系强度定义为当前制造企业与供应商关系强度和网络中所有制造企业与供应商关系强度平均水平相比所处的位置。该概念反映了供应商就其与制造企业关系强度同供应商网络中其他供应商与制造企业关系强度比较后的结果。基于社会从众理论，本章认为制造企业与供应商的相对关系强度将影响供应商的信息分享行为，并且相对关系强度的影响还受到供应商网络密度及制造企业与供应商技术差异的调节。本章致力于揭示供应商网络中邻近供应商关系对当前关系中供应商知识分享的影响，进而响应了组织间关系文献中关于考虑关系之间的相互依赖性对当前关系绩效影响的呼吁。

第二节　相对关系强度、信息分享的理论与假设

一、制造企业与供应商之间的信息分享

（一）组织间信息分享

知识和信息分享是组织间交易与合作的一项重要活动，是组织间实现成功交易与协作的基础（蒋晓荣和李随成，2011）。在组织间关系管理文献中，合作伙伴间的信息分享问题受到极大关注。一些文献揭示了信息分享能给企业双方带来的诸多好处（Dyer and Hatch，2006；Hunt and Davis，2012；McEvily and Marcus，2005）。首先，信息分享可以提高合作伙伴之间的协作效率。通过信息分享，企业之间可以更好地实现物品和服务在彼此之间快速流通，从而减少价值传输在流通环节的损耗，提升流通效率并降低成本（Cachon and Fisher，2000）。其次，信息分享有助于提升企业双方的协作效益。充分的信息分享能够加强企业双方对彼此资源、能力、需求以及目标的了解，从而有助于双方对互补资源和能力进行整合，联合解决问题，以及共同应对市场需求和竞争（Carey et al.，2011；McEvily and Marcus，2005）。此外，信息分享还有助于减少企业双方的信息不对称，进而促进企业之间信任和互惠关系的建立。

相比而言，另一些文献强调了组织间信息分享面临的诸多风险和不确定性。一是信息泄露问题。企业分享的重要信息可能会通过交易或合作伙伴的经营活动泄露给竞争对手或第三方，从而给分享企业带来损失（Frenzen and Nakamoto，1993；Li and Zhang，2008）。二是交易或合作伙伴的机会主义行为。交易或合作伙伴可能会不当地使用企业分享的信息谋求私利，进而损害分享企业的利益（Lechner et al.，2010；叶飞等，2012）。三是权力的失去。过多地向交易或合作伙伴分享信息，可能会造成信息分享企业在交易或合作中失去控制力（Li and Lin，2006）。考虑到信息分享的利益及面临的障碍，如何有效管理组织间关系以促进组织间信息分享便成为组织间关系管理要解决的一个重要问题。

（二）二元关系中的信息分享

目前已有大量文献从二元关系角度探讨了组织间知识和信息分享问题。这些文献基本上达成一致的结论，即交易双方的关系强度越强，越有助于双方分享知识和信息（Reagans and McEvily，2003）。这类研究假设信息分享是在企业二元关系层面进行的，并普遍强调组织间二元关系强度是影响双方信息分享的一个重要前因变量（Cousins et al.，2006；McEvily and Marcus，2005）。这种假设导致了大量研究对二元关系特征对信息分享的影响做了许多探讨。一般来说，企业双方的关系强度越强，在交易和协作过程中建立起来的承诺、信任以及共同遵守的规范也越多，这些承诺、信任和规范为相互之间的信息分享提供了基础与保障。

首先，信任以及共同遵守的规范使得企业双方能够进行更加频繁、灵活的交流和协作（Carey et al.，2011；Paulraj et al.，2008）。相互信任使企业之间更愿意分享能够提升交易和合作绩效的知识和信息，更愿意对交易和合作中共同面临的问题进行良好的沟通和协商（Lechner et al.，2010）。双方之间建立起的一些合作规范和机制，使得信息分享更加顺畅和容易（Carey et al.，2011）。例如，Paulraj 等（2008）发现企业双方建立关系的时间长短对彼此间有效交流有重要影响。

其次，良好关系中彼此的承诺、信任以及共同遵守的规范能消除企业在分享信息时对潜在风险和不确定性的顾虑（Dyer and Singh，1998；蒋晓荣和李随成，2011）。影响信息分享的主要顾虑来自三个方面：信息通过交易伙伴泄露给竞争对手或第三方，交易伙伴为获取私利而不当地使用所分享的信息（Lechner et al.，2010），以及过多的信息分享会使自己失去对交易或合作的控制（Li and Lin，2006）。良好关系中的规范、信任和互惠承诺等在交易或合作双方之间形成自我约束机制，并促使双方在决策和行动时为对方利益考虑（Poppo and Zenger，2002）。因此，组织间关系强度越强，越能够消除双方对信息分享风险和不确定性的担忧。例如，Nyaga 等（2010）发现制造企业和供应商之间的可信承诺和信任为机会主义行为的规避提供了有效保障机制，能够有效促进彼此之间的信息分享。组织间共同遵守的规范可以在一定程度上对对方行为进行约束，使得对方行为更加具有稳定性和可预测性（Yang et al.，2012）。企业双方可以就如何分享和使用信息等达成共识，从而缓解双方对信息分享风险和不确定性的担忧。此外，组织间关系信任有助于双方对彼此行为有较为充分的了解，同时相信对方在利用自己分享的信息时会考虑自己的利益（Dyer and Singh，1998；Heide and John，1992）。总之，这一部分文献认为组织间较强的关系强度有助于组织间信息分享。

尽管大量研究揭示了二元关系强度对信息分享的促进作用，但一些研究也注意到较强关系强度存在的不利一面（Lechner et al.，2010；Villena et al.，2011）。首先，关系密切的双方可能在资源和信息方面有较大重叠，一方的资源和信息对另一方来说可能是冗余的（Uzzi，1997），即较多的信息分享对对方获取新知识和信息的贡献不会太大。其次，双方可能会在交易与合作关系中因承诺和投入过多资源而陷入互锁（inter-locked）的麻烦（Lechner et al.，2010），这限制了企业从更大范围搜寻新的资源和信息，以及在需要时快速地与新合作伙伴建立关系的能力。再次，过多的承诺和投入可能会使合作伙伴利用自己的信任采取机会主义行为，进而在交易和合作中有选择地向对方分享信息（Villena et al.，2011）。因此，Zhou 等（2014）发现组织间关系强度对企业从合作伙伴获取知识呈倒"U"形影响，即随着关系强度增加，关系强度促进了企业从合作伙伴获取知识，但过了临界点之后，过强的关系强度则阻碍了企业从合作伙伴获取知识。

（三）超越二元关系视角下的组织间信息分享研究呼吁

一些文献强调了当前制造企业与供应商关系中的信息分享可能会受到供应商网络中其他供应商关系的影响（Cui and O'Connor，2012；Wu et al.，2010）。供应商在交易中的信息分享不仅受到其与直接交易企业合作关系的影响，还会受到多边企业间竞争或协作的影响。首先，供应商之间可能会为共同利益而在信息分享行为上保持一致。比如，为了在与制造企业的交易中获得优势谈判地位，某些供应商群体可能会结成联盟来保持敏感信息的私有性进而保护自身整体利益（Choi and Kim，2008；Wu et al.，2010）。其次，相互协作的供应商在信息分享方面会受到彼此的影响。某些供应商过少的信息分享，一方面使供应商群体为制造企业提供整体解决方案变得难以进行；另一方面会引起其他供应商对该供应商是否值得依赖充满担忧。这些最终导致了供应商群体可能会对信息分享过少的供应商进行惩罚，其至帮助制造企业将该供应商替换掉。

此外，一部分供应链信息分享文献将制造企业和供应商关系中的合作和竞争关系纳入研究范围。例如，Li（2002）探讨了同一供应商下零售商之间如何通过竞争影响零售商对供应商的信息分享决策。Choi 和 Kim（2008）呼吁在研究制造企业与供应商关系时，应该将研究重点从二元关系层面扩展到网络关系层面，即不仅要考虑当前制造企业和供应商之间的二元关系，还要考虑制造企业供应商网络中其他成员之间的相互关系。因此，供应商网络中邻近供应商关系如何影响当前供应商关系中的信息分享，成为供应商关系管理的一个重要研究问题。本章将研究供应商关系的相互依赖如何影响当前供应商向制造企业分享信息。

二、社会从众理论

社会从众是指社会群体中个体为使自己行为与群体保持一致而做出的行为调整（Burnkrant and Cousineau，1975；Deutsch and Gerard，1955）。Deutsch 和 Gerard（1955）认为个体参照其他社会成员对自身行为进行调整主要出于两种动机。第一，特定环境下的个体有准确感知并有效应对环境的需求，学习与模仿环境中相似群体的行为和态度是适应环境的重要方式。当无法明确在环境中应该如何有效地采取行动时，个体倾向于模仿环境中其他成员的行动。Deutsch 和 Gerard（1955）将这种影响称为信息性社会影响，它塑造了个体对环境的理解并影响其应对策略选择（Cialdini and Trost，1998）。第二，社会成员会在社会规范影响下寻求趋同，采取被群体认可或满足社会预期的行为以使自己在群体中获得合法性（Deutsch and Gerard，1955；Marquis et al.，2007）。当社会成员需要获得社会成员接纳或规避社会惩罚时，规范性社会压力会对其行为决策产生影响（Deutsch and Gerard，1955）。Cialdini 和 Trost（1998）将这种影响称为规范性社会影响，它强调预期的社会奖赏或惩罚会对个体的行为产生激励或约束作用。

同样供应商信息分享也会受到供应商网络成员的社会影响。一方面，在向制造企业分享信息时，如果供应商对制造企业了解不足，不清楚制造企业将如何使用其分享的信息，不清楚应该向制造企业分享哪些信息以及应该分享到什么程度，那么对制造企业的认识不足使得供应商个体会向供应商网络中的其他成员寻求如何向制造企业分享信息，此时供应商网络就成为供应商个体获取与制造企业合作相关的信息的重要来源（McEvily and Marcus，2005；Short et al.，2007）。DiMaggio 和 Powell（1983）指出面临不确定性环境时，组织决策者会模仿处于相同环境下其他组织的行为。当其他组织的行为被视为有效应对所面临问题的解决方案时，这种信息性社会影响便得以体现。特别是不同个体在社会环境中处于相似位置，扮演相似角色，并和网络中相同个体建立相似关系时，网络结构位置的对等性让他们更有可能将彼此视为信息和意见的可靠来源（Galaskiewicz and Burt，1991），更倾向于模仿彼此的行为和决策。总之，通过激发相互之间的模仿和适应性学习，信息性社会影响加强了供应商之间行为上的趋同性（Deutsch and Gerard，1955）。

另一方面，为了获得合法性，供应商行为会受到来自供应商网络的规范性社会影响。在以制造企业为焦点企业的自我中心供应商网络中，供应商在结构上具有对等性，由此供应商网络中会形成一些共同认可的合作规范（Rice and Aydin，1991）。在与制造企业进行交易和合作时，供应商行为策略不仅会受自身利益的影响，同时还会受网络中其他供应商对其行为预期的影响。在与制造企业分享信息时，供应商偏离其他供应商预期的信息分享行为可能会被认为是对合作规范的挑战，因而会受到其他供应商的惩罚。这些惩罚包括减少对该供应商的支持，让其不容易获得网络成员资源等（Choi and Shepherd，2005）。Cialdini 和 Trost（1998）认为两种情境因素可能会加强个体的社会认同：相互依赖程度和公开性。首先，当供应商感觉自身属于供应商群体而非独立于群体之外时，网络中的规范性社会影响会加强。当供应商之间协同合作为制造企业提供整体性解决方案时，供应商彼此依赖程度的增加使得它们对整个供应商群体更加认同，也更容易受到来自供应商群体规范性压力的影响。其次，供应商个体行为是公开可见的，还是私下不可见的，同样会影响规范性社会影响的作用。当供应商向制造企业分享信息的行为能够被其他供应商观察到时，供应商会更遵从符合群体预期的信息分享行为规范。

综上所述，供应商会受到来自供应商网络的信息性和规范性社会影响，进而产生行为上的趋同（Burnkrant and Cousineau，1975；Choi and Kim，2008）。考虑到影响供应商信息分享的因素会超越制造企业与供应商的二元关系，因此将供应商网络中邻近关系的影响纳入考虑之中是极其重要的（Choi and Kim，2008；Villena et al.，2011）。基于社会从众论视角，本章认为供应商网络中信息性和规范性社会影响将会使个体供应商的信息分享行为趋向于整体水平。下一部分本章将探讨制造企业与供应商相对关系强度如何影响供应商信息分享行为。

三、社会从众理论视角下的供应商信息分享影响因素

尽管当前文献显示制造企业与供应商之间的关系强度正向影响它们之间的信息分享（Dyer and Singh，1998；Reagans and McEvily，2003），但供应商网络中邻近关系如何影响当前关系中供应商的信息分享仍缺乏系统性研究。本章将制造企业与供应商的相对关系强度定义为当前制造企业与供应商的关系强度和供应商网络中制造企业与不同供应商关系强度相比所处的位置。在测量方面，本章采用当前制造企业与供应商的关系强度和供应商网络中制造企业与不同供应商关系强度均值之差来衡量当前制造企业与供应商关系强度所处的位置。对于那些与制造企业关系强度高于网络均值的供应商，本章称之为与制造企业关系较强的供应商；对于那些与制造企业关系强度低于网络均值的供应商，本章称之为与制造企业关系较弱的供应商。在二元关系层面下，制造企业与供应商关系强度本质上是当前关系强度的绝对值，无法考虑网络中其他关系的影响；相对关系强度反映的是制造企业与供应商关系对供应商网络中制造企业与不同供应商关系的相对值，因而考虑到了邻近关系的影响。

处于同一制造企业供应商网络中的供应商，它们行为通常是相互趋同的。一方面，不同供应商或因给制造企业提供不同零部件而互补，或因给制造企业提供同类产品而竞争，然而不管供应商之间是什么关系，作为同一制造企业的供应商，

网络结构上的对等性和角色上的相似性构成了它们在行为上相互趋同的基础（Cialdini and Goldstein，2004；Deutsch and Gerard，1955）。另一方面，一旦供应商意识到网络成员具有相似性，这种相似性意识会激励他们去模仿网络中相似个体的行为（Deutsch and Gerard，1955；DiMaggio and Powell，1983）。尽管供应商的直接联系毫无疑问地会让供应商意识到彼此的相似性，但供应商的间接联系也可以使它们意识到彼此相似性的存在。Burt（1987）指出："和同一个体有联系的其他个体可能会直接或间接地相互了解，直接的了解方式表现为与共同熟识的第三方在交往互动中会面，间接的了解方式表现为从共同熟识的第三方那里听说彼此……"（Burt，1987）。总之，在供应商网络中，由于所有供应商都与同一制造企业建立联系，这不仅使得供应商在结构和角色上具有相似性，同时还能让它们能够意识到彼此的相似性，进而促进了供应商网络成员之间的相互学习和模仿，使得供应商在行为决策上更多地趋同。

　　根据社会从众理论，本章认为制造企业与供应商的相对关系强度将负向影响供应商对制造企业的信息分享。

　　第一，供应商网络中信息性社会影响将会激励供应商在分享信息时与网络中其他供应商保持一致。供应商网络是供应商应对不确定性的重要知识和信息来源（McEvily and Marcus，2005），当供应商向制造企业分享信息面临较大不确定性时，参照相似供应商的经验和决策便成为供应商应对不确定性环境最为节约成本和时间的有效选择（Bikhchandani et al.，1998）。因此，对于向制造企业分享什么信息以及分享到什么程度，个体供应商会参照群体整体情况对自己的信息分享进行调整（Burt，1987）。当供应商认为这种信息性社会影响有助于提升其利益而接受这种影响时，便会将该信息性社会影响内化。与制造企业关系较强的供应商可能会像其他供应商一样分享较少信息，因为保有更多私有性信息会让其感到更加安全和有控制力。相反，与制造企业关系较弱的供应商可能会像其他供应商一样分享更多信息，因为其他供应商较多的信息分享显示向制造企业多分享一些信息的风险不会太高，相反由于信息分享太少自己可能会被其他愿意分享更多信息的供应商替代（Choi and Kim，2008）。

　　第二，供应商网络中规范性社会影响也会激励供应商在分享信息时与网络中其他供应商保持一致。与信息性社会影响不同，供应商在规范性社会影响下采取与群体一致的行为，为的是获取合法性和社会接纳，尽管这种行为可能并不会增加它们对现实的理解或利益的获取（Cialdini and Goldstein，2004）。一方面，为了在与制造企业的交易中获得好的谈判地位，供应商可能会结成联盟，通过保持敏感信息的私有性以保护自身的利益（Choi and Kim，2008）。在现实中，一些与制造企业关系较好的供应商可能会向制造企业分享过多信息，从而使制造企业在与其他供应商进行谈判时处于有利的地位，但这可能使得整个供应商群体的利益受到损害。因此，在向制造企业分享信息时，供应商网络成员会形成共同规范，以维持所有成员的共同利益。在共同规范约束下，与制造企业关系较好的供应商会相应地减少对制造企业的信息分享。另一方面，供应商对制造企业的适度信息分享是供应商群体与制造企业有效合作的前提条件。某些供应商过少的信息分享使得供应商共同为制造企业提供整体解决方案变得难以进行，这将引起其他供应商对该供应商的可信赖性产生担忧。为了避免自己向制造企业分享的专有信息和知识被机会主义利用，分享信息较多的供应商可能会对分享信息较少的供应商进行惩罚，或者帮助制造企业将其替换掉（Powell，1991）。在这种情况下，与制造企业关系较弱的供应商会适当地增加其信息分享，以获得供应商群体的接纳并避免遭受惩罚（Marquis et al.，2007）。

综上所述，本章认为供应商网络施加的信息性和规范性社会影响会使供应商向制造企业分享信息的行为趋于一致。与制造企业关系较强的供应商倾向于比没有其他供应商影响时少分享一些信息，而与制造企业关系较弱的供应商倾向于比没有其他供应商影响时多分享一些信息。基于此，本章提出如下假设。

假设 10.1：制造企业与供应商的相对关系强度负向影响供应商对制造企业的信息分享。

四、供应商网络密度和制造企业与供应商技术差异的调节作用

社会从众理论的逻辑强调，在来自供应商网络中其他供应商的信息性和规范性社会影响下，供应商个体倾向于调整自身的信息分享行为以与其他供应商保持一致（Burnkrant and Cousineau，1975；Deutsch and Gerard，1955）。因此，制造企业与供应商的相对关系强度对供应商信息分享的影响程度取决于其社会从众性的强弱。供应商网络密度和制造企业与供应商技术差异分别影响了供应商所受的信息性和规范性社会影响程度，因此会加强供应商的社会从众行为。为进一步验证主效应的机制，本章拟检验上述两个变量对制造企业与供应商的相对关系强度和供应商信息分享关系的调节作用。

（一）供应商网络密度的调节作用

供应商网络密度是指供应商网络中供应商彼此之间连接的紧密程度（Reagans and McEvily，2003）。供应商网络密度增强了网络的凝聚力，进而增强了供应商之间的相互依赖程度和行为公开性，因而会加强规范性社会影响，导致供应商在行为上更加趋同。第一，凝聚力是指一个关系被多少第三方关系连接的程度（Reagans and McEvily，2003）。在密度较高的供应商网络中，供应商彼此之间不

仅有直接的连接，还会通过共同第三方供应商间接地连接。在密度较高的供应商网络中供应商遵从的某些规范增强了彼此之间更好的协作（Schilling and Phelps，2007），成员间建立起的信任与共同分享机制也促进了成员间信息和资源的流通（Reagans and McEvily，2003），这些都增加了网络成员之间的相互依赖程度。较强的相互依赖要求成员在行为上满足集体预期并遵从某些共同认可的规范，偏离规范的供应商会被发现并招致惩罚（Schilling and Phelps，2007）。在与同一制造企业分享信息时，高密度供应商网络加强了对个体供应商的规范性社会影响，从而使供应商在信息分享行为上更加趋于一致。

第二，高密度的供应商网络使得个体供应商之间的行为更容易被察觉，因此增强了对供应商违规行为进行惩罚的有效性（Gulati，1998）。与松散网络不同，高密度网络中供应商更难保持其行为私密性，成员间直接或间接的连接使得网络成员难以形成对个体行为的有效监督。当供应商在公开性较高的供应商网络中发生违规行为时，供应商受到的惩罚也会因为名誉效应而被放大（Rindfleisch and Moorman，2001）。一旦供应商偏离预期行为，负面声誉便会在网络中迅速传播，这使得供应商在网络中陷于困境，进而失去获得其他成员关键资源和机会的可能性（Gulati，1998）。因此，较高密度的供应商网络使得个体供应商在行为上受到更多的监督和惩罚，有效的监督和惩罚又进一步增强了供应商行为的趋同性（Reagans and McEvily，2003）。

综上所述，本章认为在较高密度的供应商网络中，个体供应商受到的网络成员的规范性社会影响将会得到加强，因而其向制造企业分享信息的行为也更加趋于一致。基于此，本章提出如下假设。

假设10.2：供应商网络密度将增强制造企业与供应商的相对关系强度对供应商信息分享的负向影响。

（二）制造企业与供应商技术差异的调节作用

制造企业与供应商技术差异是指制造企业与供应商在技术上的差异程度（Gao et al.，2015）。制造企业与供应商之间的技术差异越大，供应商与制造企业进行交易和合作时所面临的不确定性越大，因此更有可能把供应商网络作为其有用信息和解决方案的可靠来源（Phelps，2010）。制造企业与供应商技术差异从两个方面加强了供应商的趋同行为。

第一，较大的技术差异可能会使供应商与制造企业进行交流合作时存在一些困难，这导致供应商会更多地从其他供应商处学习模仿（Haunschild and Miner，1997）。Cohen和Levinthal（1990）指出较高的技术差异使得交易伙伴在技术相关问题上缺少共同理解，进而阻碍了交易双方建立知识编码、传递和吸收等方面的机制。当供应商与制造企业关系中缺少共同知识基础时，个体供应商可能会从其他供应商处寻求解决方案，因此参照其他供应商的做法便成为该供应商应对由技术差异导致的理解困难的方法。第二，较高的技术差异可能会导致交易伙伴之间更多的机会主义行为。当交易双方存在较大技术差异时，交易双方会在相互理解和有效合作方面存在一些困难（Sampson，2004）。这些困难使得交易双方难以对彼此行为进行有效监督（Phelps，2010），因而一方可能会为自身利益而损害对方利益。为了消除制造企业不当使用自己分享的信息而攫取利益，以及自己所分享信息通过制造企业泄露给竞争对手或第三方，个体供应商可能会参照供应商网络中其他供应商对制造企业分享信息的行为，并将其内化成一种适应不确定性并保护自身利益的解决方法。

综上所述，二元关系中双方在技术方面的差异导致了供应商在分享信息时面临更多的不确定性，这加强了供应商网络中的信息性社会影响。在这种情境下，个体供应商更可能通过模仿其他供应商的行为以增强自己对技术差异引起的不确定性的应对能力（Haunschild and Miner，1997）。因此，当制造企业与供应商之间存在较大技术差异，供应商向制造企业分享信息时更容易与其他供应商成员趋于一致。基于此，本章提出如下假设。

假设10.3：制造企业与供应商技术差异将增强制造企业与供应商的相对关系强度对供应商信息分享的负向影响。

图10-1画出了本章的理论框架图。

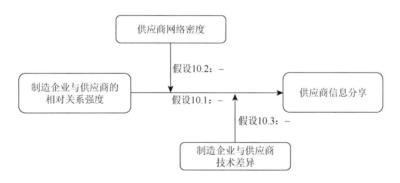

图10-1　制造企业与供应商的相对关系强度对供应商信息分享影响的理论框架

第三节　实证研究方法

一、样本与数据

本章以中国制造企业及其供应商关系为样本，数据来自中国制造企业及其供应商关系的问卷调查（详细数据收集过程见第三章"供应商关系研究的实证基础"）。本章首先采用问卷方法收集到 210 份有效问卷，该问卷中要求制造企业识别 5 家核心供应商并对其供应商关系管理情况进行评价。然而，并不是所有参与的制造企业都填写了 5 家供应商信息，有的制造企业只填写了一家供应商信息。根据相对关系强度的测量要求，本章选择了提供至少 2 家核心供应商信息的制造企业作为样本企业。剔除变量的缺失值后，最终有 178 家制造企业的数据进入模型。这 178 家制造企业共识别了 768 家核心供应商。其中，100 家制造企业识别并评价了 5 家供应商，44 家制造企业识别并评价了 4 家供应商，24 家制造企业识别并评价了 3 家供应商，10 家制造企业识别并评价了 2 家供应商。总之，178 家制造企业及其 768 家供应商关系数据为本章实证模型的数据基础。

　　表 10-1 给出了 768 家供应商的统计性描述。在 768 家供应商中，36%属于大型供应商，51%属于中型供应商，13%属于小型供应商，总体来看，这些供应商规模较大。另外，77%的供应商与制造企业合作时间超过 3 年，20%合作超过 10 年；就制造企业从这些供应商的采购份额来看，53%的采购份额超过 10%，17%的采购份额超过了 20%，这说明制造企业从这些供应商的采购比例较高。总之，样本中供应商与制造企业的合作时间较久，采购份额较高，这表明制造企业更有可能与这些供应商建立较强关系，因此比较适合检验相对关系强度影响的假设。

表 10-1　768 家供应商的统计性描述

分类标准		数量	占比
供应商规模	大型	277	36%
	中型	390	51%
	小型	101	13%
	总计	768	100%
供应商与制造企业合作时间	3 年以下	173	23%
	3～5 年	237	31%
	6～10 年	207	27%
	10 年以上	151	20%
	总计	768	100%
制造企业采购份额	5%及以下	68	9%
	>5%～10%	289	38%
	>10%～20%	278	36%
	>20%～30%	85	11%
	30%以上	48	6%
	总计	768	100%

注：占比总计不为 100%是四舍五入修约所致

二、变量及测量

本章变量数据主要来自问卷数据，测量时采用文献中的成熟量表和利克特 7 点制计分（1 表示非常不同意；7 表示非常同意）。其中，供应商信息分享、制造企业与供应商技术差异变量来自问卷中直接量表的测量，而制造企业与供应商的相对关系强度是基于问卷中制造企业与供应商关系强度变量数据计算而来的变量。这些变量的具体测量如下。

（一）因变量

供应商信息分享的测量量表改编自 McEvily 和 Marcus（2005）、Rindfleisch 和 Moorman（2001）的量表，具体采用 4 个题项对供应商向制造企业分享信息的意愿进行测量。问卷要求应答者对以下题项进行评价：①该供应商愿意告知我方目前该公司遇到的机会和风险；②该供应商愿意告知我方该公司目前的战略规划及未来可能的调整；③该供应商愿意提供该公司在市场占有率和竞争力方面的信息；④该供应商愿意提供该公司目前技术改造和研发项目的内容与进展。

（二）自变量

制造企业与供应商的相对关系强度是指当前制造企业与供应商的关系强度和供应商网络中制造企业与不同供应商关系强度相比所处的位置。该变量的测量具体分两步。首先，问卷要求制造企业采购经理评价它与供应商网络中每一家供应商的关系强度，基于 Rindfleisch 和 Moorman（2001）的关系强度量表，本章采用 3 个题项来测量制造企业与供应商关系强度变量：①我方相信该供应商在合作中会履行所做出的承诺；②我方和该供应商通过充分协作来解决合作中出现的问题；③总的来看，我方和该供应商的关系比较密切。如此计算出每个制造企业与供应商之间的二元关系强度。其次，本章计算了制造企业供应商网络中关系强度的均值，然后用当前制造企业与供应商关系强度和供应商网络中制造企业与不同供应商关系强度的均值之差来反映制造企业与该供应商的相对关系强度。计算公式如下：

$$制造企业与供应商的相对关系强度 = r_f - \frac{1}{n-1}\sum_{i=1}^{n-1} r_i$$

其中，n 是制造企业识别的供应商数；r_f 是特定供应商与制造企业之间的关系强度；r_i 是制造企业识别的其他供应商 i 与制造企业的关系强度。r_f 和 r_i 均采用制造企业与供应商关系强度量表进行测量。

（三）调节变量

供应商网络密度反映了网络中供应商彼此之间连接的紧密程度（Reagans and McEvily，2003）。参照 Gao 等（2015）的测量方法，本章采用网络中供应商之间连接的紧密程度对供应商网络密度进行测量。问卷要求制造企业采购经理评价供应商网络中每一名供应商与其他供应商建立广泛合作关系的程度，随后本章计算了供应商网络中所有供应商与其他供应商合作关系程度的均值；用该均值反映供应商网络密度，具体计算公式如下：

$$供应商网络密度 = \frac{1}{n} \sum_{i=1}^{n} c_i$$

其中，n 是制造企业识别的供应商数；c_i 是每个识别的供应商与制造企业其他供应商之间建立广泛合作关系的程度（利克特 7 点制计分：1 表示完全没有合作；7 表示合作非常紧密）。

制造企业与供应商技术差异反映的是当前供应商与制造企业间技术差异程度（Gao et al.，2015）。该变量测量采用 Gao 等（2015）量表，该量表由三个题项构成问卷要求制造企业采购经理对以下几个题项进行评价：①我公司和该供应商在总体技术能力上存在很大差异；②我公司和该供应商在制造技术方面存在很大差异；③我公司和该供应商在技术研发的方向上存在很大差异。这些题项由制造企业采购经理进行评价。

（四）控制变量

本章控制了一些可能影响供应商信息分享的其他重要因素。在二元关系层面，当前文献显示关系强度是影响组织间信息分享的一个重要变量，因此本章控制了制造企业与供应商的绝对关系强度，这一变量测量改编自 Rindfleisch 和 Moorman（2001）的量表。制造企业向供应商采购的份额越多，供应商越愿意向其分享信息。因此本章控制了制造企业的地位，制造企业的地位用制造企业向当前供应商采购的份额来测量（Ganesan，1994）。此外，本章还控制了制造企业与供应商之间的合作时间和供应商网络规模的大小。合作时间用双方合作以来年份数的对数测量，供应商网络规模用制造企业识别的供应商网络成员数量来测量。

在企业层面，本章控制了供应商规模、所有权类型，以及制造企业规模。供应商规模用序数变量进行测量，其中，0 代表小型企业，1 代表中型企业，2 代表大型企业。由于国有企业可能在信息分享方面和其他类型的企业有所不同，本章用一个虚拟变量（供应商 SOE）来控制供应商的所有权类型，其中，1 代表国有企业，0 代表非国有企业。此外，本章还用虚拟变量对行业（如化工、电子和机械）做了控制。

三、概念的信效度分析

表 10-2 报告了主要变量的测量题项及信效度。本章采用了一阶验证性因子分析模型检验了供应商信息分享、制造企业与供应商关系强度、制造企业与供应商技术差异变量测量的信度和聚合效度。如表 10-2 所示，一阶验证性因子分析结果显示模型具有令人满意的拟合情况（$\chi^2(32) = 71.40$，GFI $= 0.98$，CFI $= 0.99$，IFI $= 0.99$，RMSEA $= 0.04$）；标准化因子载荷在 0.77 至 0.95 之间，均在 0.01 水平下显著；所有变量的 AVE 在 0.68 至 0.81 之间，CR 在 0.86 至 0.93 之间，两者均高于 0.50 阈值。这些结果显示上述三个变量测量具有较好的信度和聚合效度（Anderson and Gerbing，1988）。

表 10-2　主要变量的测量题项及信效度

变量题项及方法	载荷
验证性因子分析模型拟合度：$\chi^2(32) = 71.40$，GFI $= 0.98$，CFI $= 0.99$，IFI $= 0.99$，RMSEA $= 0.04$	
供应商信息分享（McEvily and Marcus，2005；Rindfleisch and Moorman，2001）：AVE $= 0.69$，CR $= 0.89$，HSV $= 0.22$	
1. 该供应商愿意告知我方目前该公司遇到的机会和风险	0.82
2. 该供应商愿意告知我方该公司目前的战略规划及未来可能的调整	0.88
3. 该供应商愿意提供该公司在市场占有率和竞争力方面的信息	0.84
4. 该供应商愿意提供该公司目前技术改造和研发项目的内容和进展	0.77
制造企业与供应商关系强度（Rindfleisch and Moorman，2001）：AVE $= 0.68$，CR $= 0.86$，HSV $= 0.22$	
1. 我方相信该供应商在合作中会履行所做出的承诺	0.82
2. 我方和该供应商通过充分协作来解决合作中出现的问题	0.89
3. 总的来看，我方和该供应商的关系比较密切	0.77
制造企业与供应商技术差异（Gao et al.，2015）：AVE $= 0.81$，CR $= 0.93$，HSV $= 0.08$	
1. 我公司和该供应商在总体技术能力上存在很大差异	0.89
2. 我公司和该供应商在制造技术方面存在很大差异	0.95
3. 我公司和该供应商在技术研发的方向上存在很大差异	0.87

注：所有载荷在 0.01 水平显著

此外，本章还采用两种方法来评价上述三个变量测量的区分效度。参照 AVE 与 HSV 比较法程序（详细介绍见第四章第三节），本章计算了每一个变量的 AVE

和该变量与其他变量的 HSV，并检验是否所有变量的 AVE 均大于 HSV，结果显示所有变量的 AVE 均大于 HSV（表 10-2），因此该方法显示上述三个变量测量具有较高的区分效度（Fornell and Larcker，1981）。参照嵌套验证性因子分析比较法程序（详细介绍见第四章第三节），本章计算了上述变量的限制性模型与未限制性模型的卡方值，并检验了未限制性模型的卡方值是否显著小于限制性模型的卡方值，结果显示未限制性模型的卡方值显著小于限制性模型的卡方值（比如，制造企业与供应商关系强度 vs.供应商信息分享：$\Delta\chi^2(1) = 1118.84$，$p<0.01$；制造企业与供应商关系强度 vs.制造企业与供应商技术差异：$\Delta\chi^2(1) = 1286.12$，$p<0.01$）。该方法进一步显示上述变量测量具有较高的区分效度（Anderson and Gerbing，1988）。

四、共同方法偏差检验

共同方法偏差是基于自我报告问卷数据进行实证研究的较大威胁（Podsakoff et al.，2003）。在研究设计中，本章变量采取了不同测量方法，如供应商信息分享（因变量）是供应商网络中不同供应商信息分享量表数据的均值，而制造企业与供应商的相对关系强度（自变量）是当前制造企业与供应商关系强度的量表数据和供应商网络中制造企业与不同供应商关系强度量表数据均值的差，因此不同的测量方法在相当程度上避免了模型的共同方法偏差问题（Flynn et al.，2018；Rindfleisch et al.，2008）。本章进一步采用 Harman 单因子检验法和"未测量潜在方法因子效应控制法"两种方法检验变量间的共同方法偏差问题（Podsakoff et al.，2003）。

在 Harman 单因子检验中，本章对三个主要变量的所有题项进行了主成分因子分析，结果显示三个因子解释了主成分因子模型 78.9%的变异；没有单个因子出现，也没有一个因子解释过多变异；这说明三个变量的共同方法偏差问题不严重。在"未测量潜在方法因子效应控制法"检验中，本章在验证性因子分析模型中加入一个方法因子，并允许该因子与所有题项相关；随后，本章将该模型与验证性因子分析模型进行比较，结果显示方法因子确实提升了模型的拟合度，增加了 5.2%的解释比例，少于 Williams 等（1989）提出的 25%临界值。因此，该方法进一步显示这三个变量的共同方法偏差问题不严重。

第四节　实证研究结果

本章采用逐步层次回归方法检验研究中的假设，该方法允许分别观察主效应和调节效应的解释力度（Aiken and West，1991）。为了减少多重共线性影响，构造交互项前所有变量都去中心化，经检测模型变量方差膨胀因子值介于1～2，小于临界值10，因此，多重共线性不是本模型的主要问题。表10-3列出了变量相关系数、均值与标准差，表10-4列出了标准系数的逐步层次回归结果。模型1只包含了控制变量，模型2加入了主效应变量，模型3和模型4分别加入主效应变量与两个调节变量的交互项，模型5包含了所有变量及交互项。

表 10-3　变量相关系数、均值与标准差

变量	1	2	3	4	5	6	7	8	9	10	11
1. 供应商信息分享	1.00										
2. 相对关系强度	0.13	1.00									
3. 供应商网络密度	0.29	−0.02	1.00								
4. 制造企业与供应商技术差异	0.23	0.04	0.19	1.00							
5. 制造企业与供应商关系强度	0.40	0.56	0.06	0.08	1.00						
6. 制造企业地位	0.09	0.06	0.02	0.03	0.09	1.00					
7. 制造企业规模	0.00	−0.02	−0.05	−0.04	−0.01	−0.15	1.00				
8. 制造企业与供应商合作时间	−0.07	0.03	−0.08	−0.11	0.01	−0.02	0.30	1.00			
9. 供应商规模	−0.05	0.05	−0.01	−0.02	0.04	0.20	0.18	0.15	1.00		
10. 供应商 SOE	−0.05	0.02	0.08	0.05	−0.06	0.12	0.09	0.11	0.30	1.00	
11. 供应商网络规模	−0.02	−0.05	−0.08	0.06	0.04	−0.16	0.07	0.14	0.00	−0.07	1.00
均值	4.81	0.00	4.58	4.21	5.75	0.16	1.08	1.82	1.23	0.26	4.50
标准差	1.18	0.62	1.28	1.39	0.81	0.12	0.83	0.78	0.66	0.44	0.77

注：样本量为768，绝对值大于或等于0.07的相关系数在0.05水平下显著

表 10-4　逐步层次回归结果

变量	模型 1	模型 2	模型 3	模型 4	模型 5
制造企业地位	0.06* (0.03)	0.06* (0.03)	0.06* (0.03)	0.06* (0.03)	0.06* (0.03)
制造企业规模	0.03 (0.04)	0.03 (0.04)	0.04 (0.04)	0.04 (0.04)	0.04 (0.04)
制造企业与供应商合作时间	−0.08 (0.04)	−0.03 (0.04)	−0.03 (0.04)	−0.03 (0.04)	−0.03 (0.04)
供应商规模	−0.13* (0.05)	−0.11* (0.05)	−0.11* (0.05)	−0.12* (0.05)	−0.12* (0.05)

续表

变量	模型1	模型2	模型3	模型4	模型5
供应商 SOE	0.03 (0.08)	−0.03 (0.07)	−0.03 (0.07)	−0.03 (0.07)	−0.03 (0.07)
供应商网络规模	−0.01 (0.04)	−0.02 (0.04)	−0.01 (0.04)	−0.02 (0.04)	−0.01 (0.04)
化工行业	0.15 (0.09)	0.15 (0.09)	0.15 (0.09)	0.17 (0.09)	0.17 (0.09)
电子行业	0.51** (0.14)	0.60** (0.13)	0.60** (0.13)	0.62** (0.13)	0.62** (0.13)
机械行业	−0.08 (0.11)	−0.03 (0.10)	−0.03 (0.10)	−0.01 (0.10)	−0.01 (0.10)
制造企业与供应商关系强度	0.40** (0.03)	0.42** (0.04)	0.43** (0.04)	0.42** (0.04)	0.43** (0.04)
供应商网络密度		0.28** (0.04)	0.29** (0.04)	0.28** (0.04)	0.28** (0.04)
制造企业与供应商技术差异		0.16** (0.03)	0.16** (0.03)	0.17** (0.03)	0.16** (0.03)
相对关系强度		−0.18** (0.06)	−0.18** (0.06)	−0.18** (0.06)	−0.18** (0.06)
相对关系强度×供应商网络密度			−0.20** (0.08)		−0.16* (0.08)
相对关系强度×制造企业与供应商 技术差异				−0.15** (0.06)	−0.12* (0.06)
常数项	0.18 (0.22)	0.09 (0.20)	0.07 (0.20)	0.06 (0.20)	0.05 (0.20)
模型 F 值	18.46**	24.78**	23.70**	23.72**	22.51**
R^2	0.20	0.30	0.31	0.31	0.31

注：样本量为768，括号中为稳健性标准误

*$p < 0.05$，**$p < 0.01$

假设 10.1 预测制造企业与供应商的相对关系强度负向影响供应商对制造企业的信息分享。与预测相一致，在模型2中，制造企业与供应商相对关系强度的系数显著为负（$\beta = -0.18$，$p < 0.05$）。在模型3和模型4中分别加入主效应变量与调节变量交互项后，制造企业与供应商相对关系强度的系数显著为负（模型3：$\beta = -0.18$，$p < 0.05$；模型4：$\beta = -0.18$，$p < 0.05$）。在全模型中，主效应依然保持显著为负（模型5：$\beta = -0.18$，$p < 0.05$），这些稳健结果显示假设10.1得到了很好的支持。

假设10.2预测供应商网络密度将增强制造企业与供应商的相对关系强度对供

应商信息分享的负向影响。与预测相一致，模型 3 的结果显示相对关系强度和供应商网络密度的交互项系数显著为负（$\beta = -0.20$，$p < 0.05$），模型 5 的结果显示该交互项系数仍然显著为负（$\beta = -0.16$，$p < 0.10$），因此假设 10.2 得到了支持。为了进一步了解供应商网络密度的调节效应，参照 Aiken 和 West（1991）的操作程序，本章将供应商网络密度变量分为两组：高供应商网络密度组（高于均值一个标准差）和低供应商网络密度组（低于均值一个标准差）；然后基于模型 5，本章画出了供应商网络密度的调节效应图（图 10-2），并计算了不同组线的斜率。结果发现高供应商网络密度组线的斜率显著为负（$p < 0.01$），低供应商网络密度组线的斜率不显著异于 0（$p > 0.10$），即当供应商网络中供应商彼此之间的连接紧密程度较大时，制造企业与供应商的相对关系强度对供应商信息分享有着更大的负向影响。总之，这些结果进一步支持了假设 10.2 的预测。

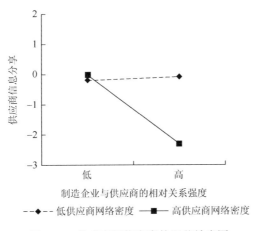

图 10-2　供应商网络密度的调节效应图

假设 10.3 预测制造企业与供应商技术差异将增强制造企业与供应商的相对关系强度对供应商信息分享的负向影响。与预测相一致，模型 4 显示相对关系强度和制造企业与供应商技术差异的交互项系数显著为负（$\beta = -0.15$，$p < 0.05$），模型 5 的结果显示该交互项系数仍然显著为负（$\beta = -0.12$，$p < 0.10$），因此假设 10.3 的预测得到了支持。采用相同的步骤，本章画出了制造企业与供应商技术差异的调节效应图（图 10-3），并计算出不同组线的斜率。结果发现高制造企业与供应商技术差异组线的斜率显著小于 0（$p < 0.01$），低制造企业与供应商技术差异组线的斜率不显著异于 0（$p > 0.10$），即当制造企业与供应商之间的技术差异较大时，制造企业与供应商的相对关系强度对供应商信息分享有着较大的负向影响。总之，这些结果进一步支持了假设 10.3 的预测。

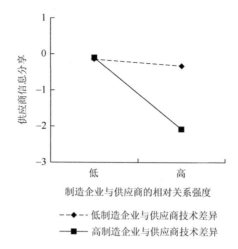

图 10-3　制造企业与供应商技术差异的调节效应图

第五节　本 章 小 结

一、研究结论及理论贡献

基于社会从众理论，本章研究了制造企业与供应商的相对关系强度对供应商向制造企业信息分享的影响。实证结果显示：①制造企业与供应商的相对关系强度负向影响供应商的信息分享；②供应商网络密度和制造企业与供应商技术差异均增强制造企业与供应商的相对关系强度的负向影响。因此，本章将制造企业与供应商信息分享研究从二元关系层面拓展到网络层面，丰富了供应商关系管理中关于信息分享方面的知识。具体而言，本章主要有以下三方面贡献。

第一，本章首次从社会从众理论的视角探讨了邻近关系对当前二元关系中信息分享的影响。先前组织间信息分享文献主要聚焦于二元关系的特征如何影响组织间信息分享的问题（Carey et al.，2011；Li et al.，2010），与这些研究不同，本章揭示了网络中其他相似供应商施加的社会影响对当前制造企业与供应商关系中供应商信息分享的影响。供应商网络作为个体供应商资源和信息的重要来源，对处于其中的个体供应商产生了信息性和规范性社会影响，进而使得供应商之间的行为趋于一致（Gnyawali and Madhavan，2001；McEvily and Marcus，2005）。本章发现，在控制了制造企业与供应商关系绝对强度的影响下，以供应商网络中其他供应商与制造企业关系强度为参照，较高相对关系强度的供应商倾向于减少其对制造企业的信息分享；而较低相对关系强度的供应商则会倾向于增加其对制造企业的信息分享。因此，本章的发现丰富了组织间信息分享文献。

第二，为了响应文献中超越二元关系视角，从整体角度研究制造企业对供应商关系管理影响的呼吁（Choi and Kim，2008；Villena et al.，2011），本章将制造企业与供应商信息分享研究从二元关系层面延伸到供应商网络层面（Wu et al.，2010）。通过放宽制造企业与供应商之间信息分享取决于二元关系特征影响的假设（Uzzi，1997；Zhou et al.，2014），本章提出了相对关系强度概念进而将供应商网络中制造企业与其他供应商关系纳入考虑范围之内，并探讨了这些邻近供应商关系对当前二元关系中供应商向制造企业分享信息的影响。这一新的视角将组织间信息分享研究的关注焦点从二元关系层面的特征拓展到网络层面的特征，回应了文献呼吁学者考虑网络中邻近关系对当前关系中成员合作行为的影响，并为理解供应商信息分享影响因素提供了一些新的见解。

第三，在研究制造企业与供应商的相对关系强度对供应商信息分享影响的基础上，本章揭示了主效应影响的两个情境条件：供应商网络密度和制造企业与供应商技术差异。在供应商网络中，信息性和规范性社会影响会导致网络成员社会从众，从而使得供应商对向制造企业信息分享的行为进行调整。根据这一逻辑，能够增强或减弱信息性和规范性社会影响的变量将会对主效应起调节作用（Powell et al.，1996；Schilling and Phelps，2007）。本章认为供应商网络密度以及制造企业与供应商技术差异将会增强供应商网络中的信息性和规范性社会影响，因而加强了制造企业与供应商的相对关系强度对供应商信息分享的影响。

二、管理启示

本章将对供应商关系管理具有一定启示。

第一，供应商应该意识到自身的信息分享行为可能会受到供应商网络的影响。嵌入在供应商网络中的个体供应商会受到来自网络的信息性和规范性社会影响。一方面，当面对相似的困难和不确定性时，供应商会从处于相似环境中的其他供应商处寻求信息，并对它们的行为和决策进行适应性学习和模仿。另一方面，个体供应商会采取与供应商群体一致的行为以获得网络成员接纳。然而，尽管在面临不确定性环境时从其他供应商处进行学习、模仿是省时和低成本的，但由于自己与制造企业的关系具有其独特性，与其他供应商一致的行为也不一定适用于处理自己与制造企业的关系。总之，出于在与制造企业的交易和合作中实现双方利益最大化的考量，供应商在处理向制造企业分享信息的问题时，应该考虑到网络中的信息性和规范性社会影响进而做出更好决策。

第二，制造企业也应该意识到供应商网络中存在的社会影响，以及这些影响如何影响供应商向自己分享信息的行为，从而采取更有效的供应商关系管理策略。

供应商向制造企业分享信息时面临的不确定性使该供应商倾向于在分享行为上与其他供应商保持一致，而不只是根据自身与制造企业的关系好坏以及交易和合作中对信息的需要。此外，供应商之间较为紧密的连接会增加供应商网络中的规范性社会影响，制造企业与供应商之间较大的技术差异会增强供应商网络中的信息性社会影响，供应商网络的这两个特征均对供应商向制造企业分享信息的行为和意愿产生影响。因此，制造企业在管理当前供应商关系以及构建供应商网络时应该考虑到网络中社会从众的影响。

三、研究局限及未来建议

本章主要存在以下三方面不足，为未来的研究提供了机会。

第一，本章只检验了制造企业与供应商的相对关系强度对供应商信息分享的影响。然而，对于供应商分享的不同类型信息，这种影响可能是不同的。一种可能是，这种影响对显性信息的分享会大于对隐性信息的分享，因为显性信息的分享会更容易被其他供应商观察到。未来的研究可以探讨制造企业与供应商的相对关系强度对供应商不同类型信息分享的影响是否存在差异。

第二，参照先前的研究设计，本章将制造企业的核心供应商网络范围限定于5家核心供应商。尽管这些供应商在与制造企业的交易和合作中起着重要作用，但制造企业供应商网络的规模远不止5家供应商的数量；此外供应商网络有多个层级，因此核心供应商网络群体可能会不同于非核心供应商网络群体（Dyer and Nobeoka，2000）。未来的研究可以将更多供应商纳入考虑范围，以构建更加完整的供应商网络。另外，未来的研究可以更进一步探讨供应商之间相互竞争或互补的关系、供应商影响力的大小以及进入供应商网络的时间长短或网络成员特征等如何加强或削弱相对关系强度的影响。

第三，本章在方法上还存在一定的不足。横截面调查问卷数据限制了因果关系的有效检验。为进一步证实因果关系，未来的研究可以使用纵向数据，如多轮问卷数据，以对本章的结论进行检验。此外，用相减的方法对自变量进行测量可能会丢失一些原始数据信息（Edwards，2001），因此未来的研究可以使用一些替代方法对制造企业与供应商的相对关系强度进行测量。最后，由于本章使用自我报告的问卷数据，因此共同方法偏差问题是不可避免的。未来的研究可以将问卷数据和二手数据进行结合，多源数据结构有助于减轻共同方法偏差的影响，进而获得更准确的实证结果。

参 考 文 献

蒋晓荣，李随成. 2011. 企业间关系承诺对信息分享的影响研究. 科技管理研究，31（19）：113-116.

文明，乐国安，文军. 1990. 对从众行为的社会心理学研究. 社会科学研究，（2）：46-52.

叶飞，张婕，吕晖. 2012. 供应商机会主义行为对信息共享与运营绩效的影响. 管理科学，25（2）：51-60.

Aiken L S，West S G. 1991. Multiple Regression：Testing and Interpreting Interactions. London：Sage Publications Inc.

Anderson J C，Gerbing D W. 1988. Structural equation modeling in practice：a review and recommended two-step approach. Psychological Bulletin，103（3）：411-423.

Bikhchandani S，Hirshleifer D，Welch I. 1998. Learning from the behavior of others：conformity，fads，and informational cascades. Journal of Economic Perspectives，12（3）：151-170.

Burnkrant R E，Cousineau A. 1975. Informational and normative social influence in buyer behavior. Journal of Consumer Research，2（3）：206-215.

Burt R S. 1987. Social contagion and innovation：cohesion versus structural equivalence. American Journal of Sociology，92（6）：1287-1335.

Cachon G P，Fisher M. 2000. Supply chain inventory management and the value of shared information. Management Science，46（8）：1032-1048.

Carey S，Lawson B，Krause D R. 2011. Social capital configuration，legal bonds and performance in buyer-supplier relationships. Journal of Operations Management，29（4）：277-288.

Choi T Y，Kim Y. 2008. Structural embeddedness and supplier management：a network perspective. Journal of Supply Chain Management，44（4）：5-13.

Choi T Y，Wu Z H. 2009. Triads in supply networks：theorizing buyer-supplier-supplier relationships. Journal of Supply Chain Management，45（1）：8-25.

Choi Y R，Shepherd D A. 2005. Stakeholder perceptions of age and other dimensions of newness. Journal of Management，31（4）：573-596.

Cialdini R B，Goldstein N J. 2004. Social influence：compliance and conformity. Annual Review of Psychology，55：591-621.

Cialdini R B，Trost M R. 1998. Social influence：social norms，conformity and compliance//Gilbert D T，Fiske S T，Lindzey G. The Handbook of Social Psychology. Oxford：Oxford University Press：151-192.

Cohen W M，Levinthal D A. 1990. Absorptive capacity：a new perspective on learning and innovation. Administrative Science Quarterly，35（1）：128-152.

Cousins P D，Handfield R B，Lawson B，et al. 2006. Creating supply chain relational capital：the impact of formal and informal socialization processes. Journal of Operations Management，24（6）：851-863.

Cui A S，O'Connor G. 2012. Alliance portfolio resource diversity and firm innovation. Journal of Marketing，76（4）：24-43.

Deutsch M，Gerard H B. 1955. A study of normative and informational social influences upon individual judgement. Journal of Abnormal Psychology，51（3）：629-636.

DiMaggio P，Powell W W. 1983. The iron cage revisited institutional isomorphism and collective rationality in organizational fields. American Sociological Review，48（2）：147-160.

Dyer J H，Hatch N W. 2006. Relation-specific capabilities and barriers to knowledge transfers：creating advantage through network relationships. Strategic Management Journal，27（8）：701-719.

Dyer J H，Nobeoka K. 2000. Creating and managing a high-performance knowledge-sharing network：the Toyota case. Strategic Management Journal，21（3）：345-367.

Dyer J H，Singh H. 1998. The relational view：cooperative strategy and sources of interorganizational competitive advantage. Academy of Management Review，23（4）：660-679.

Edwards J R. 2001. Ten difference score myths. Organizational Research Methods，4（3）：265-287.

Fiegenbaum A，Thomas H. 1995. Strategic groups as reference groups：theory，modeling and empirical examination of industry and competitive strategy. Strategic Management Journal, 16 (6): 461-476.

Flynn B, Pagell M, Fugate B. 2018. Editorial: survey research design in supply chain management: the need for evolution in our expectations. Journal of Supply Chain Management, 54 (1): 1-15.

Fornell C, Larcker D F. 1981. Evaluating structural equation models with unobservable variables and measurement error. Journal of Marketing Research, 18 (1): 39-50.

Frenzen J, Nakamoto K. 1993. Structure, cooperation, and the flow of market information. Journal of Consumer Research, 20 (3): 360-375.

Galaskiewicz J, Burt R S. 1991. Interorganization contagion in corporate philanthropy. Administrative Science Quarterly, 36 (1): 88.

Galaskiewicz J, Wasserman S. 1989. Mimetic processes within an interorganizational field: an empirical test. Administrative Science Quarterly, 34 (3): 454-479.

Ganesan S. 1994. Determinants of long-term orientation in buyer-seller relationships. Journal of Marketing, 58 (2): 1-19.

Gao G Y, Xie E, Zhou K Z. 2015. How does technological diversity in supplier network drive buyer innovation? Relational process and contingencies. Journal of Operations Management, 36 (1): 165-177.

Gnyawali D R, Madhavan R. 2001. Cooperative networks and competitive dynamics: a structural embeddedness perspective. Academy of Management Review, 26 (3): 431-445.

Gulati R. 1998. Alliances and networks. Strategic Management Journal, 19 (4): 293-317.

Hansen M T. 1999. The search-transfer problem: the role of weak ties in sharing knowledge across organization subunits. Administrative Science Quarterly, 44 (1): 82-111.

Haunschild P R, Miner A S. 1997. Modes of interorganizational imitation: the effects of outcome salience and uncertainty. Administrative Science Quarterly, 42 (3): 472-500.

Heide J B, John G. 1992. Do norms matter in marketing relationships? . Journal of Marketing, 56 (2): 32-44.

Hunt S D, Davis D F. 2012. Grounding supply chain management in resource-advantage theory: in defense of a resource-based view of the firm. Journal of Supply Chain Management, 48 (2): 14-20.

Lechner C, Frankenberger K, Floyd S W. 2010. Task contingencies in the curvilinear relationships between intergroup networks and initiative performance. Academy of Management Journal, 53 (4): 865-889.

Li J J, Poppo L, Zhou K Z. 2010. Relational mechanisms, formal contracts, and local knowledge acquisition by international subsidiaries. Strategic Management Journal, 31 (4): 349-370.

Li L. 2002. Information sharing in a supply chain with horizontal competition. Management Science, 48 (9): 1196-1212.

Li L, Zhang H T. 2008. Confidentiality and information sharing in supply chain coordination. Management Science, 54 (8): 1467-1481.

Li S H, Lin B S. 2006. Accessing information sharing and information quality in supply chain management. Decision Support Systems, 42 (3): 1641-1656.

Marquis C, Glynn M A, Davis G F. 2007. Community isomorphism and corporate social action. Academy of Management Review, 32 (3): 925-945.

McEvily B, Marcus A. 2005. Embedded ties and the acquisition of competitive capabilities. Strategic Management Journal, 26 (11): 1033-1055.

Nyaga G N, Whipple J M, Lynch D F. 2010. Examining supply chain relationships: do buyer and supplier perspectives on collaborative relationships differ? . Journal of Operations Management, 28 (2): 101-114.

Paulraj A, Lado A A, Chen I J. 2008. Inter-organizational communication as a relational competency: antecedents and performance outcomes in collaborative buyer-supplier relationships. Journal of Operations Management, 26 (1): 45-64.

Phelps C C. 2010. A longitudinal study of the influence of alliance network structure and composition on firm exploratory innovation. Academy of Management Journal, 53（4）: 890-913.

Podsakoff P M, MacKenzie S B, Lee J Y et al. 2003. Common method biases in behavioral research: a critical review of the literature and recommended remedies. Journal of Applied Psychology, 88（5）: 879-903.

Podsakoff P M, Organ D W. 1986. Self-reports in organizational research: problems and prospects. Journal of Management, 12（4）: 531-544.

Poppo L, Zenger T. 2002. Do formal contracts and relational governance function as substitutes or complements? . Strategic Management Journal, 23（8）: 707-725.

Powell W W. 1991. Expanding the scope of institutional analysis//Powell W W, DiMaggio P J. The New Institutionalism in Organizational Analysis. Chicago: University of Chicago Press: 183-203.

Powell W W, Koput K W, Smith-Doerr L. 1996. Interorganizational collaboration and the locus of innovation: networks of learning in biotechnology. Administrative Science Quarterly, 41（1）: 116-145.

Reagans R, McEvily B. 2003. Network structure and knowledge transfer: the effects of cohesion and range. Administrative Science Quarterly, 48（2）: 240-267.

Rice R E, Aydin C. 1991. Attitudes toward new organizational technology: network proximity as a mechanism for social information processing. Administrative Science Quarterly, 36（2）: 219-244.

Rindfleisch A, Malter A J, Ganesan S, et al. 2008. Cross-sectional versus longitudinal survey research: concepts, findings, and guidelines. Journal of Marketing Research, 45（3）: 261-279.

Rindfleisch A, Moorman C. 2001. The acquisition and utilization of information in new product alliances: a strength-of-ties perspective. Journal of Marketing, 65（2）: 1-18.

Sa Vinhas A, Heide J B, Jap S D. 2012. Consistency judgments, embeddedness, and relationship outcomes in interorganizational networks. Management Science, 58（5）: 996-1011.

Sampson R C. 2004. Organizational choice in R&D alliances: knowledge-based and transaction cost perspectives. Managerial and Decision Economics, 25（6/7）: 421-436.

Schilling M A, Phelps C C. 2007. Interfirm collaboration networks: the impact of large-scale network structure on firm innovation. Management Science, 53（7）: 1113-1126.

Short J C, Ketchen D J, Jr, Palmer T B, et al. 2007. Firm, strategic group, and industry influences on performance. Strategic Management Journal, 28（2）: 147-167.

Uzzi B. 1997. Social structure and competition in interfirm networks: the paradox of embeddedness. Administrative Science Quarterly, 42（1）: 35-67.

Villena V H, Revilla E, Choi T Y. 2011. The dark side of buyer-supplier relationships: a social capital perspective. Journal of Operations Management, 29（6）: 561-576.

Williams L J, Cote J A, Buckley M R. 1989. Lack of method variance in self-reported affect and perceptions at work: reality or artifact? . Journal of Applied Psychology, 74（3）: 462-468.

Wu Z H, Choi T Y, Rungtusanatham M J. 2010. Supplier-supplier relationships in buyer-supplier-supplier triads: implications for supplier performance. Journal of Operations Management, 28（2）: 115-123.

Yang Z L, Su C T, Fam K S. 2012. Dealing with institutional distances in international marketing channels: governance strategies that engender legitimacy and efficiency. Journal of Marketing, 76（3）: 41-55.

Zhou K Z, Zhang Q Y, Sheng S B, et al. 2014. Are relational ties always good for knowledge acquisition? Buyer-supplier exchanges in China. Journal of Operations Management, 32（3）: 88-98.

第十一章　供应商组合关系治理对制造企业双元过程能力影响

第一节　双元过程能力给制造企业带来的挑战

组织间合作过程是制造企业将供应商资源转化为自身竞争优势的重要途径（Dyer and Hatch，2006；Ray et al.，2004）。有文献显示，供应商紧密协作能力和供应商灵活调换能力是制造企业利用供应商资源的两种重要能力（Sarkar et al.，2009；Tang and Rai，2012，2014）。供应商紧密协作能力是指制造企业协调其与供应商之间紧密合作过程的能力，该能力旨在提升组织间合作效率（Dyer and Singh，1998）。供应商灵活调换能力是指制造企业灵活建立和终结供应商关系过程的能力，该能力旨在增强企业对外部环境的适应性（Rai and Tang，2010）。基于效率和适应性的双元性，本章将制造企业双元过程能力（ambidextrous process capabilities）定义为制造企业同时具备供应商紧密协作能力和供应商灵活调换能力。双元过程能力既增强了制造企业利用现有供应商资源的效率，同时又允许制造企业灵活调换供应商以适应外部环境的变化，因而有利于提升制造企业绩效（Aoki and Wilhelm，2017；Kortmann et al.，2014；Tang and Rai，2014）。

然而，双元过程能力给制造企业关系治理带来了矛盾要求。一方面，供应商紧密协作能力要求制造企业与供应商建立强关系，强调依赖信任和规范等关系元素来促进制造企业与供应商之间紧密协作（李苗等，2013）；另一方面，供应商灵活调换能力要求制造企业与供应商建立弱关系，强调依赖价格机制来协调制造企业与供应商的交易关系，以增强制造企业调换供应商的灵活性。双元过程能力对制造企业关系治理的矛盾要求表现为在二元关系情境下（以单个制造企业–供应商关系为分析单位），关系治理对企业绩效的影响呈倒"U"形关系（Villena et al.，2011；Zhou et al.，2014），即随着关系强度增加，制造企业与供应商之间紧密协作的利益日益显著，进而正向影响制造企业绩效；然而达到一种程度后，过强的关系则阻碍了制造企业灵活调换供应商，使制造企业丧失了对外部环境的适应性，进而负向影响制造企业绩效（李苗等，2013；王亚娟等，2014）。

那么，制造企业供应商关系治理策略如何影响其双元过程能力的形成呢？二元关系情境下关系治理的研究结论是制造企业应该保持一种中等程度的关系强度，以避免企业过度偏重一种过程能力，而忽视另一种过程能力。然而，制造企业往往同时拥有多个供应商，这些供应商在服务同一家制造企业的过程中产生了相互依赖关系（Choi and Krause，2006；Roseira et al.，2010；Wilhelm，2011）。相互依赖关系的存在，使得二元关系情境下的研究结论无法延伸到多供应商情境中（Wassmer，2010；徐建中和武建龙，2013）。本章认为同时考虑多个供应商关系为探索关系治理对制造企业双元过程能力的影响提供了新的情境。第一，当我们考虑多供应商情境下的关系治理时，我们不仅要考虑关系的整体强度，同时还要考虑关系强弱在多个供应商之间的均衡分布程度，不同维度交互组合为研究关系治理对双元过程能力的影响提供了新的方向。第二，供应商之间的相互依赖关系有助于揭示关系治理对双元过程能力影响的新机制。供应商之间的替代与互补关系，有助于制造企业区隔供应商以采取不同关系治理策略进而形成双元过程能力；此外，供应商之间的相互依赖关系为供应商之间相互比较提供了可能，这为制造企业利用供应商之间的社会比较过程以影响供应商的公平感知，进而构建自身双元过程能力提供了机会。

　　然而，通过对国内外相关文献的梳理，本章发现多供应商情境下关系治理策略、前因条件及其对制造企业双元过程能力的影响机制均没有得到系统的研究。本章以供应商组合为分析单位，研究制造企业供应商组合关系治理对其双元过程能力的影响机制。供应商组合是指一组由制造企业积极管理的核心供应商（Rai and Tang，2010），供应商组合的视角允许我们从整体角度探讨制造企业如何通过关系治理策略管理多个供应商进而促进自身双元过程能力的形成（Hoffmann，2007；Ozcan and Eisenhardt，2009；徐建中和武建龙，2013）。

第二节　关系治理、过程能力的文献综述

一、制造企业-供应商情境下关系治理研究

　　关系治理作为一种重要的组织间关系管理机制，它强调依赖信任、互惠规范等关系元素来约束合作伙伴之间的交易行为（Zaheer and Venkatraman，1995）。交易成本理论以二元交易关系为分析单位，探讨了合同治理机制对二元交易关系绩效的影响。关系治理起源于合同治理替代治理机制的探讨，因此其研究普遍采用了交易成本理论的分析框架，学者也以二元关系为分析单位进行了相关研究（Sa Vinhas et al.，2012；Wathne and Heide，2004）。总的来看，这部分主要从事以下三个方面的研究：①关系治理对企业绩效的影响；②关系治理的前因条件；③关系治理与合同治理之间的不同绩效影响及两者的替代与互补关系（Poppo and

Zenger，2002；Cao and Lumineau，2015）。结合本章目标和内容，该部分重点梳理前两方面文献内容。

第一，就关系治理对企业绩效的影响而言，当前文献的总体结论是：关系治理对企业绩效的影响呈倒"U"形关系（Villena et al.，2011；Zhou et al.，2014）。随着关系强度增加，较强的关系有助于减少制造企业对供应商机会主义行为的监督成本（Zhou et al.，2015），激发供应商对复杂、敏感、隐性知识的分享（Li et al.，2010），进而正向影响制造企业绩效。然而，超过临界点之后，过强的关系则导致制造企业对外部环境变化的集体盲视，并给制造企业招致过度义务，阻碍其灵活调换供应商（Villena et al.，2011），进而负向影响制造企业绩效。实际上倒"U"形关系背后的核心逻辑是随着关系强度的增加，关系治理对供应商紧密协作过程和对外部环境适应过程的矛盾影响（李苗等，2013；王亚娟等，2014）。

第二，考虑到关系治理在组织间合作中的重要影响，学者从不同的理论视角揭示了关系治理的前因条件（Heide，1994；Gulati，1995）。一部分学者基于交易成本理论视角强调了关系治理对于交易困难的保护作用，进而揭示了组织间交易困难的相关因素是关系治理的前因条件，比如，外部环境不确定性、绩效测量困难性和具体关系投资等有利于企业在组织间关系中采取关系治理机制（Heide and John，1990）。另一部分学者基于关系交换理论强调了历史交易过程中形成的信任、规范对组织间交易行为的影响。这一部分文献揭示了组织间关系的时间长短、多面性以及边界人员的信任对关系治理的重要影响（Larson，1992；Ring and van de Ven，1992）。还有一部分学者基于权力依赖理论视角强调了权力不平衡对关系双方采取关系治理的影响。这一部分文献总的结论是权力劣势的企业更倾向于采用关系治理来管理其与权力优势企业的关系（Navarro-García et al.，2016）；而权力优势的企业只有在目标一致的情况下才会选择关系治理来管理其与权力弱势企业的关系（Cuevas et al.，2015）。另外，还有一部分学者从其他视角解释了关系治理的前因条件。比如，关系营销导向的企业更倾向于采用关系治理作为渠道成员关系的管理机制。

尽管当前研究帮助我们更好地理解二元关系情境下关系治理的绩效影响和前因条件，但制造企业往往同时拥有多个供应商，这些供应商之间，或是一种互补关系，或是一种替代关系。相互依赖关系的存在，使得我们无法将二元关系情境下关系治理的结论延伸到多供应商关系治理的情境中（Wassmer，2010；徐建中和武建龙，2013）。近年来，学者呼吁组织间关系管理研究应该超越二元关系视角，要考虑关系之间相互依赖性（Roseira et al.，2010；Sa Vinhas et al.，2012；Yang et al.，2017）。表 11-1 列出了这一领域的相关文献，尽管这一领域文献的数量并不多，但总的来看，这一部分文献主要由三个方面构成。

表 11-1　超越二元关系视角下关系管理的相关文献

文献	研究问题
Wathne 和 Heide（2004）	上游供应商关系的管理机制对下游顾客关系应对不确定市场环境的灵活性的影响
Choi 和 Krause（2006）	供应商基础整体复杂性的减少对采购企业不同绩效的矛盾影响
Choi 和 Wu（2009）	概念化了制造企业-供应商-供应商的三边关系，并分析了九种三边关系类型中关系的动态性
Rai 和 Tang（2010）	以供应商组合为分析单位，揭示了三种过程能力（供应商紧密协作能力、供应商灵活调换能力和物料灵活供应能力）在制造企业结构化 IT 能力对其绩效影响中的中介作用
Wu 等（2010）	在制造企业-供应商-供应商的三边关系中，制造企业影响供应商之间的竞争合作过程，进而影响供应商绩效
Wilhelm（2011）	丰田供应商之间水平关系的建立方式如何通过影响供应商之间的竞争行为进而影响供应商的绩效
Sa Vinhas 等（2012）	同一供应商下的采购企业之间的经济回报感知的不一致对该采购企业对供应商满意度的影响
Yang 等（2017）	供应商与制造企业的相对关系水平（相对于供应商组合的平均关系水平）对该供应商知识分享的影响

　　第一，一部分学者基于嵌入关系的视角，研究了邻近关系对当前关系的影响（Sa Vinhas et al.，2012；Yang et al.，2017）。这一部分学者认为当前制造企业-供应商关系实际上是嵌入在一个更大的供应商关系网络下，因此当前关系的治理结果往往会受到周边邻近关系的影响。第二，另一部分学者基于三边关系视角（triad relationship perspective）揭示网络关系之间的动态过程。比如，在制造企业-供应商-供应商的三边关系中，当前制造企业与供应商的关系，不仅受到制造企业与该供应商关系的影响，还会受到制造企业与其他供应商关系的影响，而且供应商与供应商的关系也会受到制造企业与这两个供应商关系的影响（Choi and Wu，2009；Wu et al.，2010）。第三，还有一部分学者基于整体视角研究了多个合作伙伴管理绩效的影响。其中，一些学者探讨了多供应商管理策略的整体有效性（Choi and Krause，2006；Rai and Tang，2010）；另一些学者则通过案例方式揭示了多供应商管理的过程机制（Dyer and Nobeoka，2000；Wilhelm，2011）。

二、制造企业-供应商情境下过程能力研究

　　组织间合作过程是指为实现合作目标而在组织之间建立或开展一系列惯例（routines）或活动（Nelson and Winter，1982；Ray et al.，2004）。随着企业之间竞争的日益激烈，充分利用供应商资源成为制造企业获得竞争优势的重要来源（Dyer and Singh，1998）。然而，供应商资源不可能自动转化为制造企业的竞争优势，而是要通过组织间合作过程实现转化，因此，有效的组织间合作过程能力对制造企

业充分利用供应商资源、提升自身绩效有着重要影响（Dyer and Hatch，2006）。

　　在制造企业-供应商合作情境下，学者关注了制造企业-供应商的不同合作过程，揭示了过程能力对企业绩效的影响。在这一领域，一部分学者直接揭示了某一过程能力对制造企业绩效的影响（Dyer and Hatch，2006；Zacharia et al.，2011），比如，Dyer 和 Hatch（2006）以丰田供应商管理为例，揭示了合作过程中的具体关系能力在丰田利用其供应商网络资源获得竞争优势中的作用。Zacharia 等（2011）揭示了在应对紧急事件中，合作过程能力对制造企业整合供应商能力和知识的影响，他们的研究显示合作过程能力正向影响制造企业在应对紧急事件中对供应商能力和知识的整合能力，中介了制造企业吸收能力对供应商参与紧急事件处理的影响，并正向影响制造企业运营和关系绩效。另一部分学者揭示了供应商之间的资源和能力如何通过过程能力来影响企业绩效（Chen et al.，2013；Rai et al.，2006）这一部分学者的基本逻辑基于 Grant（1996）的能力等级（hierarchy of capabilities）观点，即低水平的能力决定了高水平能力的形成，高水平能力对企业绩效的影响更加直接。比如，Rai 等（2006）揭示了 IT 的整合能力通过正向影响供应链整合能力进而正向影响企业绩效。Chen 等（2013）发现医院与供应商之间的关系资源（IT 整合和信任），通过正向影响医院与供应商之间的知识交换和整合过程能力，进而正向影响医院的供应链绩效。

　　近些年来，学者逐渐关注组织间关系情境下的组织双元性问题（Aoki and Wilhelm，2017；Blome et al.，2013；Kristal et al.，2010；Raisch et al.，2009）。一部分学者开始关注制造企业双元过程能力对其绩效的影响（Ferraris et al.，2018；Tang and Rai，2014）。比如，Tang 和 Rai（2014）区分了两种相互矛盾的过程能力：供应商紧密协作能力和供应商灵活调换能力，并将上述过程能力按高低分类，交叉组成四种能力组合，即两种能力的高平衡强互补组合，偏重供应商紧密协作能力组合，偏重供应商灵活调换能力组合，以及两种能力的高平衡弱互补组合。随后 Tang 和 Rai（2014）比较了不同能力组合下企业绩效的差异，结果发现同时具有供应商紧密协作能力和供应商灵活调换能力的制造企业绩效最好，偏重其中一种能力的企业绩效其次，两种能力平衡但都不强的企业绩效最差。Ferraris 等（2018）揭示了探索式商业过程 IT 能力和利用式商业过程 IT 能力对商业过程绩效的影响，以及商业过程能力对上述关系的调节作用。

　　考虑到过程能力对企业绩效的重要影响，学者研究了组织间合作过程能力形成的前因条件（Feller et al.，2013；Rai and Tang，2010；车密等，2018）。其中，一部分学者从组织内部视角揭示了组织内部过程或者能力对组织间过程能力的影响，比如，Feller 等（2013）揭示了知识的四种转化过程——社会化、外在化、组合化和内隐化，对组织间研发合作过程管理能力的影响，他们的研究显示这些知识转化过程在影响组织间研发合作过程管理能力中具有互补关系。另一部分学者从组织间关系视角揭示了组织间关系元素和能力对组织间过程能力的影响。比如，霍宝锋等（2013）研究了规范性关系承诺和工具性关系承诺在供应链整合中的作用，他们的研究显示规范性关系承诺和工具性关系承诺都能促进客户整合和供应商整合，但规范性关系承诺的促进作用更大。车密等（2018）将企业各种惯例性使用知识应用并内化为企业能力的过程定义为联盟管理实践采用，他们的研究显示联盟管理实践采用正向影响联盟管理能力。表 11-2 列出了制造企业–供应链情境下过程能力的相关文献。

表 11-2　制造企业–供应商情境下过程能力的相关文献

文献	研究问题
Dyer 和 Hatch（2006）	以丰田供应商管理为例，揭示了合作过程中具体关系能力在丰田利用其供应商网络资源获得竞争优势中的作用
Rai 等（2006）	企业资源和能力（顾客服务氛围、管理中的 IT 知识、过程中的技术资源及顾客服务过程中的投资）对服务过程绩效的影响
Rai 和 Tang（2010）	制造企业合作过程能力（供应商紧密协作能力、供应商灵活调换能力和物料灵活供应能力）对 IT 能力与制造企业绩效关系的中介作用
Zacharia 等（2011）	在应对紧急事件中，合作过程能力对制造企业整合供应商能力和知识的影响
Tang 和 Rai（2012）	供应商组合特征（组合集中度、关系长度和供应商可替代性）对供应商紧密协作能力和供应商灵活调换能力与企业产品线竞争绩效关系的调节作用
Chen 等（2013）	医院与供应商之间的知识交换和整合过程能力对组织间关系资源与供应链绩效关系的中介作用
霍宝锋等（2013）	供应商权力的使用对制造企业关系承诺的影响，以及关系承诺在供应链整合中的作用
Tang 和 Rai（2014）	将供应商紧密协作能力和供应商灵活调换能力交互组合成四种过程能力组合，并比较了不同能力组合下企业绩效的差异
Zhang 等（2015）	采购企业与供应商之间的沟通能力在企业边界人员沟通能力和专业知识对供应商关系投资的影响中起中介作用
Ferraris 等（2018）	探索式商业过程 IT 能力和利用式商业过程 IT 能力对商业过程绩效的影响，以及商业过程能力的调节作用

三、组织间关系情境下组织双元性研究

组织双元性（organizational ambidexterity）是指组织既能够有效地利用当前的资源和能力，同时又能够灵活地探索未来的资源和能力（Adler et al.，1999；Kauppila，2010；Raisch et al.，2009）。先前组织双元性研究关注的是组织内部过程或能力如何平衡效率和适应的矛盾，这一领域的文献提出了三种组织内部实现双元性的方式：结构上的双元性、时间上的双元性和情境上的双元性（O'Reilly and

Tushman，2013；Gibson and Birkinshaw，2004）。考虑到企业外部关系是企业竞争优势的重要来源，一些学者呼吁组织双元性研究应该跨越组织边界，关注企业如何利用组织间关系以实现组织双元性（O'Reilly and Tushman，2013；Lavie et al.，2010）。总的来看，这一方面文献由以下两个领域构成。

第一，研究联盟管理的学者关注如何通过调整联盟组合的构成，帮助焦点企业实现组织双元性（Lavie et al.，2011；Lin et al.，2007；Rothaermel and Deeds，2004）。比如，Rothaermel 和 Deeds（2004）发现企业可以与研究导向的企业建立联盟关系以实现企业探索式创新的目标，与商业导向的企业建立联盟关系以实现利用企业现有资源的目标，因此通过与不同特征的企业建立联盟关系有助于企业实现组织双元性。Kauppila（2010）则强调企业内部的整合能力与对探索式和利用式知识的平衡能力在企业充分利用探索式和利用式联盟关系方面的重要作用。Yamakawa 等（2011）则进一步显示组织、战略和外部环境因素对联盟组合双元性构成的绩效影响起调节作用，因此联盟组合的双元性构成要与这些因素匹配。

第二，供应链关系更多是一种长期的联盟关系，这为研究企业如何管理长期合作关系以实现组织双元性提供了特殊情境，因此，学者开始探究供应链情境下的组织双元性（Aoki and Wilhelm，2017；Blome et al.，2013；Im and Rai，2008；Kristal et al.，2010）。比如，Kristal 等（2010）揭示了双元化供应链实践（探索式供应链实践和利用式供应链实践）对企业商业绩效的正向影响，并强调了制造企业的整合竞争能力对上述关系的中介作用。通过丰田汽车供应商管理案例的研究，Aoki 和 Wilhelm（2017）发现：①在目标设计与实施方面灵活地保持目标模糊与目标明确可以避免过度强调探索式或利用式实践；②供应商关系结构上的区隔和结构上的整合有助于企业实现运营的双元性；③给供应商必要的安全保证可以减轻供应商面临的行业外部压力，进而增强供应商帮助采购企业实现运营双元性的意愿。但总的来看，这一领域的研究仍旧缺乏（Aoki and Wilhelm，2017；Blome et al.，2013）。表 11-3 列出了供应链情境下组织双元性的相关文献。

表 11-3　供应链情境下组织双元性的相关文献

文献	研究问题
Im 和 Rai（2008）	供应商的探索性知识分享和利用性知识分享对长期组织关系绩效的影响，以及制造企业的信息技术设计和组织设计对上述两种知识分享的影响
Kristal 等（2010）	双元化供应链实践（探索式供应链实践和利用式供应链实践）对企业商业绩效的影响，并揭示了制造企业的整合竞争能力对上述关系的中介作用
Patel 等（2012）	制造企业运营部门组织双元性（探索式创新导向和利用式创新导向）对环境不确定性-制造柔性-企业绩效关系的调节作用
Blome 等（2013）	供应链的双元性管理（关系治理和合同管理）对企业创新和成本绩效的影响

文献	研究问题
Kortmann 等（2014）	制造企业的两种双元过程能力（规模定制化和双元性创新）在制造企业战略灵活性对运营效率的影响中起中介作用
Tang 和 Rai（2014）	将供应商紧密协作能力和供应商灵活调换能力两种过程能力进行交互组合，并比较不同过程能力组合下企业绩效的差异
Aoki 和 Wilhelm（2017）	通过丰田供应商管理案例，揭示了采购企业如何通过管理长期合作关系的供应商平衡长期和短期利益

四、文献评述与研究缺口

结合上述文献综述，本章提出了以下几点思考。

第一，近年来学者呼吁组织间关系管理应该超越二元关系视角，要考虑多个关系之间的相互依赖性（Sa Vinhas et al.，2012；Wathne and Heide，2004；Yang et al.，2017）；但少有文献基于整体视角对多供应商关系情境下的关系治理绩效进行系统研究。当考虑多供应商情境下的关系治理时，我们不仅要考虑关系治理中关系的整体强度，还要考虑关系强度在多个供应商之间的均衡分布程度；这两个维度按高低分类、两两组合成不同关系治理的策略，增加了多供应商情境下关系治理的复杂性。针对多供应商情境下关系治理的复杂性，首先，学者有必要揭示多供应商情境下关系治理的维度、策略，并给出相应量表，为后续研究提供理论和实证基础；其次，学者有必要揭示多供应商情境下关系治理策略的前因条件，以解释企业在多供应商情境下关系治理策略的异质性。总之，这些研究工作将有助于将关系治理从二元关系情境延伸到多供应商关系情境。

第二，制造企业-供应商关系情境是一个重要的长期关系情境，然而该情境下的组织双元性问题并没有得到足够的研究（Aoki and Wilhelm，2017；Blome et al.，2013）。近年来学者将过程能力与组织双元性文献进行整合，探讨了制造企业双元过程能力对企业绩效的影响（Ferraris et al.，2018；Tang and Rai，2014），但制造企业双元过程能力的形成机制研究仍较为缺乏。就组织间关系情境下组织双元性的形成而言，研究联盟管理的学者以联盟组合为分析单位，强调通过调整联盟组合成员构成的方式实现企业组织双元性；但少有学者从关系治理的角度研究联盟组合关系治理策略对其组织双元性的影响。核心供应商作为制造企业重要的联盟伙伴，探究核心供应商组合关系治理策略对制造企业双元过程能力的影响机制，将会对制造企业-供应商关系情境下过程能力和组织双元性的文献有重要贡献。特别是，制造企业是否可以对供应商进行区隔以采取不同关系治理策略进而形成双元过程能力？供应商的相互依赖关系使得供应商之间产生社会比较过程，制造企业如何利用供应商之间的社会比较过程以应对双元过程能力对关系治理的矛盾要求？总的来看，这一方面的研究仍然较为缺乏。

第三，供应商紧密协作能力和供应商灵活调换能力是制造企业利用供应商资源的两种重要过程能力。然而，这两种过程能力给制造企业关系治理带来了矛盾要求。供应商紧密协作能力要求制造企业与供应商建立强关系，强调依赖信任和规范等关系元素来促进制造企业与供应商之间紧密协作（李苗等，2013）。相比而言，供应商灵活调换能力则要求制造企业与供应商建立弱关系，强调依赖价格机制来协调制造企业与供应商的交易关系，以增强制造企业调换供应商的灵活性（Aoki and Wilhelm，2017；Kortmann et al.，2014）。当前供应链管理文献分别关注两种过程能力，较少学者关注制造企业如何同时具备这两种过程能力（Tang and Rai，2014）。特别是目前尚未有学者从组织双元性角度对制造企业同时具有供应商紧密协作能力和供应商灵活调换能力进行概念化，从理论上揭示它们给制造企业关系治理带来了矛盾要求，并提出新概念的测量方法。这些概念性的工作将有助于促进供应链情境下组织双元性和过程能力的研究。

第三节　供应商组合关系治理的策略及测量

一方面，本节通过文献梳理和深度访谈，识别了供应商组合关系治理的两个维度，并将这两个维度按高低分类、两两组合，形成供应商组合关系治理的四个策略。另一方面，本节将参照文献中类似概念的测量方法，给出供应商组合关系治理维度和策略的测量方法，以作为后续实证的基础。

一、供应商组合关系治理维度和策略分类

供应商组合是指一组由制造企业积极管理的核心供应商（Rai and Tang，2010；Yang et al.，2017）。在与多个制造企业采购经理的交流中，本章发现，当从整体视角考虑供应商组合关系治理时，他们通常会关注两个基本问题：①究竟采用多强的关系程度来管理供应商组合成员；②关系强弱在不同成员中怎么分配，是均衡的分配，还是不均衡的分配。基于这两个问题，本章将供应商组合关系治理分为两个维度：关系的整体强度和关系的均衡程度。将上述两个维度按高低分类、两两组合，便形成了供应商组合关系治理的四种策略：均衡的强关系策略、不均衡的强关系策略、均衡的弱关系策略和不均衡的弱关系策略（图11-1）。接下来，本章将依据社会资本理论和社会比较理论，并从供应商之间合作和竞争两个方面解释上述四种供应商组合关系治理策略的作用机制。

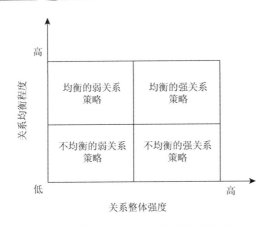

图 11-1　供应商组合关系治理的四种策略

均衡的强关系策略是指制造企业整体上较高程度地依赖关系去管理供应商组合成员，且与不同供应商成员保持均衡的关系水平。均衡的强关系策略有助于在供应商组合间形成黏性的网络结构。整体的强关系策略反映了制造企业致力于与供应商建立较强的关系水平，而均衡的关系策略则增强了制造企业促使供应商之间形成较强关系水平的能力。一方面，均衡的强关系策略有助于制造企业成为值得供应商信赖的共同第三方，制造企业可以利用自身的关系优势促使供应商之间形成良好的信任关系（Choi and Wu，2009；Roseira et al.，2010）。另一方面，制造企业对所有供应商采取均衡的关系策略，弱化了制造企业与不同供应商之间的关系差别，减少了供应商之间因竞争制造企业资源而导致的对抗态度，这有助于供应商对供应商组合形成较强的认同感（Dyer and Nobeoka，2000）。因此，均衡的强关系策略有助于形成黏性的网络结构，并且有助于促进制造企业与供应商以及供应商之间的紧密协作（Lawson et al.，2008）。

不均衡的强关系策略是指制造企业整体上较高程度地依赖关系去管理供应商组合成员，但与不同供应商成员保持不均衡的关系水平。整体的强关系策略反映了制造企业致力于与供应商建立较强的关系水平，以促进制造企业与供应商之间紧密协作。然而，不均衡的关系策略弱化了制造企业促使供应商之间形成较强关系水平的能力，激发了供应商之间的竞争。从供应商角度来看，与制造企业的关系强度反映了供应商从制造企业获得优待的可能性，当关系治理成为供应商管理的重要方式时，不均衡的强关系很容易被供应商感知到（Kilduff and Krackhardt，2008）。结构位置的相似性和社会的接近性，使得供应商组合实际上成为供应商之间相互比较的参照组（Yang et al.，2017）。制造企业不均衡的强关系策略将会引发供应商与同伴之间相互比较（Sa Vinhas et al.，2012），进而激发供应商之间的竞争，以谋求与制造企业建立相对优势的关系地位。因此，不均衡的强关系策略强调了制造企业与供应商之间的强关系，但又反映了不同供应商与制造企业之间关系的差别，这两种相反力量的结合将会导致一个中等黏性的网络结构。总之，不均衡的强关系策略导致了中等黏性的网络结构，促进了制造企业与供应商之间的紧密合作，但同时也增加了供应商之间的竞争。

均衡的弱关系策略是指制造企业整体上较低程度地依赖关系去管理供应商组合成员，且与不同供应商成员保持均衡的关系水平。实际上，均衡的弱关系策略反映了制造企业与所有供应商维持一种交易型的关系，此时供应商组合本质上就是一种交易型的网络结构。在这种情况下，制造企业与供应商之间的交易行为主要受价格机制影响，制造企业与供应商之间的关系几乎不能对制造企业与供应商以及供应商之间的行为产生影响。采取均衡的弱关系策略的制造企业，通常采购风险非常小且产品构成简单，不需要供应商过多地参与，此时价格机制就可以有效率地协调制造企业与供应商之间的交易行为。

不均衡的弱关系策略是指制造企业整体上较低程度地依赖关系去管理供应商组合成员，但与不同供应商成员保持不均衡的关系水平。不均衡的弱关系策略导致了低黏性的网络结构。首先，整体的弱关系策略表明制造企业并不看重关系在供应商管理中的作用，因此，制造企业无意构建一个黏性的网络结构。其次，制造企业与不同供应商建立不同强度的关系，损害了制造企业作为一个值得供应商信赖的共同第三方，进而损害了制造企业构建黏性网络结构的能力（Choi and Wu，2009；Reagans and McEvily，2003）。然而，尽管供应商组合的整体关系水平不高，但不均衡的弱关系策略意味着制造企业与少数供应商仍保持相对较强的关系水平，从供应商角度来看，不均衡的弱关系策略仍能激发供应商之间的相互竞争。总之，不均衡的弱关系策略导致了低黏性水平的网络结构，弱化了制造企业与供应商的紧密合作，并在一定程度上强化了供应商之间的竞争。表11-4提炼了供应商组合关系治理策略含义及其对供应商合作与竞争的影响。

表 11-4　供应商组合关系治理策略及其影响

策略名称	含义	影响
均衡的强关系	制造企业与供应商之间强关系，且弱化与不同供应商关系之间的差异	高黏性的网络结构，制造企业与供应商高合作，供应商之间低竞争
不均衡的强关系	制造企业与供应商之间强关系，但强化与不同供应商关系之间的差异	中等黏性的网络结构，制造企业与供应商高合作，供应商之间高竞争
均衡的弱关系	制造企业与供应商之间弱关系，且弱化与不同供应商关系之间的差异	交易型的网络结构，价格机制而非关系机制影响供应商的行为
不均衡的弱关系	制造企业与供应商之间弱关系，但强化与不同供应商关系之间的差异	低黏性的网络结构，制造企业与供应商低合作，供应商之间中等程度竞争

二、供应商组合关系治理维度和策略的测量

在二元关系情境关系治理的研究中，关系治理的测量广泛地采用 Poppo 和 Zenger（2002）的量表，该量表的题项实际上包含了信任和关系惯例（relational routines），涵盖了关系治理的规范和行为两个方面的内容（Poppo et al.，2008；Zhou et al.，2015），该量表具体由三个题项构成：①制造企业与供应商建立了非常好的合作关系；②制造企业与供应商拥有共同的短期与长期的目标和计划；③制造企业相信供应商做出的承诺。本章拟要求制造企业受访者参照 Poppo 和 Zenger（2002）关系治理的三个题项，依次从整体上对供应商组合关系治理的整体强度和均衡程度进行评价（Sarkar et al.，2009），然后用提取因子的方法获得供应商组合关系治理的两个维度变量的测量。

基于上述两个维度的测量，本章认为用样条函数（spline function）和交互相乘的方式来测量供应商组合关系治理的四种策略较为合适。本章首先用样条函数分别将供应商组合关系治理的两个维度分为高、低两个变量（Greve，2003；Griffith et al.，2017）。本章将以关系整体强度的高、低两个变量的计算为例，对样条函数的计算过程给予解释。首先，本章将计算所有制造企业供应商组合关系治理整体强度的均值；然后生成两个新变量，第一个新变量保留整体强度变量均值以上的数值，而将均值以下数值替换为零，此时该新变量即为高整体强度变量；类似地，本章将第二个新变量保留整体强度变量均值以下的数值，并将均值以上数值替换为零，此时该新变量即为低整体强度变量。采用同样方法，本章可以获得高均衡程度变量和低均衡程度变量。

随后，参照 Joseph 和 Gaba（2015）关于一致性和不一致性绩效反馈的测量的方法，本章将高均衡程度变量和低均衡程度变量分别与高整体强度变量和低整体强度变量两两相乘，进而得到四种关系治理策略变量。其中，高均衡程度变量与高整体强度变量的交互项变量为均衡的强关系策略，低均衡程度变量与高整体强度变量的交互项变量为不均衡的强关系策略，高均衡关系变量与低整体关系变量的交互项变量为均衡的弱关系策略，低均衡关系变量与低整体关系变量的交互项变量为不均衡的弱关系策略。

供应商组合关系治理策略的测量是一项有挑战性的工作。总的来看，本章首先在 Poppo 和 Zenger（2002）经典的关系治理量表基础上发展供应商组合关系治理两个维度的量表，然后借鉴 Joseph 和 Gaba（2015）的做法给出四种关系治理策略的测量。这些变量量表和方法均来自文献中的成熟方法，因此本章提出的测量具有一定的科学性。

第四节　区隔化关系治理对双元过程能力影响

将相互冲突的过程进行结构上区隔（structural separation）是实现组织双元性的重要方法（Gibson and Birkinshaw，2004；Jansen et al.，2009）。本章将供应商组合区隔化关系治理定义为制造企业对互补关系的供应商采取均衡的强关系策略，对替代关系的供应商采取不均衡的弱关系策略。本章旨在探讨供应商组合区隔化关系治理如何影响供应商组合的双重网络结构进而影响制造企业的双元过程能力。首先，本章将探讨供应商组合的双重网络结构对制造企业双元过程能力的影响；其次，本章将探讨供应商组合区隔化关系治理对供应商组合双重网络结构的影响；最后，本章将揭示供应商行业竞争及制造企业与供应商技术差异对供应商组合区隔化关系治理与供应商组合双重网络结构关系的调节作用。

一、供应商组合的双重网络结构对制造企业双元过程能力的影响

双元过程能力是指制造企业同时具有供应商紧密协作能力和供应商灵活调换能力（Tang and Rai，2012，2014）。网络黏性是指网络关系中有多大程度由共同的第三方连接（Reagans and McEvily，2003），高黏性的网络结构实际对应 Coleman（1988）的集体型社会资本，对制造企业供应商紧密协作能力和供应商灵活调换能力产生了相反影响。一方面，网络黏性中的信任、规范等关系元素增强了制造企业促进供应商紧密协作的能力，然而过于黏性的网络结构却束缚了制造企业灵活选择供应商的能力，进而影响了其对外部环境的适应性（Gargiulo and Benassi，2000）。Capaldo（2007）提出了一种双重网络结构，即企业对核心合作伙伴维持一种强关系，而对次要合作伙伴维持一种弱关系。双重网络结构既维持了企业与重要合伙伙伴的紧密合作，同时又为企业接触多元化的供应商资源提供了渠道，因而有助于制造企业形成双元过程能力。

根据供应商互补与替代关系，本章将供应商组合的双重网络结构定义为在供应商组合中，互补供应商之间存在较强的网络黏性，但可替代供应商之间存在较低的网络黏性（Capaldo，2007；Tiwana，2008）。本章认为供应商组合的双重网络结构有助于制造企业形成双元过程能力。其逻辑为供应商紧密合作更多是互补供应商之间的合作，而灵活调换供应商则更多是在可替代供应商之间调换。当制造企业在供应商组合中构建双重网络结构时，一方面高黏性网络结构下的信任和集体谴责促进了互补供应商之间的紧密合作（Krause et al.，2007；Lawson et al.，2008）；另一方面低黏性网络结构降低了制造企业替换供应商时遭

遇到的关系阻力，进而增强了制造企业调节供应商的灵活性。基于以上分析，本章提出如下假设。

假设11.1：供应商组合双重网络结构正向影响制造企业双元过程能力。

二、区隔化关系治理对供应商组合双重网络结构的影响

区隔化关系治理是指在供应商组合关系治理中，制造企业对互补关系的供应商采取均衡的强关系策略，对替代关系的供应商采取不均衡的弱关系策略。制造企业根据供应商之间的互补和替代关系对供应商组合进行结构上区隔，然后分别采取不同的关系治理策略，以帮助制造企业在供应商组合中构建双重网络结构（Dyer and Singh，1998）。一方面，制造企业对互补关系供应商采用均衡的强关系策略，该策略有助于制造企业成为供应商共同信赖的第三方，促进了供应商之间形成良好的信任关系（Choi and Wu，2009；Reagans and McEvily，2003；Roseira et al.，2010），削弱了供应商之间因竞争而导致的对抗态度，进而促进供应商形成较强的群体认同感（Corsten et al.，2011；Dyer and Nobeoka，2000），最终在互补供应商之间形成黏性的网络结构。另一方面，制造企业对替代关系供应商采取不均衡的弱关系策略，该策略激发供应商之间为争夺制造企业资源而竞争，进而在可替代供应商之间形成低黏性的网络结构。因此，区隔化关系治理有助于制造企业在供应商组合中构建双重网络结构。基于以上分析，本章提出如下假设。

假设11.2：区隔化关系治理正向影响供应商组合双重网络结构。

假设11.2a：制造企业对互补供应商采取均衡的强关系策略正向影响互补供应商网络黏性。

假设11.2b：制造企业对可替代供应商采取不均衡的弱关系策略负向影响可替代供应商网络黏性。

本章进一步认为供应商行业竞争和制造企业与供应商技术差异对两种关系治理策略与供应商网络黏性的影响关系产生相反的调节作用。当供应商行业竞争较激烈时，本章预测均衡的强关系策略对互补供应商网络黏性的正向影响会减弱，而不均衡的弱关系策略对可替代供应商网络黏性的负向影响则会增强。其逻辑为激烈的竞争环境使得互补供应商更有动机与其他供应商一起致力于与制造企业建立长期稳定的合作关系，供应商建立黏性网络的自发动机，将会抵消均衡的强关系策略对互补供应商网络黏性的正向影响。相反，供应商行业较为激烈的竞争意味着可替代供应商之间的竞争更加激烈，因此，可替代供应商对制造企业的不均衡的弱关系策略更加敏感，做出的反应也更加激烈。此时制造企业采取不均衡的弱关系策略将更能激发可替代供应商对制造企业资源的竞争，从而进一步弱化可替代供应商之间的网络黏性。基于以上分析，本章提出如下假设。

假设 11.3a: 供应商行业竞争将减弱均衡的强关系策略对互补供应商网络黏性的正向影响。

假设 11.3b: 供应商行业竞争将增强不均衡的弱关系策略对可替代供应商网络黏性的负向影响。

当制造企业与供应商之间技术差异较大时，本章预测均衡的强关系策略对互补供应商网络黏性的正向影响将会增强，而不均衡的弱关系策略对可替代供应商网络黏性的负向影响将会减弱。其逻辑为制造企业与供应商之间技术差异负向影响制造企业对供应商合作行为的评估和奖惩能力（Cohen and Levinthal, 1990; Mowery et al., 1996）。当制造企业与供应商之间技术差异较大时，制造企业对供应商之间的合作行为无法给予准确评估和奖惩，一旦在与供应商合作的过程中发生冲突，制造企业无法给予准确的评估和奖惩。在这种情境下，制造企业均衡的强关系策略赋予制造企业成为供应商共同依赖的第三方，因而有助于制造企业解决供应商之间的冲突。因此，当制造企业与供应商之间技术差异较大时，均衡的强关系策略对互补供应商网络黏性的正向影响会增强。类似地，当制造企业与供应商之间技术差异较大时，制造企业也无法对可替代供应商的竞争结果给予准确的评估和奖惩，此时不均衡的弱关系策略对可替代供应商竞争的促进作用就会减弱。因此，在这种情况下，不均衡的弱关系策略对可替代供应商网络黏性的负向影响就会减弱。基于以上分析，本章提出如下假设。

假设 11.4a: 制造企业与供应商技术差异增强了均衡的强关系策略对互补供应商网络黏性的正向影响。

假设 11.4b: 制造企业与供应商技术差异减弱了不均衡的弱关系策略对可替代供应商网络黏性的负向影响。

图 11-2 画出了本节的理论框架图。

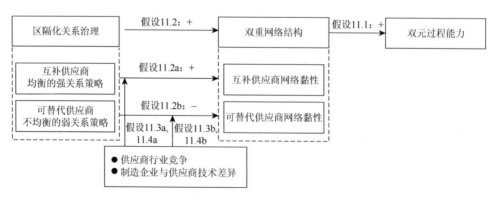

图 11-2　区隔化关系治理对制造企业双元过程能力影响的理论框架

第五节　不均衡的强关系对双元过程能力影响

基于组织公平理论，本章将系统地探讨制造企业不均衡的强关系策略对其双元过程能力的影响机制。首先，本节将探讨供应商公平感知对制造企业双元过程能力的影响；其次，本节将探讨不均衡的强关系策略对供应商公平感知的影响；最后，本节将探讨供应商组合的技术异质性和网络密度对不均衡的强关系策略与供应商公平感知关系的调节作用。

一、供应商公平感知对制造企业双元过程能力的影响

公平作为一种非正式的社会规范，对提升供应商对制造企业交易关系的承诺、降低合作过程中的潜在冲突具有重要意义（Husted and Folger，2004；Luo et al.，2015）。本章认为供应商公平感知既可以促进供应商紧密协作，又允许制造企业灵活调换供应商。其原因在于：一方面，供应商公平感知增强了供应商对于制造企业对等互惠的信心，因此供应商更愿意与制造企业紧密合作，并在合作关系中进行长期投资（钱丽萍和任星耀，2010）；另一方面，当制造企业调换绩效不好的供应商时，供应商公平感知既增强了当前供应商对制造企业做法的理解，同时也减少了制造企业调换供应商时面临的来自其他供应商的压力，因而增强了制造企业灵活调换供应商的能力。基于以上分析，本章提出如下假设。

假设 11.5：供应商公平感知正向影响制造企业双元过程能力。

二、不均衡的强关系策略对供应商公平感知的影响

本章认为不均衡的强关系策略正向影响供应商的公平感知。其原因在于，不均衡的强关系策略表明了制造企业既强调依靠信任、互惠等关系元素来管理其与供应商的合作行为，同时又强调其与不同供应商的关系存在差异。由于供应商组合实际上扮演着供应商相互比较的参照组角色（Sa Vinhas et al.，2012；Yang et al.，2017），从供应商的角度出发，自身与制造企业关系强弱的差异反映了供应商从制造企业获得优待的可能性。因此，制造企业不均衡的强关系策略将会激发供应商之间的竞争，以求与制造企业建立相对优势的关系地位（Griffith et al.，2001；Kim and Tsai，2012）。制造企业通过与绩效好的供应商发展较强关系，以使它们相对于其他供应商在资源分配上获得差别优待；而与那些绩效不好的供应商发展较弱的关系，以使它们无法获得差别优待。因此，制造企业不均衡的强关系策略将会增强供应商的公平感知。基于此，本章提出如下假设。

假设 11.6：制造企业不均衡的强关系策略正向影响供应商的公平感知。

假设 11.6 的逻辑是不均衡的强关系策略使得制造企业能够根据供应商绩效的差异发展不均衡的关系强度，进而增强供应商的公平感知。这一逻辑背后存在两个潜在假设：①供应商评价标准一致；②供应商绩效信息充分透明。围绕上述两个潜在假设，本章认为供应商组合技术异质性和网络密度对不均衡的强关系策略与供应商公平感知关系将产生相反的调节作用。

供应商组合技术异质性是供应商组合成员之间技术的差异，它增加了制造企业寻找一个一致性奖惩标准的难度。当缺乏一致性的供应商评价标准时，不均衡的强关系策略很难在供应商之间形成一个公平感知。比如，有的供应商资源稀缺，在合作过程中投入很少，而有的供应商对合作投入得很多，但其资源相对较为同质化，此时制造企业对上述两类供应商采取不均衡的强关系策略则很难在它们之间形成公平感知。基于以上分析，本章提出如下假设。

假设 11.7：供应商组合技术异质性将减弱不均衡的强关系策略对供应商公平感知的正向影响。

另外，供应商的公平感知相当程度上受同伴之间相互比较的影响，供应商在合作过程的投入程度，以及是否被区别对待都是相对于同伴比较而言，而非绝对的。因此，只有当供应商之间的绩效信息能够广泛地被其他供应商了解，制造企业不均衡的强关系策略才能更好地增强供应商的公平感知。供应商组合网络密度是指供应商之间的连接程度（Yang et al., 2017）。供应商组合网络密度越高，供应商之间绩效信息扩散得越充分，供应商之间信息越透明，进而制造企业不均衡的强关系策略就越能增强供应商的公平感知。基于以上分析，本章提出如下假设。

假设 11.8：供应商组合网络密度将增强不均衡的强关系策略对供应商公平感知的正向影响。

图 11-3 画出了本节的理论框架图。

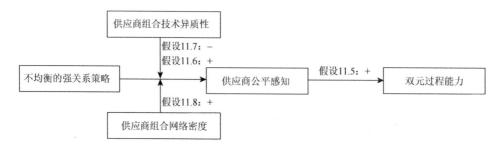

图 11-3　不均衡的强关系策略对制造企业双元过程能力影响的理论框架

第六节　供应商组合关系治理策略的前因条件

本章第四、五节揭示了供应商组合关系治理对制造企业双元过程能力的重要影响，本节试图揭示供应商关系治理策略的前因条件。基于第一节关于供应商组合关系治理两个维度的阐述，本章认为影响供应商组合关系治理有两个基本因素：①供应商之间是否需要紧密合作；②制造企业是否有足够权力激起供应商之间的竞争。当产品生产需要供应商之间紧密合作时，制造企业倾向于采用强关系策略以促进供应商之间紧密合作；当制造企业有权力引发供应商之间的竞争时，制造企业会倾向于采用不均衡关系策略以激发供应商之间的竞争；这两个因素交叉组合影响着制造企业供应商组合关系治理策略选择。

根据上述逻辑，本章试图从制造企业的产品复杂性和采购规模来揭示影响供应商组合关系治理策略的前因条件。产品复杂性对应着供应商之间是否需要紧密合作，产品越复杂，越需要供应商之间紧密合作；制造企业采购规模对应着制造企业是否有能力引发供应商之间的竞争，采购规模越大，制造企业越有权力引发供应商之间的竞争（Cox，2001；Wilhelm，2011）。本章将产品复杂性分为高低两组，将采购规模分为高低两组，这两个因素交叉影响着制造企业供应商组合关系治理策略（图11-4）。

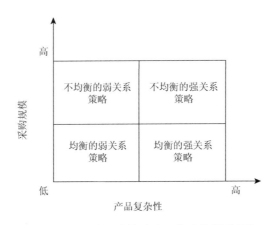

图 11-4　供应商组合关系治理策略的前因条件

当制造企业的产品复杂性和采购规模同时较高时，本章认为制造企业倾向于采取不均衡的强关系策略。其逻辑为较高的产品复杂性要求制造企业与供应商之间建立紧密合作关系，因此制造企业倾向于与供应商之间建立强关系。相反，当制造企业采购规模较大时，制造企业有足够的采购权力促进供应商之间紧密合作，此时制造企业有可能采取不均衡的关系策略以激发供应商之间相互竞争。这一情境类似于丰田的供应商管理策略，由于汽车产品较复杂，因此丰田强调与供应商的长期合作关系，同时丰田的采购规模比较大，因此丰田有权力激发供应商之间的竞争，以促使供应商之间相互学习，不断地提升自身绩效（Cox，2001；Wilhelm，2011）。综合两方面考虑，本章提出如下假设。

假设 11.9：当产品复杂性和采购规模均高时，制造企业的供应商组合关系治理倾向于采取不均衡的强关系策略。

当产品复杂性高，但采购规模低时，本章认为制造企业倾向于采取均衡的强关系策略。其逻辑为产品复杂性越高，制造企业越需要促进供应商之间紧密合作，因此制造企业倾向于与供应商之间建立强关系。但由于制造企业的采购规模较低，制造企业无法依赖自己的采购权力促进供应商紧密协作，此时采取均衡的强关系策略有助于制造企业在供应商组合中形成较强的社会资本，进而实现供应商之间紧密合作。结合两方面考虑，本章提出如下假设。

假设 11.10：当产品复杂性较高，但采购规模较低时，制造企业的供应商组合关系治理倾向于采取均衡的强关系策略。

当产品复杂性低，但采购规模高时，本章认为制造企业倾向于采取不均衡的弱关系策略。其逻辑为低复杂性的产品并不需要供应商之间紧密合作，因此制造企业没有动机采取强关系策略；相反，制造企业更关心供应商之间竞争带来的采购成本降低和质量提升的利益。因此，当采购规模较高时，制造企业更倾向于利用自己的采购权力，通过不均衡的弱关系策略以引发供应商之间的竞争。结合上述两方面考虑，本章提出如下假设。

假设 11.11：当产品复杂性低，但采购规模高时，制造企业的供应商组合关系治理倾向于采取不均衡的弱关系策略。

当产品复杂性和采购规模均低时，本章预测制造企业倾向于采取均衡的弱关系策略。其逻辑为低复杂性的产品并不需要供应商之间紧密合作，因此，制造企业没有动机采取强关系策略；同时，由于制造企业的采购规模较低，制造企业的不均衡关系策略无法引发供应商之间的竞争，因此，制造企业更有可能建立均衡的弱关系策略。结合上述两方面考虑，本章提出如下假设。

假设 11.12：当产品复杂性和采购规模均低时，制造企业的供应商组合关系治理倾向于采取均衡的弱关系策略。

第七节　本　章　小　结

双元过程能力使得制造企业既能有效率地利用现有供应商资源，同时又能灵活地调换供应商以适应外部环境的变化，因而对制造企业竞争优势具有重要影响。

本章以供应商组合为分析单位，提出了制造企业供应商组合关系治理策略对其双元过程能力影响的理论框架。首先，本章从概念上对供应商组合关系治理维度、策略进行分类，并提出相应的测量方法。其次，基于区隔理论和公平理论视角，本章分别揭示了如何通过不同的供应商组合关系治理策略帮助制造企业形成双元过程能力。最后，本章从产品生产是否需要供应商紧密协作，以及制造企业是否有足够采购权力激发供应商之间竞争这两个角度出发，分别揭示了不同供应商组合关系治理策略的前因条件。

本章将对制造企业-供应商情境下关系治理、过程能力和组织双元性文献的发展做出贡献。首先，近年来学者呼吁关系管理应该超越二元关系视角，考虑多个关系之间的相互依赖性（Roseira et al.，2010；Sa Vinhas et al.，2012；Yang et al.，2017）。本章探讨了供应商组合关系治理的维度和策略，并提供了相应的测量方法，为今后研究供应商组合层面的关系治理提供了理论基础。其次，多供应商情境下，制造企业关系治理如何影响其双元过程能力形成的研究仍然缺乏。本章一方面基于区隔理论视角揭示了区隔化关系治理对制造企业双元过程能力的影响机制；另一方面基于公平理论视角揭示了不均衡的强关系策略对制造企业双元过程能力的影响机制。最后，先前的关系治理研究更多是揭示二元关系情境下关系治理的前因条件，本章基于供应商组合关系治理维度对应的两个基本问题，探讨了制造企业特征对其供应商组合不同关系治理策略选择的影响。

本章将有助于采购经理思考在多供应商关系情境下，制造企业如何利用不同的关系治理策略以提升自身的双元过程能力，以及不同供应商组合关系治理策略的前因条件。首先，当考虑多个供应商关系管理时，采购经理不仅要考虑关系的整体强度，同时还要考虑关系强弱在不同供应商关系之间的均衡分布程度。本章将启发采购经理思考如何基于关系整体强度和关系均衡程度构建供应商组合关系治理策略，以及不同关系治理策略对供应商组合网络结构及供应商合作竞争行为的影响。其次，双元过程能力使得制造企业既能有效率地利用现有供应商资源，同时又能灵活地调换供应商以适应外部环境的变化，对制造企业竞争优势有着重要影响。本章将启发采购经理思考如何利用不同的关系治理策略以管理多个供应商进而实现自身的双元过程能力。最后，本章从制造企业特征角度揭示了供应商组合关系治理策略的前因条件，因此，我们将启发采购经理思考如何根据自身的特征在供应商组合层面上选取不同的关系治理策略。

参 考 文 献

车密，江旭，高山行.2018. 学习导向、联盟管理实践采用与联盟管理能力. 科学学研究，36（2）：313-323.

霍宝锋，韩昭君，赵先德.2013. 权力与关系承诺对供应商整合的影响. 管理科学学报，16（4）：33-50.

李苗，庄贵军，张涛，等.2013. 企业间关系质量对关系型渠道治理机制的影响：企业IT能力的调节作用. 营销科学学报，（1）：79-89.

钱丽萍，任星耀. 2010. 厂家控制机制、经销商态度行为与渠道绩效的关系研究：基于 4S 店的实证分析. 管理评论，22（8）：57-67.

王亚娟，刘益，张钰. 2014. 关系价值还是关系陷入？——供应商与客户关系耦合的权变效应研究. 管理评论，（2）：165-176.

徐建中，武建龙. 2013. 联盟组合研究述评. 软科学，27（7）：118-122.

Adler P S, Goldoftas B, Levine D I. 1999. Flexibility versus efficiency？A case study of model changeovers in the Toyota production system. Organization Science，10（1）：43-68.

Aoki K，Wilhelm M. 2017. The role of ambidexterity in managing buyer-supplier relationships：the Toyota case. Organization Science，28（6）：1080-1097.

Blome C，Schoenherr T，Kaesser M. 2013. Ambidextrous governance in supply chains：the impact on innovation and cost performance. Journal of Supply Chain Management，49（4）：59-80.

Cao Z，Lumineau F. 2015. Revisiting the interplay between contractual and relational governance：a qualitative and meta-analytic investigation. Journal of Operations Management，33：15-42.

Capaldo A. 2007. Network structure and innovation：the leveraging of a dual network as a distinctive relational capability. Strategic Management Journal，28（6）：585-608.

Chen D Q，Preston D S，Xia W D. 2013. Enhancing hospital supply chain performance：a relational view and empirical test. Journal of Operations Management，31（6）：391-408.

Choi T Y，Krause D R. 2006. The supply base and its complexity：implications for transaction costs，risks，responsiveness，and innovation. Journal of Operations Management，24（5）：637-652.

Choi T Y，Wu Z H. 2009. Triads in supply networks：theorizing buyer-supplier-supplier relationships. Journal of Supply Chain Management，45（1）：8-25.

Cohen W M，Levinthal D A. 1990. Absorptive capacity：a new perspective on learning and innovation. Administrative Science Quarterly，35（1）：128-152.

Coleman J S. 1988. Social capital in the creation of human capital. American Journal of Sociology，94：S95-S120.

Corsten D，Gruen T，Peyinghaus M. 2011. The effects of supplier-to-buyer identification on operational performance：an empirical investigation of inter-organizational identification in automotive relationships. Journal of Operations Management，29（6）：549-560.

Cox A. 2001. Understanding buyer and supplier power：a framework for procurement and supply competence. Journal of Supply Chain Management，37（1）：8-15.

Cuevas J M，Julkunen S，Gabrielsson M. 2015. Power symmetry and the development of trust in interdependent relationships：the mediating role of goal congruence. Industrial Marketing Management，48：149-159.

Dyer J H，Hatch N W. 2006. Relation-specific capabilities and barriers to knowledge transfers：creating advantage through network relationships. Strategic Management Journal，27（8）：701-719.

Dyer J H，Nobeoka K. 2000. Creating and managing a high-performance knowledge-sharing network：the Toyota case. Strategic Management Journal，21（3）：345-367.

Dyer J H，Singh H. 1998. The relational view：cooperative strategy and sources of interorganizational competitive advantage. Academy of Management Review，23（4）：660-679.

Feller J，Parhankangas A，Smeds R，et al. 2013. How companies learn to collaborate：emergence of improved inter-organizational processes in R&D alliances. Organization Studies，34（3）：313-343.

Ferraris A，Monge F，Mueller J. 2018. Ambidextrous IT capabilities and business process performance：an empirical analysis. Business Process Management Journal, 24 (5): 1077-1090.

Gargiulo M, Benassi M. 2000. Trapped in your own net? Network cohesion, structural holes, and the adaptation of social capital. Organization Science, 11 (2): 183-196.

Gibson C B, Birkinshaw J. 2004. The antecedents, consequences, and mediating role of organizational ambidexterity. Academy of Management Journal, 47 (2): 209-226.

Grant R M. 1996. Toward a knowledge-based theory of the firm. Strategic Management Journal, 17 (S2): 109-122.

Greve H R. 2003. A behavioral theory of R&D expenditures and innovations: evidence from shipbuilding. Academy of Management Journal, 46 (6): 685-702.

Griffith D A, Hoppner J J, Lee H S, et al. 2017. The influence of the structure of interdependence on the response to inequity in buyer-supplier relationships. Journal of Marketing Research, 54 (1): 124-137.

Griffith D A, Zeybek A Y, O'Brien M. 2001. Knowledge transfer as a means for relationship development: a Kazakhstan-foreign international joint venture illustration. Journal of International Marketing, 9 (2): 1-18.

Gulati R. 1995. Social structure and alliance formation patterns: a longitudinal analysis. Administrative Science Quarterly, 40 (4): 619-652.

Heide J B. 1994. Interorganizational governance in marketing channels. Journal of Marketing, 58 (1): 71-85.

Heide J B, John G. 1990. Alliances in industrial purchasing: the determinants of joint action in buyer-supplier relationships. Journal of Marketing Research, 27 (1): 24-36.

Hoffmann W H. 2007. Strategies for managing a portfolio of alliances. Strategic Management Journal, 28 (8): 827-856.

Husted B W, Folger R. 2004. Fairness and transaction costs: the contribution of organizational justice theory to an integrative model of economic organization. Organization Science, 15 (6): 719-729.

Im G, Rai A. 2008. Knowledge sharing ambidexterity in long-term interorganizational relationships. Management Science, 54 (7): 1281-1296.

Jansen J J P, Tempelaar M P, van den Bosch F A J, et al. 2009. Structural differentiation and ambidexterity: the mediating role of integration mechanisms. Organization Science, 20 (4): 797-811.

Joseph J, Gaba V. 2015. The fog of feedback: ambiguity and firm responses to multiple aspiration levels. Strategic Management Journal, 36 (13): 1960-1978.

Kauppila O P. 2010. Creating ambidexterity by integrating and balancing structurally separate interorganizational partnerships. Strategic Organization, 8 (4): 283-312.

Kilduff M, Krackhardt D. 2008. Interpersonal Networks in Organizations: Cognition, Personality, Dynamics, and Culture. Cambridge: Cambridge University Press.

Kim K H, Tsai W. 2012. Social comparison among competing firms. Strategic Management Journal, 33 (2): 115-136.

Kortmann S, Gelhard C, Zimmermann C, et al. 2014. Linking strategic flexibility and operational efficiency: the mediating role of ambidextrous operational capabilities. Journal of Operations Management, 32 (7/8): 475-490.

Krause D R, Handfield R B, Tyler B B. 2007. The relationships between supplier development, commitment, social capital accumulation and performance improvement. Journal of Operations Management, 25 (2): 528-545.

Kristal M M, Huang X W, Roth A V. 2010. The effect of an ambidextrous supply chain strategy on combinative competitive capabilities and business performance. Journal of Operations Management, 28 (5): 415-429.

Larson A. 1992. Network dyads in entrepreneurial settings: a study of the governance of exchange relationships. Administrative Science Quarterly, 37 (1): 76-104.

Lavie D, Kang J, Rosenkopf L. 2011. Balance within and across domains: the performance implications of exploration and exploitation in alliances. Organization Science, 22 (6): 1517-1538.

Lavie D，Stettner U，Tushman M L. 2010. Exploration and exploitation within and across organizations. The Academy of Management Annals，4（1）：109-155.

Lawson B，Tyler B B，Cousins P D. 2008. Antecedents and consequences of social capital on buyer performance improvement. Journal of Operations Management，26（3）：446-460.

Li J J，Poppo L，Zhou K Z. 2010. Relational mechanisms，formal contracts，and local knowledge acquisition by international subsidiaries. Strategic Management Journal，31（4）：349-370.

Lin Z A，Yang H B，Demirkan I. 2007. The performance consequences of ambidexterity in strategic alliance formations：empirical investigation and computational theorizing. Management Science，53（10）：1645-1658.

Luo Y D，Liu Y，Yang Q，et al. 2015. Improving performance and reducing cost in buyer-supplier relationships：the role of justice in curtailing opportunism. Journal of Business Research，68（3）：607-615.

Mowery D C，Oxley J E，Silverman B S. 1996. Strategic alliances and interfirm knowledge transfer. Strategic Management Journal，17（Suppl. 2）：77-91.

Navarro-García A，Sánchez-Franco M J，Rey-Moreno M. 2016. Relational governance mechanisms in export activities：their determinants and consequences. Journal of Business Research，69（11）：4750-4756.

Nelson R R，Winter S G. 1982. An Evolutionary Theory of Economic Change. Cambrigde：Harvard University Press.

Nijssen E J，Guenzi P，van der Borgh M. 2017. Beyond the retention：acquisition trade-off：capabilities of ambidextrous sales organizations. Industrial Marketing Management，64：1-13.

O'Reilly C A III，Tushman M L. 2013. Organizational ambidexterity：past，present，and future. Academy of Management Perspectives，27（4）：324-338.

Ozcan P，Eisenhardt K M. 2009. Origin of alliance portfolios：entrepreneurs，network strategies，and firm performance. Academy of Management Journal，52（2）：246-279.

Patel P C，Terjesen S，Li D. 2012. Enhancing effects of manufacturing flexibility through operational absorptive capacity and operational ambidexterity. Journal of Operations Management，30（3）：201-220.

Poppo L，Zenger T. 2002. Do formal contracts and relational governance function as substitutes or complements？. Strategic Management Journal，23（8）：707-725.

Poppo L，Zhou K Z，Zenger T R. 2008. Examining the conditional limits of relational governance：specialized assets，performance ambiguity，and long-standing ties. Journal of Management Studies，45（7）：1195-1216.

Rai A，Patnayakuni R，Seth N. 2006. Firm performance impacts of digitally enabled supply chain integration capabilities. MIS Quarterly，30（2）：225-246.

Rai A，Tang X L. 2010. Leveraging IT capabilities and competitive process capabilities for the management of interorganizational relationship portfolios. Information Systems Research，21（3）：516-542.

Raisch S，Birkinshaw J，Probst G，et al. 2009. Organizational ambidexterity：balancing exploitation and exploration for sustained performance. Organization Science，20（4）：685-695.

Ray G，Barney J B，Muhanna W A. 2004. Capabilities，business processes，and competitive advantage：choosing the dependent variable in empirical tests of the resource-based view. Strategic Management Journal，25（1）：23-37.

Reagans R，McEvily B. 2003. Network structure and knowledge transfer：the effects of cohesion and range. Administrative Science Quarterly，48（2）：240-267.

Ring P S，van de Ven A H. 1992. Structuring cooperative relationships between organizations. Strategic Management Journal，13（7）：483-498.

Roseira C，Brito C，Henneberg S C. 2010. Managing interdependencies in supplier networks. Industrial Marketing Management，39（6）：925-935.

Rothaermel F T，Deeds D L. 2004. Exploration and exploitation alliances in biotechnology: a system of new product development. Strategic Management Journal，25（3）：201-221.

Sa Vinhas A，Heide J B，Jap S D. 2012. Consistency judgments，embeddedness，and relationship outcomes in interorganizational networks. Management Science，58（5）：996-1011.

Sarkar M B，Aulakh P S，Madhok A. 2009. Process capabilities and value generation in alliance portfolios. Organization Science，20（3）：583-600.

Tang X L，Rai A. 2012. The moderating effects of supplier portfolio characteristics on the competitive performance impacts of supplier-facing process capabilities. Journal of Operations Management，30（1/2）：85-98.

Tang X L，Rai A. 2014. How should process capabilities be combined to leverage supplier relationships competitively?. European Journal of Operational Research，239（1）：119-129.

Tiwana A. 2008. Do bridging ties complement strong ties? An empirical examination of alliance ambidexterity. Strategic Management Journal，29（3）：251-272.

Villena V H，Revilla E，Choi T Y. 2011. The dark side of buyer-supplier relationships: a social capital perspective. Journal of Operations Management，29（6）：561-576.

Wassmer U. 2010. Alliance portfolios: a review and research agenda. Journal of Management，36（1）：141-171.

Wathne K H，Heide J B. 2004. Relationship governance in a supply chain network. Journal of Marketing，68（1）：73-89.

Wilhelm M M. 2011. Managing coopetition through horizontal supply chain relations: linking dyadic and network levels of analysis. Journal of Operations Management，29（7/8）：663-676.

Wu Z H，Choi T Y，Rungtusanatham M J. 2010. Supplier-supplier relationships in buyer-supplier-supplier triads: implications for supplier performance. Journal of Operations Management，28（2）：115-123.

Yamakawa Y，Yang H B，Lin Z J. 2011. Exploration versus exploitation in alliance portfolio: performance implications of organizational，strategic，and environmental fit. Research Policy，40（2）：287-296.

Yang Z，Zhang H，Xie E. 2017. Relative buyer-supplier relational strength and supplier's information sharing with the buyer. Journal of Business Research，78：303-313.

Zacharia Z G，Nix N W，Lusch R F. 2011. Capabilities that enhance outcomes of an episodic supply chain collaboration. Journal of Operations Management，29（6）：591-603.

Zaheer A，Venkatraman N. 1995. Relational governance as an interorganizational strategy: an empirical test of the role of trust in economic exchange. Strategic Management Journal，16（5）：373-392.

Zhang C，Wu F，Henke J W. 2015. Leveraging boundary spanning capabilities to encourage supplier investment: a comparative study. Industrial Marketing Management，49：84-94.

Zhou K Z，Zhang Q Y，Sheng S B，et al. 2014. Are relational ties always good for knowledge acquisition? Buyer-supplier exchanges in China. Journal of Operations Management，32（3）：88-98.

Zhou Y，Zhang X B，Zhuang G J，et al. 2015. Relational norms and collaborative activities: roles in reducing opportunism in marketing channels. Industrial Marketing Management，46：147-159.

第五篇　制度理论视角下的供应商关系管理

　　制度是指社会环境中影响组织结构和行为的规则、规范和意识。然而即使在同一制度环境下，也存在着不同的制度逻辑。制度逻辑是指描述如何解释组织现实、什么构成合适行为以及如何成功的一组核心的原则。有些制度逻辑在需求目标和方式上对环境中的企业产生了矛盾需求，进而导致了制度环境的复杂性。因此，近年来学者开始采用制度逻辑视角揭示复杂制度环境下企业战略和行为的异质性。

　　改革开放以来，中国经济体制由单一计划经济体制逐渐转向市场经济与国家调控并存的社会主义市场经济体制。从制度逻辑视角来看，中国市场化进程本质上是由单一国家制度逻辑转向国家制度逻辑与市场制度逻辑并存的过程。国家制度逻辑与市场制度逻辑对企业经营提出了不同的合法性要求。比如，在企业目标方面，国家制度逻辑要求企业执行国家政策，服务于社会稳定、经济增长等国家战略目标；而市场制度逻辑要求企业生存和发展，持续地为利益相关者创造价值。那么在中国情境下，国家制度逻辑和市场制度逻辑的含义是什么？它们如何影响中国制造企业的供应商关系管理？对于这些问题当前文献尚未给出系统答案。

　　本篇第十二章区分了国家制度逻辑与市场制度逻辑，并综述了这两种制度逻辑对中国制度环境下企业行为影响的研究现状。第十三章基于竞争性制度逻辑视角研究了制造企业如何应对供应商网络中不同制度属性供应商带来的冲突性制度要求。第十四章呼吁组织间合作关系研究要考虑制度环境的影响，并对制度环境下组织间合作关系研究进行了展望。中国特殊的制度转型过程，为学者从制度理论视角研究供应商关系管理提供了非常好的研究情境。

第十二章　中国制度环境的复杂性：
竞争性制度逻辑视角

第一节　竞争性制度逻辑视角下的中国制度环境研究

改革开放四十多年来，中国经济体制逐渐由单一计划经济转向市场经济与国家调控共存的社会主义市场经济体制。中央政府一方面鼓励企业按照市场经济规律办事，提升企业的经营效率和创新；另一方面又对企业经营和发展保持一定的指导和控制，引导企业朝着国家战略方向发展。从企业角度而言，企业既要把握市场经济规律，提升效率和创新以获得竞争优势，同时又要兼顾国家战略目标，满足政府要求进而获得政府的支持。然而，由于关注目标的不同，有些时候政府的要求和市场的要求并不一致，比如，疫情期间，很多企业试图通过裁员降低经营成本，但从社会稳定和就业角度而言，政府不主张企业裁员，因此疫情之下企业裁员行为面临着来自市场与政府的矛盾要求。此外，有些企业家对政策非常敏感，善于抓住政策机会，取得了不错的发展；而有些企业家则比较重视产品和商业模式创新，凭借新颖的产品或服务赢得了顾客青睐。总之，市场与政府对企业要求的不一致导致了中国复杂的制度环境，因此如何应对好中国复杂的制度环境对在中国经营的企业至关重要。

制度逻辑（institutional logic）是指描述如何解释组织现实、什么构成合适行为以及如何成功的一组核心的原则（Friedland and Alford，1991；Thornton，2004）。由于制度逻辑提出了一个理解社会以及如何在社会中做出行为的工具，因此企业通过遵循制度逻辑行事以获得来自制度群体的支持（Greenwood et al.，2011）。制度环境复杂性本质上是制度环境中多个制度逻辑并存，不同制度逻辑可能会向企业施加冲突性制度要求，企业满足某一制度逻辑的要求，可能就违背另一个制度逻辑的要求（Greenwood et al.，2011）。基于制度逻辑视角，学者识别了中国制度环境下的两大竞争性制度逻辑：国家制度逻辑和市场制度逻辑。国家制度逻辑强调国家控制和社会效益，而市场制度逻辑强调效率和创新（Wang et al.，2022）。两种制度逻辑在企业目标和行为路径方面存在矛盾要求，进而导致中国制度环境的复杂性。尽管近些年来一些学者开始关注中国情境下国家制度逻辑和市场制度逻辑如何影响中国企业的战略行为（He et al.，2020；Zhang and Greve，2019；Zhou et al.，2017），但在中国情境下，国家制度逻辑和市场制度逻辑的含义是什么？它们如何影响中国企业的战略行为？中国企业如何应对竞争性制度逻辑向它们施加的冲突性制度要求？学者有必要对于这些问题的研究进行梳理。

本章旨在系统梳理中国情境下国家制度逻辑和市场制度逻辑的研究现状，为制度环境下供应商关系管理提供理论铺垫。首先，本章将对制度逻辑和制度复杂性文献进行梳理；其次，本章将回顾中国国家制度逻辑和市场制度逻辑的产生过程，结合现有文献总结出两种制度逻辑的核心要素；最后，本章将对当前国家制度逻辑和市场制度逻辑文献进行梳理，并提出未来潜在的研究机会。

第二节　制度逻辑与竞争性制度逻辑

一、制度与制度逻辑

制度是指社会环境中影响组织结构和行为的规则、规范和意识（Meyer and Rowan，1977；Scott，1995；Zucker，1977），它由三个支柱（维度）构成：规制性支柱（regulative pillar）、规范性支柱（normative pillar）和文化认知支柱（culture-cognitive pillar）。规制性支柱强调的是制度中的法律规章方面，规范性支柱强调的是制度中的社会规范准则方面，文化认知支柱强调的是制度中共享的价值观、信仰和认知方面（Scott，1995）。企业通过遵循制度环境中的制度要求获得合法性，进而获得制度环境中成员的支持和相应资源。

Meyer 和 Rowan（1977）、Zucker（1977）提出了一种新的制度分析方法，强调了文化和意识在制约组织行为与结构中的作用。从宏观视角，Meyer 和 Rowan（1977）强调现代化使一些规则成为"理所当然"的制度，进而导致正式组织结构的同构。Meyer（迈尔）和他的同事关注了合理性（rationality）在西方文化中的重要性，把正式组织结构视为社会及其文化系统的一部分。Zucker（1977）从微观视角强调了制度的"理所当然"本质，以及文化持续性反映了制度化过程。DiMaggio 和 Powell（1983）把 Meyer 和 Rowan（1977）的同构概念从社会水平延伸到了组织场域（organizational field），他们强调了同构过程的三个方面：强制性（coercive）、规范性（normative）和模仿性（mimetic），这三个分类为后面的实证研究提供了铺垫。在 DiMaggio 和 Powell（1983）的研究中，意识影响被归于模仿性同构，表现为无意识地响应文化中的合理性要求。随后，他们提出了新制度主义。新制度主义学派的一个主要共识就是除了效率外，合法性也是组织成功或者失败的重要原因。

Friedland 和 Alford（1991）与随后一些实证文章（Scott，2000；Thornton and Ocasio，1999）一起创立了新的制度分析方法——制度逻辑。制度逻辑关注的是制度的内容和意义，这些内容和意义指导并约束着决策者（Miller et al., 2011；Thornton and Ocasio, 1999）。制度逻辑来自制度系统中的制度秩序（institutional orders），比如，家庭、宗教、民主和市场主义（Friedland and Alford, 1991；Thornton and Ocasio, 2008）。个体的社会身份既可以产生于同一群体成员的社会互动过程中，也可以产生于共同期望或观念中（Tajfel and Turner, 1979）。当个体对制度的集体身份产生认同时，如对家庭和自己所学专业的认同，制度逻辑将会对个体行为产生较强的影响。Thornton 和 Ocasio（2008）总结了制度逻辑产生作用的四种方式：集体身份和认同、地位和权力的竞争、分类、决策者的注意分配。总之，制度逻辑既赋予了组织战略和实践的合法性，同时又以组织战略和实践合法性为载体，反映了制度逻辑的要求。

虽然制度逻辑方法与制度方法都关注文化中的规则和意识如何影响组织结构与行为，但两者在很多地方有明显不同。制度逻辑的核心假设主要表现为以下四个方面。①把社会看成多个制度相互作用的系统，这些制度系统相互依赖、相互作用，它们不是相互替代关系，而是共存关系。这种多制度系统是个体和组织异质化、稳定和变革的源泉。②个体和组织的兴趣、身份、价值和假设普遍嵌入在共同的制度逻辑中。决策和结果是个体和制度结构互动的结果，因此制度逻辑影响着个体或组织的目的和采取的手段。③社会中每个制度秩序都既具有物质方面的特征，又具有文化方面的特征。比如，家庭和宗教虽然不是典型的经济部门，但它们直接影响商品与服务的生产、分配和消费；市场虽然不是典型的文化部门，但它们直接被社会文化和结构约束。④制度逻辑可以在不同层次产生并且发挥作用，这些层次包括组织、组织间网络、地理社区、市场、行业和社会等。总之，制度逻辑方法不再关注世界系统、社会及组织场域的同构过程，而关注不同制度系统的差异性，强调这种差异性对个体和组织的影响。制度逻辑塑造了个体和组织的行为，同时个体和组织也反过来塑造和改变自身所属的制度逻辑。通过把制度与行动联系起来，制度逻辑方法在制度的宏观结构视角和微观过程视角建立了桥梁。

二、制度复杂性：竞争性制度逻辑

Friedland 和 Alford（1991）把关注点从具体的组织实践和结构转移到制度逻辑概念上。他们把西方社会建构成一个多制度相互作用的系统，该系统包含了资本主义市场、政府、民主、核心家庭和基督教，他们进一步强调每个子系统都有着截然不同的制度逻辑。Thornton（2004）在总结文献中的实证研究之后，把社会制度系统进一步分为了市场、公司、专业（profession）、国家、家庭和宗教。总的来说，社会是由多种制度逻辑组成的，这些制度逻辑相互矛盾同时也相互依赖；它们不是相互替代、相互淘汰的关系，而是长期共存于社会和组织场域中

（Kraatz and Block，2008；Schneiberg and Clemens，2006）。换言之，制度环境中不只有一个合理性来源，而是有多个来源（Meyer et al.，1997）。制度逻辑的分析方法将社会看成一个多个制度逻辑共存的系统，这有利于学者从不同制度逻辑视角解释组织和成员行为与结构的差异性。

制度要求（institutional demand）是指制度成员对组织施加的一致性压力（conformity pressure）。竞争性制度逻辑（competing institutional logic）是指内容和意义描述上相互对立的制度逻辑。当组织场域中共存着多种竞争性制度逻辑时，竞争性制度逻辑便向场域内组织施加了冲突性制度要求。满足其中任何一方，就意味着忽略另一方，因此无论迎合哪一方面的制度要求，组织行为都会导致另外一方的不满，Greenwood 等（2011）把竞争性制度逻辑给组织带来的制度上的挑战称为制度复杂性（institutional complexity）。Pache 和 Santos（2010）提出了冲突性制度要求的两个来源：场域碎片化（field fragmentation）和场域中心化（field centralization）。场域碎片化是指组织所依赖的不协调组织或者社会成员的数量（Meyer et al.，1987）。由于不协调的组织和社会成员遵循着各自不同的制度逻辑，它们的数量越多，向场域内组织增加冲突性制度要求的可能性越大。场域中心化反映的是场域内的权力结构（Scott and Meyer，1991）。高中心化组织场域是指场域中有一个主导性的制度逻辑，它们在场域内的权威被正式承认和尊重，它们拥有合法性和权威来仲裁与解决不同制度逻辑之间潜在的不一致，进而对组织施加相对一致性的制度要求，降低制度要求的冲突性。

一些学者识别了企业在行业场域中面临的竞争性制度逻辑，并研究了冲突性制度要求对企业行为或结构的影响。Thornton 和 Ocasio（1999）区分了高等教育出版行业内企业面临的两种竞争性制度逻辑：编辑逻辑（editorial logic）和市场逻辑（market logic）。在关注点上，编辑逻辑关注作者和编辑的网络关系，而市场逻辑关注资源的竞争性；在组织身份上，编辑逻辑强调出版的专业性，而市场逻辑强调出版的商业性；在合法性上，编辑逻辑强调个人名誉和等级排名，而市场逻辑强调市场地位和绩效排名；在权威结构上，编辑逻辑强调创始编辑的角色、个人网络作用和私人所有权，而市场逻辑强调首席执行官角色、母公司作用和公有权。随后他们关注了两种制度逻辑对首席执行官继任的影响。Lounsbury（2007）研究了专业资金管理公司面临的两种竞争性逻辑：受托人逻辑（trustee logic）和绩效逻辑（performance logic）。受托人逻辑强调保守的长期性投资，该逻辑导致被动的、低成本的资金管理方式，效率是这种逻辑的主要考量；绩效逻辑强调创造较高的短期年回报，该逻辑导致一种更加积极主动的投资技术。他们的研究发现，波士顿地区的专业资金管理公司强调受托人逻辑，而纽约地区的专业资金管理公司强调绩效逻辑；随后他们研究了两种竞争性逻辑在共同基金与专业资金管理公司建立合同上的差异性。

　　法国的工作一体化社会企业（work integration social enterprise，WISE）是一种承担了一定社会职能的企业形式。它旨在给长期失业人员提供工作机会，同时也能为当地社会提供产品和服务。由于该组织雇佣的是长期失业人员，这些人员普遍缺乏工作技能，需要在工作中进行培训，因此这类企业产品的竞争力不强。如果完全依赖市场竞争，这类企业是无法生存的；为了减少当地的失业人员，当地政府会给这类企业一定的财政支持。这导致这类企业的经营既要关注其公共职能，包括招收和培训失业人员，生产当地所需要的服务或者产品以获得当地政府的批准和支持；同时又要关注生产和市场，提供最有市场前景的商品和服务，并卖到合适的市场上创造经济效益。Pache 和 Santos（2013）分析了法国 WISE 面临的两种竞争性制度逻辑：商业逻辑和社会福利逻辑。在目标方面，商业逻辑的目标是把商品和服务卖到市场上创造经济效益，而社会福利逻辑的目标是生产商品或提供服务以满足当地社会需求。在组织形式方面，商业逻辑要求组织是一种营利性组织形式，而社会福利逻辑则要求组织是一种非营利性组织形式。在组织控制方面，商业逻辑强调等级控制，而社会福利逻辑强调民主控制。在专业合法性方面，商业逻辑强调技术和管理知识，而社会福利逻辑强调企业对社会的贡献。随后他们研究了混合企业应对竞争性制度逻辑的策略。

　　在前人的研究基础上，邓少军等（2018）总结了企业应对制度复杂性的五种战略：结构导向战略、情境导向战略、人员导向战略、时间导向战略和位置导向战略。结构导向战略认为组织结构中不同部门或单位对制度逻辑、制度要求和制度压力的认知与反应存在较大差异，因此组织可以通过组织结构设计应对不同的制度逻辑。具体的结构导向战略包含了区隔战略、解耦战略、混合战略。情境导向战略认为制度复杂性与组织所处情境密切相关，适应、影响甚至改变情境，有助于组织应对制度复杂性。具体的情境导向战略包含了模糊战略和即兴战略。人员导向战略认为制度复杂性的应对与组织中个体成员的属性特征、背景经历以及日常实践工作密切相关，个体成员的认知、情感与行为构成了组织应对战略选择的微观基础，因此通过人员管理可以帮助企业应对复杂制度环境。具体的人员导向战略包含了招募战略和平衡战略。时间导向战略认为时间因素本身就是制度复杂性的重要来源或载体，组织对时间范围的不同认识及反应将会影响企业对制度复杂性的应对行为，因此企业可以通过时间上的区隔来应对制度的复杂性，它包含了时间延迟战略。位置导向战略认为组织场域中不同地理位置对制度逻辑的包容度与接受能力存在较大差异，制度压力在组织场域中并非平均分布，组织场域中存在着制度复杂性的薄弱点或突破口，因此寻找场域中制度的薄弱点或突破口有助于企业应对制度复杂性，它包含了场域迁移战略。

第三节　中国国家制度逻辑与市场制度逻辑

中国制度环境中国家制度逻辑和市场制度逻辑的共存产生于中国市场化进程与国有企业改革进程中，在这个过程中，中国经济逐步从计划经济体制转变为市场经济与国家调控共存的社会主义市场经济体制。中国特色社会主义市场经济体制本质上包含了两种竞争性制度逻辑：国家制度逻辑和市场制度逻辑，它们对企业目标、组织形式、竞争方式和组织文化有着不同要求。为了更好地理解国家制度逻辑和市场制度逻辑，本节首先对中国市场化进程与国有企业改革进程进行简单梳理，随后对中国情境下国家制度逻辑和市场制度逻辑的核心要素进行总结。

一、中国市场化进程与国有企业改革进程

（一）中国市场化进程

李晓西（2009）将改革开放分为四个阶段：市场化改革的起步阶段、有计划的商品经济阶段、社会主义市场经济体制的初步建立阶段和社会主义市场经济体制的完善阶段，并对中国市场化进程的不同阶段特点进行了总结。参照李晓西（2009）的文章，本节将简单概括改革开放不同阶段的政策主张。

（1）市场化改革的起步阶段，这一时间段为 1978 年至 1984 年 9 月。这一时期主流的提法是"计划经济为主，市场调节为辅"。这一时期影响中国市场化进程的会议是 1982 年 9 月党的十二大，党的十二大报告指出，"正确贯彻计划经济为主、市场调节为辅的原则，是经济体制改革中的一个根本性问题。我们要正确划分指令性计划、指导性计划和市场调节各自的范围和界限"①。自此，市场经济主体开始形成，市场机制开始成为配置经济资源的重要补充。在计划经济为主、市场调节为辅的理论指导下，中国经济体制改革实践沿着放权让利、双轨并行、计划与市场结合的方向进行。在所有制结构方面，坚持公有制为主体，允许个体、私人和"三资"企业（中外合资企业、中外合作企业和外商独资企业的合称）的存在和发展。在公有制经济的经营形式方面，农村集体经济实行家庭联产承包责任制，国有小型企业实行租赁制，国有大中型企业普遍实行承包制，若干企业实行股份制试点，这些改革减少了国家指令性生产和物资分配计划的种类。在中央

---

① 《胡耀邦在中国共产党第十二次全国代表大会上的报告》，https://fuwu.12371.cn/2012/09/27/ARTI1348712095996447.shtml[1982-09-01]。

和地方关系方面，权力下放特别是推行财政"大包干"体制，极大增强了地方的财政和财力。

（2）有计划的商品经济阶段，这一时间段为1984年10月至1991年底。1984年10月党的十二届三中全会通过了《中共中央关于经济体制改革的决定》，这标志着中国经济体制改革迈出了重大步伐。1987年10月，党的十三大提出了"有计划的商品经济"。在思想上打破了将计划经济和商品经济对立起来的传统观念，明确了制定计划也必须自觉依据和利用价值规律，是以公有制为基础的有计划的商品经济。1987年，中央提出的"国家调节市场，市场引导企业"理论，是对"有计划的商品经济"理论的重大发展，完全突破了改革初期计划与市场各分一块的老框架。这一时期重要的市场化进程事件是农村改革的深化（乡镇企业的异军突起和粮食购销体制的改革）、企业改革的推进（承包制的普遍实行）、流通领域的改革（从双轨制到价格闯关）和对外开放的扩大（沿海城市开放及海南建省）。

（3）社会主义市场经济体制的初步建立阶段，这一时间段为1992年至2000年。1992年初，邓小平同志在南方谈话中指出"计划多一点还是市场多一点，不是社会主义与资本主义的本质区别。计划经济不等于社会主义，资本主义也有计划；市场经济不等于资本主义，社会主义也有市场。计划和市场都是经济手段"。（见《人民政协报》2021年7月1日17版）。邓小平同志的讲话指明了建立社会主义市场经济体制是经济体制改革的方向。1992年10月，党的十四大明确了社会主义市场经济体制是经济体制改革的目标。1993年11月党的十四届三中全会通过了《中共中央关于建立社会主义市场经济体制若干问题的决定》，全面描绘了社会主义市场经济体制的基本蓝图和推进改革的基本举措，市场化改革开始全面推进。这一时期重要的市场化进程事件是国有企业改革的深化（股份制推行与抓大放小改革）、民营经济的发展（从补充地位到重要组成部分）、全面对外开放（涉外经济体制改革的深入）、农村劳动力转移和城镇劳动力就业以及宏观调控体系的初步建立。

（4）社会主义市场经济体制的完善阶段，这一时间段为2001年至今。这一阶段主要表现为市场化改革的进一步深化。2003年召开的党的十六届三中全会通过了《中共中央关于完善社会主义市场经济体制若干问题的决定》，标志着中国经济体制改革从初步建立社会主义市场经济体制进入完善社会主义市场经济体制的新时期。这一时期重要的市场化进程事件是中国加入世界贸易组织、国有资产管理体制改革、《国务院关于鼓励支持和引导个体私营等非公有制经济发展的若干意见》的出台、生产要素的进一步市场化、政府与市场的准确定位（推进政府行政管理体制改革）和收入分配制度改革及社会保障体系的完善。2013年，党的十八届三中全会通过的《中共中央关于全面深化改革若干重大问题的决定》（下称《决定》）指出：“经济体制改革是全面深化改革的重点，核心问题是处理好政府和市场的关系，使市场在资源配置中起决定性作用和更好发挥政府作用。”这是第一次明确提出使市场在资源配置中起决定性作用，对我国改革开放事业具有里程碑意义。在《决定》的指导下，产权制度和要素市场化配置得到了完善，持续推进国有企业改革，不断完善市场准入负面清单制度以及配套制度，放宽市场准入限制。

（二）国有企业改革进程

自党的十一届三中全会以来，随着经济体制改革的不断深入，国有企业改革也在不断推进。黄群慧（2018）将国有企业改革分为四个时期：放权让利、制度创新、国资监管和分类改革，并对国有企业改革不同时期的特点进行了总结，参照黄群慧（2018），本节将简单概括国有企业改革不同阶段的要点。

（1）“放权让利”时期。这一时期从 1978 年到 1991 年，贯穿 20 世纪 70 年代至 90 年代初。1978 年以前，在高度集中的计划经济体制下，国有企业（当时多称为国营企业）是执行政府计划任务指令的一个生产单位，是政府主管部门的附属，不具有自主经营的权力，人、财、物和产、供、销完全依靠政府计划指令和行政调拨。这使得国有企业的生产和社会需求脱节，企业的积极性严重受挫，制约了社会生产力的发展。1978 年党的十一届三中全会之后，国有企业开启了“放权让利”的改革之旅。这一改革时期提出的国有企业改革目标是建立现代企业制度，改革的主要任务是对企业放权让利，探索企业所有权和经营权两权分离，试图引导国有企业摆脱计划经济体制旧观念对行为的束缚，完成自身的企业化改造，使它们能够逐步适应商品化经济，解决国有企业进入市场的问题。

（2）“制度创新”时期。这一时期从 1992 年到 2002 年，是从党的十四大到党的十六大的“制度创新”时期。1992 年 10 月，党的十四大召开，会议正式确立了经济体制改革的目标是建立社会主义市场经济体制。1993 年 11 月，党的十四届三中全会通过了《中共中央关于建立社会主义市场经济体制若干问题的决定》，明确提出了建设产权清晰、权责明确、政企分开、管理科学的现代企业制度是我国国有企业改革的方向。这一时期，改革的主要任务是引导国有企业确立与市场经济要求相适应的资本和产权的观念，建立现代企业制度，通过国有经济布局与结构战略性调整，初步解决了整个国有经济部门如何适应市场竞争优胜劣汰的问题，改变了国有经济量大面广、经营质量良莠不齐和国家财政负担过重的局面。

（3）“国资监管”时期。这一时期从 2003 年到 2012 年，是以 2003 年国务院国有资产监督管理委员会成立为标志到党的十八大召开的十年。这一时期国有资产监管体制取得了巨大突破，国有企业改革进入以国有资产管理体制改革来推动国有企业改革发展的时期，改革的主要任务是由国务院国有资产监督管理委员会负责监督管理国有企业，实现国有资产保值增值目标，解决了以往国有经济管理部门林立、机构臃肿、监管效率低下的问题。2002 年 10 月，党的十六大提出了毫不动摇地巩固和发展公有制经济，毫不动摇地鼓励、支持和引导非公有制经济，尤其强调继续调整国有经济布局和改革国有经济管理体制两项重大任务，整个"国资监管"时期在这两方面取得了积极进展。

（4）"分类改革"时期。这一时期从 2013 年至今，党的十八大召开之后，国有企业改革进入了"分类改革"的全新时期。根据党的十八届三中全会精神，2015 年 8 月 24 日，中共中央、国务院发布《关于深化国有企业改革的指导意见》，国有企业被分为公益类，主业处于充分竞争行业和领域的商业类，以及主业处于关系国家安全、国民经济命脉的重要行业和关键领域、主要承担重大专项任务的商业类三种类型。不同类型的国有企业有不同的国资监管机制、混合所有制改革方案、公司治理机制以及国有经济战略性调整方向等。这一时期的国有企业改革以分类为基本前提，在分类改革的前提下，中央企业结构调整与重组逐步展开，建立了以管资本为主的国资监管体制，有序推进混合所有制改革，完善国有企业法人治理结构等。

总的来说，自 1978 年党的十一届三中全会召开至今，中国四十多年的市场化进程和国有企业改革历程，一方面改变了过去政府下达计划、管理生产、制定价格以及分配物资、资金和人员等一系列中央计划经济体制的基本特征，中国经济体制在相当程度上走上了市场经济体制的轨道。目前市场机制已经在中国多个经济领域起着主导作用或者重要作用。另一方面，中央计划和政策导向仍然在中国企业经营中占有举足轻重的地位。对国有企业而言，国有企业改革本质上不是改变国有企业承担政治和社会任务的组织目标，而是将市场机制特别是现代化企业管理机制引入到国有企业经营管理中，提升国有企业的效率和竞争力，因此，政治和社会目标仍是国有企业经营的首要目标。对民营企业而言，由于政府仍然控制大量制度资源，在相当程度上影响了民营企业的经营决策。为了获得政府支持和抓住政府发展战略中的潜在商机，民营企业也在积极关注和响应国家的政策主张，因此政府计划和政策也显著地影响着民营企业的经营决策。

二、制度逻辑视角下的中国社会主义市场经济体制

中国社会主义市场经济体制本质上包含了两种竞争性制度逻辑：国家制度逻辑和市场制度逻辑。一方面，市场在管理经济活动中扮演着越来越重要的角色，在市场制度逻辑的影响下，企业通过效率和创新追求竞争优势和经济利润（王小鲁等，2009）。另一方面，由于政府及其经济附属仍占据关键的制度资源，把控着企业生产要素市场，在国家制度逻辑的影响下，企业也积极响应政府的政治和社会目标以获得政府支持（He and Tian，2008）。国家制度逻辑和市场制度

逻辑对企业的经营目标和手段有着矛盾的需求，对企业日常管理施加了冲突性制度要求。

一些学者对国家制度逻辑和市场制度逻辑的内涵进行了区分。Thornton 等（2012）从合法性来源、权威来源和身份来源以及规范基础、关注点和战略基础等角度区分了国家制度逻辑和市场制度逻辑。就合法性来源而言，国家制度逻辑的合法性来自民主参与，市场制度逻辑的合法性来自股票价格。就权威来源而言，国家制度逻辑的权威来自行政统治，市场制度逻辑的权威来自股东的积极主义（shareholder activism）。就身份来源而言，国家制度逻辑的身份来自社会和经济层级（social and economic class），市场制度逻辑的身份来自市场匿名性。此外，国家制度逻辑的规范基础为公民身份，市场制度逻辑的规范基础为自我利益。国家制度逻辑的关注点为利益集团的地位，市场制度逻辑的关注点为公司的市场地位。国家制度逻辑的战略基础为增加公共产品，市场制度逻辑的战略基础为增加公司利润。国家制度逻辑的非正式控制机制是幕后政治，而市场制度逻辑的非正式控制机制是行业分析。就经济系统而言，国家制度逻辑的经济系统是福利资本主义（welfare capitalism），而市场制度逻辑的经济系统是市场资本主义。

Wang 等（2022）区分了新兴经济体中国有企业面临的国家制度逻辑和市场制度逻辑。就支持基础而言，国家制度逻辑的支持基础是国家统治的所有权和政府干预，而市场制度逻辑的支持基础是经济增长和私有、外资企业。就组织目标而言，国家制度逻辑的组织目标是社会、市场稳定和政治目标，而市场制度逻辑的组织目标是利润最大化和经济效率。就投资逻辑而言，国家制度逻辑的投资逻辑是促进就业和政府计划，而市场制度逻辑的投资逻辑是竞争优势和顾客需求。就增长来源而言，国家制度逻辑的增长来源是中央计划和政治关系，而市场制度逻辑的增长来源是市场分配和产权。就战略启示而言，国家制度逻辑的战略启示是惯例和响应行动，而市场制度逻辑的战略启示是创业和创新。就创新启示而言，国家制度逻辑的创新启示是无效性和低效率，而市场制度逻辑的创新启示是有效性和高效率。Wang 等（2022）在文章最后总结道，国家制度逻辑关注的是中央计划，而市场制度逻辑关注的是竞争、效率和创新。

综述先前研究，本章从四个方面识别了国家制度逻辑和市场制度逻辑对中国企业产生的冲突性制度要求。在企业目标方面，国家制度逻辑要求企业执行国家的政策，服务于社会稳定、经济增长和国家战略目标；而市场制度逻辑要求企业生存和发展，并持续地为利益相关者创造价值。在组织形式方面，国家制度逻辑要求党委领导制，管理者任命的关键指标是政治忠诚；而市场制度逻辑要求董事会或者所有者领导制，管理者任命的关键指标是经营能力。在竞争方式方面，国家制度逻辑关注的是如何抓住政策机会，利用制度资源取得竞争优势；而市场制度逻辑关注的是如何抓住市场机会，通过价格、质量和创新等手段与对手竞争。在组织文化方面，国家制度逻辑强调行政文化，强调下级对上级的忠诚，在相同岗位上薪酬差异不大；而市场制度逻辑强调创业者文化，强调不断地进行组织变革以与外部环境相匹配，按照员工对企业的贡献实施薪酬激励。表12-1总结了国家制度逻辑和市场制度逻辑对企业的冲突性制度要求。

表 12-1　国家制度逻辑和市场制度逻辑对企业的冲突性制度要求

特征	国家制度逻辑	市场制度逻辑
企业目标	维持宏观经济增长和履行国家行业的政策（Li et al.，2014）	追求利润和可持续发展
组织形式	1. 国务院国有资产监督管理委员会领导，企业受到严格审批和监督 2. 管理和现金流控制权相分离（Zou and Adams，2008） 3. 决策者通常是政府官员，与民营企业决策者的关注点不同（Firth et al.，2007；Zou and Adams，2008）	1. 董事会或者所有者领导，企业经营较为灵活 2. 经理人由董事会或者所有者直接任命 3. 决策者关注利润和可持续发展
竞争方式	1. 抓住政策机会 2. 协调政府（公共）资源（Pache and Santos，2013） 3. 承担政府大型项目	抓住市场机会，通过价格、质量和创新等手段与对手竞争
组织文化（Ralston et al.，2006）	1. 行政文化 2. 相同岗位上，薪酬差异不大，激励作用不强	1. 创业者文化 2. 按照对企业的贡献实施薪酬激励

Pache 和 Santos（2010）强调了竞争性制度逻辑要求本质的两个维度：需求的目标和实现的手段。总的来说，在需求的目标方面，国家制度逻辑关注国家经济稳定、安全和增长；市场制度逻辑关注企业生存和发展。在实现的手段方面，国家制度逻辑强调遵守政府的政策，企业可以通过遵守政府政策获得政府资源和政策支持，而市场制度逻辑强调市场竞争，通过价格、质量和创新等手段与对手竞争进而获得市场支持。

尽管国有企业与民营企业均受到国家制度逻辑和市场制度逻辑的影响，但国家制度逻辑在国有企业中有主导性影响，市场制度逻辑在非国有企业，包括私有企业和外资企业中有主导性影响。政府通过产业政策和预算约束对国有企业进行掌控，国有企业成为有效落实政策的重要载体。国有企业既代替政府掌控经济发展需要的关键资源，控制着基础的核心行业；同时又是经济政策的关键落实者和推动者，促进宏观调控政策目标得以实现。因此国有企业的行为显著地受国家制度逻辑的约束和影响。相比而言，非国有企业作为自负盈亏的私有经济形式，它没有承担类似于国有企业所承担的额外社会义务，也没有享有类似于国有企业的政府资源和政策支持（杨治等，2015），它们关注的是如何通过市场竞争手段获得自身的生存和发展，因此非国有企业的行为显著地受到市场制度逻辑的约束和影响。王小鲁等（2009）在研究市场化进程对改革开放时期经济增长的贡献时，就以非国有经济在工业总产值中所占的比例作为市场化程度的近似替代指标。

总之，中国渐进式的市场化进程导致了制度环境中国家制度逻辑和市场制度逻辑的并存。这两种制度逻辑在企业目标、组织形式、竞争方式和组织文化方面对企业有着不同要求，进而对在中国经营的企业施加了冲突性制度要求，造成了中国制度环境的复杂性。此外，尽管国有企业与民营企业均受国家制度逻辑和市场制度逻辑的影响，但国有企业更多地受国家制度逻辑的约束和影响，相比而言，非国有企业更多地受市场制度逻辑的约束和影响。因此在合作网络成员的管理上，不同制度属性的网络成员为焦点企业施加了冲突性制度要求，进而给焦点企业的网络成员管理带来了挑战。

第四节　中国情境下制度复杂性的文献综述

一、国家制度逻辑与市场制度逻辑的研究现状

中国经济由计划经济向市场经济转型的过程，本质上是由单一国家制度逻辑向国家制度逻辑与市场制度逻辑并存的转变过程。基于竞争性制度逻辑视角，学者研究了国家制度逻辑与市场制度逻辑如何影响企业的行为和战略，为中国情境下企业行为和战略的异质性提供了新的解释。

Yiu 等（2014）研究了国家制度逻辑和市场制度逻辑如何影响集团强调子公司的战略创业行为。他们认为中国制度环境经历从计划经济向市场经济的转变，企业中先前的国家制度逻辑具有一定惯性，通常不会立刻消失；同时市场经济的兴起又给企业引入了市场制度逻辑。两种制度逻辑对集团强调子公司的战略创业行为有着相反影响。Yiu 等（2014）用国家推动建立的集团和集团中的国有股权来反映国家制度逻辑，用集团中的正式控制机制（强调市场导向的激励机制）和非正式控制机制（强调公司成员互动过程中形成的共同理念）来反映市场制度逻辑。基于 250 家商业集团的 1095 家子公司的数据，Yiu 等（2014）的实证研究显示国家制度逻辑负向影响集团强调子公司的战略创业行为，而市场制度逻辑则正向影响集团强调子公司的战略创业行为。

Yiu 等（2014）对上述结论进行了解释。国家推动建立的集团继承了国家制度逻辑中的平均分配主义，他们更倾向于把利润较多的子公司的利润转移给经营不善的子公司，集团中的国有股权增强了企业的非营利目标和管理者的机会主义，因此，国家制度逻辑使得集团不强调子公司战略创业。相比而言，正

式控制机制强调预算控制和基于客观绩效的考核，使企业由关注福利转向关注建立集团的市场竞争优势；非正式控制机制背后的共同理念创建了基于反馈的自我调节过程，促进了成员之间的分享和风险行为，因此，市场制度逻辑增强了集团强调子公司的战略创业行为。此外，Yiu 等（2014）进一步研究了两种制度逻辑的交互效应，他们的研究显示国家制度逻辑减弱了市场制度逻辑对集团强调子公司的战略创业行为的影响。

Greve 和 Zhang（2017）分析了国家制度逻辑和市场制度逻辑如何竞争性地影响中国企业的市场性并购决策。市场性并购决策意味着：①被并购企业消失，削减了雇用员工的数量；②改变了公司竞争局面和运营效率；③促进或抑制了公司内部的协同和股东价值。因此，市场性并购决策具有较大的战略和风险性。他们认为国家制度逻辑和市场制度逻辑有着不同的目标，这些目标对企业的市场性并购产生相反的影响。国家制度逻辑关注社会和市场稳定以及国内生产总值增长；而市场制度逻辑关注价值创造和利用有利的势能。对国家制度逻辑而言，市场性并购容易造成企业动荡、就业人数减少、企业经营上的挑战，因此不利于社会和市场稳定以及国内生产总值增长目标的实现。而对于市场制度逻辑而言，市场性并购容易促进资源整合，克服市场进入壁垒，有助于企业发现新的增长机会，同时赋予经理人更大的管理自由度，因此符合价值创造和利用有利势能目标的要求。他们认为国家制度逻辑和市场制度逻辑通过影响公司中致力于各自逻辑下的联盟决策进而影响公司层面的并购战略。

Greve 和 Zhang（2017）把国有股权比例和董事会中有政府工作经历的成员视为国家制度逻辑联盟，将法人股权比例和董事会中持有股权的成员比例视为市场制度逻辑联盟。基于中国的上市公司数据，他们发现国有股权比例和董事会成员的政府经历（公司中国家制度逻辑联盟）负向影响公司的市场导向并购；法人股权比例和董事会持有股权成员比例（公司中市场制度逻辑联盟）正向影响公司的市场导向并购。随着市场化进程的深入，公司中国家制度逻辑联盟的负向影响逐渐减弱，公司中市场制度逻辑联盟的正向影响逐渐增强。Greve 和 Zhang（2017）进一步发现市场导向并购事件公布后，国有股权比例负向影响公司的累计超额收益率，即市场对国家制度逻辑决策下的市场导向并购事件具有负向反应。

张吉鹏和衣长军（2020）分析了国家制度逻辑和市场制度逻辑如何竞争性地影响中国企业的对外直接投资（outward foreign direct investment，OFDI）。受国家制度逻辑影响，国有企业会把服务社会、服务国家战略、承担公益等社会目标纳入其经营决策中，以获取合法性。国有企业对非经济目标的追求会降低企业通过OFDI 实现经济目标的可能性。此外，OFDI 本质上是一种需要大量资源投入和注意力分配的国际创业行为，是涉及企业市场和区位重新组合的一种战略变革行动。

国家制度逻辑让国有企业更依赖于政策倾斜以获取竞争优势，这种优势具有较强的区位限定性和较弱的跨国界可转移性，进而也会对国有企业的 OFDI 产生抑制作用。国有企业改制后，其内部制度逻辑发生了相应改变，其行为更多地受市场制度逻辑的影响，企业有更强的动机追求市场扩张和企业成长，也更能激发公司的创业精神、战略变革和国际创业意愿，进而提升企业的 OFDI 倾向。利用 2004～2016 年 A 股上市公司数据，他们的研究显示与非国有企业相比，国有企业有更低的 OFDI 倾向；国有企业改制显著提升了企业 OFDI 倾向。战略导向在产权性质对企业 OFDI 的影响中起中介作用，即国有企业的战略导向更保守，进而有更低的 OFDI 倾向。此外，具有政治背景的高管比例越高，国有产权性质与企业 OFDI 之间的负向关系越强；而高管持有公司股份比例越高，国有产权性质对企业 OFDI 的负向影响越弱。

Wang 等（2022）基于国家制度逻辑和市场制度逻辑视角，分析了在市场竞争和国家社会主义共存的新兴市场环境下，国有企业如何变得更加有创新性。国家制度逻辑关注中央政府计划，而市场制度逻辑关注效率和创新。由于政治和社会导向，国家制度逻辑主导下的国有企业创新产出通常不及市场制度逻辑主导下的民营企业创新产出。然而现实中有些国有企业，特别是那些离国有股权管理层级比较远的国有控股企业，它们的创新产出非常强。Wang 等（2022）认为企业的金字塔层级减弱了国家制度逻辑的影响，同时吸收了市场制度逻辑，因而促进了离国有股权管理层级较远的国有控股企业创新。基于中国上市公司数据，他们的研究显示国有企业与中央政府之间的金字塔层级越多，国有企业从事的创新越多；行业管制水平减弱了金字塔层级与国有企业创新的正向影响，制度发展水平增强了金字塔层级与国有企业创新的正向影响。他们的研究发现具有两方面启示：一方面，制度复杂性文献关注企业如何兼容竞争性制度逻辑，该研究则揭示了国有企业的金字塔层级有助于企业同时兼容国家制度逻辑与市场制度逻辑，因此丰富了组织如何响应复杂性制度环境的文献；另一方面，在商业集团文献中，由于加大了所有权与控制权的分离，企业过多的金字塔层级通常被认为是对企业不利的，该文章则发现企业的金字塔层级有助于国有企业创新，凸显了金字塔层级的有利一面。

总的来看，上述实证研究结论显示国家制度逻辑和市场制度逻辑对中国企业行为和战略产生了不同影响。从 2010 年开始，国家制度逻辑与市场制度逻辑的竞争性冲突逐渐成为研究企业行为和战略的重要理论视角。学者普遍将这一理论视角与自己的研究领域相整合，这不仅为各自领域提供了新的理论视角，同时也验证了国家制度逻辑与市场制度逻辑对企业冲突性制度要求影响的普遍性，推动了制度复杂性文献的发展。表 12-2 总结了国家制度逻辑与市场制度逻辑核心文献的研究问题与主要结论。

表 12-2 国家制度逻辑与市场制度逻辑核心文献

文献	研究问题	主要结论
Wang 等（2022）	基于国家制度逻辑和市场制度逻辑视角，分析了市场竞争和国家社会主义共存的新兴市场环境下，国有企业如何变得更加有创新性	国有企业与国家股权管理层级越多，国有企业从事的创新越多；行业管制水平减弱了金字塔层级对国有企业创新的正向影响，制度发展水平增强了金字塔层级对国有企业创新的正向影响
涂智苹和宋铁波（2020）	基于国家制度逻辑和市场制度逻辑视角，构建了制度逻辑、管理者认知与企业转型升级响应行为之间关系的概念框架	在市场制度逻辑主导下，企业转型升级顺从程度低；而在诱导性政策（国家制度逻辑）主导下以及在市场制度逻辑和诱导性政策相兼容的情况下，企业转型升级顺从程度较高。管理者认知中的机会解释和威胁解释对企业转型升级响应行为产生了不同的影响，即管理者认知调节了制度逻辑和企业转型升级响应行为之间的关系
张吉鹏和衣长军（2020）	基于国家制度逻辑和市场制度逻辑视角探究了转型经济中国有股权对企业 OFDI 的影响	在双重制度逻辑影响下，与非国有企业相比，国有企业有更低的 OFDI 倾向；国有企业改制显著提升了企业 OFDI 倾向。战略导向在股权性质对企业 OFDI 的影响中起中介作用，即国有企业的战略导向更保守，进而有更低的 OFDI 倾向
He 等（2020）	国家制度逻辑和市场制度逻辑如何影响公司金融组合多样性	公司的国有股权水平与公司金融组合的多样性呈倒"U"形关系；区域市场制度逻辑的普遍性减弱了国有股权对公司金融组合多样性的影响；行业管制水平增强了国有股权对公司金融组合多样性的影响
张敬等（2018）	国家制度逻辑与市场制度逻辑对商业关系和政治关系影响的调节作用	供应链成员企业的商业关系与政治关系越强，越倾向于选择低控制治理机制；相对于国有企业而言，商业关系与政治关系对非国有企业治理机制选择行为的影响效果更明显；市场化改革有利于减弱商业关系和政治关系对供应链治理机制选择的影响
Zhou 等（2017）	基于多元制度逻辑视角探究了国有股权对公司创新投入和产出的影响	公司国有股权水平正向影响公司创新投入，但降低了创新投入的产出效率；公司国有股权水平与公司创新产出呈倒"U"形关系；在制度发展水平较高的环境下，国有股权对创新投入的正向影响不显著；在竞争激烈的行业中和新创企业中，公司国有股权对创新投入转化的负向影响不显著
Greve 和 Zhang（2017）	国家制度逻辑和市场制度逻辑如何影响公司的并购战略	公司中国家制度逻辑联盟（国有股权比例和董事会成员的政府经历）负向影响公司市场导向的并购；公司中市场制度逻辑联盟（法人股权比例和董事会中持有股权成员比例）正向影响公司市场导向的并购；随着市场化进程的深入，公司中国家制度逻辑联盟的负向影响逐渐减弱，公司中市场制度逻辑联盟的正向影响逐渐增强。此外，市场导向并购事件公布后，国有股权比例负向影响公司的累计超额收益率
Yiu 等（2014）	国家制度逻辑和市场制度逻辑如何影响集团强调子公司的战略创新行为	国家推动建立的集团和国有股权（国家制度逻辑）负向影响集团强调子公司的战略创业行为；正式和非正式的集团治理模式（市场制度逻辑）正向影响集团强调子公司的战略创业行为；正式的集团治理模式增强了国家推动建立的集团和国有股权的负向影响

二、未来研究展望

国家制度逻辑和市场制度逻辑视角不仅有助于揭示中国情境下企业的行为和

战略，同时中国制度变迁的特殊情境也有助于丰富现有制度复杂性的文献。本章认为未来研究可以从以下四个方面着手。

第一，进一步解释国家制度逻辑和市场制度逻辑如何交互影响企业的行为和战略。当前学者将国家制度逻辑和市场制度逻辑作为竞争性制度逻辑，关注了它们在需求目标和方式上的异质性，解释了中国情境下企业行为和战略的差异。目前这一部分研究方兴未艾，学者应该更多地将国家制度逻辑和市场制度逻辑的冲突性视角与其他领域相融合，以进一步揭示中国情境下企业行为和战略的异质性（梁强和徐二明，2018）。此外，除了关注国家制度逻辑和市场制度逻辑的竞争性外，学者还需要考虑它们之间可能存在的兼容性和互补性，以及它影响的情境条件（Thornton，2002）。比如，企业的创新离不开资源的支持和企业的研发效率，考虑到国家在经济分配中占据主导地位且掌握大量的创新资源，遵循国家制度逻辑的企业更容易获得国家创新资源的支持；遵循市场制度逻辑的企业更有助于提升自身的创新效率和商业化。因此，研究国家制度逻辑和市场制度逻辑的兼容性和互补性有助于解释中国经济与西方经济的差异，比如，为什么新冠疫情影响下中国企业的供应链复原能力明显优于西方企业供应链？直觉上，这离不开供应链企业对政府复工复产政策的响应（遵循国家制度逻辑），以及供应链企业对有效率价值共创的考虑（遵循市场制度逻辑）。

此外，学者应该关注国家制度逻辑和市场制度逻辑中要素的动态变化对企业行为和战略的影响。中国的改革开放本质上是一个制度变迁的过程，即由单一的国家制度逻辑向国家制度逻辑与市场制度逻辑并存的转变过程，在此过程中，国家制度逻辑和市场制度逻辑的力量此消彼长，且这种动态变化在国有企业和非国有企业间的转化方向是不一致的。一方面，国有企业中市场制度逻辑的力量越来越强。比如，2015 年 8 月 24 日发布的《中共中央、国务院关于深化国有企业改革的指导意见》明确提出"以解放和发展社会生产力为标准，以提高国有资本效率、增强国有企业活力为中心"，管理中的效率和创新（"活力"）成为国有企业改革的重点。另一方面，民营企业中国家制度逻辑的力量越来越强。比如，2021 年之前，扶贫是政府重要的政治和社会目标，中华全国工商业联合会发布的《中国民营企业社会责任报告（2021）》显示，截至 2020 年 12 月底，进入"万企帮万村"精准扶贫行动台账管理的民营企业有 12.7 万家，精准帮扶 13.91 万个村，产业投入1105.9 亿元，公益投入 168.64 亿元，安置就业 90.04 万人，技能培训 130.55 万人，共带动和惠及 1803.85 万建档立卡贫困人口。因此，未来学者可以研究制度逻辑在不同类型企业中动态变迁的差异性。

第二，关注中国企业如何应对竞争性制度逻辑。尽管当前文献已经探讨了企业应对竞争性制度逻辑的办法，比如，混合组织文献识别了分离、妥协和结合性三种策略（Battilana and Dorado，2010；Pache and Santos，2013）。未来学者可以挖掘中国情境下特殊制度实践如何解决竞争性制度逻辑。比如，为了提升国有企业的效率和创新，国有企业改革试图对国有企业领导人员分类分层管理。2015年8月24日发布的《中共中央、国务院关于深化国有企业改革的指导意见》明确提出，"上级党组织和国有资产监管机构按照管理权限加强对国有企业领导人员的管理"，"推行职业经理人制度，实行内部培养和外部引进相结合，畅通现有经营管理者与职业经理人身份转换通道，董事会按市场化方式选聘和管理职业经理人，合理增加市场化选聘比例，加快建立退出机制"。国有企业在管理层中引入市场制度逻辑背景的决策人员，试图通过调整高管团队构成以有效地融合竞争性制度逻辑。相比国有企业通过引入市场制度逻辑背景的高管成员以更好遵循市场制度逻辑，民营企业也在董事会引入有政府经历的成员作为独立董事以使自己的决策更加符合国家制度逻辑的要求。

第三，学者应该研究国家制度逻辑和市场制度逻辑要素自身的变化过程。考虑到中国制度环境的转型过程，两种制度逻辑如何动态变化，也是一个值得关注的问题。通过文献综述，Lounsbury等（2021）发现制度逻辑文献通常把制度逻辑看成一个一致性、持久性的概念，忽略制度逻辑中制度要素的动态变化。因此他们呼吁学者应该把制度逻辑当成一个现象去研究，而不是一个解释现象的工具。中国经济体制转型过程，特别是国有企业改革的历程，为研究复杂制度环境下制度逻辑要素的动态变化提供了有利情境。

第四，国有企业改革先后经历了四个时期：1978年到1991年以扩大国有企业自主权为主要改革内容的时期（"放权让利"），1992到2002年以建立现代企业制度为主要改革内容的时期（"制度创新"），2003年到2012年以建立新的国有资产管理体制为主要改革内容的时期（"国资监管"），以及2013年到2017年以分类深化国有企业为主要改革内容的新时期（"分类改革"）（黄群慧，2018）。在国有企业的改革过程中，国家制度逻辑中哪些要素发生了变化？这些要素变化是如何产生的？这种变化对国有企业的影响是否存在异质性？总之，这些问题不仅有助于我们更好地研究制度逻辑变迁过程，同时也助力深入剖析我国国有企业改革过程，为后续国有企业改革提供启示。

第五节　本章小结

改革开放四十多年来，中国逐渐形成了社会主义市场经济体制。在这个过程中，一方面，民营企业大量出现，并在中国经济中占据显著比重，关注效率、创新的市场制度逻辑显著影响着民营企业的行为；另一方面，由于政府仍旧控制着大量制度性资源，这些资源对民营企业生存发展至关重要，因此关注政治和社会目标、及时响应政府要求成为民营企业取得合法性、获得政府资源的重要手段。

在这个过程中，国有企业也在不断地进行改革。这个改革的本质是在国家制度逻辑占主导地位的国有企业中引入市场制度逻辑，即在政治和社会目标不变的情况下，采用市场制度逻辑中的方式方法提升国有企业的运营效率。尽管不同组织场域中都可能存在特有的竞争性制度逻辑，但国家制度逻辑和市场制度逻辑显著地影响着每个领域；它们在目标和手段上的差异导致了中国情境下企业行为和战略的异质性。因此，国家制度逻辑和市场制度逻辑视角，有助于我们更好地理解中国情境下的企业行为和战略。

中国经济体制转型过程也为丰富多重制度逻辑文献提供了重要机会。当前制度逻辑文献通常是在西方成熟制度环境下研究的，较少关注新兴经济体转型过程中多重制度的冲突、兼容和变迁。比如，关于组织内部如何兼容竞争性制度逻辑，传统制度逻辑文献关注了混合组织，强调了混合组织应对竞争性制度逻辑的三种策略：分离策略、妥协策略和结合性策略。Wang 等（2022）证明了国有企业的金字塔层级有助于国有企业同时兼容国家制度逻辑与市场制度逻辑。此外，中国经济体制转型过程的渐进性也为揭示竞争性制度逻辑影响的边界条件提供了新的机会。国家制度逻辑的影响不仅在国有企业和非国有企业之间存在差异，在国有企业内部也存在差异。比如，按照管理权威来源不同，国有企业被分为中央政府控制的国有企业和地方政府控制的国有企业。中央政府控制的国有企业关注国家整体战略和政治目标，而地方政府控制的国有企业更多关注地方政府的财政和就业。因此，国有企业管理权威来源的差异导致了国家制度逻辑对国有企业行为和战略影响的异质性。

本章梳理了制度逻辑及制度复杂性相关文献，回顾了中国市场化和国有企业改革历程，总结了国家制度逻辑与市场制度逻辑的区别，综述了中国情境下制度复杂性的相关文献并提出了未来的研究方向。本章认为国家制度逻辑与市场制度逻辑视角，不仅能够为理解中国情境下企业的行为和战略决策提供新的视角，同时从国家制度逻辑和市场制度逻辑的视角研究中国情境下企业的行为和战略异质性，也有助于丰富现有制度逻辑及制度复杂性相关文献。

参 考 文 献

邓少军，芮明杰，赵付春. 2018. 组织响应制度复杂性：分析框架与研究模型. 外国经济与管理，40（8）：3-16，29.

黄群慧. 2018. "新国企"是怎样炼成的：中国国有企业改革 40 年回顾. China Economist，13（1）：58-83.

李晓西. 2009. 中国市场化进程脉络：以计划经济和市场经济为边界. 改革，（12）：5-13.

梁强，徐二明. 2018. 从本体认知到战略行为偏向：制度逻辑理论评述与展望. 经济管理，40（2）：176-191.

涂智苹，宋铁波. 2020. 多重制度逻辑、管理者认知和企业转型升级响应行为研究. 华南理工大学学报（社会科学版），22（1）：45-57.

王小鲁，樊纲，刘鹏. 2009. 中国经济增长方式转换和增长可持续性. 经济研究，44（1）：4-16.

杨治，闫泽斌，余林徽，等. 2015. 国有企业研发投入对民营企业创新行为的影响. 科研管理，36（4）：82-90.

张吉鹏，衣长军. 2020. 国有产权性质、改制与企业对外直接投资. 经济评论，（6）：16-30.

张敬，张志颖，魏旭光，等. 2018. 供应链治理模式选择：低控制还是高控制？——基于多元制度逻辑的实证研究. 预测，37（6）：25-32.

Battilana J，Dorado S. 2010. Building sustainable hybrid organizations：the case of commercial microfinance organizations. Academy of Management Journal，53（6）：1419-1440.

DiMaggio P J，Powell W W. 1983. The iron cage revisited：institutional isomorphism and collective rationality in organizational fields. American Sociological Review，48（2）：147-160.

Firth M，Fung P M Y，Rui O M. 2007. How ownership and corporate governance influence chief executive pay in China's listed firms. Journal of Business Research，60（7）：776-785.

Friedland R，Alford R R. 1991. Bringing society back in：symbols，practices and institutional contradictions//Powell W W，DiMaggio P J. The New Institutionalism in Organizational Analysis. Chicago：University of Chicago Press：232-263.

Greenwood R，Raynard M，Kodeih F，et al. 2011. Institutional complexity and organizational responses. The Academy of Management Annals，5（1）：317-371.

Greve H，Zhang C M. 2017. Institutional logics and power sources：merger and acquisition decisions. Academy of Management Journal，60（2）：671-694.

He X M，Cui L，Meyer K E. 2020. How state and market logics influence firm strategy from within and outside？Evidence from Chinese financial intermediary firms. Asia Pacific Journal of Management，39：587-614.

He Y Q，Tian Z L. 2008. Government-oriented corporate public relation strategies in transitional China. Management and Organization Review，4（3）：367-391.

Jay J. 2013. Navigating paradox as a mechanism of change and innovation in hybrid organizations. Academy of Management Journal，56（1）：137-159.

Kraatz M S，Block E S. 2008. Organizational implications of institutional pluralism//Greenwood R，Oliver C，Suddaby R，er al. The SAGE Handbook of Organizational Institutionalism. London：Sage Publications Ltd：243-275.

Li M H，Cui L，Lu J Y. 2014. Varieties in state capitalism：outward FDI strategies of central and local state-owned enterprises from emerging economy countries. Journal of International Business Studies，45（8）：980-1004.

Lounsbury M. 2007. A tale of two cities：competing logics and practice variation in the professionalizing of mutual funds. Academy of Management Journal，50（2）：289-307.

Lounsbury M，Steele C W，Wang M S，et al. 2021. New directions in the study of institutional logics：from tools to phenomena. Annual Review of Sociology，47：261-280.

Meyer J，Scott W R，Strang D. 1987. Centralization，fragmentation，and school district complexity. Administrative Science Quarterly，32（2）：186-201.

Meyer J W，Boli J，Thomas G M，et al. 1997. World society and the nation-state. American Journal of Sociology，103（1）：144-181.

Meyer J W，Rowan B. 1977. Institutionalized organizations：formal structure as myth and ceremony. American Journal of Sociology，83（2）：340-363.

Miller D，Le Breton-Miller I，Lester R H. 2011. Family and lone founder ownership and strategic behaviour：social context，identity，and institutional logics. Journal of Management Studies，48（1）：1-25.

Pache A C，Santos F. 2010. When worlds collide：the internal dynamics of organizational responses to conflicting institutional demands. Academy of Management Review，35（3）：455-476.

Pache A C，Santos F. 2013. Inside the hybrid organization：selective coupling as a response to competing institutional logics. Academy of Management Journal，56（4）：972-1001.

Ralston D A，Terpstra-Tong J，Terpstra R H，et al. 2006. Today's state-owned enterprises of China：are they dying dinosaurs or dynamic dynamos？. Strategic Management Journal，27（9）：825-843.

Schneiberg M，Clemens E S. 2006. The typical tools for the job：research strategies in institutional analysis. Sociological Theory，24（3）：195-227.

Scott W R. 1995. Institutions and Organizations. London：Sage Publications Ltd.

Scott W R. 2000. Institutional Change and Healthcare Organizations：From Professional Dominance to Managed Care. Chicago：University of Chicago Press.

Scott W R，Meyer J. W. 1991. The rise of training-programs in firms and agencies：an institutional perspective. Research in Organizational Behavior，13：297-326.

Tajfel H，Turner J C. 1979. An integrative theory of intergroup conflict//Austin W G，Worchel S. The Social Psychology of Intergroup Relations. Monterey：Brooks/Cole：33-47.

Thornton P H. 2002. The rise of the corporation in a craft industry：conflict and conformity in institutional logics. Academy of Management Journal，45（1）：81-101.

Thornton P H. 2004. Markets From Culture：Institutional Logics and Organizational Decisions in Higher Education Publishing. Stanford：Stanford University Press.

Thornton P H，Ocasio W. 1999. Institutional logics and the historical contingency of power in organizations：executive succession in the higher education publishing industry，1958–1990. American Journal of Sociology，105（3）：801-843.

Thornton P H，Ocasio W. 2008. Institutional logics//Greenwood R，Oliver C，Suddaby R，et al. The SAGE Handbook of Organizational Institutionalism. London：Sage Publications Ltd：99-129.

Thornton P H，Ocasio W，Lounsbury M. 2012. The Institutional Logics Perspective：A New Approach to Culture，Structure，and Process. Oxford：Oxford University Press.

Wang J C，Yi J T，Zhang X P，et al. 2022. Pyramidal ownership and SOE innovation. Journal of Management Studies，59（7）：1839-1868.

Yiu D W，Hoskisson R E，Bruton G D，et al. 2014. Dueling institutional logics and the effect on strategic entrepreneurship in Chinese business groups. Strategic Entrepreneurship Journal，8（3）：195-213.

Zhang C M，Greve H R. 2019. Dominant coalitions directing acquisitions：different decision makers，different decisions. Academy of Management Journal，62（1）：44-65.

Zhou K Z，Gao G Y，Zhao H X. 2017. State ownership and firm innovation in China：an integrated view of institutional and efficiency logics. Administrative Science Quarterly，62（2）：375-404.

Zou H，Adams M B. 2008. Corporate ownership，equity risk and returns in the People's Republic of China. Journal of International Business Studies，39（7）：1149-1168.

Zucker L G. 1977. The role of institutionalization in cultural persistence. American Sociological Review，42（5）：726-743.

第十三章　跨制度社会控制对制造企业绩效影响

第一节　竞争性制度逻辑视角下的供应商组合管理

企业外部的制度环境对企业行为和绩效有着重要影响，为了取得合法性，企业必须调整自己的行为以符合环境中普遍接受的制度规范（DiMaggio and Powell，1983；Meyer and Rowan，1977）。制度逻辑是指描述如何解释组织现实、什么构成合适行为以及如何成功的一组核心的原则（Friedland and Alford，1991；Thornton，2004）。制度逻辑关注的是制度的内容和意义，这些内容和意义指导和约束着决策者行为（Miller et al.，2011；Thornton and Ocasio，1999）。然而，有学者认为制度环境不只是由一种制度逻辑，而是由多种制度逻辑构成，不同制度逻辑相互依赖也相互矛盾。当组织场域中共存着多种制度逻辑时，企业将会面临冲突性制度要求。企业满足一种制度逻辑要求，往往意味着否定另一种制度逻辑要求（Pache and Santos，2010），因此多种竞争性制度逻辑给企业制度环境管理带来了挑战。

最近学者开始关注企业如何应对冲突性制度要求。当前文献或是从混合组织视角出发，关注混合组织如何有效地在组织内部整合不同制度逻辑，或是从社会身份视角出发，关注组织如何建立合适的社会身份来应对冲突性制度要求。但少有文献从关系管理视角出发关注组织间关系策略如何应对冲突性制度要求。尽管Baum 和 Oliver（1991）强调与制度利益相关者建立制度连接有助于增强组织的合法性，进而获得该制度成员的资源和支持；但是他们的研究并没有考虑在多种制度逻辑的情境下，企业的关系策略如何克服冲突性制度要求进而获得好的绩效。制造企业往往有不同制度属性的供应商，不同制度属性供应商遵循着不同的制度逻辑，在合作过程中它们向制造企业施加了冲突性制度要求，这为制造企业的供应商管理带来了挑战。组织间关系治理文献强调基于信任和互惠的社会控制机制降低了组织间交易成本，促进了合作伙伴的价值共创。本章将制造企业的多个相互依赖的供应商看成供应商组合，那么制造企业采用什么样的社会控制战略来应对供应商组合中不同制度属性成员施加的冲突性制度要求，进而获得好的绩效呢？当前文献对于这一问题并没有进行系统性研究。

跨制度社会控制是指在供应商组合管理中，制造企业对不同制度属性的供应商同时采用较高水平社会控制的程度。基于竞争性制度逻辑的视角，本章研究了跨制度社会控制对制造企业绩效的影响。本章认为跨制度社会控制有助于制造企业应对不同制度属性供应商施加的冲突性制度要求，有利于制造企业获得好的绩效。考虑到跨制度社会控制对制造企业绩效的影响源于冲突性制度要求，本章关注了影响冲突性制度要求的两个情境变量：制度逻辑权势不平衡和行业竞争强度，并检验了它们对主效应的调节作用。总之，本章探究了组织间关系管理情境下组织应对冲突性制度要求的策略，进而丰富了该领域文献。

第二节　制度逻辑、跨制度社会控制的理论与假设

一、制度逻辑与冲突性制度要求

制度环境中往往存在多种制度逻辑，特别是竞争性制度逻辑的存在，向环境中企业施加了冲突性制度要求（conflicting institutional demands）（Friedland and Alford，1991；Thornton，2004）。竞争性制度逻辑是指不同制度逻辑在内容和意义上存在不同，这些制度逻辑不是相互替代、相互淘汰的关系，而是长期共存于社会和组织场域中（Kraatz and Block，2008；Schneiberg and Clemens，2006）。竞争性制度逻辑导致的冲突性制度要求给企业管理带来了巨大挑战，如何应对冲突性制度要求以获得良好绩效便成了当前文献关注的热点问题。

一部分学者基于混合组织（hybrid organization）视角研究了企业应对冲突性制度要求的策略。混合组织是指同时吸收来自不同制度逻辑元素的组织（Battilana and Dorado，2010），当前文献中识别了混合组织应对冲突性制度要求的三种策略：分离策略、妥协策略和结合性策略。分离策略是指组织象征性地遵守某一个制度逻辑的要求，但实际上执行另一个制度逻辑的要求，或者维持自身的制度要求（Bromley and Powell，2012）。妥协策略是指组织适当地修改竞争性制度逻辑要求，进而同时遵守，如同时满足竞争性制度逻辑的最小需求，或者采取新的形式同时吸收两种竞争性制度逻辑，或是通过与竞争性制度逻辑下的成员谈判以使他们适当改变制度要求（Oliver，1991）。结合性策略是指结合两种竞争性制度逻辑，以确保在一定范围内赢得利益相关者的支持（Greenwood et al.，2010；Pache and Santos，2013）。在结合竞争性制度逻辑时，混合组织通常会战略性地选择不同制度逻辑下的元素进行结合（Pache and Santos，2013）。总之，这一文献主要关注了混合组织在内部吸收不同制度逻辑时，如何既满足外部制度环境中的冲突性制度要求，同时又避免不同制度逻辑在组织内部形成不同派别而产生冲突。

另一部分学者从社会身份（social identity）视角研究了组织应对冲突性制度要求的策略。Kraatz 和 Block（2008）认为组织不是被动地接受制度的描述，相反，

它们会解释、翻译和改变制度的描述，社会身份就是一种组织解释的方式。Kraatz和 Block（2008）从社会身份视角区分了四种应对竞争性制度逻辑的策略：①消除或边缘化一个或多个制度逻辑导致的身份；②通过增加不同身份的合作和联系来平衡不同制度逻辑的需求；③通过创建一种新的社会身份以形成自己的制度（逻辑）进而应对外部环境的不同制度逻辑要求（Binder，2007）；④建立不同的社会身份，并将它们区隔起来以分别应对不同制度逻辑下的利益相关者。他们强调，制度的利益相关者是否容忍组织行为取决于两个判断标准：一个是判断组织是否与他们制度逻辑的描述相一致，即遵守性标准，因此组织被比作"文化铁笼的人质"（hostage of cultural iron cage）（DiMaggio and Powell，1983）；另一个是判断组织历史上是否一致性地坚持组织所宣称的理念，即承诺努力性标准，因此组织被比作"自己历史的人质"（hostage of its own history）（Selznick，1992）。正是后一种标准允许组织建立自己的社会身份，形成自己的制度逻辑。另外，他们进一步强调，对制度要求的满足实际上是一种象征性的满足（symbolic satisfactory）；如果制度利益相关者严格关注组织的结果和短期行为，那么组织同时满足竞争性制度逻辑的冲突性需求是不可能的。正是因为制度利益相关者要求的是一种象征性的满足，这才使组织有可能同时应对冲突性制度要求。

　　总的来看，围绕组织如何应对冲突性制度要求的研究，一部分学者从混合组织视角研究了如何在组织内部有效地吸收不同制度逻辑元素；另一部分学者从社会身份视角研究组织如何建立合适的社会身份来应对冲突性制度要求。组织间关系管理方式影响着组织与不同制度逻辑成员的合作关系，但少有文献从关系管理视角探讨企业如何通过关系策略应对组织间冲突性制度要求。尽管 Baum和 Oliver（1991）强调与制度利益相关者建立制度连接有助于增强组织的合法性，进而获得制度成员的资源和支持，但尚未有研究探讨竞争性制度逻辑情境下企业如何通过关系策略应对冲突性制度要求。社会控制是重要的组织间关系管理方式，本章将研究制造企业如何通过社会控制战略来克服供应商组合中不同制度属性供应商向制造企业施加的冲突性制度要求，进而让制造企业获得更好绩效。

二、国家制度逻辑和市场制度逻辑

　　改革开放四十多年来，中国经济逐步从计划经济体制转变为市场经济与国家调控共存的社会主义市场经济体制（王小鲁等，2009）。国有部门和非国有部门并存是渐进式市场化改革的重要现象，也是我国现行社会经济结构的最重要特征之一（边燕杰等，2012）。在这个过程中，市场在管理经济活动方面扮演着越来越重要的角色（王小鲁等，2009），按照市场规则，企业通过效率和创新追求竞争优势和经济利润。然而，政府在企业经济活动中仍扮演着重要角色。一方面，政府及其经济附属，如国有企业，仍占据着关键资源，把控着企业生产要素市场；另一方面，政府通过审批机制和各种政策影响着企业经济活动（He and Tian，2008）。在访谈中，一些受访者认为，在中国经营企业的关键是要"跟党走"，要积极响应政府的政策，这样才能使企业更容易获得较低的融资成本、优惠的税收政策和当地政府的支持。也有一些企业家把企业经营的重点放在创新和市场上，他们认为，企业的利润最终来自市场，提供有竞争性的产品和服务才是关键。

国家制度逻辑和市场制度逻辑共存在于社会主义市场经济体制中，它们对中国情境下企业的经营目标和手段有着不同的制度描述，进而对企业施加了冲突性制度要求。尽管国有企业与非国有企业均受到国家制度逻辑和市场制度逻辑影响，但国家制度逻辑在国有企业中占主导地位，市场制度逻辑在非国有企业（如私有企业和外资企业）中占主导地位。本书第十二章第三节中对中国制度环境下的国家制度逻辑与市场制度逻辑的产生、两者区别以及两种制度逻辑对不同企业类型的影响进行了详细论述，此处不再赘述。

总之，中国社会主义市场经济体制本质上是国家制度逻辑和市场制度逻辑的共存，这两种制度逻辑共同制约着中国情境下企业的行为和战略。但是它们对不同制度属性企业的影响是不同的。国有企业行为更多地受国家制度逻辑的约束和影响，而非国有企业行为则更多地受市场制度逻辑的约束和影响。制造企业往往拥有多个供应商，有的供应商属于国有企业，而有的供应商属于非国有企业；国有企业类型的供应商深受国家制度逻辑影响，非国有企业类型的供应商深受市场制度逻辑影响。受不同制度逻辑影响的供应商在合作过程中向制造企业施加了冲突性制度要求，这为制造企业的供应商管理带来了挑战。那么制造企业如何通过关系管理来应对供应商组合中不同制度属性成员施加的冲突性制度要求，以获得好的绩效呢？当前文献对于这一问题并未进行系统研究。

三、制造企业跨制度社会控制对其绩效的影响

跨制度社会控制是指制造企业对不同制度属性的供应商同时采用较高水平社会控制的程度。按照该定义，跨制度社会控制变量的值越大，制造企业管理不同制度属性供应商时同时采用较高程度社会控制的程度越高。本章关注了国家制度逻辑和市场制度逻辑两种竞争性制度逻辑，在管理上述两种制度逻辑供应商时，制造企业面临着四种社会控制策略：①对两种制度逻辑下的供应商同时采用较高程度的社会控制；②对国家制度逻辑下的供应商采用较高程度的社会控制，对市场制度逻辑下的供应商采用较低程度的社会控制；③对国家制度

逻辑下的供应商采用较低程度的社会控制，对市场制度逻辑下的供应商采用较高程度的社会控制；④对两种制度逻辑下的供应商同时采用较低程度的社会控制。相比较而言，在第一种社会控制策略中，跨制度社会控制变量值最大；在第四种社会控制策略中，跨制度社会控制变量值最小；在第二、三种社会控制策略中，跨制度社会控制变量值居中。本章认为跨制度社会控制有助于制造企业克服国家制度逻辑和市场制度逻辑下的供应商向制造企业施加的冲突性制度要求，进而有助于制造企业获得较好绩效。

第一，跨制度社会控制有助于制造企业更好地了解竞争性制度逻辑中的元素，进而有助于制造企业有选择地采取相应行为，以满足不同制度逻辑供应商的要求。当前文献区分了一系列应对竞争性制度逻辑的策略。比如，混合组织文献强调了分离、妥协和结合性三种应对策略（Pache and Santos，2013）。Kraatz 和 Block（2008）从社会身份视角区分了四种应对竞争性制度逻辑的策略。然而，无论哪一种应对策略都需要企业深入了解不同制度逻辑的要素。社会控制是指企业利用社会力量，如共同目标、行为规范和信任等，来管理组织间的交易关系（Dyer and Singh，1998；Fryxell et al.，2002）。与不同制度逻辑供应商同时保持较高程度的社会控制关系，有利于不同制度属性供应商向制造企业分享各自制度逻辑的核心要素和应对策略，进而有助于制造企业在交易过程中充分了解竞争性制度逻辑的内容，进而有针对性地满足竞争性制度逻辑的需求。

第二，跨制度社会控制增强了竞争性制度逻辑下供应商对制造企业偏离各自制度要求行为的包容，这使得企业有选择性地满足不同制度逻辑要求成为可能。社会控制建立在信任和互惠的基础之上，双方对合作过程中的相互依赖和长期共赢达成了共识，并形成了共同的预期。这使得不同制度逻辑的供应商愿意包容制造企业的某些偏离行为。供应商之所以愿意包容制造企业的偏离行为，是因为供应商或是会得到制造企业在其他方面的补偿，或是会在与制造企业未来的合作中得到补偿。Kraatz 和 Block（2008）认为对制度要求的满足实际上是一种象征性的满足；如果供应商严格关注制造企业的结果和短期行为，那么制造企业同时满足竞争性制度逻辑的冲突性需求是不可能的。正是基于信任和互惠形成的包容机制，为制造企业的偏离行为提供了一定的空间；在这个空间范围内，制造企业的某些偏离行为是可以被包容和谅解的，这允许制造企业有选择性地满足冲突性制度要求。

第三，跨制度社会控制有助于制造企业形成自己特有的社会身份，即可以跨越不同制度逻辑的社会身份，进而有助于制造企业获得不同制度逻辑供应商的支持。Kraatz 和 Block（2008）强调了制度逻辑成员认为企业的行为是否具有合法性，取决于两个判断标准，即遵守性标准和承诺努力性标准。前者强调组织要遵守制度逻辑的要求，后者强调组织长期坚持自己宣称的理论（DiMaggio and Powell，1983；Selznick，1992）。相比于遵守性标准，承诺努力性标准允许组织建立自己特有的社会身份。跨制度社会控制是依靠社会力量（如信任和互惠）管理供应商。这些社会力量是在长期、重复性的互动过程中形成的，显示了制造企业对不同制度逻辑的承诺，因而有助于制造企业在不同制度属性供应商眼中形成一个特有的社会身份，该社会身份向供应商传递了该制造企业在某些方面遵循一种制度逻辑，在另一些方面遵循另一种制度逻辑，而且这种行为在企业的历史上是一以贯之的。这种特有社会身份增强了竞争性制度逻辑下供应商对制造企业偏离行为的理解，进而帮助制造企业克服了竞争性制度逻辑要求。

总之，跨制度社会控制有助于制造企业更好地了解竞争性制度逻辑中的元素，给制造企业偏离行为提供了必要的包容空间，有助于制造企业形成自己特有的、被竞争性制度成员认可的社会身份。这使得制造企业可以较好地克服竞争性制度逻辑成员向制造企业施加的冲突性制度要求，进而让自己获得较好的绩效。基于此，本章提出如下假设。

假设 13.1：供应商组合中跨制度社会控制将正向影响制造企业绩效。

四、制度逻辑权势不平衡与行业竞争强度的调节作用

假设 13.1 认为跨制度社会控制之所以给制造企业带来好的绩效，是因为跨制度社会控制克服了供应商组合中不同制度属性供应商向制造企业施加的冲突性制度要求。基于假设 13.1 的逻辑，本章认为跨制度社会控制对制造企业绩效的正向影响取决于环境中竞争性制度逻辑施加的冲突性制度要求强度。冲突性制度要求强度越大，跨制度社会控制缓解冲突性制度要求的作用越大，其正向影响就越大；反之，跨制度社会控制的正向影响则越小。为了进一步检验假设 13.1 逻辑的正确性，同时揭示跨制度社会控制的情境条件，本章关注了两个影响环境中冲突性制度要求的情境变量：制度逻辑权势不平衡和行业竞争强度，并认为这两个情境变量对跨制度社会控制的正向影响产生相反的调节作用。

（一）制度逻辑权势不平衡的调节作用

制度逻辑权势不平衡是指制度环境中竞争性制度逻辑权势的不平衡程度。较高的制度逻辑权势不平衡说明一种制度逻辑相对于另一种制度逻辑占主导地位；较低的制度逻辑权势不平衡则说明两种制度逻辑权势接近，即没有一种制度逻辑占主导地位。当制度环境中，一种制度逻辑权势相对于另一种制度逻辑占主导地位时，企业只需要迎合占主导地位制度逻辑的需求即可，此时企业面临的冲突性制度要求较低。但当制度环境中，两种竞争性制度逻辑权势相对平衡时，企业便

不能简单地选择遵守一种制度逻辑要求，而忽略另一制度逻辑要求，此时企业面临竞争性制度逻辑施加的冲突性制度要求较高。

本章认为制度逻辑权势不平衡将减弱跨制度社会控制对制造企业绩效的正向影响。

第一，在较高制度逻辑权势不平衡的制度环境中，即一种制度逻辑相对于另一种制度逻辑占主导地位时，后一种制度逻辑对企业的影响较弱。尽管两种制度逻辑向制造企业施加了不同的制度要求，但它们给制造企业施加的压力是不同的。此时制造企业无须同时满足两种竞争性制度逻辑带来的冲突性制度要求，它只需重点满足占主导地位的制度逻辑施加的制度要求即可，因为非主导地位的制度逻辑成员对它的影响有限。随着竞争性制度逻辑向制造企业施加的冲突性制度压力减少，跨制度社会控制给制造企业带来的正向影响也随之降低。相反，当制度环境中两种制度逻辑权势比较平衡时，每一种制度逻辑成员都掌握着制造企业所需的资源，制造企业满足其中一方制度逻辑而忽视另一方制度逻辑，就会受到未满足一方制度逻辑成员的制裁，这种制裁给制造企业带来的影响是较大的。随着权势均衡的两种制度逻辑向制造企业施加的冲突性制度压力增加，跨制度社会控制给制造企业带来的正向影响也会随之增大。

第二，在较高制度逻辑权势不平衡的制度情境中，处于主导地位的制度逻辑成员的权威是被承认的（recognized）和正式化的（formalized）（Meyer et al., 1987）。这意味着处于主导地位的制度逻辑成员具有仲裁和解决场域内不同制度成员不一致需求的合法性和权威。换言之，处于主导地位的制度逻辑成员会仲裁和调和竞争性制度逻辑向制造企业施加的冲突性制度要求，进而对制造企业形成较为一致的制度要求，在这种情境下制造企业面临的冲突性制度压力就会减弱。相比之下，在制度逻辑权势比较平衡的情境下，缺乏一个主导地位的制度逻辑成员来仲裁和调和制度环境中竞争性制度逻辑向制造企业施加的冲突性制度要求，此时就需要制造企业自己调和环境中的冲突性制度要求，因此制造企业面临的冲突性制度压力就会增强（Pache and Santos, 2010）。

总之，制度逻辑权势越不平衡，制造企业面临的竞争性制度逻辑成员向其施加的冲突性制度压力就会越小，跨制度社会控制给制造企业带来的正向影响也就随之减弱。基于此，本章提出如下假设。

假设 13.2：制度逻辑权势不平衡将减弱跨制度社会控制对制造企业绩效的正向影响。

（二）行业竞争强度的调节作用

行业竞争强度是指制造企业面对行业竞争的强度（Grewal and Tansuhaj,

2001)。随着专业化分工和经济全球化程度日益加重，制造企业越来越倾向于将非核心业务外包出去，因此制造企业越来越依赖供应商资源来赢得竞争优势（Dyer and Singh，1998；Lavie and Miller，2008），而行业的竞争程度加剧了制造企业对供应商资源的依赖程度（Tang and Rai，2012）。随着制造企业对供应商资源的依赖程度增加，不同制度逻辑成员对制造企业施加的冲突性制度压力也随之增加。本章认为行业竞争强度将会增强跨制度社会控制对制造企业绩效的正向影响。

第一，制造企业行业竞争强度越大，越需要制造企业整合供应商资源以提升自己的竞争优势。在与供应商高频率互动和合作的过程中，制造企业与不同制度逻辑成员的接触频率和深度都会增强。由于不同制度逻辑成员遵循的制度逻辑不同，在这个过程中它们在观念和行为上的冲突会更加尖锐，此时制造企业面临的冲突性制度要求的广度和深度就会随之增强。随着竞争性制度逻辑施加的冲突性制度要求的增加，跨制度社会控制给制造企业绩效带来的正向影响便会随之增加。第二，在竞争不激烈的行业中，制造企业的利润较为丰厚；对于不占主导地位的制度逻辑，即使制造企业不严格地应对这一制度逻辑的需求，制造企业也可以获得较好绩效。但是在竞争较激烈的环境下，任何一种制度逻辑成员的资源或者支持都可能影响制造企业在竞争中的胜负（Moorman and Miner，1998），此时制造企业就需要充分利用不同制度逻辑成员的资源和支持以赢得竞争的胜利。因此，对制造企业而言，激烈的行业竞争客观上减少了制度逻辑权势的不平衡程度，制度企业不得不去迎合每一个制度逻辑的需求，即使该制度逻辑并不占主导地位。

总之，激烈的行业竞争不仅增加了不同制度逻辑成员之间直接冲突的机会，进而提高了制造企业面临的冲突性制度要求；同时也使制造企业为获得竞争优势而不得不迎合每一个制度逻辑的需求。因此随着行业竞争的日益激烈，跨制度社会控制给制造企业带来的正向影响也会随之增加。基于此，本章提出如下假设。

假设13.3：行业竞争强度将增强跨制度社会控制对制造企业绩效的正向影响。

图13-1画出了本章的理论框架图。

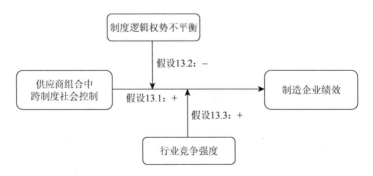

图 13-1　跨制度社会控制对制造企业绩效影响的理论框架

第三节　实证研究方法

一、样本与数据

本章以中国制造企业为样本，中国特殊的制度变革过程为检验本章假设提供了良好的实证情境。第一，改革开放四十多年来，中国经济逐步从计划经济体制转变为市场经济与国家调控共存的社会主义市场经济体制。中国社会主义市场经济体制本质上包含了两种竞争性制度逻辑：国家制度逻辑和市场制度逻辑。尽管国有企业与民营企业均受到国家制度逻辑和市场制度逻辑的影响，但国家制度逻辑在国有企业中有着统治性影响，市场制度逻辑在非国有企业，如民营企业和外资企业中有着统治性影响。在供应商网络中，国有和非国有性质的供应商分别遵循着国家制度逻辑和市场制度逻辑，它们在与制造企业的合作中向制造企业施加了冲突性制度要求，因此如何平衡不同制度属性供应商向制造企业施加的冲突性制度要求对制造企业绩效至关重要。第二，关系普遍用于中国情境下的供应商关系管理，这为检验供应商组合中社会控制策略如何应对不同制度属性供应商向制造企业施加的冲突性制度要求提供了机会。

本章数据由问卷数据和二手客观数据构成，其中，问卷数据来自中国制造企业的问卷调查，二手客观数据来自国家统计局建立的中国工业企业数据库。根据制造企业法人代码，本章将问卷数据与二手客观数据进行匹配（详细数据收集及匹配过程见第三章"供应商关系研究的实证基础"）。中国工业企业数据库涵盖了所有国有企业和年产值在 500 万元及以上的非国有企业。由于参与调研的企业中有一部分是中小型企业，没有达到上述年产值标准；且一部分数据并没有查询到法人代码无法进行数据匹配，因此本章最终成功匹配了 134 家制造企业，剔除变量缺失值，共有 121 家制造企业及其供应商组合数据进入模型。

参照 Hitt 等（1996）的做法，本章运用中国工业企业数据库数据检验了问卷数据的质量。结果显示，问卷中关于企业员工数量、企业年龄和企业类型的数据与中国工业企业数据库中的对应数据高度相关（企业员工数量相关系数 = 0.57，$p<0.01$；企业年龄相关系数 = 0.72，$p<0.01$；企业类型相关系数 = 0.59，$p<0.01$），这些结果显示本章问卷数据具有较高质量。

表 13-1 给出了 121 家制造企业及其供应商组合的统计性描述。就企业规模而言，12%的制造企业属于大型企业，44%的制造企业属于中型企业，44%的制造企业属于小型企业。就企业类型而言，6%的制造企业属于国有企业，94%的制造企业属于非国有企业（私有企业和外资企业）。就供应商组合规模而言，121 家制造

企业共识别了 577 家供应商，其中，95 家制造企业识别了 5 家核心供应商，24 家制造企业识别了 4 家核心供应商，2 家制造企业识别了 3 家核心供应商。就供应商组合构成而言，49%的供应商组合同时包含了国有和非国有两种类型的供应商，51%的供应商组合只包含了其中一种类型的供应商。

表 13-1　121 家制造企业及其供应商组合的统计性描述

分类标准		数量	占比
企业规模	大型（>2000 人）	15	12%
	中型（300~2000 人）	53	44%
	小型（<300 人）	53	44%
	总计	121	100%
企业类型	国有企业	7	6%
	非国有企业	114	94%
	总计	121	100%
供应商组合规模	5 家供应商	95	79%
	4 家供应商	24	20%
	3 家供应商	2	2%
	总计	121	100%
供应商组合构成	包含了两种类型供应商	59	49%
	包含了一种类型供应商	62	51%
	总计	121	100%

注：占比总计不为 100%是四舍五入修约所致

二、变量及测量

除制造企业绩效、制度逻辑权势不平衡来自二手数据的计算外，本章其他主要变量的数据来自问卷数据，测量时采用文献中的成熟量表和利克特 7 点制计分（1 表示非常不同意；7 表示非常同意）。其中，行业竞争强度变量来自直接量表的测量，跨制度社会控制是基于制造企业与供应商关系层面社会控制变量数据计算出的网络层面变量。这些变量的具体测量如下。

（一）因变量

本章采用制造企业的资产收益率来反映制造企业的绩效。这部分信息来自中国工业企业数据库。本章选择资产收益率作为因变量，其原因主要有两个：①资产收益率作为客观绩效数据被广泛地用于绩效测量（Beckman et al.，2004），因此采用资产收益率作为绩效指标方便将本章结果与现有文献结果进行比较；②资产收益率的数据来自中国工业企业数据库，而非问卷数据，不同的数据来源可以较好地避免共同方法偏差问题。

（二）自变量

跨制度社会控制反映制造企业在多大程度上与不同制度属性的供应商同时采用较高水平的社会控制强度。跨制度社会控制变量的值越大，显示制造企业越倾向于对不同制度属性供应商同时采用较高程度的社会控制。跨制度社会控制的测量具体分 3 步。首先，问卷要求制造企业的采购经理评价它们与供应商组合中每一家供应商的社会控制程度，基于 Rindfleisch 和 Moorman（2001）的研究，本章采用 4 个题项来测量社会控制变量：①我方相信该供应商在合作中会履行所做出的承诺；②我方和该供应商通过充分协作来解决合作中出现的问题；③我方和该供应商通过讨论共同做出了许多决策；④我方和该供应商之间有充分、广泛的信息交流。其次，本章按照供应商企业类型将供应商分为国有企业类型供应商和非国有企业类型供应商两类，然后计算每种类型供应商社会控制强度的平均水平。最后，国家制度逻辑在国有企业类型供应商中占主导地位，市场制度逻辑在非国有企业类型供应商中占主导地位。本章将制造企业对供应商组合中国有企业类型供应商的社会控制均值和其对非国有企业类型供应商的社会控制均值相乘，用该乘积来表示跨制度社会控制。该值越大，反映制造企业在供应商组合管理中越倾向于采用跨制度社会控制。

（三）调节变量

本章有两个调节变量：制度逻辑权势不平衡和行业竞争强度。制度逻辑权势不平衡变量数据来自中国工业企业数据库，该变量测量具体分为两步：第一步，参照 Zhang 等（2016）关于行业市场化水平的测量，本章分别计算了省级地区和三位行业代码下国有企业和非国有企业销售收入各自占该地区该行业所有企业销售收入的比例。第二步，本章将国有企业的销售比例与非国有企业的销售比例做差并取绝对值。该值越大，反映该地区该行业中国家制度逻辑与市场制度逻辑的权势越不平衡，这种不平衡表现为或是国家制度逻辑占主导地位，或是市场制度逻辑占主导地位；该值越小，则反映该地区该行业中国家制度逻辑与市场制度逻辑的权势相对平衡。

行业竞争强度参照 Grewal 和 Tansuhaj（2001）的量表，本章用 3 个题项的量表来测量制造企业的行业竞争强度：①我公司所处行业中的价格战非常频繁；②我公司所处的市场中各公司新的竞争行为层出不穷；③我公司所处的行业中促销方面的竞争非常激烈。这些题项反映了制造企业面临的行业竞争强度。

（四）控制变量

本章控制了影响制造企业绩效的其他因素：企业年龄、企业规模、企业类型、财务杠杆、营销能力和产品创新性。企业年龄用问卷收集时间与企业成立时间之差的对数来表示。企业规模用制造企业员工数量的自然对数来表示。企业类型用虚拟变量来表示，如果企业类型为国有企业，企业类型变量被赋值为 1，反之赋值为 0。财务杠杆用资产负债率来表示。

制造企业的营销能力采用 Vorhies 和 Morgan（2005）的量表来测量，该量表由以下 4 个题项构成：①与主要竞争对手相比，我公司在收集市场信息方面更加出色；②与主要竞争对手相比，我公司在营销计划方面做得更加出色；③与主要竞争对手相比，我公司在营销技能开发方面更加出色；④与主要竞争对手相比，我公司在营销计划的执行方面更加出色。制造企业的产品创新性采用 Rindfleisch 和 Moorman（2001）的量表测量，该量表由以下 5 个题项构成：①我公司近两年来开发出了具备很强创新性的新产品；②我公司近两年来开发出了打破产业传统思路的新产品；③我公司近两年来开发出了给产业带来新思路和新理念的新产品；④我公司近两年来开发出了令消费者和竞争对手很感兴趣的新产品；⑤我公司近两年来开发出了给企业带来新思路和新理念的新产品。

三、概念的信效度分析

表 13-2 报告了主要变量的测量题项及信效度。社会控制变量共涉及 577 家制造企业与供应商关系层面的数据，行业竞争强度、营销能力和产品创新性共涉及 121 家制造企业层面的数据；由于变量的样本量不同，本章将分别评估这两组变量测量的信效度。

表 13-2　主要变量的测量题项及信效度

变量题项及方法	载荷
模型 1：577 家制造企业与供应商关系层面数据的验证性因子分析模型 模型拟合指数：$\chi^2 = (2) = 9.77$，GFI = 0.99，CFI = 0.99，IFI = 0.99，RMSEA = 0.08	
社会控制（Rindfleisch and Moorman，2001）：AVE = 0.60，CR = 0.85	
1. 我方相信该供应商在合作中会履行所做出的承诺	0.80

续表

变量题项及方法	载荷
2. 我方和该供应商通过充分协作来解决合作中出现的问题	0.91
3. 我方和该供应商通过讨论共同做出了许多决策	0.55
4. 我方和该供应商之间有充分、广泛的信息交流	0.80
模型2：121家供应制造企业层面数据的验证性因子分析模型 模型拟合指数：$\chi^2(62) = 103.26$，GFI = 0.88，CFI = 0.97，IFI = 0.97，RMSEA = 0.07	
行业竞争强度（Grewal and Tansuhaj，2001）：AVE = 0.57，CR = 0.84，HSV = 0.03	
1. 我公司所处行业中的价格战非常频繁	0.84
2. 我公司所处的市场中各公司新的竞争行为层出不穷	0.86
3. 我公司所处的行业中促销方面的竞争非常激烈	0.60
营销能力（Vorhies and Morgan，2005）：AVE = 0.69，CR = 0.90，HSV = 0.15	
1. 与主要竞争对手相比，我公司在收集市场信息方面更加出色	0.73
2. 与主要竞争对手相比，我公司在营销计划方面做得更加出色	0.85
3. 与主要竞争对手相比，我公司在营销技能开发方面更加出色	0.86
4. 与主要竞争对手相比，我公司在营销计划的执行方面更加出色	0.88
产品创新性（Rindfleisch and Moorman，2001）：AVE = 0.71，CR = 0.82，HSV = 0.15	
1. 我公司近两年来开发出了具备很强创新性的新产品	0.74
2. 我公司近两年来开发出了打破产业传统思路的新产品	0.93
3. 我公司近两年来开发出了给产业带来新思路和新理念的新产品	0.94
4. 我公司近两年来开发出了令消费者和竞争对手很感兴趣的新产品	0.79
5. 我公司近两年来开发出了给企业带来新思路和新理念的新产品	0.78

注：所有载荷在0.01水平下显著

本章采用一阶验证性因子分析模型分别对社会控制变量测量的信度和聚合效度进行评价。如表13-2所示，在社会控制变量的信度评价中，一阶验证性因子分析结果显示模型具有令人满意的拟合情况（$\chi^2(2) = 9.77$，GFI = 0.99，CFI = 0.99，IFI = 0.99，RMSEA = 0.08）；标准化因子载荷系数在0.55至0.91之间，均在0.01水平下显著；变量的AVE为0.60，CR为0.85，两者均高于0.50阈值。这些指标显示该变量测量具有较好的信度和聚合效度（Anderson and Gerbing，1988）。采用相同方法，本章检验了行业竞争强度、营销能力和产品创新性变量测量的信度和聚合效度（Anderson and Gerbing，1988）。一阶验证性因子分析结果显示模型具有令人满意的拟合情况（$\chi^2(62) = 103.26$，GFI = 0.88，CFI = 0.97，IFI = 0.97，RMSEA = 0.07）；标准化因子载荷系数在0.60至0.94之间，均在0.01水平下显著；所有变量的AVE在0.57至

0.71 之间，CR 在 0.82 至 0.90 之间，两者均高于 0.50 阈值。这些指标显示这三个变量测量也具有较好的信度和聚合效度（Anderson and Gerbing，1988）。

由于社会控制变量与行业竞争强度、营销能力和产品创新性三个变量的样本量不同，且社会控制变量所在模型只有一个变量，因此本章只能对后三个变量测量的区分效度进行评估。本章采用了两种方法来评价这三个变量的区分效度。参照 AVE 与 HSV 比较法程序（详细介绍见第四章第三节），本章计算了每一个变量的 AVE 和该变量与其他变量的 HSV，并检验是否所有变量的 AVE 均大于 HSV，结果显示所有变量的 AVE 均大于 HSV（表 13-2），因此，该方法显示上述三个变量测量具有较高的区分效度（Fornell and Larcker，1981）。参照嵌套验证性因子分析比较法程序（详细介绍见第四章第三节），本章计算了上述变量的限制性模型的卡方值与未限制性模型的卡方值，并检验未限制性模型的卡方值是否显著小于限制性模型的卡方值，结果显示未限制性模型的卡方值显著小于限制性模型的卡方值（比如，行业竞争强度 vs.产品创新性，$\Delta\chi^2(1) = 218.87$，$p < 0.01$），因此该方法进一步显示上述三个变量测量具有较高的区分效度（Anderson and Gerbing，1988）。

四、共同方法偏差检验

本章变量测量有多个数据来源，制造企业绩效（因变量）、制度逻辑权势不平衡（调节变量）来自二手客观数据，跨制度社会控制（自变量）和行业竞争强度（调节变量）来自问卷数据。在测量方法上，不同变量的测量方法也不相同，制造企业绩效为比例数据，制度逻辑权势不平衡为差值数据的绝对值，而跨制度社会控制是对量表数据计算后获得的，行业竞争强度则是量表的直接测量。因此，不同的数据来源和不同的测量方法，在相当程度上避免了模型的共同方法偏差问题（Flynn et al.，2018；Rindfleisch et al.，2008）。

此外，本章进一步采用了 Harman 单因子检验法和"未测量潜在方法因子效应控制法"两种方法检验这些变量的共同方法偏差问题。由于社会控制涉及 577 家制造企业与供应商关系层面的数据，而行业竞争强度、营销能力和产品创新性变量共涉及 121 家制造企业层面的数据；由于样本量不同且社会控制模型中只有一个变量，本章只检验了行业竞争强度、营销能力和产品创新性变量的共同方法偏差问题。在 Harman 单因子检验中，本章对所有变量的题项进行了主成分因子分析，结果显示前三个主成分因子解释了主成分因子模型 74% 的变异，其中，第一个因子解释了 38% 的变异；没有单个因子出现，也没有一个因子解释过多变异；这说明三个变量的潜在共同方法偏差问题不严重。在"未测量潜在方法因子效应控制法"检验中，本章在验证性因子分析模型中加入了一个方法因子，并允许该因子与所有题项相关；随后将该模型与验证性因子分析模型进行比较，结果显示方法因子确实提升了模型的拟合度，增加了 2.2%的解释比例，但少于 Williams 等（1989）提出的 25%临界值。因此，该方法进一步显示这三个变量的共同方法偏差问题不严重。

第四节　实证研究结果

一、回归结果

本章采用逐步层次回归方法检验研究中的假设，该方法允许观察每一组变量的解释力度（Aiken and West，1991）。为了减少多重共线性的影响，所有交互项的构成变量在相乘前都进行了去中心化处理；本章检查了变量的方差膨胀因子，所有变量之间的方差膨胀因子均小于 10，因此，多重共线性不是本章模型的主要问题。

在模型的内生性问题方面，本章进行了如下设计。第一，采用 Heckman 二阶段方法解决样本选择性偏差问题。在样本中，49%的供应商组合同时包含了国有和非国有企业类型的供应商，51%的供应商组合只包含了其中一种类型的供应商。为了控制样本选择性偏差，本章采用 Heckman 二阶段方法。在第一阶段选择模型中，因变量为虚拟变量，1 表示供应商组合同时包含了国有和非国有企业类型的供应商；0 表示供应商组合只包含了其中一种类型的供应商，并计算逆米尔斯比率。第二阶段回归模型中引入逆米尔斯比率以控制样本选择性偏差的影响（Krishnan et al.，2006）。第二，主效应认为制造企业的跨制度社会控制正向影响制造企业绩效（Phelps et al.，2012），然而，这一逻辑存在潜在逆向因果可能，即拥有较好绩效的制造企业更有能力采用跨制度社会控制。为了减少这一潜在逆向因果的影响，本章在模型中控制了制造企业前一年绩效。

表 13-3 列出了模型中变量相关系数、均值与标准差。表 13-4 列出了 Heckman 第一阶段 Logic 回归结果。表 13-5 列出了 Heckman 第二阶段回归结果，在表 13-5 中，模型 1 只包含了控制变量，模型 2 加入了主效应变量，模型 3 和模型 4 分别加入主效应变量与两个调节变量的交互项，模型 5 包含了所有变量及交互项。此外，表 13-5 显示逆米尔斯比率系数显著为负，这表示样本选择性偏差存在，即制造企业供应商是否同时包含国有和非国有类型的供应商这一决策因素显著影响制造企业绩效，因而表明了 Heckman 二阶段模型选择的合理性。

表 13-3　变量相关系数、均值与标准差

变量	1	2	3	4	5	6	7	8	9
1. 制造企业绩效	1.00								
2. 跨制度社会控制	0.35	1.00							

续表

变量	1	2	3	4	5	6	7	8	9
3. 制度逻辑权势不平衡	0.28	0.01	1.00						
4. 行业竞争强度	0.08	−0.03	−0.08	1.00					
5. 产品创新性	−0.04	−0.06	0.07	0.12	1.00				
6. 营销能力	0.12	0.01	0.06	0.18	0.39	1.00			
7. 财务杠杆	−0.07	0.04	−0.12	−0.02	−0.09	−0.12	1.00		
8. 企业规模	−0.23	−0.13	−0.08	−0.09	−0.04	−0.09	0.10	1.00	
9. 企业年龄	−0.29	−0.14	−0.08	−0.01	0.01	−0.08	0.08	0.49	1.00
均值	0.08	15.13	0.95	5.33	4.62	5.61	0.59	5.88	2.39
标准差	0.18	16.39	0.13	1.14	1.35	0.81	0.22	1.39	0.89

注：样本量 = 121，绝对数值大于 0.18 的相关系数在 0.05 水平下显著

表 13-4　Heckman 第一阶段 Logic 回归结果

变量	模型 1
企业绩效	5.63* (2.20)
企业规模	−0.20 (0.17)
企业年龄	0.13 (0.26)
企业类型（SOE）	−1.43 (1.19)
行业 1 虚拟变量	0.31 (0.58)
行业 2 虚拟变量	−0.76 (0.73)
制度逻辑权势不平衡	−5.46* (2.44)
常数项	5.53* (2.51)
LR χ^2（6）	25.71
伪 R^2	0.15

注：样本量 = 121，括号中数值为稳健性标准误，双尾检验。企业绩效、企业规模、企业年龄和制度逻辑权势不平衡变量数据均早于因变量数据 1 年。LR 全称 Logistic regression，逻辑回归

* $p < 0.05$

表 13-5　Heckman 第二阶段回归结果

变量	模型 1	模型 2	模型 3	模型 4	模型 5
企业规模	0.01 (0.02)	0.00 (0.01)	0.00 (0.01)	0.00 (0.01)	0.00 (0.01)
企业年龄	$-0.04^{\dagger}$ (0.02)	$-0.04^{\dagger}$ (0.02)	$-0.03^{\dagger}$ (0.02)	$-0.03^{\dagger}$ (0.02)	$-0.03^{\dagger}$ (0.02)
企业类型（SOE）	0.02 (0.07)	0.03 (0.06)	0.06 (0.06)	0.04 (0.06)	0.06 (0.05)
财务杠杆	-0.01 (0.08)	-0.02 (0.07)	-0.04 (0.07)	-0.04 (0.07)	-0.06 (0.07)
产品创新性	-0.02 (0.01)	-0.01 (0.01)	$-0.02^{\dagger}$ (0.01)	-0.02 (0.01)	$-0.02^{\dagger}$ (0.01)
营销能力	0.02 (0.02)	0.02 (0.02)	0.02 (0.02)	0.02 (0.02)	0.03 (0.02)
行业竞争强度	0.01 (0.02)	0.01 (0.02)	0.01 (0.02)	0.02 (0.02)	0.02 (0.02)
制度逻辑权势不平衡	0.07^{**} (0.02)	0.06^{**} (0.02)	-0.01 (0.03)	0.06^{**} (0.02)	-0.01 (0.03)
跨制度社会控制		0.04^{*} (0.02)	0.05^{*} (0.02)	0.04^{*} (0.02)	0.05^{**} (0.02)
跨制度社会控制×制度逻辑权势不平衡			-0.11^{**} (0.03)		-0.10^{**} (0.03)
跨制度社会控制×行业竞争强度				0.04^{*} (0.02)	0.04^{*} (0.02)
逆米尔斯比率	-0.09^{**} (0.02)	-0.07^{**} (0.02)	-0.06^{*} (0.02)	-0.07^{**} (0.02)	-0.06^{**} (0.02)
常数项	0.20 (0.15)	0.18 (0.15)	0.19 (0.14)	0.16 (0.14)	0.17 (0.14)
模型 F 值	7.42^{**}	6.93^{**}	20.14^{**}	6.91^{**}	16.99^{**}
R^2	0.267	0.308	0.395	0.345	0.426
ΔR^2		0.041^{*}	0.087^{**}	0.037^{*}	0.118^{**}

注：样本量 = 121，括号中数值为稳健性标准误，模型 3～模型 5 的 ΔR^2 是与模型 2 相比的变化量
$\dagger p < 0.10$，$* p < 0.05$，$** p < 0.01$

如表 13-5 所示，所有控制变量解释了制造企业绩效 0.267 的变异，在模型 2 中，随着自变量的加入，模型对因变量的解释力度增加了 0.041（$p < 0.05$），在模型 3 和模型 4 中，依次加入主效应变量与调节变量的交互项，与模型 2 相比，R^2 得到了显著增加（模型 3：$\Delta R^2 = 0.087$，$p < 0.01$；模型 4：$\Delta R^2 = 0.037$，$p < 0.05$）。将主效应变量及调节变量交互项同时加入模型 5，该模型的 R^2 额外增加了 0.118（$p < 0.01$），解释的总变异达 0.426。随着自变量和调节变量交互项的加入，解释力度的显著增加显示主效应变量和调节变量对因变量有显著影响（Aiken and West，1991）。

假设 13.1 预测供应商组合中跨制度社会控制将正向影响制造企业绩效。与预期相一致，模型 2 中，跨制度社会控制的系数显著为正（$\beta = 0.04$，$p < 0.05$），在模型 3 和模型 4 中分别加入主效应变量与调节变量交互项后，主效应依然显著（模型 3：$\beta = 0.05$，$p < 0.05$；模型 4：$\beta = 0.04$，$p < 0.05$）。在加入所有交互项的全模型中，主效应仍然在 1%水平下显著（模型 5：$\beta = 0.05$，$p < 0.01$）。总之，这些结果表明，制造企业对供应商组合中不同制度属性供应商同时采用较高水平的社会控制更有利于自身的绩效，因此假设 13.1 得到了支持。

假设 13.2 预测制度逻辑权势不平衡将会减弱跨制度社会控制对制造企业绩效的正向影响。与预测相一致，模型 3 中，跨制度社会控制与制度逻辑权势不平衡交互项的系数显著为负（$\beta = -0.11$，$p < 0.01$），模型 5 中，跨制度社会控制与制度逻辑权势不平衡交互项的系数仍然显著为负（$\beta = -0.10$，$p < 0.01$），因此假设 13.2 得到了支持。为了进一步了解制度逻辑权势不平衡的调节效应，参照 Aiken 和 West（1991）的操作程序，本章将制度逻辑权势不平衡变量分为两组：高制度逻辑权势不平衡组（高于均值一个标准差）和低制度逻辑权势不平衡组（低于均值一个标准差）；然后基于模型 5，本章画出了制度逻辑权势不平衡的调节效应图（图 13-2），并计算了不同组线的斜率。结果发现低制度逻辑权势不平衡组线的斜率为 0.15（$p < 0.05$），高制度逻辑权势不平衡组线的斜率为 −0.05（$p < 0.10$），即当国家制度逻辑与市场制度逻辑权威不平衡时，跨制度社会控制对制造企业绩效有着较小的正向影响。总之，这些结果进一步支持了假设 13.2 的预测。

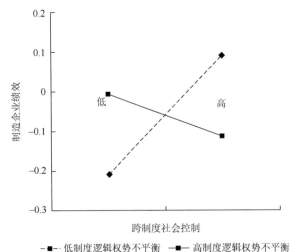

图 13-2　制度逻辑权势不平衡的调节效应图

假设 13.3 预测行业竞争强度将增强跨制度社会控制对制造企业绩效的正向影响。与预测相一致，模型 4 中，跨制度社会控制与行业竞争强度交互项的系数显著为正（$\beta = 0.04$，$p < 0.05$），模型 5 中，跨制度社会控制与行业竞争交互项的系数仍然显著为正（$\beta = 0.04$，$p < 0.05$）。因此假设 13.3 得到了支持。采用假设 13.2 调节效应图的相同画法，本章画出了行业竞争强度的调节效应图（图 13-3），并计算出不同组线的斜率。结果发现高行业竞争强度组线的斜率为 0.08（$p < 0.05$），低行业竞争强度组线的斜率不显著异于 0，即当制造企业面临的行业竞争较激烈时，跨制度社会控制对制造企业绩效有较大的正向影响。总之，这些结果进一步支持了假设 13.3 的预测。

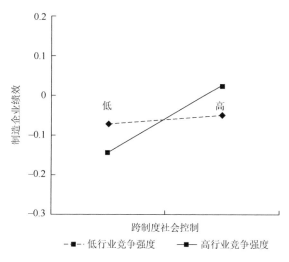

图 13-3　行业竞争强度的调节效应图

二、稳健性检验

在上述实证研究中，跨制度社会控制测量采用的是制造企业对国有企业类型供应商社会控制均值和其对非国有企业类型供应商社会控制均值的乘积，该测量反映的是制造企业对同一制度类型供应商的所有成员社会控制的平均水平。而实际中，为了解和应对某一制度逻辑要求，制造企业可能只对同一制度类型供应商中的某一成员商采用较强的社会控制。换句话，制造企业可能通过与同一制度属性供应商中个别成员发展高水平的社会控制，而不是全部，以实现跨制度社会控制利益。因此，在稳健性检验中，本章采用制造企业对国有企业类型供应商社会控制最大值和其对非国有企业类型供应商社会控制最大值的乘积来表示跨制度社会控制，并以该变量作为主效应替代变量对上述结果进行稳健性检验。

表 13-6 列出了跨制度社会控制替代变量的 Heckman 第二阶段回归结果。如表 13-6 所示，跨制度社会控制的系数依然显著为正（模型 2：$\beta = 0.04$，$p < 0.05$；模型 5：$\beta = 0.05$，$p < 0.01$），跨制度社会控制与制度逻辑权势不平衡交互项的系数依然显著为负（模型 3：$\beta = -0.11$，$p < 0.01$；模型 5：$\beta = -0.10$，$p < 0.01$），跨制度社会控制与行业竞争强度交互项的系数依然显著为正（模型 4：$\beta = 0.04$，$p < 0.05$；模型 5：$\beta = 0.03$，$p < 0.10$）。总之，基于跨制度社会控制替代变量的回归结果与原回归模型的结果基本一致，因此进一步支持了本章的假设。

表 13-6　跨制度社会控制替代变量的 Heckman 第二阶段回归结果

变量	模型 1	模型 2	模型 3	模型 4	模型 5
企业规模	0.01 (0.02)	0.00 (0.01)	0.00 (0.01)	0.00 (0.01)	0.00 (0.01)
企业年龄	$-0.04^{\dagger}$ (0.02)	$-0.04^{\dagger}$ (0.02)	$-0.03^{\dagger}$ (0.02)	$-0.03^{\dagger}$ (0.02)	$-0.03^{\dagger}$ (0.02)
企业类型（SOE）	0.02 (0.07)	0.03 (0.07)	0.06 (0.06)	0.03 (0.06)	0.06 (0.05)
财务杠杆	-0.01 (0.08)	-0.02 (0.07)	-0.04 (0.07)	-0.04 (0.07)	-0.06 (0.07)
产品创新性	-0.02 (0.01)	-0.01 (0.01)	$-0.02^{\dagger}$ (0.01)	-0.01 (0.01)	$-0.02^{\dagger}$ (0.01)
营销能力	0.02 (0.02)	0.02 (0.02)	0.02 (0.02)	0.02 (0.02)	0.03 (0.02)
行业竞争强度	0.01 (0.02)	0.01 (0.02)	0.01 (0.02)	0.02 (0.02)	0.02 (0.02)
制度逻辑权势不平衡	0.07^{**} (0.02)	0.06^{**} (0.02)	-0.01 (0.03)	0.06^{**} (0.02)	-0.01 (0.03)
跨制度社会控制		0.04^{*} (0.02)	0.05^{*} (0.02)	0.04^{*} (0.02)	0.05^{**} (0.02)
跨制度社会控制×制度逻辑权势不平衡			-0.11^{**} (0.03)		-0.10^{**} (0.03)
跨制度社会控制×行业竞争强度				0.04^{*} (0.02)	$0.03^{\dagger}$ (0.02)
逆米尔斯比率	-0.09^{**} (0.02)	-0.07^{**} (0.02)	-0.06^{*} (0.02)	-0.07^{**} (0.02)	-0.06^{**} (0.02)
常数项	0.20 (0.15)	0.17 (0.15)	0.18 (0.14)	0.16 (0.14)	0.17 (0.14)
模型 F 值	7.42^{**}	6.80^{**}	20.31^{**}	6.75^{**}	17.34^{**}
R^2	0.267	0.303	0.391	0.338	0.417
ΔR^2		0.036^{*}	0.088^{**}	0.035^{*}	0.114^{**}

注：样本量 = 121，括号中数值为稳健性标准误，模型 3～模型 5 的 ΔR^2 是与模型 2 相比的变化量
$\dagger p < 0.10$，$* p < 0.05$，$** p < 0.01$

第五节　本 章 小 结

一、研究结论及理论贡献

基于竞争性制度逻辑视角，本章研究了跨制度社会控制对制造企业绩效的影响，并检验了制度逻辑权势不平衡和行业竞争强度对该关系的调节作用。实证结果显示：①供应商组合中跨制度社会控制正向影响制造企业绩效；②制度逻辑权势不平衡减弱了跨制度社会控制对制造企业绩效的正向影响；③行业竞争强度增强了跨制度社会控制对制造企业绩效的正向影响。本章将进一步丰富组织间关系和制度逻辑的文献，具体而言，本章主要有以下三方面贡献。

第一，本章探讨了组织间关系情境下的组织应对竞争性制度逻辑的关系管理策略。围绕着竞争性制度逻辑给企业施加的冲突性制度要求，一部分学者从混合组织视角研究了企业如何吸收来自竞争性制度逻辑的元素（Battilana and Dorado，2010）。学者识别了混合组织应对竞争性制度逻辑的三种策略：分离策略、妥协策略和结合性策略。这一部分文献主要关注混合组织如何既满足外部竞争性制度逻辑要求，同时又避免不同制度逻辑在组织内部形成不同派别的冲突。另一部分学者从社会身份视角研究了组织应对竞争性制度逻辑的策略。Kraatz 和 Block（2008）认为组织不是被动地接受制度的描述，相反，他们会解释、翻译和改变制度的描述，社会身份就是一种组织解释的方式。在组织间关系领域，尽管 Baum 和 Oliver（1991）强调了与制度利益相关者建立制度连接有助于增强组织的合法性，进而获得制度成员的资源和支持，但该领域尚未系统研究在竞争性制度逻辑情境下，企业如何通过关系策略来应对竞争性制度逻辑。

本章认为社会控制是一种基于信任和互惠规范的关系管理方式，它有助于交易双方的信息分享，以及在一定程度上能够容忍交易双方彼此的不当行为。本章将制造企业对供应商组合中国有和非国有企业类型的供应商同时采用较高程度社会控制定义为跨制度社会控制。本章认为，一方面，跨制度社会控制有利于制造企业深入了解各自制度逻辑要素，进而有助于制造企业有选择地采取相应行为以满足不同制度逻辑的要求。另一方面，跨制度社会控制增强了不同制度逻辑供应商对制造企业在一定程度上偏离自身制度要求的行为的包容性，使得制造企业有选择地满足不同制度逻辑要求成为可能。最后，跨制度社会控制有助于制造企业形成自己特有的社会身份——跨越不同制度的社会身份，进而有助于制造企业获得来自不同制度成员的支持。因此，跨制度社会控制有助于制造企业应对竞争性制度逻辑施加的冲突性制度要求，进而正向影响制造企业绩效。这些论述得到了本章实证结果的支持。总之，本章探讨了组织间关系情境下竞争性制度逻辑的应对策略，因而丰富了竞争性制度逻辑应对策略的文献。

第二，本章以供应商组合为分析单位，考察了组合内部成员制度属性不同给制造企业供应商关系管理带来的挑战。组合成员属性对组合的价值创造具有重要的影响，先前组合研究关注的成员属性涉及了成员的名誉和素质、资源贡献和国际性（Wassmer，2010）。但这一部分文献忽略了组合成员制度属性的差异给焦点企业关系管理带来的挑战，这可能是文献中实证结论不一致的重要原因。比如，当前文献显示了企业联盟组合中成员的国际多样性对焦点企业绩效的不一致影响。Goerzen 和 Beamish（2005）发现联盟组合成员的国际多样性负向影响焦点企业的绩效，而 Lavie 和 Miller（2008）发现联盟组合成员国际多样性对企业绩效的影响呈"S"形关系，即随着联盟组合成员国际多样性的增长，企业绩效先降低，接着增加，最后降低。本章认为，联盟组合成员国际多样性对企业绩效影响的不一致发现，可能是因为忽略了联盟组合成员国际多样性带来的竞争性制度逻辑，及其给焦点企业施加的冲突性制度要求。因此，联盟组合成员国际多样性对企业绩效的影响，不仅取决于成员国际多样性带来的资源异质性，同时还取决于焦点企业联盟组合管理策略的有效性。本章认为，制造企业对供应商组合中不同制度属性供应商同时采用较高强度的社会控制，有助于制造企业克服冲突性制度要求，进而正向影响制造企业的绩效。总之，通过揭示跨制度社会控制对制造企业绩效的影响，本章丰富了基于成员属性的组合关系管理文献。

第三，本章响应了组织间关系文献中关于超越二元关系视角研究的呼吁。社会控制强调了依赖信任和互惠规范等社会力量对组织间关系进行管理。传统的组织间关系文献通常基于二元关系视角探讨社会控制的优势和劣势。一方面，社会控制有助于减少组织间机会主义行为的监督成本（Dyer and Singh，1998；Larson，1992），有助于复杂、敏感、隐性的知识在组织间转移（Carey et al.，2011），有助于增强合作伙伴承担额外风险的意愿（Cousins et al.，2006；Ring and van de Ven，1992），因此正向影响制造企业的绩效。另一方面，社会控制所带来的良好关系助长了合作伙伴的不当行为（Anderson and Jap，2005），导致了群体盲视（Zhou et al.，2014），并且阻碍了企业灵活转换新的合作伙伴（Kim et al.，2006；Lechner et al.，2010），进而负向影响制造企业绩效。最近一些文献呼吁组织间关系管理要超越二元关系的视角，采用整体的视角考虑相互依赖关系的整体绩效影响。基于供应商组合视角，本章考虑了多个相互依赖供应商关系中成员制度属性的差异，及其导致的冲突性制度要求。本章发现制造企业对不同制度属性的供应商同时采用较高程度的社会控制，即跨制度社会控制，有助于提高制造企业绩效，因此本章超越二元关系的视角，考虑了多个供应商关系社会控制策略的有效性。

二、管理启示

本章将为制造企业的供应商管理提供一定启示。首先，供应商群体管理需要考虑供应商成员的制度属性差异。在制造企业的供应商群体中，供应商可能有着不同的制度属性。一方面，不同制度属性的供应商蕴含着不同的资源禀赋，允许制造企业享有不同制度资源的多样性优势；另一方面，不同制度属性的供应商遵循着不同的制度逻辑，在合作中可能向制造企业施加冲突性制度要求。制造企业如何克服不同制度属性供应商带来的冲突性制度要求，以获得多样性资源优势呢？本章认为制造企业对不同制度属性供应商同时采用较高程度的社会控制，即跨制度社会控制策略，有助于提升自身绩效。实施跨制度社会控制策略要求制造企业与遵循不同制度逻辑的供应商同时建立良好的组织间关系，这本质上是一种组织间双元关系。组织间双元关系有助于制造企业了解不同制度逻辑的内容，增强不同制度逻辑下供应商对制造企业的包容性，并帮助制造企业形成特有的社会身份。这些利益均有助于制造企业应对遵循不同制度逻辑的供应商给其带来的冲突性制度要求。总之，本章结论将启发管理者思考如何管理不同制度属性的供应商群体。

此外，虽然制度环境蕴含着多种制度逻辑，这些制度逻辑经常向环境中的企业施加冲突性制度要求（Friedland and Alford，1991；Greenwood et al.，2011；Thornton，2004），但这些冲突性制度要求在不同情境下其冲突程度是不同的（Pache and Santos，2010）。由于企业资源和经理人的注意力是有限的，企业应该根据不同制度环境调整自己的社会控制策略。本章识别了两种不同冲突性制度要求强度的情境：制度逻辑权势不平衡和行业竞争强度。当制度环境中，一种制度逻辑相对另一种制度逻辑占主导地位时，另一种制度逻辑的重要性就相对较弱，此时制造企业面对的冲突性制度压力就会降低，制造企业只需重点满足占主导地位的制度逻辑向制造企业施加的制度要求即可。相反，当制度环境中，不同制度逻辑权势势均力敌时，制造企业就必须同时满足两种制度逻辑的要求才能获得较好的绩效。

另外，制造企业面临的行业竞争强度越大，越需要供应商组合成员紧密合作。在高频率的互动和合作过程中，竞争性制度逻辑成员的冲突频率和强度都会增强，制造企业面临的冲突性制度要求也会随之增强；此外，在竞争激烈的行业中，即使不占主导地位的制度逻辑成员，它们的资源和支持对制造企业在激烈竞争中赢得竞争优势也至关重要。因此，当行业竞争较为激烈时，制造企业就必须同时满足竞争性制度逻辑要求才能获得较好绩效。总之，在制度逻辑权势平衡的环境下和在竞争较激烈的行业中，制造企业需要采取跨制度社会控制策略，即对不同制度属性供应商同时采用较高程度的社会控制，以获得更好的绩效。

三、研究局限及未来建议

本章主要存在以下四方面的不足，为未来的研究提供了机会。

第一，本章认为跨制度社会控制减少竞争性制度逻辑施加的冲突性制度，进而正向影响制造企业绩效。尽管实证研究结论显示跨制度社会控制对制造企业绩效有显著影响，且两个调节变量对主效应有不同调节作用，这些均支持了主效应的假设逻辑，但本章并没有对竞争性制度逻辑施加的冲突性制度要求这一中介机理进行实证检验。未来研究可以检验跨制度社会控制对制造企业绩效影响的这一中介机理。

第二，竞争性制度逻辑的相对权势是组织应对竞争性制度逻辑要考虑的重要情境变量（Pache and Santos，2010）。本章中制度逻辑权势不平衡用的是地区行业内国有企业与非国有企业销售收入占所有类型企业销售收入比例之差的绝对值，这种测量的有效性可能局限于中国情境。在中国情境下，如果某地区国有企业销售占比较高，说明该地区国有企业占当地地区生产总值的比例较高，所以国有企业在对当地政府影响和资源支配方面占有主导地位。比如，在东北老工业地区，国有企业的销售占比较高，因此国家制度逻辑的权势要强于市场制度逻辑权势；相反，在浙江、广东一带，非国有企业的销售占比较高，市场制度逻辑的权势要强于国家制度逻辑权势。但在西方国家情境下，由于这些国家私有化程度较高，因此很难用类似测量来反映制度逻辑的权势；此时制度逻辑权势的测量更多依赖企业经理人的感知，因此，未来研究有必要开发相关量表。

第三，尽管本章关注了供应商组合中供应商的不同制度属性给制造企业带来的冲突性制度要求，但组织间关系中竞争性制度逻辑给企业带来的管理挑战尚未得到足够关注。特别是在跨国联盟网络中，成员的不同国家背景给焦点企业管理带来的挑战应该得到重视和研究。

第四，未来的竞争性制度逻辑研究应该探讨更多影响企业应对策略的情境变量。比如，制度环境的包容性。以印度为例，印度有很多宗教，这些宗教在长期的互动中增强了制度环境对制度逻辑的包容性，因此印度这种多宗教国家对竞争性制度逻辑的包容性可能会比单一宗教国家对竞争性制度逻辑的包容性更强。因此，制度环境的包容性是一个影响企业应对冲突性制度要求的重要情境变量，目前这方面研究仍然相对较少，需要学者深入探讨。

参 考 文 献

边燕杰，王文彬，张磊，等.2012.跨体制社会资本及其收入回报.中国社会科学，（2）：110-126，207.

王小鲁，樊纲，刘鹏.2009.中国经济增长方式转换和增长可持续性.经济研究，44（1）：4-16.

Aiken L S，West S G. 1991. Multiple Regression：Testing and Interpreting Interactions. London：Sage Publications Inc.

Anderson E，Jap S D. 2005. The dark side of close relationships. MIT Sloan Management Review，46（3）：75-82.

Anderson J C，Gerbing D W. 1988. Structural equation modeling in practice：a review and recommended two-step approach. Psychological Bulletin，103（3）：411-423.

Battilana J，Dorado S. 2010. Building sustainable hybrid organizations：the case of commercial microfinance organizations. Academy of Management Journal，53（6）：1419-1440.

Baum J A C，Oliver C. 1991. Institutional linkages and organizational mortality. Administrative Science Quarterly，36：187-218.

Beckman C M，Haunschild P R，Phillips D J. 2004. Friends or strangers？ Firm-specific uncertainty，market uncertainty，and network partner selection. Organization Science，15（3）：259-275.

Binder A. 2007. For love and money：organizations' creative responses to multiple environmental logics. Theory and Society，36（6）：547-571.

Bromley P，Powell W W. 2012. From smoke and mirrors to walking the talk：decoupling in the contemporary world. The Academy of Management Annals，6（1）：483-530.

Carey S，Lawson B，Krause D R. 2011. Social capital configuration，legal bonds and performance in buyer-supplier relationships. Journal of Operations Management，29（4）：277-288.

Cousins P D，Handfield R B，Lawson B，et al. 2006. Creating supply chain relational capital：the impact of formal and informal socialization processes. Journal of Operations Management，24（6）：851-863.

DiMaggio P J，Powell W W. 1983. The iron cage revisited：institutional isomorphism and collective rationality in organizational fields. American Sociological Review，48（2）：147-160.

Dyer J H，Singh H. 1998. The relational view：cooperative strategy and sources of interorganizational competitive advantage. Academy of Management Review，23（4）：660-679.

Flynn B，Pagell M，Fugate B. 2018. Editorial：survey research design in supply chain management：the need for evolution in our expectations. Journal of Supply Chain Management，54（1）：1-15.

Fornell C，Larcker D F. 1981. Evaluating structural equation models with unobservable variables and measurement error. Journal of Marketing Research，18（1）：39-50.

Friedland R，Alford R R. 1991. Bringing society back in：symbols，practices and institutional contradictions//Powell W W，DiMaggio P J. The New Institutionalism in Organizational Analysis. Chicago：University of Chicago Press：232-263.

Fryxell G E，Dooley R S，Vryza M. 2002. After the ink dries：the interaction of trust and control in us-based international joint ventures. Journal of Management Studies，39（6）：865-886.

Goerzen A，Beamish P W. 2005. The effect of alliance network diversity on multinational enterprise performance. Strategic Management Journal，26（4）：333-354.

Greenwood R，Díaz A M，Li S X，et al. 2010. The multiplicity of institutional logics and the heterogeneity of organizational responses. Organization Science，21（2）：521-539.

Greenwood R，Raynard M，Kodeih F，et al. 2011. Institutional complexity and organizational responses. The Academy of Management Annals，5（1）：317-371.

Grewal R，Tansuhaj P. 2001. Building organizational capabilities for managing economic crisis：the role of market orientation and strategic flexibility. Journal of Marketing，65（2）：67-80.

He Y Q，Tian Z L. 2008. Government-oriented corporate public relation strategies in transitional China. Management and Organization Review，4（3）：367-391.

Hitt M A, Hoskisson R E, Johnson R A, et al. 1996. The market for corporate control and firm innovation. Academy of Management Journal, 39 (5): 1084-1119.

Kim T Y, Oh H, Swaminathan A. 2006. Framing interorganizational network change: a network inertia perspective. Academy of Management Review, 31 (3): 704-720.

Kraatz M S, Block E S. 2008. Organizational implications of institutional pluralism//Greenwood R, Oliver C, Suddaby R, Sahlin K. The SAGE Handbook of Organizational Institutionalism. London: Sage Publications Ltd: 243-275.

Krishnan R, Martin X, Noorderhaven N G. 2006. When does trust matter to alliance performance? . Academy of Management Journal, 49 (5): 894-917.

Larson A. 1992. Network dyads in entrepreneurial settings: a study of the governance of exchange relationships. Administrative Science Quarterly, 37 (1): 76.

Lavie D, Miller S R. 2008. Alliance portfolio internationalization and firm performance. Organization Science, 19 (4): 623-646.

Lechner C, Frankenberger K, Floyd S W. 2010. Task contingencies in the curvilinear relationships between intergroup networks and initiative performance. Academy of Management Journal, 53 (4): 865-889.

Meyer J, Scott W R, Strang D. 1987. Centralization, fragmentation, and school district complexity. Administrative Science Quarterly, 32 (2): 186-201.

Meyer J W, Rowan B. 1977. Institutionalized organizations: formal structure as myth and ceremony. American Journal of Sociology, 83 (2): 340-363.

Miller D, Le Breton-Miller I, Lester R H. 2011. Family and lone founder ownership and strategic behaviour: social context, identity, and institutional logics. Journal of Management Studies, 48 (1): 1-25.

Moorman C, Miner A S. 1998. The convergence of planning and execution: improvisation in new product development. Journal of Marketing, 62 (3): 1-20.

Oliver C. 1991. Strategic responses to institutional processes. Academy of Management Review, 16 (1): 145-179.

Pache A C, Santos F. 2010. When worlds collide: the internal dynamics of organizational responses to conflicting institutional demands. Academy of Management Review, 35 (3): 455-476.

Pache A C, Santos F. 2013. Inside the hybrid organization: selective coupling as a response to competing institutional logics. Academy of Management Journal, 56 (4): 972-1001.

Phelps C, Heidl R, Wadhwa A. 2012. Knowledge, networks, and knowledge networks. Journal of Management, 38 (4): 1115-1166.

Rindfleisch A, Malter A J, Ganesan S, et al. 2008. Cross-sectional versus longitudinal survey research: concepts, findings, and guidelines. Journal of Marketing Research, 45 (3): 261-279.

Rindfleisch A, Moorman C. 2001. The acquisition and utilization of information in new product alliances: a strength-of-ties perspective. Journal of Marketing, 65 (2): 1-18.

Ring P S, van de Ven A H. 1992. Structuring cooperative relationships between organizations. Strategic Management Journal, 13 (7): 483-498.

Schneiberg M, Clemens E S. 2006. The typical tools for the job: research strategies in institutional analysis. Sociological Theory, 24 (3): 195-227.

Selznick P. 1992. The Moral Commonwealth: Social Theory and the Promise of Community. Berkeley: University of California Press.

Tang X L, Rai A. 2012. The moderating effects of supplier portfolio characteristics on the competitive performance impacts of supplier-facing process capabilities. Journal of Operations Management, 30 (1/2): 85-98.

Thornton P H. 2004. Markets From Culture: Institutional Logics and Organizational Decisions in Higher Education Publishing. Stanford: Stanford University Press.

Thornton P H, Ocasio W. 1999. Institutional logics and the historical contingency of power in organizations: executive succession in the higher education publishing industry, 1958–1990. American Journal of Sociology, 105 (3): 801-843.

Vorhies D W, Morgan N A. 2005. Benchmarking marketing capabilities for sustainable competitive advantage. Journal of Marketing, 69 (1): 80-94.

Wassmer U. 2010. Alliance portfolios: a review and research agenda. Journal of Management, 36 (1): 141-171.

Williams L J, Cote J A, Buckley M R. 1989. Lack of method variance in self-reported affect and perceptions at work: reality or artifact? . Journal of Applied Psychology, 74 (3): 462-468.

Zhang J J, Marquis C, Qiao K Y. 2016. Do political connections buffer firms from or bind firms to the government? A study of corporate charitable donations of Chinese firms. Organization Science, 27 (5): 1307-1324.

Zhou K Z, Zhang Q Y, Sheng S B, et al. 2014. Are relational ties always good for knowledge acquisition? Buyer-supplier exchanges in China. Journal of Operations Management, 32 (3): 88-98.

第十四章　制度环境下的组织间合作关系研究展望

第一节　制度环境对组织间关系的影响

经济全球化和互联网的深入发展，打破了企业间竞争的空间障碍，面对激烈的本国和国际市场的竞争，企业经理人员必须制定独特战略以改进产品、扩大销售规模进而战胜竞争对手。然而，并不是所有的公司战略和战术都能给公司股东带来价值，只有较少的战略决策能给企业带来长期的、持续的价值，这种战略决策对公司的生存和发展具有重要影响。

与企业对消费者（business to consumer，B2C）的营销场景不同，企业对企业（business to business，B2B）营销更需要企业与当地或国际上的供应商、渠道商和零售商等供应链企业合作。当前战略管理文献分别从企业资源视角（Penrose，1959；Wernerfelt，1984；Barney，1991）、行业视角（Porter，1980）和动态能力视角（Teece et al.，1997）强调了企业的资源、行业竞争力量和动态能力对企业战略、绩效结果和持续竞争优势的重要影响。然而，近三十年新兴经济体的市场改革和制度发展（Peng and Heath，1996；Peng，2003；Wright et al.，2005），让一些行业企业在不同的运营水平上都经历了颠覆性的变革。基于此，本章试图讨论如何理解制度是商业竞争中规则的变革者，换句话说，在新兴经济体市场情境下，制度究竟处于主导地位，还是辅助地位？

North（1990）认为制度是人类设计的、用于结构化人类互动的约束。Scott（2001）认为组织不仅仅是一个生产系统，同时还是一个社会文化系统。在组织的社会文化系统中，制度涉及了规制、规范和认知等方面的因素，并和相关活动、资源一起为组织活动提供稳定和意义（Scott，2001；Scott and Davis，2000）。Scott（2001）提出了制度构成的三个方面：规制性制度、规范性制度和认知性制度。规制性制度是指法律规定组织应该做什么、不应该做什么，法律谴责是规制性制度的合法性来源。规范性制度是指道德层面上的信念、价值和规范所描述的社会期待的目标和行为，社会的信念和规范是规范性制度的合法性来源。认知性制度是指行业中共有的知识、普遍遵从的惯例和传统，行业中的典型做法是认知性制度的合法性来源。制度环境中的这些要素对企业的战略行动和绩效有着重要影响（DiMaggio and Powell，1983；North，1990；Scott，2001）。因此，在新兴经济体中，企业的资源和能力，以及外部正式和非正式的制度环境均显著地影响企业的成长战略和经济利益（Peng and Heath，1996；Peng，2003；Wright et al.，2005；Peng et al.，2008；Ahlstrom et al.，2014）。

由于合作战略（联盟、网络和合资）和合并战略（兼并和收购）等成长战略给企业提供了获得合作伙伴资源和能力的重要途径，因此企业通常更加偏好使用这些成长战略以利用合作伙伴的独特资源，拓宽渠道网络，获得竞争优势并最终提升财务回报（Ireland et al.，2002；Gulati et al.，2012；Gomes et al.，2016）。战略联盟是在产品、技术或服务的交换、分享或共同开发方面，企业之间的自愿性安排（Gulati，1998）。战略联盟的形成有多种动机和目标，并以多种形式存在，涉及水平和垂直领域。兼并和收购为企业提供了一种对目标资源和战略资产进行控制的手段，兼并/收购企业通过整合被兼并/收购企业以减少生产或营销中的成本，进而实现协同利益。随着合作和合并战略逐渐在新兴经济体兴起，新兴经济体中组织之间的合作和合并战略越来越受到学者的广泛关注（Hitt et al.，2000；Ahlstrom et al.，2014；Young et al.，2014；Lebedev et al.，2015）。

战略管理、工业品营销和国际商务的学者认为，企业成长战略的绩效结果通常是由企业意图、战略设计、合作伙伴选择、战略实施、合作过程以及进入时间决定的（Hitt et al.，2000；Nielsen and Gudergan，2012；Ahlstrom et al.，2014；Musarra et al.，2016）。基于资源基础观、资源依赖理论、交易成本理论、行业基础观和社会网络理论等视角，大量文献显示，组织之间的合作和合并战略对企业绩效的影响并不一致：一部分文献显示这些成长战略正向影响企业的绩效，另一部分文献却显示了这些成长战略的负面影响（Lebedev et al.，2015；Gomes et al.，2016）。文献中的不一致结论主要是因为组织间合作和合并战略的设计、合作伙伴的选择以及战略的实施，不仅受到诸如合作伙伴参与和资源禀赋等企业层面因素的影响，同时还会受到所在国家的竞争压力和制度环境的影响（Meyer et al.，2009；Xie et al.，2017）。因此，关注组织间关系所处的制度环境对理解组织间合作和合并战略与企业绩效的关系有重要启示。

资源学者强调了国家层面制度的重要性，并呼吁关注不同制度影响因素对企业战略选择和财务绩效的影响。当前企业所处的外部制度环境，诸如法律条款和合同履行等正式制度，以及文化和人与人之间关系等非正式制度，已经得到了战略领域的广泛研究。比如，新兴经济体的文献显示，市场经济的发展和制度的转型，对诸如 R&D 联盟和新产品开发等 B2B 之间的合作与合并战略的动机和结果具有显著影响（Young et al.，2014；Wang L W et al.，2019）。基于 B2B 经理的问卷调查显示，制度导向包含了制度顾客、制度嵌入和市场合法性（Chaney et al.，2019）。Wang L W 等（2019）和 Wang H F 等（2019）以中国为例研究了新兴经济体中，经理人对制度因素的感知（法律的不充分性和不良竞争）如何影响顾客参与企业新产品开发。然而，在 B2B 营销文献中，并没有发表太多关于制度环境对组织间战略选择、关系质量和绩效影响的文章（以下文献除外：Yang and Su，2014；Chaney et al.，2019；Wang L W et al.，2019；Wang H F et al.，2019）。一些综述文章呼吁从基于制度角度解释组织间合作选择和合并模式对企业绩效的不一致影响（Gomes et al.，2016；Valenzuela et al.，2017；Lebedev et al.，2015；Xie et al.，2017）。

　　整合制度理论、关系营销理论与新兴经济体的文献，本章提出了组织间关系文献的核心问题：制度环境如何影响组织间合作与合并战略的选择和绩效呢？具体来看，第一，当前全球化经济浪潮中，联盟与网络关系对企业和合作伙伴都十分有利，因此合作伙伴的选择决策如何影响企业的促销和分销结果？第二，由于组织间关系对组织间协调和整合机制有重要影响，因此，在制造企业与供应商关系中，什么因素导致了合作伙伴的机会主义和权力优势？第三，尽管文献研究了政治关系、商业关系和社会关系在组织环境中扮演的不同角色，但是这些关系如何调节 B2B 关系中的合作与合并战略？第四，考虑规制、规范和认知因素对企业战略行动和绩效的影响，这些因素对组织间合作关系和绩效的影响在新兴经济体和发达经济体中是否存在差异呢？

第二节　相关实证文章介绍

　　本节选择了 2019 年《商业与工业营销杂志》（*Journal of Business & Industrial Marketing*）的《制度环境与 B2B 的合作与巩固》（*Institutional environment and collaborations/consolidations in B2B*）特刊中的 9 篇文章，这些都是理论和情景驱动的文章，每一篇文章都对 B2B 关系营销和战略管理做出了突出贡献。具体而言，这 9 篇文章涉及选择合适的合作伙伴，理解合作伙伴的机会主义行为和组织间关系，以及评估组织间整合和绩效三个主题。

一、选择合适的合作伙伴

　　由于 B2B 企业需要在生产渠道的不同阶段处理不同的组织间关系，因此，搜寻、评估、选择合适的合作伙伴对有效的组织间关系管理和卓越绩效至关重要。B2B 企业通常基于市场渠道和关系渠道选择合作伙伴，然而，这两种合作伙伴选择策略的影响因素存在差异（Beckman et al.，2004；Shi et al.，2012；Xie et al.，2013）。当前文献显示，合作伙伴的选择通常受合作伙伴商业相关性和合作经历、商业、政治和社会关系，以及动态的外部环境影响。Liang 和 Mei（2019）的"惯性、不确定性和探索式合作伙伴选择"关注了探索式合作伙伴的选择——与陌生企业建立关系，揭示了中国情境下金融基金管理公司的先前选择惯例和母国的市场环境不确定性如何影响其探索式合作伙伴的选择。他们的研究显示：①先前合作伙伴的选择惯例阻碍了国内基金公司探索式合作伙伴的选择；②短期的市场环境不确定性增强了先前合作伙伴选择惯例对国内和国外基金公司探索式合作伙伴选择的影响，而长期的市场环境不确定性只增强了先前合作伙伴选择惯例对国内基金公司探索式合作伙伴选择的影响。

二、理解合作伙伴的机会主义行为和组织间关系

一般来说，有依赖关系的地方就会有冲突，有利益的地方就会有机会主义行为，而且外部的不确定环境还为组织间机会主义行为"火上加油"。在市场交易情境下，企业通常进行着经济交换和社会交换，前者依赖受法律约束的合同安排，后者依赖人与人之间关系的信任和承诺。将这些交换关系与合作伙伴选择策略结合起来，有助于帮助 B2B 企业经理更好地理解合作伙伴的机会主义行为和组织间关系（Beckman et al.，2004；Xie et al.，2013；Yang et al.，2017）。Chen 等（2020）的"在市场变革中合作期限的背后"，Liu 等（2019a）的"中国供应商-渠道商-供应商三角关系中的交易专用性投资：机会主义与合作"，Shen 等（2019）的"关系对合作伙伴机会主义行为的双重影响"文章，Low 和 Li（2019）的"权力优势：供应商-零售商关系的前因和结果"，以及 Barry 和 Graca（2019）的"制度因素对关系质量的调节作用：美国、巴西和中国的比较分析"探讨了合作伙伴间的机会主义行为，因此将丰富这一领域文献。

Chen 等（2020）揭示了新兴经济体中影响 B2B 关系中合作期限的因素，他们的研究显示：①在基于市场渠道选择供应商和与供应商有大量专用性资产投资的 B2B 关系中，采购企业更容易感知供应商的机会主义行为，进而导致期限更短的合同；②采购企业对母国法律体系的自信程度将会减少采购企业对供应商机会主义行为的感知。Liu 等（2019a）分析了供应商-渠道商-供应商的三角关系，他们的研究显示：尽管供应商的交易专用性资产投资对建立持久的 B2B 关系有重要影响，但相比于供应商竞争对手而言，相对较低数量的专用性资产投资将会增强渠道商的机会主义行为，进而减少其与该供应商的合作。Shen 等（2019）揭示了法律的执行能力和合作伙伴的专用性资产投资对组织间关系与组织间机会主义行为关系的调节作用。他们的研究显示关系与渠道商机会主义行为呈倒"U"形关系，法律执行能力使这一倒"U"形关系变得更陡，而交易专用性资产投资将会使这一倒"U"形关系变得平缓。

Barry 和 Graca（2019）关注了制度因素，如沟通质量、互动频率、冲突解决和关系/社会利益，对采购企业与供应商关系质量的影响，他们的研究显示在基于规则的社会中，如美国社会，沟通质量对采购企业与供应商关系质量的影响更为重要；在基于家族式管理的社会情境中，如巴西社会，关系利益对采购企业与供

应商关系质量的影响更为重要；在基于关系的社会情境中，如中国社会，互动频率对采购企业与供应商关系质量的影响更为重要。

三、评估组织间整合和绩效

选择合适的合作伙伴与有效的组织间整合，是组织间关系和绩效取得成功的两个关键方面。本质上，当合作伙伴信任彼此，愿意分享资源、技能和知识时，与合作伙伴在不同层次的合作活动中，商业关系质量将会得到提高（Heide and John，1990；Cao and Zhang，2011；Gomes et al.，2016；Ataseven and Nair，2017）。沟通的增强有助于解决信息不对称问题，同时也有助于形成创造性战略。有效的 B2B 整合过程将会带来诸如渠道绩效和 R&D 联盟创新绩效等协同利益。Hara（2019）的"整合营销渠道关系：整合维度与渠道绩效"、Liu 等（2019b）的"国际 R&D 联盟与新兴市场跨国公司创新：环境动荡与知识转移的作用"和 Wang H F 等（2019）的"网络中心性与创新绩效：新兴经济体中的正式和非正式制度的作用"，将在这一领域增添新的贡献。

Hara（2019）揭示了企业间整合选择的绩效结果和边界条件，他们关注了两类企业整合选择：协调整合和权威整合。基于日本制造企业与其批发商的关系，他们的研究显示协调整合和权威整合均正向影响渠道绩效，产品的独特性和需求的不确定性增强了协调整合的正向影响，行业的不确定性则增强了权威整合的正向影响。Liu 等（2019b）揭示了国际 R&D 联盟中，知识转移技巧如何影响新兴市场企业的创新绩效。他们关注了两类知识转移技巧：知识复制和知识调整，基于中国的高科技企业，他们的研究显示知识复制和知识调整、母国市场和技术的不确定性均正向影响新兴市场企业的创新绩效。制度环境的动荡不仅负向影响新兴市场企业的创新绩效，同时还减弱知识复制对新兴市场企业创新绩效的正向影响。Wang H F 等（2019）揭示了正式制度和非正式制度如何影响企业的创新绩效。基于中国的科技创业企业，他们的研究显示正式制度中的经济市场化因素增强了网络中心性对企业创新绩效的正向影响，但非正式制度中社会黏性因素则减弱了网络中心性对企业创新绩效的影响。

第三节　本　章　小　结

在制度环境中，正式或非正式因素直接或间接地影响组织间关系发展和绩效。基于成长战略、B2B 文献以及上述实证研究，本章认为基于省级、沿海和产业集群层面的研究有助于我们更好理解有形的基础设施、无形的市场化与制度发展对 B2B "关系-整合-绩效"关系的影响。尽管二手数据能够揭示新兴经济体中组织间关系发展和绩效的影响因素，但基于实际场景的问卷和基于访谈的案例更有利于揭示制造企业与供应商关系治理中不同运营水平的均衡变化。这些方法和思想能够提升我们对制度变革情境下全球价值链中成长战略与绩效关系的理解。基于此，本章呼吁学者未来致力于探索特定区域中市场发展如何影响某一具体行业中的 B2B 关系，具体细分为以下七个关键问题。

（1）股权模式如何影响新兴经济体和发达经济体中企业的 B2B 战略决策？

（2）在全球化情境下，影响新兴经济体中 B2B 企业战略联盟、合资和收购的成功因素是什么？

（3）什么激发 B2B 企业的多元化战略？B2B 企业的多元化战略如何影响企业财务绩效？

（4）B2B 广告是否有助于增强企业基于市场渠道选择供应商？

（5）在电子商务和食品运输服务中，如何判断合作伙伴是否合适？

（6）技术领域的基础设施和社会网络关系、商业关系，如何影响制造企业与供应商的关系-整合-协调的利益？

（7）在数字化的组织间运营关系中，系统性地检测和修补信息泄露的机制是什么？

参 考 文 献

Ahlstrom D，Levitas E，Hitt M A，et al. 2014. The three faces of China: strategic alliance partner selection in three ethnic Chinese economies. Journal of World Business，49（4）：572-585.

Ataseven C，Nair A. 2017. Assessment of supply chain integration and performance relationships: a meta-analytic investigation of the literature. International Journal of Production Economics. 185（C）：252-265.

Barney J. 1991. Firm resources and sustainable competitive advantage. Journal of Management，17：99-120.

Barry J M，Graca S S. 2019. Moderating effects of institutional factors on relationship quality: a comparative analysis of the US，Brazil，and China. Journal of Business & Industrial Marketing，34（6）：1339-1359.

Beckman C M，Haunschild P R，Phillips D J. 2004. Friends or strangers? Firm-specific uncertainty，market uncertainty，and network partner selection. Organization Science，15（3）：259-275.

Cao M，Zhang Q Y. 2011. Supply chain collaboration: impact on collaborative advantage and firm performance. Journal of Operations Management，29（3）：163-180.

Chaney D，Carrillat F A，Zouari A. 2019. Uncovering institutional orientation as a new strategic orientation in industrial marketing. Industrial Marketing Management，80：242-250.

Chen X，Xie E，Peng M W，et al. 2020. Behind the length of contract during market transitions. Journal of Business & Industrial Marketing，35（11）：1801-1815.

DiMaggio P J，Powell W W. 1983. The iron cage revisited: institutional isomorphism and collective rationality in organizational fields. American Sociological Review，48（2）：147-160.

Gomes E，Barnes B R，Mahmood T. 2016. A 22 year review of strategic alliance research in the leading management journals. International Business Review，25（1）：15-27.

Gulati R. 1998. Alliances and networks. Strategic Management Journal，19（4）：293-317.

Gulati R, Wohlgezogen F, Zhelyazkov P. 2012. The two facets of collaboration: cooperation and coordination in strategic alliances. The Academy of Management Annals, 6 (1): 531-583.

Hara Y. 2019. Integrated marketing channel relationships: integration dimensions and channel performance. Journal of Business & Industrial Marketing, 34 (6): 1360-1373.

Heide J B, John G. 1990. Alliances in industrial purchasing: the determinants of joint action in buyer-supplier relationships. Journal of Marketing Research, 27 (1): 24-36.

Hitt M A, Dacin M T, Levitas E, et al. 2000. Partner selection in emerging and developed market contexts: resource-based and organizational learning perspectives. Academy of Management Journal, 43 (3): 449-467.

Ireland R D, Hitt M A, Vaidyanath D. 2002. Alliance management as a source of competitive advantage. Journal of Management, 28 (3): 413-446.

Lebedev S, Peng M W, Xie E, et al. 2015. Mergers and acquisitions in and out of emerging economies. Journal of World Business, 50 (4): 651-662.

Liang J, Mei N. 2019. Inertia, uncertainty, and exploratory partner selection. Journal of Business & Industrial Marketing, 34 (6): 1281-1296.

Liu Y, Deng P, Wei J, et al. 2019b. International R&D alliances and innovation for emerging market multinationals: roles of environmental turbulence and knowledge transfer. Journal of Business & Industrial Marketing, 34(6): 1374-1387.

Liu Y, Xue J Q, Li Y. 2019a. Transaction-specific investments in a supplier-distributor-supplier triad in China: opportunism and cooperation. Journal of Business & Industrial Marketing, 34 (6): 1297-1312.

Low W S, Li C T. 2019. Power advantage: antecedents and consequences in supplier-retailer relationships. Journal of Business & Industrial Marketing, 34 (6): 1323-1338.

Meyer K E, Estrin S, Bhaumik S K, et al. 2009. Institutions, resources, and entry strategies in emerging economies. Strategic Management Journal, 30 (1): 61-80.

Musarra G, Robson M J, Katsikeas C S. 2016. The influence of desire for control on monitoring decisions and performance outcomes in strategic alliances. Industrial Marketing Management, 55: 10-21.

Nielsen B B, Gudergan S. 2012. Exploration and exploitation fit and performance in international strategic alliances. International Business Review, 21 (4): 558-574.

North D C. 1990. Institutions, Institutional Change and Economic Performance. Cambridge: Cambridge University Press.

Peng M W. 2003. Institutional transitions and strategic choices. Academy of Management Review, 28 (2): 275-296.

Peng M W, Heath P S. 1996. The growth of the firm in planned economies in transition: institutions, organizations, and strategic choices. Academy of Management Review, 21 (2): 492-528.

Peng M W, Wang D Y L, Jiang Y. 2008. An institution-based view of international business strategy: a focus on emerging economies. Journal of International Business Studies, 39 (5): 920-936.

Penrose E T. 1959. The Theory of Growth of the Firm. Oxford: Oxford University Press.

Porter M E. 1980. Competitive Strategy. New York: The Free Press.

Scott W R. 2001. Institutions and Organizations. 2nd ed. London: Sage Publications Ltd.

Scott W R, Davis G F. 2000. Organizations and Organizing: Rational, Natural and Open Systems Perspectives. New York: Routledge.

Shen L, Zhang C, Teng W B. 2019. The double-edged effects of guanxi on partner opportunism. Journal of Business & Industrial Marketing, 34 (6): 1313-1322.

Shi W S, Sun S L, Peng M W. 2012. Sub-national institutional contingencies, network positions, and IJV partner selection. Journal of Management Studies, 49 (7): 1221-1245.

Teece D J，Pisano G，Shuen A. 1997. Dynamic capabilities and strategic management. Strategic Management Journal，18（7）：509-533.

Valenzuela L M，MerigóJ M，Johnston W J，et al. 2017.Thirty years of the journal of business & industrial marketing：a bibliometric analysis. Journal of Business & Industrial Marketing，32（1）：1-17.

Wang H F，Zhao Y P，Dang B L，et al. 2019. Network centrality and innovation performance：the role of formal and informal institutions in emerging economies. Journal of Business & Industrial Marketing，34（6）：1388-1400.

Wang L W，Jin J L，Zhou K Z. 2019. Institutional forces and customer participation in new product development：a Yin-Yang perspective. Industrial Marketing Management，82：188-198.

Wernerfelt B. 1984. A resource-based view of the firm. Strategic Management Journal，5（2）：171-180.

Wright M，Filatotchev I，Hoskisson R E，et al. 2005. Strategy research in emerging economies：challenging the conventional wisdom. Journal of Management Studies，42（1）：1-33.

Xie E，Peng M W，Zhao W H. 2013. Uncertainties，resources，and supplier selection in an emerging economy. Asia Pacific Journal of Management，30（4）：1219-1242.

Xie E，Reddy K S，Liang J. 2017. Country-specific determinants of cross-border mergers and acquisitions：a comprehensive review and future research directions. Journal of World Business，52（2）：127-183.

Yang Z L，Su C T. 2014. Institutional theory in business marketing：a conceptual framework and future directions. Industrial Marketing Management，43（5）：721-725.

Yang Z，Zhang H，Xie E. 2017. Relative buyer-supplier relational strength and supplier's information sharing with the buyer. Journal of Business Research，78：303-313.

Young M N，Tsai T，Wang X R，et al. 2014. Strategy in emerging economies and the theory of the firm. Asia Pacific Journal of Management，31（2）：331-354.